教育部　财政部中等职业学校教师素质提
铁道运输管理专业师资培训包开发项目(L

U0682233

铁路商务管理技术

Tielu Shangwu Guanli Jishu

教育部　财政部　组编

吴　晓　主编

韩买良　徐小勇　执行主编

中 国 铁 道 出 版 社

2 0 1 1 年 · 北 京

内 容 简 介

本书为教育部、财务部中等职业学校教师素质提高计划成果,是铁道运输管理专业师资培训包开发项目(LBZD032)的专业核心课程教材之一。本教材突破传统教材体系,从"职业典型工作任务与教师专业能力"出发,在整合本专业传统教材主要内容的基础上,围绕国家职业标准中与铁道运输管理专业相关岗位的主要职业工作过程,设置了由"项目"教学单元和经过教学化处理的学习性"工作任务"形成的"职业性"项目教材,内容包括传统"铁路客运组织与管理"、"铁路旅客服务运输"、"铁路客运规章"和"铁路货运组织与管理"、"货物联合运输"等课程的主要内容,分八个项目:车站客运、列车客运、行包运输和旅客运输计划、普通货物运输、特殊货物运输、货运核算和货运安全及检查。

本书是铁道运输管理专业教师培训指导用书,旨在帮助专业教师学习和更新专业知识和技能,提升教师专业教学能力和水平。

图书在版编目(CIP)数据

铁路商务管理技术/教育部,财政部组编.—北京:中国
铁道出版社,2011.11
教育部 财政部中等职业学校教师素质提高计划成果
铁道运输管理专业师资培训包开发项目.LBZD032
ISBN 978-7-113-13821-9

Ⅰ.①铁… Ⅱ.①教…②财… Ⅲ.①铁路运输管理-中等专业学校-师资培训-教材 Ⅳ.①F530.1

中国版本图书馆 CIP 数据核字(2011)第 226539 号

书　　名	铁路商务管理技术
作　　者	教育部　财政部　组编

责任编辑	金　锋	编辑部电话:010-51873125	电子信箱:jinfeng88428@163.com
编辑助理	悦　彩		
封面设计	崔丽芳		
责任校对	孙　玫		
责任印制	陆　宁		

出版发行:中国铁道出版社(100054,北京市西城区右安门西街 8 号)
网　址:http://www.tdpress.com
印　刷:北京市昌平开拓印刷厂
版　次:2011 年 11 月第 1 版　2011 年 11 月第 1 次印刷
开　本:787 mm×1 092 mm　1/16　印张:16.75　字数:423 千
印　数:1～2 000 册
书　号:ISBN 978-7-113-13821-9
定　价:39.00 元

教育部 财政部中等职业学校教师素质提高计划成果
系列丛书

编写委员会

主　任　鲁　昕
副主任　葛道凯　　赵　路　　王继平　　孙光奇
成　员　郭春鸣　　胡成玉　　张禹钦　　包华影　　王继平（同济大学）
　　　　刘宏杰　　王　征　　王克杰　　李新发

专家指导委员会

主　任　刘来泉
副主任　王宪成　　石伟平
成　员　翟海魂　　史国栋　　周耕夫　　俞启定　　姜大源
　　　　邓泽民　　杨铭铎　　周志刚　　夏金星　　沈　希
　　　　徐肇杰　　卢双盈　　曹　晔　　陈吉红　　和　震
　　　　韩亚兰

教育部　财政部中等职业学校教师素质提高计划成果
系列丛书

铁道运输管理专业师资培训包开发项目
（LBZD032）

项目牵头单位　浙江师范大学
项目负责人　吴　晓

出版说明

　　根据 2005 年全国职业教育工作会议精神和《国务院关于大力发展职业教育的决定》（国发 [2005] 35 号），教育部、财政部 2006 年 12 月印发了《关于实施中等职业学校教师素质提高计划的意见》（教职成 [2006] 13 号），决定"十一五"期间中央财政投入 5 亿元用于实施中等职业学校师资队伍建设相关项目。其中，安排 4 000 万元，支持 39 个培训工作基础好、相关学科优势明显的全国重点建设职教师资培养培训基地牵头，联合有关高等学校、职业学校、行业企业，共同开发中等职业学校重点专业师资培训方案、课程和教材（以下简称"培训包项目"）。

　　经过四年多的努力，培训包项目取得了丰富成果。一是开发了中等职业学校 70 个专业的教师培训包，内容包括专业教师的教学能力标准、培训方案、专业核心课程教材、专业教学法教材和培训质量评价指标体系 5 方面成果。二是开发了中等职业学校校长资格培训、提高培训和高级研修 3 个校长培训包，内容包括校长岗位职责和能力标准、培训方案、培训教材、培训质量评价指标体系 4 方面成果。三是取得了 7 项职教师资公共基础研究成果，内容包括中等职业学校德育课教师、职业指导和心理健康教育教师培训方案、培训教材，教师培训项目体系、教师资格制度、教师培训教育类公共课程、职业教育教学法和现代教育技术、教师培训网站建设等课程教材、政策研究、制度设计和信息平台等。上述成果，共整理汇编出 300 多本正式出版物。

　　培训包项目的实施具有如下特点：一是系统设计框架。项目成果涵盖了从标准、方案到教材、评价的一整套内容，成果之间紧密衔接。同时，针对职教师资队伍建设的基础性问题，设计了专门的公共基础研究课题。二是坚持调研先行。项目承担单位进行了 3 000 多次调研，深度访谈 2 000 多次，发放问卷 200 多万份，调研范围覆盖了 70 多个行业和全国所有省（区；市），收集了大量翔实的一手数据和材料，为提高成果的科学性奠定了坚实基础。三是多方广泛参与。在 39 个项目牵头单位组织下，另有 110 多所国内外高等学校和科研机构、260 多个行业企业、36 个政府管理部门、277 所职业院校参加了开发工作，参与研发人员 2 100 多人，形成了政府、学校、行业、企业和科研机构共同参与的研发模式。四是突出职教特色。项目成果打破学科体系，根据职业学校教学特点，结合产业发展实际，将行动导向、工作过程系统化、任务驱动等理念应用到项目开发中，体现了职教师资培训内容和方式方法的特殊性。五是研究实践并进。几年来，项目承担单位在职业学校进行了1 000多次成果试验。阶段性成果形成后，在中等职业学校专业骨干教师国家级培训、省级培训、企业实践等活动中先行试用，不断总结经验、修改完善，提高了项目成果的针对性、应用性。六是严格过程管理。两部成立了专家指导委员会和项目管理办公室，在项目实施过程中先后组织研讨、培训和推进会近30次，来自职业教育办学、研究和管理一线的数十位领导、专家和实践工作者对成果进行了严格把关，确保了项目开发的正确方向。

作为"十一五"期间教育部、财政部实施的中等职业学校教师素质提高计划的重要内容，培训包项目的实施及所取得的成果，对于进一步完善职业教育师资培训培训体系，推动职教师资培训工作的科学化、规范化具有基础性和开创性意义。这一系列成果，既是职教师资培养培训机构开展教师培训活动的专门教材，也是职业学校教师在职自学的重要读物，同时也将为各级职业教育管理部门加强和改进职教教师管理和培训工作提供有益借鉴。希望各级教育行政部门、职教师资培训机构和职业学校要充分利用好这些成果。

为了高质量完成项目开发任务，全体项目承担单位和项目开发人员付出了巨大努力，中等职业学校教师素质提高计划专家指导委员会、项目管理办公室及相关方面的专家和同志投入了大量心血，承担出版任务的11家出版社开展了富有成效的工作。在此，我们一并表示衷心的感谢！

编写委员会
2011 年 10 月

前　言

　　本书根据教育部、财政部实施的"中等职业学校教师素质提高计划"重点专业师资培训方案教材开发要求编写。铁道运输管理专业课程核心教材是"铁道运输管理专业重点专业师资培训教材"开发项目的成果之一，专业核心课程教材分为《铁路商务管理技术》、《铁路运输技术管理》两本。本教材编写旨在配合本专业教师培训学习，帮助专业教师学习和更新专业知识和技能，提升教师专业教学能力和水平，为铁道运输企业培养更好、更多的技能型人才服务。

　　《铁路商务管理技术》教材是职业课程教材，教材突破传统教材体系，从"职业典型工作任务与教师专业能力"出发，在整合本专业传统教材主要内容的基础上，围绕国家职业标准中与铁道运输管理专业相关岗位的主要职业工作过程，设置了由"项目"教学单元和经过教学化处理的学习性"工作任务"形成的"职业性"项目教材。本教材内容包括传统"铁路客运组织与管理"、"铁路旅客服务运输"、"铁路客运规章"和"铁路货运组织与管理"、"货物联合运输"等课程的主要内容整合归并而成。教材分八个项目：车站客运、列车客运、行包运输、旅客运输计划、普通货物运输、特殊货物运输、货运核算和货运安全及检查。

　　教材的编写力求体现职业教育发展和专业课程教学改革方向，凸显铁道运输管理专业领域的主流应用技术和关键技能，尽量涵盖铁道运输行业和专业发展的"四新"内容，内容组织上融入和结合了本专业骨干教师多年的教学经验、体会和案例，排序上由浅入深，按上岗、提高、骨干三个层级在培训方案要求的模块，由低到高递进，以适用不同层次教师的培训需要。教材不仅能适用于铁道运输管理专业各层次教师培训，也希望能为从事铁道运输管理专业教学的不同层次师生和铁道运输管理专业课程改革提供一本实用的参考书。

　　本书由浙江师范大学和西安铁路职业技术学院合作完成，主编吴晓，执行主编韩买良、徐小勇。本书内容与构架设计及编写方案由浙江师范大学吴晓、沈亚强确定，编写工作由西安铁路职业技术学院韩买良负责组织。编写分工如下：绪论由吴晓编写，项目

1、项目 3、项目 6 由王公强编写，项目 2、项目 8 由张珺编写，项目 4、项目 5、项目 7 由赵岚编写。浙江师范大学的施俊庆老师参与书稿整理，同济大学交通运输工程学院季令教授应邀担任专业顾问，湖南铁路科技职业技术学院李一龙老师、南京铁道职业技术学院周平老师审阅了全稿。

本书在编写过程中一直得到教育部重点专业师资培训方案教材开发项目组专家和项目管理办公室的指导，在此向他们表示衷心感谢！

由于限于掌握的资料和编者的水平，书中定有瑕疵和不足，恳切希望大家给予谅解和批评指正。

编　者

2011 年 6 月

目　录

绪　　论

　　为贯彻落实《国务院关于大力发展职业教育的决定》精神,全面提升中等职业学校人才培养质量,切实提高中等职业学校教师队伍的整体素质,优化教师队伍结构,完善教师队伍建设的有效机制,教育部、财政部于2007年开始实施"中等职业学校教师素质提高计划",在全国确定了70个重点专业师资培养培训项目。铁道运输管理专业是70个重点专业师资培养培训项目之一。重点专业师资培养培训项目即重点专业师资培训包开发项目,包括专业教师教学能力标准、培训方案、专业核心教材、专业教学法教材和培训质量评价体系等五个方面的内容。铁道运输管理专业核心课程教材《铁路运输技术管理》和《铁路商务管理技术》就是在"中等职业学校教师素质提高计划"支持下产生的。专业核心课程教材编写旨在配合本专业教师培训学习,帮助专业教师学习和更新专业知识和技能,提升教师专业教学能力和水平,为铁道运输企业培养更好、更多的技能型人才服务。

一、专业核心课程教材的特点

　　铁道运输管理专业核心课程教材的设计,力求坚持以先进的职业教育教学理念为指导,以铁道运输管理专业相应的岗位职业能力为依据,以提升中等职业学校专业教师知识、技能等综合素质为目的。主要体现以下特点:

　　1. 铁道运输管理专业的"项目"形式的教材

　　本部专业核心课程教材是职业课程教材,教材突破传统教材体系,从"职业典型工作任务与教师专业能力"出发,在整合本专业传统教材主要内容的基础上,围绕国家职业标准中与铁道运输管理专业相关岗位的主要职业工作过程,设置了由"项目"教学单元和经过教学化处理的学习性"工作任务"形成的"职业性"课程教材。教材以本专业典型工作岗位的职业能力为主线,以典型工作任务的"工作过程"为导向,以工作情境为支撑,通过"理论模块—技术模块—案例模块"来阐述专业的技能与知识,解决"怎么做"、"怎么做更好"问题,结合"实操模块"使专业教师获得"经验、方法和策略",体现职业教育"行动导向"性。从而帮助本专业教师在培训学习过程中,加深对专业知识、技能的理解和应用,拓宽专业视野,提高专业综合能力,实现"双师型"师资队伍建设目标。

　　2. 凸显铁道运输管理专业领域的主流应用技术和关键技能

　　铁道运输专业涉及铁路车、机、工、电、辆五大部门的内容。铁道运输管理专业的主流应用技术和职业技能是有关铁路行车组织、铁路客运组织和铁路货运组织的设备运用及作业组织方法等技术应用。铁路行车组织的关键技能包括:接发列车工作、调车工作、车号及统计工作、运输调度和行车安全;铁路客运组织的关键技能包括:车站客运工作、列车客运工作、行包运输和旅客运输计划;铁路货运组织的关键技能包括:普通货物运输、特殊货物运输、货运核算和货运安全及检查等。

　　3. 涵盖铁道运输行业和专业发展的"四新"内容

　　铁道运输管理专业是铁路运输行业的一个特有专业,已有近60年的办学历史。近年来,随着铁道运输行业的快速发展,新知识、新技术、新工艺、新装备不断地在铁道运输业应用,铁路运输企业对所需人才规格、质量要求不断提高,对人才培养的要求越来越高。本教材在内容上保持了一定的前瞻性,介绍铁路运输行业最新的知识和技术以及城市轨道交通运营的相关内容。例如:CTC 分散自律式行车方法、自动报点与自动生成行车日志及无线列调系统、车号自动识别系统、TDCS 和 TMIS 系统、高速铁路运输管理、集中化、单元化和大宗货物运输重载化等。

4. 适用于铁道运输管理专业各层次教师培训和教学参考

专业核心课程教材为专业教师培训方案的实施,包括上岗、提高和骨干三个层次的"专业能力"培训提供学习的"蓝本"。本部教材内容符合教师培训特点,内容组织上通俗易懂,融入和结合了本专业骨干教师多年的教学经验、体会和案例;内容排序上由浅入深,适用不同层次教师的培训,按上岗、提高、骨干三个层次在培训方案要求的模块,由低到高递进,上岗层次教师掌握教材中基本专业知识和基本岗位技能的内容,提高层次教师掌握专业综合知识和关键岗位技能的内容,骨干教师掌握专业综合知识、关键岗位技能以及专业前沿知识。本教材不仅适用于本专业各层次教师培训,也是本专业教师一部较好的在职进修提高和教学参考用书。

5. 体现职业教育教学改革和发展方向

职业教育的教学体现以能力为本位的教学观,职业教育要培养学生具有胜任职业工作岗位的职业能力。中等职业教育人才的知识技能的职业性,体现了职业教育的本质属性。职业教育课程是基于知识的应用和技能的操作,在内容选择和排序上有其自身的属性,具体表现在其"职业性"的特征。本书在内容选择上,以《国家职业标准》规定的岗位(群)需求和职业能力为依据,以工作任务为中心,以理论知识为基础,以实践技能为依托,以工作情景为支撑,以案例呈现为特点,以拓展知识为延伸,充分考虑工作过程特点和教学过程特点的有机结合,体现教材的职业性特征。

二、专业核心课程教材的构架

根据职业教育课程模块化的要求,对原传统学科体系课程进行整合并模块化,主要知识与技能归纳为包含"铁路运输技术管理"和"铁路商务管理技术"领域的"铁路行车组织与管理"、"铁路客运组织与管理"和"铁路货运组织与管理"三大系列模块。因此,铁道运输管理专业核心课程教材分为《铁路运输技术管理》《铁路商务管理技术》两本。其中《铁路运输技术管理》是由包括原传统的"铁路行车组织"、"铁路运输调度工作"、"铁路行车安全管理"等课程的主要内容整合归并形成的技能型项目教材;《铁路商务管理技术》分"铁路客运组织与管理"和"铁路货运组织与管理"两部分,分别由包括原传统的"铁路客运组织与管理"、"铁路旅客运输服务"、"铁路客运规章"和"铁路货运组织与管理"、"货物联合运输"等课程的主要内容整合归并形成的技能型项目教材。

专业核心课程教材由若干个"项目"组成,每个项目根据铁路运输生产的工作内容编排,项目分成若干个学习性"任务",每个学习任务下设一般为理论模块、技术模块、案例模块、实习训练操作指南模块。每个任务都给出具体的学习目标和要求,明确了完成工作任务应该掌握的相应岗位基本技能,需要工具和设备以及教学环境要求,在教材的结构和内容上突出了实践性,以保证实践能力的加强和提高。

《铁路运输技术管理》包含五个项目:接发列车、调车工作、车号工作、运输调度和行车安全;《铁路商务管理技术》分成八个项目:车站客运、列车客运、行包运输、旅客运输计划、普通货物运输、特殊货物运输、货运核算和货运安全及检查。

基本构架如图 0-1 所示。

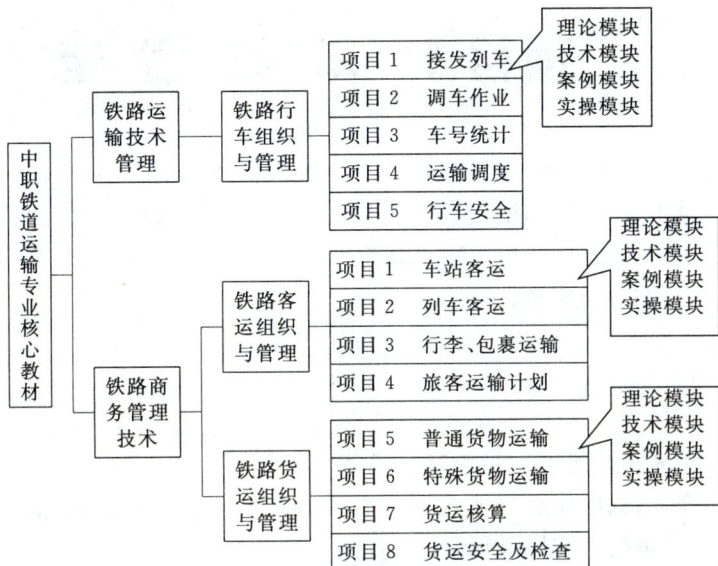

图 0-1　专业核心课程教材基本框架

专业核心课程教材在内容编排组织上采用"项目"模块组织形式,每个"项目"都是对应专业"工作领域"知识与技能的教学单元,每个"项目"教学单元内容组织自我包容,体现培训包教材内容模块化组织相对独立的特点,便于培训单位和培训对象根据需求选择相应的培训内容,按需进行模块化单元组合。同时,"项目"教学单元又分若干"工作任务"子模块,根据培训方案的上岗、提高和骨干三个层次教师培训要求,选择相应"工作任务"模块进行教学。例如,《铁路商务管理技术》的"普通货物运输"项目有"货物运送作业、货物途中作业、货物到达作业、货场布置及管理、铁路货运计划、集装箱货物运输组织、专用线(专用铁路)运输、货运集约化经营"等 8 个任务模块单元,其中上岗层次培训选用"货物运送作业、货物途中作业、货物到达作业、货场布置及管理、铁路货运计划"等 5 个任务模块单元,提高层次培训选用"铁路货运计划、集装箱货物运输组织、专用线(专用铁路)运输"3 个任务模块单元,骨干培训可选用"专用线(专用铁路)运输、货运集约化经营"2 个任务模块单元。

三、专业核心课程教材编写工作

专业核心课程教材编写方案及体例设计由铁道运输管理专业项目牵头单位浙江师范大学负责,编写工作主要由子项目负责单位西安铁路职业技术学院承担。浙江师范大学和西安铁路职业技术学院的项目组成员在深入调研的基础上,通过对铁路企业运输一线的车站领导和技术骨干访谈,对铁道部人才服务中心、成都铁路局、兰州铁路局、西安铁路局、上海铁路局和高校的专家、教授进行咨询,与西安铁路职业技术学院、包头铁道职业技术学院、石家庄铁路运输学校等学校的专业教师进行了座谈、问卷调查和电话采访,形成了教材编写提纲,并请同济大学交通运输工程学院季令教授担任专业顾问。教材初稿完成后,在教育部项目组专家的指导下,项目负责人与教材编写组成员几经讨论和修改,终于完成了本部铁道运输管理专业的项目教材。

项目 1 车 站 客 运

车站是铁路旅客运输的基本生产单位,其工作组织主要包括售票、行包以及客运服务。售票工作的具体任务是正确和迅速地将车票发售给旅客,客运站通过售票把旅客按方向、按车次有条不紊地组织起来纳入运输计划。客运服务工作要以"人民铁路为人民"为宗旨,做到"三要"、"四心"、"五主动"的优质服务。

任务 1 售 票

[学习目标] 掌握车站售票员岗位基本技能。

[学习要求] 理会《铁路旅客运输规程》(简称《客规》)关于售票、退票、车票签证、旅行变更的规定,并能运用规章处理实际问题。

[工作任务] 操作计算机进行售票、退票、车票签证工作;使用《代用票》进行手工售票;办理各种情况下的退票,并填制《退票报告》、《退票报销凭证》;办理各种旅行变更,填制《代用票》;计算包车、租车、自备车辆挂运费和行驶费,填制《代用票》。

[需要工具和设备] 计算机、打票机、"车票发售和预订系统"软件、《铁路客运运价里程表》(简称《里程表》)、《旅客票价表》(简称《票价表》)、《客规》、《铁路旅客运输办理细则》(简称《细则》)、《铁路客运运价规则》(简称《价规》)、代用票样张、退票报告样张、退票报销凭证样张、车站售出客票记录。

[教学环境] 车站售票房、理实一体化教室。

一、理论模块

(一)车票及其发售规定

铁路旅客运输合同的基本凭证是车票,按性质分为客票和附加票,客票包括软座、硬座客票;附加票包括加快票、卧铺票、空调票。附加票除免费儿童外,不能单独使用。发售车票,在有运输能力的情况下,承运人或销售代理人应按购票人的要求发售车票。

1. 发售软座客票时,最远至本次列车终点站。旅客在乘车区间中,要求一段乘坐硬座车,一段乘坐软座车时,全程发售硬座客票;乘坐软座时,另收软座区段的软硬座票价差额。

2. 旅客购买加快票必须持有有效的软座或硬座客票。发售加快票的到站,必须是所乘快车、快速列车或特别快车的停车站。发售需要中转换车的加快票的车站,必须有同等级快车始发。新型空调列车的车票,最远只能发售至本次列车终点站或换车站。

3. 旅客购买卧铺票,必须持有有效的客票(身高不够1.2 m的儿童除外),且到站、座别应与客票相同,乘快车时还应有加快票。中转换车时,卧铺票只发售到旅客换车站。购买卧铺票的旅客在中途开始乘车时,应在买票时说明,售票员必须在客票背面签注"××站上车",加盖站名戳记,并在卧铺通知单上注明。

4. 旅客乘坐提供空调的列车(或车厢)时,应购买相应等级的车票或空调票。旅客在全部旅途中分别乘坐空调车和普通车时,可发售全程普通车的车票,对乘坐空调车区段另行核收空调车与普通车的票价差额。

5. 儿童减价票规定:身高 1.2～1.5 m 的儿童乘车时,可购买半价客票、加快票和空调票。超过 1.5 m 的儿童和不足 1.5 m 的成人,均应购买全价票。每一成人旅客可免费携带身高不足 1.2 m 的儿童 1 名,超过 1 名时,超过的人数应购买儿童票。

6. 学生减价票规定:学生票限定在寒假(12 月 1 日～3 月 31 日)、暑假(6 月 1 日～9 月 30 日)期间发售。学生从实习地点回家或从家去实习地点;学生父母都不在学校所在地;学生回家后,院校迁移或调整;应届毕业生从学校回家等情况下,学生凭规定证件可购买学生票。学生票应按近径路发售,但有直达列车或换车次数少的远径路也可发售。超过学生减价优待证上记载的区段乘车时,对超过区段按一般旅客办理,核收全价。学校所在地有学生父或母其中一方;学生因休学、复学、转学、退学;学生往返于学校与实习地点以及举办夏令营或其他社会实践活动的乘车;"减价优待证"涂改或一人持两个以上学生证;学生证丢失补发学生证的当年等情况下不发售学生票。动车组列车只发售二等座车学生票,且学生票价按全价 75% 计收。

7. 伤残军、警半价票规定:中国人民解放军和中国人民武装警察部队因伤致残的军人凭"中华人民共和国残疾军人证(CJJRZ)"及因公致残的人民警察凭"中华人民共和国伤残人民警察证(SCRMTCZ)"享受半价的软、硬座客票和附加票。

8. 凡 20 人以上集体乘车,且乘车日期、车次、到站、座别、经由相同的旅客为团体旅客,承运人应优先安排,且对团体旅客乘车在计价上给予一定的优惠。如填发代用票时,除代用票持票本人外,每人另发一张团体旅客证。满 20 人时给予免收 1 个人票价(团体旅客中票价最高的)的优惠,20 人以上每增加 10 人再免收 1 人票价。

9. 在无人售票的乘降所上车的人员,可在列车内购票,不收手续费。

10. 动车组大量开行的车站,开辟专用售票窗口、候车室(区),推进自动售检票系统建设。动车组车票实行灵活的票价政策,目前在广深港和沪宁杭等动车组列车大密度开行的区段,试点推行 CRH 购票优惠卡策略,建立 CRH 优惠卡系统。

(二)客运信息化

1. 5.0 版客票系统特点

(1)优化了系统结构,由原来的三级建库(铁道部、地区中心、车站)变为两级建库(铁道部、地区中心)。

(2)售票组织方式更加灵活。

(3)丰富了客票销售手段,采取面向社会多元化的订票方式,如电话订票、网上订票、自动售票、检票等,为电子商务的实现奠定基础。

(4)建立了客票信息共享平台。

2. 客运票务服务创新

全路所有直通旅客列车和管内快车使用了列车移动补票机,列车移动补票机系统与客票系统已经通过专用网络通道连接。

3. 客运信息化的发展

(1)开发适应客运公交化组织的客票版本。

(2)随着自动售检票系统的广泛使用,研究储值卡、银行卡等多种支付方式,开发磁卡票、非接触式 IC 卡车票等。

(3)实现所有客运营业站计算计联网售票,取消常备客票。

二、技术模块

（一）旅客票价的计算

1. 旅客票价构成要素

（1）基本票价率与票价比例关系。

（2）旅客票价里程区段。

（3）递远递减率。

2. 旅客票价的计算

基本票价的计算，除初始区段不足起码里程按起码里程和最后一个区段按中间里程计算外，其余各区段均分别按其区段里程计算，根据各区段的递减票价率求出各该区段的全程票价和最后一个区段按中间里程求出的票价加总，即为基本票价。

对于计算基本票价的中间里程的确定，除按区段里程推算外，也可按下列公式求算：

$$L_{中间}=L_{基}+(n\pm0.5)L_{段}$$

式中　$L_{中间}$——区段中间里程；

　　　$L_{基}$——基数里程；

　　　n——小区段数，其计算公式为：

$$n=\frac{L_{实}-L_{基}}{L_{段}}（尾数四舍五入，舍去前式取"＋"，进入式除净前式取"－"）$$

其中　$L_{实}$——实际里程；

　　　$L_{段}$——小区段里程。

（1）硬、软座客票票价的计算

硬、软座客票票价计算公式为：

$$F=E+B$$

式中　F——客票票价；

　　　E——客票基本票价，其计算公式为：

$$E=C_0L_0+C_1L_1+C_2L_2+\cdots+C_nL_n$$

其中　C_0——基本票价率，

　　　L_0——不递减区段的里程，

$C_1,C_2,\cdots,C_n$——各区段的递减票价率，

$L_1,L_2,\cdots,L_n$——递减票价率相应区段的里程；

　　　B——保险费，其计算公式为：

$$B=2\%E$$

其中　2%——保险费率。

（2）附加票票价的计算

附加票票价计算公式为：

$$F_{附加}=x\%\cdot E$$

式中　$F_{附加}$——附加票（含加快票、空调票、卧铺票）票价；

　　　$x\%$——相应票种占硬座基本票价的百分率。

（二）旅客票价核收规定及票价表的应用

1. 旅客票价核收规定

(1)利用电子计算机发售的客票,票价中应含制票费 1 元(票价不超过 5 元的,制票费 0.5 元)。

(2)超过 200 km 的硬座票,票价中含候车室空调费 1 元。

(3)新型空调列车的各种车票,分别在普通车客票、加快票、卧铺票、空调票的票价基础上向上浮动不超过 50% 计算。

(4)快速加快票票价按照普通加快票票价的两倍核收,特别加快票票价按快速加快票票价核收。

(5)卧铺票票价中含 10 元订票费。

2. 票价表的应用

车站在发售车票时,正常情况下根据电子计算机打印的软票票面的票价核收;遇特殊情况,则根据发、到站间客运运价里程(不足起码里程按起码里程计算)依据《票价表》进行计算。

旅客票价的查找步骤如下所述:

(1)确定运价里程

使用汉语拼音或笔画站名首字索引的办法,从《里程表》查出乘车里程。

(2)查找旅客票价

旅客票价根据发、到站间的运价里程和不同的车辆设备以及旅客所购票种,从相应的《票价表》有关栏内直接查得该票种应收的票价。

(三)区段票发售规定

区段票是车站无计算机售票设备发售车票时使用的一种票据。区段票样张正面、背面如图 1-1 所示。

1. 必须用墨汁、黑色墨水或圆珠笔填写,严禁使用红、蓝墨水。

2. 根据查出的运价里程,在里程栏相当里程下部沿横线剪断,将上部交给旅客,其余部分报缴铁路局。

3. 半价票应沿着有关栏的右方竖线向上端剪断,左上部交给旅客,其余部分报缴铁路局。

(四)代 用 票

代用票为甲、乙、丙三页复写式,尺寸为 120 mm×185 mm。甲、丙页为薄纸,乙页为厚纸。甲页存根,乙页为旅客页,加印浅褐色底纹,丙页报告。代用票样张如图 1-2 所示。

(五)《里程表》的使用

1. 表示方法

全线的营业办理限制:在各该线的里程表上用文字注明。

各站的营业办理限制:在各该站的站名前用下列符号表示:

(1)※　旅客乘降所,只办理旅客乘降业务。

(2)⊗　不办理行李和包裹业务的车站。

(3)◎　不办理包裹业务的车站。

(4)△　不办理客运业务的线路连接点车站。

2. 使用方法

(1)查找站名。

(2)确认有无营业办理限制。

(3)计算里程。

(六)车票有效期间的计算、延长和处理

1. 车票有效期间的计算

区段票正面   区段票背面

××铁路局
硬座区段票

限票　　年　月　日

第＿＿＿＿＿＿次车

自＿＿＿＿＿＿站

至＿＿＿＿＿＿站

经由（　　　　　）

M00000

＿＿＿＿＿＿　次列车长　印

＿＿＿＿＿＿　站发售　印

全价

里程	到达有效日期	半价	全价
30	2	0.00	0.00
40	2	0.00	0.00
60	2	0.00	0.00
90	2	0.00	0.00
110	2	0.00	0.00
～～～			
980	3	0.00	0.00
1 020	3	0.00	0.00
1 060	3	0.00	0.00
1 100	3	0.00	0.00

　　　年　　　　月　　　　日　　　次车

自　　　　　　站至　　　　　　站

经由(　　　)实际里程　　　千米

＿＿＿＿段＿＿＿＿次列车长　印

＿＿＿＿＿＿站售票员　印

里程	到达有效日期	半价	全价
1 100	3	0.00	0.00
1 060	3	0.00	0.00
1 020	3	0.00	0.00
980	3	0.00	0.00
940	3	0.00	0.00
980	3	0.00	0.00
～～～			
90	2	0.00	0.00
60	2	0.00	0.00
40	2	0.00	0.00
30	2	0.00	0.00

图 1-1　区段票样张

直达票当日当次有效,但下列情形除外:

(1)全程在铁路运输企业管内运行的动车组列车车票有效期由企业自定。

(2)有效期有不同规定的其他票种。

通票的有效期按乘车里程计算,1 000 km 为 2 d,超过 1 000 km 的,每增加 1 000 km 或其未满,增加 1 d;自指定乘车日起至有效期最后一日的 24:00 止。

2. 车票有效期间的延长

(1)因列车满员、晚点、停运等原因,使旅客在规定的有效期间内不能抵达到站时,车站可视实际需要延长车票的有效期。延长日数从客票有效期终了的次日起计算。

(2)旅客因病,在客票有效期内,提出医疗单位证明或经车站证实时,可按实际医疗日数延长,但最多不得超过 10 d。卧铺票不办理延长,可办理退票。同行人同样办理。

(3)因误售、误购、误乘等原因,原票有效期内不能到达正当到站时,应根据折返站至正当到站间的里程重新计算。

车站在办理延长有效期手续时,应在通票背面注明"因××延长有效期×日",并加盖站名戳。

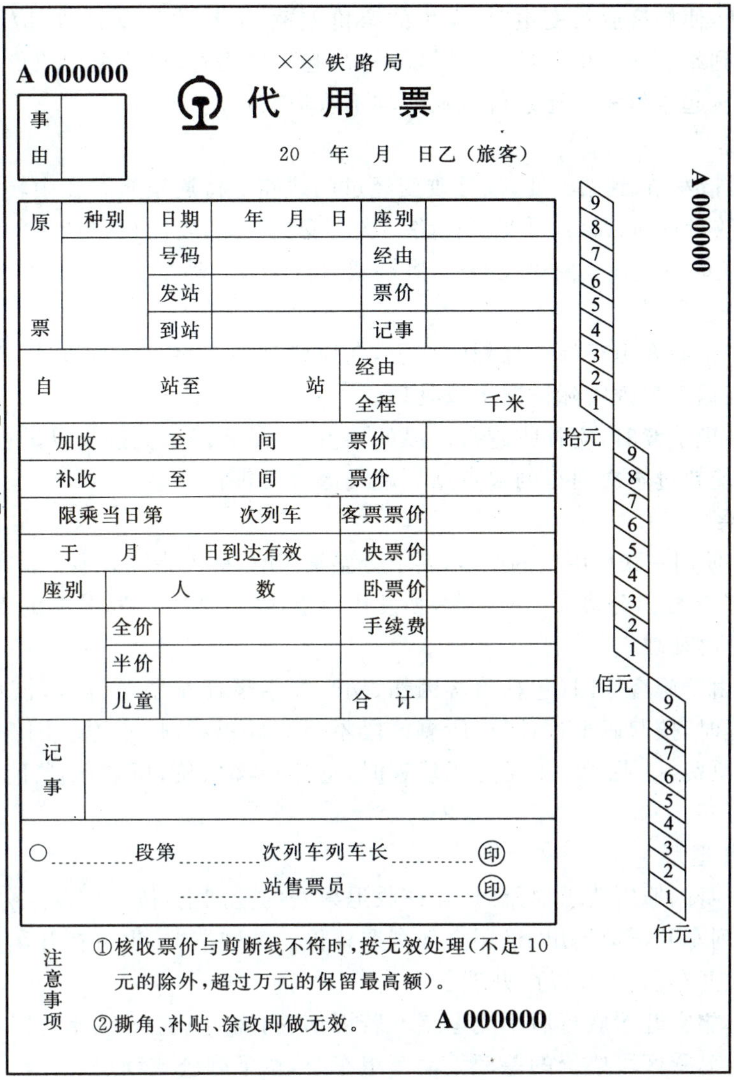

A 000000

事由

××铁路局

代 用 票

20　年　月　日乙（旅客）

A 000000

原票	种别	日期	年 月 日	座别	
		号码		经由	
		发站		票价	
		到站		记事	

| 自　　　站至　　　站 | 经由 | |
| | 全程　　　千米 | |

加收　　　至　　　间	票价	
补收　　　至　　　间	票价	
限乘当日第　　次列车	客票票价	
于　月　　日到达有效	快票价	

座别	人　数	卧票价	
全价		手续费	
半价			
儿童		合　计	

| 记事 | |

○　　　段第　　　次列车列车长　　　印

　　　　　　　站售票员　　　印

9 8 7 6 5 4 3 2 1　拾元
9 8 7 6 5 4 3 2 1　佰元
9 8 7 6 5 4 3 2 1　仟元

注意事项

①核收票价与剪断线不符时，按无效处理（不足10元的除外，超过万元的保留最高额）。

②撕角、补贴、涂改即做无效。

A 000000

120毫米×185毫米

图 1-2　代用票（样张）

3. 车票有效期间失效的处理

（1）旅客在旅途中车票有效期间终了，要求继续乘车时，应自有效期间终了站起另行补票，核收手续费。

（2）定期客票使用中有效期终了时，可按有效使用至到站。

（七）旅行变更的处理

旅客在乘车途中要求办理旅行变更时，站、车在有能力的情况下应积极主动地按规定予以办理。

1. 变更等级

旅客要求变更座席、卧铺、列车等级时，由高等级变更为低等级不办理，由低等级变更为高等级则应换发代用票，补收变更区段（不足起码里程时，按起码里程计算）的票价差额，核收手续费，车票有效期间按原票转记。

持用软座票的旅客要求改用硬卧时，换发代用票，补收变更区段的票价差额，核收手续费。

办理变更等级需补收票价差额时，可发售一张补价票，随同原票使用有效。

因铁路责任,使旅客旅行变更时,发生的票价差额,应补收的不补收;应退款时,由列车长编制客运记录,到站退还票价差额,已乘区段不足起码里程时,退还全程票价差额;所剩区段不足起码里程时,按起码里程退还票价差额。均不收退票费。

2. 变更径路

变更径路是指发站、到站不变,只是改变经过的线路。持通票旅客在中转站或列车内,在通票有效期间内能够到达原到站,可变更径路一次。变更径路,新旧径路产生的票价差额,该补收时应补收,该退还时不退还。变更径路后,卧铺票自行失效。动车组列车车票不办理变径。

3. 越站乘车

越站乘车是指旅客由于旅行计划的变更,在原票到站即将到达前要求超越原票到站至新到站的乘车。根据列车内实际情况予以处理。

越站乘车办理手续时,应补收越乘区段的票价(不足起码里程按起码里程计算),并核收手续费,但最远不能超过本次列车的终点站。越站区段发售补价票。

4. 旅客分乘

凡两名以上使用一张代用票的旅客,要求分票乘车时,称为旅客分乘。旅客提出要求办理分乘时,都应按照旅客提出分票乘车的张数,换发代用票,收回原票,并按分票的张数核收手续费。

(八)车站退票处理

总的来讲,由于旅客原因(包括旅客因伤、病),要求退还车票票价时,核收退票费,已乘区段不足起码里程时,按起码里程计算;所剩区段不足起码里程时,不退。因铁路责任退还车票票价时,不收退票费,已乘区段不足起码里程时,退还全部票价;所剩区段不足起码里程时,按起码里程计费退还。

1. 旅客责任退票

由于旅客自身的原因要求退票时,在核收退票费的基础上,按下列规定办理:

(1)在发站列车开车前提出,退还全部车票票价。特殊情况,也可在开车后 2 h 以内办理。团体旅客必须在开车前 48 h 以内办理。

(2)原则上,旅客开始旅行后不能退票。若因伤、病确实不能继续旅行时,经站、车证实,可退还已收票价与已乘区段票价的差额。动车组车票,按下列公式计退:

$$应退票款 = 原票价 - (原票价 \div 原票里程 \times 已乘区段里程)$$

(3)站台票售出后,不办理退票。

2. 铁路责任退票

由于铁路责任致使旅客退票时,按下列规定办理,且不收退票费:

(1)在发站,应退还全部票价。

(2)在列车上,应由列车长编制客运记录或换发代用票至到站退款;在中途站,应退还已收票价与已乘区段票价差额。

(3)在到站,凭原票和客运记录或列车长换发的代用票退还已收票价与已使用部分票价差额。已乘区段不足起码里程时,退还全部;所剩区段不足起码里程时,按起码里程计价退还。

(4)空调列车因空调设备故障在运行过程中不能修复时,应退还未使用区段的空调票价。未使用区段不足起码里程,按起码里程计算。

三、案例模块

【案例 1-1】 运价里程的查找。

查算济南至杭州的运价里程。

【解】　先查出《里程表》中第 3 页京沪线,自济南至上海的运价里程为 966 km,再查出第 21 页沪杭、浙赣线,自上海之杭州的运价里程为 201 km,两者相加,即得出济南至杭州的运价里程为 1 167 km。

【案例 1-2】　票价的计算。

一旅客 2008 年 6 月 26 日购买西安至郑州的客特快空调硬座联合票,西安至郑州运价里程为 511 km,请计算其票价。

【解】　(1)确定西安—郑州区段的中间里程

西安—郑州运价里程为 511 km

$$n=\frac{511-400}{30}=3.7\approx4$$

$$L_{中间}=400+(4-0.5)\times30=505(km)$$

(2)计算硬座客票票价

$$E=0.058\ 61\times200+0.052\ 749\times300+0.046\ 888\times5=27.781\ 14(元)$$

$$B=E\cdot2\%=27.781\ 14\times2\%\approx0.6(元)$$

$$F=E+B=27.781\ 14+0.6=28.381\ 14\approx28(元)$$

(3)计算快速加快票票价

$$F_{普快}=20\%\cdot E=20\%\times27.781\ 14\approx5.6(元)$$

$$F_{快速}=2\cdot F_{普快}=2\times5.6\approx11(元)$$

(4)计算空调票票价

$$F_{空调}=25\%\cdot E=25\%\times27.781\ 14\approx7(元)$$

$$F_{联合}=F+F_{快速}+F_{空调}+1+1=28+11+7+1+1=48(元)$$

故　联合票价为 48 元。

【案例 1-3】　车票有效期间的计算。

某旅客 2009 年 3 月 18 日,在西安站购买西安—北京西 T232 次(20:40 从西安站发车)硬座客特快卧(下)一张,请计算客票的有效期间。

【解】　(1)查《里程表》,西安—北京西运价里程为 1 206 km。

(2)计算客票有效期间

1 000 km 以内为 2 d,剩余 1 206－1 000＝206(km)

增加 1 d,所以有效期间为 2＋1＝3(d)。

【案例 1-4】　旅行变更,代用票的填写。

2009 年 3 月 18 日,保定站一旅客持 3 月 17 日北京西经太原至宝鸡硬座客快联合票,票号 A01113355,票价 81.00 元,要求改乘当日 1363 次(北京西经郑州)去宝鸡,保定站如何处理?北京西至宝鸡线路如图 1-3 所示。

【解】　(1)保定站应自分歧站看是计算新旧径路票价,核收手续费,收回原票,填发代用票。经计算应补收票价差 68.00－67.00＝1.00 元,核收手续费 1.00 元,合计:2.00 元。

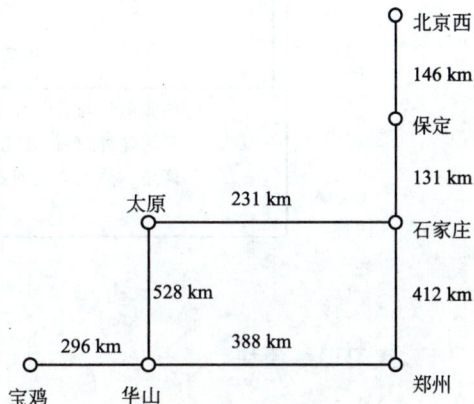

图 1-3　北京西至宝鸡线路示意图

(2)填写代用票。

代用客票、加快票、卧铺票、空调票、包车票、团体票、旅行变更无客票、无加快票、乘车日期和车次不符、越席乘车、客票中途过期、不符合减价规定、儿童超高、丢失车票、持站台票来不及下车等时，事由栏、原票栏、人数栏、票价栏、记事栏应按规定填写。

本题目属于办理变更径路，事由栏按规定略语填写“变径”；原票栏根据原票转记；乘车区间栏，填记变更的发到站名“保定”、“宝鸡”，经由“郑”；票价栏由于变径后补收票价，所以应在补收区间票价栏内填写“补收石家庄至宝鸡间客快差 1 元”；记事栏应注明“原票收回”字样。

代用票填写如图 1-4 所示。

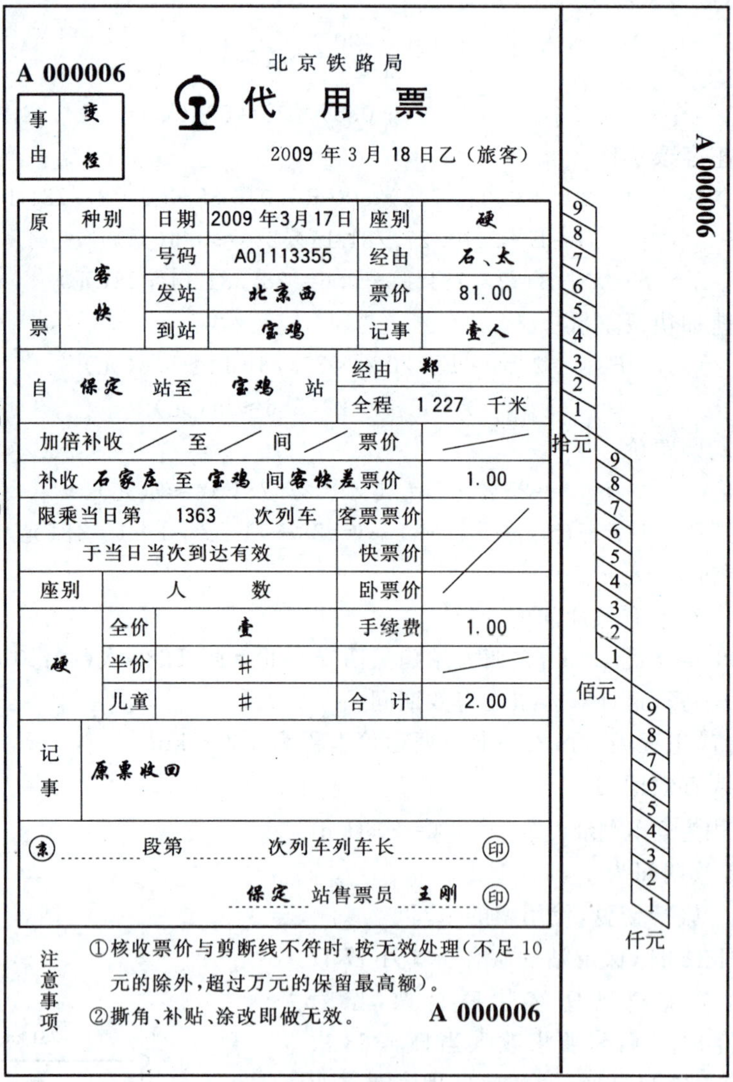

A 000006

北京铁路局

代用票

事由	变径

2009 年 3 月 18 日乙（旅客）

原票	种别	日期	2009 年3月17日	座别	硬
	客快	号码	A01113355	经由	石、太
		发站	北京西	票价	81.00
		到站	宝鸡	记事	壹人

自 保定 站至 宝鸡 站				经由 郑	
				全程 1 227 千米	
加倍补收 ／ 至 ／ 间 ／ 票价					／
补收 石家庄 至 宝鸡 间客快差票价					1.00
限乘当日第 1363 次列车				客票票价	／
于当日当次到达有效				快票价	
座别	人数			卧票价	
硬	全价	壹		手续费	1.00
	半价	#			／
	儿童	#		合计	2.00
记事	原票收回				

(素) ……段第……次列车列车长……(印)

保定 站售票员 王刚 (印)

注意事项 ①核收票价与剪断线不符时，按无效处理（不足 10 元的除外，超过万元的保留最高额）。②撕角、补贴、涂改即做无效。 A 000006

图 1-4　代用票填写式样

四、实习训练模块

(一)运价里程的查算

1. 查算鹤岗至贵州的客运运价里程。

2. 查算三水站至北京西站运价里程。

（二）车票有效期间的计算

1. 计算西安至兰州的硬座客快票有效期间。

2. 计算北京西至广州客特快卧联合票的有效期间。

（三）票价的计算

1. 2008 年 8 月 28 日，一旅客购买郑州至昆明的 K337 次新型空调列车硬卧上铺车票，请计算票价。

2. 一旅客在石家庄站购买 4475 次到临汾的硬座客快票和同等级儿童票各一张，请分别计算票价。

3. 一旅客在阳泉站购买 2561 次阳泉—西安的硬卧客快票一张，请计算票价。

4. 一旅客在西安站购买西安至北京 T42 软卧一张，请计算票价。

5. 一持有"减价优待证"学生证的旅客在唐山站购买 1451 次到牡丹江的硬座客快票一张，请计算票价。

6. 一旅客在郑州站购买至北京的 T202 次软卧票一张，持有"革命伤残军人证"，计算票价。

（四）旅行变更的处理、代用票的填写

1. 2008 年 2 月 19 日，在石家庄站，一旅客持当日石家庄至北京南的硬座普快联合票，票号 A012345，票价 19.00 元，要求改签次日 4442 次（石家庄—张家口南）软座至到站，请办理。

2. 2008 年 1 月 12 日，一旅客持西安铁路职业技术学院学生证（减价优待区间为西安—郑州）和一张 1 月 13 日西安至郑州半价硬座空调客特快联合票（票号 A003214，票价 25.00 元），在西安站要求改签当日 K60 次（西安—扬州）软座至到站，西安站如何办理？

3. 2007 年 2 月 20 日，在保定站一旅客持当日北京西至郑州的软座普快联合票，票号 A63214578，票价 80.00 元，要求改乘 K679 次（北京西—郑州）列车硬卧去到站（3 车 2 号下有票额），保定站如何办理？

4. 2008 年 3 月 10 日，在石家庄站，有 3 名旅客持一张 3 月 9 日郑州至北京西的硬座普快代用票，票号 A872458，票价 132.00 元，人数栏全价叁人。要求 1 人乘当日 1090 次（信阳—北京西）列车去到站，另外 2 人乘次日 1090 次列车去到站，石家庄站如何办理？

（五）退票的处理

1. 2008 年 2 月 18 日，在北京西站一旅客持 2 月 20 日北京西至石家庄的硬座客特快联合票，票号 A0004567，票价 22.00 元，因事要求退票，请计算所退票价。

2. 2008 年 4 月 10 日，1353 次（天津—广州东，新型空调车）运行至石家庄站，列车长编制 05 号客运记录交下一重病旅客，该旅客持 4 月 9 日天津至长沙的空调硬座客快卧（下）联合票，票号 A123256，票价 367.00 元，旅客要求退票，请计算所退票价。

3. 2008 年 4 月 5 日，郑州站一旅客持一张 4 月 3 日南宁—郑州的空调软座客快卧（下）联合票，票号 A0043216，以及 1628 次列车长编制的 11 号客运记录（注明该旅客所乘软卧车厢因故中途甩车，自衡阳站开始改乘硬卧下铺至郑州，无空调），旅客要求退还差额，请办理。

4. 2002 年 6 月 10 日，呼和浩特站一旅客持两张当日包头到北京的新型空调折扣价二档硬座客快卧（上）联合票，票号 A0001234 和 A0001235，票价各 169.00 元，及 K264 次列车长编制的 18 号客运记录（注明该旅客的同行人因醉酒头部受伤，期陪同下车治疗），旅客要求退还差额，请办理。

任务 2　旅客组织及服务

[学习目标]　掌握车站客运员岗位基本技能。

[学习要求]　理会《客规》关于旅客乘车条件、旅客运输阻碍及事故处理、旅客携带品的规定,并能运用规章处理实际问题;熟悉车站旅客工作组织的方法。

[工作任务]　组织旅客候车和站台乘降;办理不符合乘车条件的处理,填制《代用票》或《客运运价杂费收据》;处理车站发生及列车交下突发疾病、死亡和意外伤害事故旅客,编制《客运记录》、《事故速报》;办理线路中断后对旅客的安排;核收违章携带品运费,填制《客运运价杂费收据》。

[需要工具及设备]　《里程表》、《票价表》、《行包运价表》、《客规》、《细则》、《价规》、客运记录、铁路传真电报、代用票样张、客运运价杂费收据样张。

[教学环境]　模拟候车室、模拟旅客站台、理实一体化教室。

一、理论模块

(一)客运站设备

客运站由站房、站场及站前广场组成。旅客站房应包括候车室、行包房、售票处(厅)、问事处、小件物品寄存处等;站前广场是客运站与城市联系的"纽带",包括车行道、停车场和旅客活动地带等;客运站站场内应设有各种用途的线路、站台和跨越设备(天桥、地道、平过道)、风雨棚及给水设备。

(二)客运站流线工作组织

客运站流线按流动方向不同,可分为进站和出站两大流线;按性质不同,可分为旅客流线(简称人流)、行包流线(简称货流)、车辆流线(简称车流)。

流线组织要符合避免互相交叉干扰和最大限度地缩短旅客走行距离,避免流线迂回的原则。流线疏解的基本方式有平面上错开、空间上错开、在平面和空间上同时错开三种方式。

二、技术模块

(一)客运服务工作组织

客运服务工作包括问事处、候车室服务工作,旅客乘降工作,广播宣传工作,小件寄存,车站美化及卫生工作。

其中,旅客乘降工作要求车站对进站人员持用的车票、站台票要检验和加剪。检票前要清理站台,检票时间要求:始发车在开车前 40 min,中间站在列车到站前 20 min。剪票时先重点(老、弱、病、残、孕、带婴儿的旅客)、后团体、再一般,要确认车票的日期、车次、发到站,签证是否正确,认真执行"一看(看日期、车次)、二唱(唱到站)、三剪(加剪)"制。

(二)车票的签证

1. 旅客购票后,如不能按票面指定日期和车次乘车时,在票面指定的日期、车次开车前,可办理一次提前或改晚签证手续,特殊情况经站长同意,最迟不超过开车后 2 h,团体旅客必须在开车前 48 h 以前办理。

车票签证在车票预售期内且有能力的前提下,车站应予以办理。改签后票价高于原票价时,核收票价差额;低于原票价时,退还票价差额,并收回原票换发新票,在新票背面注明"始发改签"。

2. 由于铁路责任造成旅客不能按票面记载的日期、车次乘车时,乘车站应按旅客要求尽早安排改乘有能力列车去到站,办理改乘手续时,在车票背面注明"因铁路责任"字样,并加盖改签乘车日期车次戳。发生票价差额时,只退不补。

3. 旅客在中转站换车时,应办理签证手续。签证后票价低于原票价时,票价差额不退,计算机只打印签证号,随原票使用,补价时发售有价签证票。

4. 除售票系统设备故障等特殊情况,不得手工签车票。

(三)车站的检票和收票

1. 旅客购票后上车时,必须经检票口进站。车站对进站、出站的旅客应检票。

2. 车站对已使用完毕的车票应收回。旅客需报销时,应事先声明,车站将销角的车票交旅客作为报销的凭证。

(四)旅客乘车中发生特殊情况的处理

对误售、误购车票,应按下列规定补收或退还已收票价与正当票价的差额,不收手续费或退票费。

1. 在发站,收回原票,换发新票。

2. 在中途站、原票到站,应补收票价时,收回原票,换发代用票,补收票价差额;应退还票价时,站、车应编制客运记录,连同原票交给旅客,作为乘车至正当到站后要求到站退还票价差额的凭证,并应以最方便的列车将旅客运送至正当到站。

2. 误乘的处理。旅客坐错了车,或乘车中坐过了站,统称为误乘。旅客发生误乘时,列车长应编制客运记录交前方停车站,车站应在车票背面注明"误乘"并加盖站名戳,指定最近列车(不办理一般旅客运输的国际列车除外)免费送回误乘站或正当到站。

误售、误购、误乘的旅客,在免费送回的区段,站、车均应告知旅客中途不得下车。如中途下车时,对往返乘车的免费区段,按返程所乘列车等级分别核收往返区段的票价,核收一次手续费。

3. 丢失车票的处理。旅客丢失车票应另行购票。重新购票时,如旅客已说明丢失车票,则应填发代用票。在乘车中丢失车票时,应自丢失起(不能判明时从列车始发站起)补收票价,核收手续费。学生丢失车票,在车站可凭优待证或学校证明重新购买学生减价票;在列车上或中途站丢失,经确认后,从丢失站起补收学生减价票,核收手续费。旅客丢失车票另行补票后又找到原票时,在发站按退票处理。处理站在办理时,填写退票报告,并核收退票费,代用票及客运记录随退票报告一并上报。由于站、车工作人员工作失误,造成旅客车票丢失时,站、车均应填写代用票,在记事栏内注明"因××原因丢失",将款额剪断线全部剪下随丙联上报。

(五)对违章携带的处理

(1)旅客携带品超过免费重量或超过规定的外部尺寸。

①在发站应按规定办理托运手续,不准带上车。

②在列车内或下车站发现时,对超过免费重量的物品,其超重部分按四类包裹补收运费。

③旅客携带不可分拆的整件超重、超大物品以及动物(含猫、狗、猴等宠物)时,都应按该件全部重量补收四类包裹运费。

④旅客携带的物品价值较低,补收的运费超过其本身价值时,可按物品本身价值的50%核收运费。

(2)旅客携带危险品和国家禁止或限制运输的物品以及妨碍公共卫生、污损车辆的物品。

①按该件全部重量加倍补收四类包裹运费。

②危险品交最近的前方停车站处理,必要时移交公安部门处理,对有必要就地销毁的危险品应就地销毁,使之不能危害旅客,同时,承运人不承担任何赔偿责任。

（3）对携带品超重不足 5 kg 时，可免收运费。

（六）车站对旅客运输阻碍的处理

列车停止运行后，应按下列规定安排已购买车票的被阻旅客。

1. 旅客在停运站或被阻列车上时，在车票背面注明"原因、日期，返回××站"作为免费返回发站或中途站退票、换车、延长有效期间的凭证。如在发站或一个中途站等候继续旅行的，在通车 10 d 内可凭原票重新签证恢复旅行；在返回途中自行下车的，运输合同终止。

2. 在发站（或返回发站）停止旅行时退还全部的有效车票票价，但手续费、加收部分的票款、携带品超过规定范围补收的费用以及已使用至到站的车票票价不退。

3. 在停止旅行站（或中途站）退票时，退还已收票价与发站至停止旅行站间票价的差额，发站至停止旅行站不足起码里程按起码里程计算（铁路责任退全部票价）。

4. 铁路组织列车绕道运输时，组织原列车绕道时，原票有效。组织换车绕道时，注明"因××原因绕道××站乘车"，并加盖站名戳。绕道变座、变铺时（铁路责任按铁路原因变座、变铺），应补时补变更区间票价差额，不足起码里程按起码里程计算；应退时退变更区间票价差额，不足起码里程票价不退。绕道过程中，旅客中途下车时，运输合同终止。

5. 线路中断后旅客买票绕道乘车时，按实际径路计算票价。

6. 旅客索取线路中断证明时，由车站出具文字证明，加盖站名戳。

（七）车站对旅客运输事故的处理

1. 旅客发生急病、死亡的处理

持有车票的旅客和无票人员，在车站、列车上发生急病、死亡时，按国务院批转铁道部制定的"旅客发生急病、死亡处理办法"规定处理。

（1）旅客发生急病时的处理

①持有车票的旅客在车站候车期间发生急病时，车站应立即送至铁路医院急救。该地无铁路医院或距离较远时，可送地方医院进行急救，如系传染病应送传染病医院。

②旅客在治疗期间所需的一切费用，应由旅客自负。如本人确实无力负担，铁路局可在"旅客保险"支出项下列支，由车站按时请领偿还医院。

（2）旅客发生死亡的处理

①持有车票的旅客在车站候车期间死亡时，车站站长应会同公安部门、卫生部门共同检验，并按规定处理。如因传染病死亡的应根据卫生部门的指示办理。车站应通知其家属或工作单位前来认领。

②对死者的遗物妥善保管，待死者家属或工作单位前来认领时一并交还。旅客死后所需费用，先由铁路部门垫付，事后向其家属或工作单位索还。如死者家属无力负担或无人认领，铁路可在"旅客保险"项下列支。

（3）无票人员发生急病或死亡时的处理

没有车票的人员，在站台上发生急病或死亡时，由铁路部门负责处理。在候车室、广场等地发生急病或死亡时，由车站通知地方有关部门处理。

2. 旅客人为伤害事故的现场处理

（1）在站内发生旅客人身伤害时，车站客运主任（三等以下车站为站长，以下同）、客运值班员应当会同铁路公安人员查看旅客受伤程度，及时采取抢救措施。列车上受伤旅客需交车站处理时，应提前通知车站做好救护准备工作。

（2）车站发生 3 人以上食物中毒时，车站客运主任（站长）应当及时通知所在站卫生防疫部门和公安部门,并做好现场保护工作。

(3)发生旅客人身伤害人数较多时,应当封锁事故现场,禁止与救援、调查无关的人员进入。

(4)发生旅客伤亡人数较多的事故车站认为必要时,应请求地方政府协助组织抢救。

(5)发生旅客人身伤害事故时,车站客运主任应当会同铁路公安部门及时勘验事故现场,检查旅客所持车票的票种、票号、发到站、车次、有效期及加剪情况等;收集不少于两份同行人或见证人的证言和有关证据并保护好证据材料。

(6)收集证人证言时,应当记录证人姓名、性别、年龄、地址、联系方式、身份证号码等内容。证言、证据应当准确、真实,并能够证明事故发生的过程和原因。

(7)车站对本站发生、发现或列车移交的受伤旅客应当及时送附近或有救治条件的医院抢救;送铁路医院时可凭加盖有车站或客运室公章的客运记录与医院办理就医手续;送地方医院须先缴纳押金时,可用站进款垫付;动用站进款时,填写或补填"运输进款动支凭证"(财收-29),5 d内由核算站或车务段财务拨款归还。

(8)受伤旅客住院期间的生活费由旅客垫付,如旅客或其家属确有困难,经事故处理站站长(车务段长)批准,用站进款垫付;待事故责任明确后,由责任人或责任单位承担。

(9)受伤旅客在现场抢救无效死亡或在站内、区间发现的旅客尸体,经公安机关或送医疗部门确认死亡后,车站应当暂时派人看守并尽快转送殡仪馆存放。对死者的车票、衣物等应当妥善保管并通知其家属来站处理。如死者身份、地址不清或家属不来时,或死亡原因系伤害致死需立案侦查时,可根据公安机关意见处理死者尸体,必要时应对尸体做法医鉴定。尸体存放原则上不超过 7 d。

三、案例模块

【案例 1-5】 误售、误购处理。

2008 年 3 月 18 日,徐州站一旅客持南京至常州硬座客快票(票号 A0008235),要求签证改乘次日 1478 次(镇江—北京)列车。经查,该旅客实际到站是沧州,由于口音不准误购至常州的车票。

【解】 (1)应补收已收票价与正当票价的差额,原票收回,填写代用票。

(2)票价计算及代用票填写方法如下:

① 已收票价:南京—常州 138 km

硬座票价:9.00 元

普快票价:2.00 元

合计:11.00 元

② 正当票价:南京—沧州 895 km

硬座票价:48.00 元

普快票价:9.00 元

合计:57.00 元

③ 补收票价:57.00−11.00＝46.00(元)

(3)填写代用票(代用票填写式样如图 1-5 所示)。

【案例 1-6】 误乘,免费送回、中途下车。

2007 年 3 月 18 日,旅客持北京西至石家庄的新型空调硬座客特快联合票,乘 T55 次列车(北京西—宝鸡,新型空调列车),列车运行在邯郸—安阳区间验票时发现该旅客坐过了站,列车长即编制客运记录,连同原票和旅客到安阳站交下,安阳站指定乘坐 2070 次列车(安阳—石家庄)免费送回石家庄,但该旅客在中途站邯郸下车,请处理。

A 000010

济南铁路局

代用票

2008年3月18日乙（旅客）

事由	误购

原票	种别	日期	2008年3月18日	座别	硬
	客快	号码	A0008235	经由	／
		发站	南京	票价	11.00
		到站	常州	记事	壹人

自　徐州　站至　沧州　站	经由　／ 全程　552　千米
加倍补收　／　至　／　间　／　票价	／
补收　南京　至　沧州 常州　间客快差票价	46.00
限乘当日第　1478　次列车	客票票价
于当日当次到达有效	快票价
座别　人　数	卧票价
硬　全价　壹	手续费
半价　#	
儿童　#	合　计　46.00
记事　原票收回	

济　段第　次列车列车长　印

徐州　站售票员　高飞　印

注意事项　①核收票价与剪断线不符时，按无效处理（不足10元的除外，超过万元的保留最高额）。②撕角、补贴、涂改即做无效。　A 000010

A 000010

拾元 9 8 7 6 5 4 3 2 1　佰元 9 8 7 6 5 4 3 2 1　仟元 9 8 7 6 5 4 3 2 1

120毫米×185毫米

图1-5　代用票填写式样

【解】（1）邯郸站应收回原票，并对往返乘车的免费区段，按返程所乘列车的等级分别核收往返区段的票价，核收一次手续费。

①补收：石家庄—安阳 225 km

硬座票价：16.00 元

普快票价：3.00 元

共计：19.00 元

②安阳—邯郸 60 km

硬座票价：3.50 元

普快票价：1.00 元

共计：4.50 元

③手续费：1.00 元

④合计：24.50 元

（2）填写"客运运价杂费收据"（如图 1-6 所示）。

<table>
<tr><td colspan="2"></td><td colspan="3" align="right">丙</td></tr>
<tr><td colspan="5" align="center">北 京 铁 路 局</td></tr>
<tr><td colspan="5" align="center">**客运运价杂费收据**</td></tr>
<tr><td colspan="5" align="center">2007 年 3 月 18 日</td></tr>
<tr><td rowspan="4">原票据</td><td>种别</td><td>日期</td><td colspan="2">月　日　时到达、通知、变更</td></tr>
<tr><td></td><td>号码</td><td colspan="2">月　日　时交　　　付</td></tr>
<tr><td></td><td>发站</td><td colspan="2">核收保管费　　　日</td></tr>
<tr><td></td><td>到站</td><td colspan="2"></td></tr>
<tr><td colspan="2" rowspan="2" align="center">核 收 区 间</td><td colspan="2">核 收 费 用</td><td rowspan="2">款　额</td></tr>
<tr><td>种别</td><td>件数　重量</td></tr>
<tr><td>自</td><td>石家庄至安阳　站</td><td></td><td>客快票价</td><td>19.00</td></tr>
<tr><td>至</td><td>安阳至邯郸　站</td><td></td><td>客快票价</td><td>4.50</td></tr>
<tr><td colspan="2">经由（　　　　）</td><td></td><td>手续费</td><td>1.00</td></tr>
<tr><td colspan="2">座别　硬　人数　壹</td><td></td><td></td><td></td></tr>
<tr><td colspan="2"></td><td></td><td>合　计</td><td>24.50</td></tr>
<tr><td>记事</td><td colspan="4">误乘，2070 次免费送回，中途下车。</td></tr>
<tr><td colspan="5" align="center">邯郸　站经办人　任长利　印</td></tr>
<tr><td colspan="5" align="right">A 000012</td></tr>
</table>

图 1-6　客运运价杂费收据式样

【案例 1-7】　丢失车票的处理。

2007 年 3 月 18 日,长春站一旅客声明丢失哈尔滨开往北京的新型空调特快 T72 次车票，要求重新买票。请处理。

【解】　（1）在乘车中丢失车票时,应自丢失站起（不能判明时从列车始发站起）补收票价，核收手续费。

（2）票价计算。

长春—北京　1 003 km

新空硬座票价:80.00 元

新空特快票价:30.00 元

新空空调票价:20.00 元

手续费:1.00 元

合计:131.00 元

(3)填制代用票(代用票填写式样如图 1-7 所示)。

图 1-7　代用票填写式样

【案例 1-8】　2006 年 6 月 10 日,一旅客持 $A—D$ 的硬座客票 11.00 元,到站为 C 站的加快票票价 1.00 元。在列车运行至 C 站后 $C—D$ 区间因水害线路中断,该旅客要求返回 B 站终止旅行,问该如何处理? 见图 1-8 所示。

图 1-8　$A—D$ 区段线路图

【解】　1. 在 C 站应在车票背面注明"因前方水害,于 6 月 10 日返回 B 站",加盖站名戳。

2. 在 B 站办理退票,退还发站至中止旅行站($A—B$)硬座票价 1.00,加快票不退。

应退 $11.00-1.00=10.00$(元)　不收退票费。收回原票,填退票报销凭证如图 1-9 所示。

××铁路局

退票报销凭证　　A000000

B站　　　　　　　　　2006 年 6 月 10 日

原　　票	A 站至 D 站			
已乘区间	A 站至 B 站			
已乘区间票价	贰	元	零	角
退票费				
共　　计	贰	元	零	角

（无经办人名章无效）　　　　　　　经办人　王伟　印

图 1-9　退票报销凭证填写式样

四、实习训练模块

（一）误售、误购的处理

1. 1998 年 3 月 10 日,在石家庄站,一旅客持当日保定经郑州到安康的硬座普快联合票,票号 A1245324,票价 84.00 元,声称误购车票,实际到站是南康,要求乘当日 592 次(石家庄—济南)经衡水去正当到站。请处理。

2. 2008 年 10 月 7 日,常州站组织 K371 次(太原—上海)旅客出站时,一旅客持 10 月 6 日太原经德州到常州的空调硬座客快联合票,票号 A1540235,声称误购车票,实际到站是沧州站。常州站、沧州站分别如何处理?

（二）误乘的处理

1. 2002 年 6 月 10 日 1627 次(郑州—南宁)南宁站组织出站时,一旅客持永州至柳州硬座客快票,票号 A0222334,该旅客称其正当到站是柳州。南宁—柳州有 1558 次(空调普快)。请问南宁站、柳州站分别如何处理?

2. 2008 年 8 月 7 日,郑州站组织 1152 次(西安—杭州)出站时,一旅客持当日西安至洛阳硬座普快联合票,声称坐过了站。郑州站指定该旅客乘坐 1131 次(烟台—西安)返回正当到站。在返回中,该乘客在巩义站下车。巩义站如何处理?

（三）丢失车票

1. 2002 年 7 月 4 日,西安站对 1130 次(西安—烟台)列车的旅客开始检票放客时,一旅客称购买的 1130 次西安—郑州的硬座票丢失。应如何处理?

2. 2002 年 7 月 4 日,西安站对 1130 次(西安—烟台)列车的旅客开始检票放客时,一旅客称购买的 1130 次西安—郑州的硬座票丢失。重新购票后,在郑州站出站掏口袋时,找到原购买的西安—郑州的硬座票,票号 A0023541,及西安站填发的西安至郑州的代用票(事由栏:丢失)。郑州站如何处理?

任务 3　城轨售票

[学习目标]　了解地铁车站售票员岗位基本技能。

[学习要求]　了解地铁车站旅客运输售票、组织的基本知识。

[工作任务]　AFC 售票系统。

[需要工具及设备] 各种报表、自动售票机、半自动售票机、闸机、自动验票机、自动充值机、地铁车票。

[教学环境] 地铁车站、理实一体化教室。

技术模块

（一）售票员岗位职责

1. 售票员须严格按票务制度和有关规定出售车票、处理车票,确保票、款、账的安全和正确。

2. 及时处理乘客的无效票和过期票。

3. 售票员应按照有关服务要求向乘客提供优质服务。

（二）售检票作业

按是否设置检票口,车站售检票有开放式售检票和封闭式售检票两种方式。按是否采用自动售检票设备,封闭式售检票又有人工售检票和自动售检票两种方式。

人工售检票速度慢,售检票人员配备较多,并且无法杜绝无票乘车、越站乘车。自动售检票能为乘客提供便捷的服务,检票口通过能力较大,售检票人员配备较少,能杜绝无票乘车、越站乘车。

1. 人工售检票

（1）售票作业。售票员应按票号顺序出售车票,在售票中执行"一唱、二售、三找、四清"作业程序。售票员必须离开岗位时,应与指定专人办理交接手续。与售票作业无关人员不得进入售票室。售票员的票务违章分票务差错、票务事故和票务贪污三种情形。

一般情况不办理退票,特殊情况需要退票时,应得到站长同意。退回车票不得再出售,在退回车票背面加盖退票戳记,进行登记后上缴。

严格执行票务有关规章制度,车票与票款的管理做到不丢失,无差错,做到日清、月结,账款相符。车票遗失、票款缺少,有关责任人应赔偿。

（2）检票作业。在检票中,检票员应执行"一看、二撕、三放行"作业程序,认真核对车票的日期、车站等,防止无票乘车,使用废票、伪票与无效证件乘车。认真做好票卡分析和补票工作。严禁以售代检和收存有效车票。在客流较大时,应积极疏导乘客,组织乘客有秩序地进站乘车。

建设部颁布的《城市轨道交通运营管理办法》规定,禁止携带易燃、易爆、有毒和放射性、腐蚀性危险品乘车,以及禁止携带宠物乘车,检票员在检票时应认真执行、履行职责。

2. 自动售检票

自动售票机和检票机能自动完成售检票作业。但车站还配置了半自动售票机,需要配备售票员。此外,每一个收费区还应配备一名票务员。

售票员输入密码和识别码、登录半自动售票机,然后进行车票发售、车票分析和对车票进行更新等作业。

收费区票务员作业的主要内容是车票分析、处理和补票,以及指导乘客正确使用检票机等。

（三）AFC 系统

AFC 系统由中央计算机系统、车站计算机系统、车站 AFC 设备和票卡四个层次组成。

（1）中央计算机系统。中央计算机系统包括小型机系统、数据库系统、监控工作站、数据传输设备、票卡编码及初始化设备等。

（2）车站计算机系统。车站计算机系统包括车站计算机、监控工作站、数据传输设备等。

（3）车站 AFC 设备。车站 AFC 设备包括检票机、自动售票机、半自动售票机、自动验票机和自动加值机等。

项目2 列车客运

　　旅客客运工作是保证旅客和行李、包裹安全、准确运输的重要环节。通过组织旅客乘降、组织行包装卸,完成旅客和行包的运送过程。列车客运工作主要由旅客列车乘务组完成,包括列车车厢服务、旅客相关客运业务处理及行包装卸与交接等内容。

任务1　旅客列车乘务工作

　　[学习目标]　掌握列车员岗位基本技能。

　　[学习要求]　理会《客规》关于旅客乘车条件、旅行变更的规定,并能运用规章处理实际问题;熟悉列车客运服务工作方法。

　　[工作任务]　组织旅客乘降,会从事列车旅客服务工作;办理途中车票的过期、车票丢失、误购、误乘及各种旅行变更,编制《客运记录》或填写《代用票》;处理旅客在列车上违章携带物品,填制《客运运价杂费收据》。

　　[需要工具和设备]　《里程表》、《票价表》、《行李包裹运价表》、《客规》、《细则》、《价规》、客运记录、代用票样张、客运运价杂费收据样张。

　　[教学环境]　模拟硬座车厢、硬卧车厢,理实一体化教室。

一、理论模块

　　(一)"三乘一体"

　　1. 组成

　　旅客列车乘务组由客运人员、公安乘警和车辆乘务员组成。

　　客运乘务人员包括列车长、列车值班员、列车行李、广播员、列车员及餐茶供应人员;车辆乘务人员包括检车长、检车员(含空调检车员)、车电员;公安乘务员包括乘警长和乘警。他们分别由客运段、车辆段、公安处领导,在一趟旅客列车上共同担当乘务工作。

　　乘务组的主要任务是:

　　(1)确保旅客上下车及旅途中的安全。

　　(2)及时安排旅客的座席、铺位,保持列车内整洁卫生,维护车内秩序,做好服务工作。

　　(3)保证行李、包裹安全、准确到达。

　　(4)充分发挥列车各种设备的效能,爱护车辆设备。

　　(5)正确掌握车内旅客及行包的密度、去向,及时办理预报。

　　(6)正确执行规章制度,维护铁路正当收入,作好餐茶供应及文化服务工作。

　　2. 分工

　　客运乘务人员负责确保旅客、行包的安全,列车清洁卫生和车内设备正常使用,组织列车饮食供应,做好计划运输组织工作,正确填写票据、表报,及时办理预报。乘务终了填写乘务报告,列车长亲自向派班室和有关领导汇报工作。

检车、车电乘务人员负责客运车辆运行安全。到站检查车辆走行部分,运行中按规定技术作业随时巡视,检查车内通风、给水、照明、空调等各项设备的技术状态,发现故障及时处理。

公安乘务人员协助客运乘务人员维持列车秩序、调解旅客纠纷,保证旅客安全。

3. 乘务形式

旅客列车乘务组的乘务形式,按既有利保养车辆又合理使用劳力的原则,据列车种类和运行距离,分别采用包乘制和轮乘制。

(1)包乘制指按列车行驶区段和车次由固定的列车乘务组包乘。根据车底使用情况不同可分为包车底制和包车次制。

①包车底制指乘务组不仅固定区段和车次,而且固定包乘某一车底(长途列车乘务组分成两班轮流服务)。有利车辆设备及备品的保养,可以熟悉该列车的运行情况,掌握沿途乘车旅客的性质和乘降规律,以便更好地安排自己的工作,从而有利于提高服务质量。缺点是长途旅客列车需挂宿营车,乘务工时一般难以保证。目前大都执行包车底制,不足工时可采用乘务员套跑短途列车或长途车底套跑短途列车(一车底多车次)。这样可节省车底,也可弥补乘务工时的不足。

②包车次制指一个车次(或线路)几个乘务组包干值乘,但不包车底。其优点是便于管理,可保证服务质量。缺点是交接手续复杂,不利于车底保养。

(2)轮乘制指在旅客列车密度较大,且列车种类和编组又基本相同的区段,为紧凑组织乘务交路和班次,采用乘务组互相套用,不固定乘务组服务于某一列车。优点是乘务员单班作业,一般在本局内值乘,对线路、客流及交通地理等情况熟悉,联系工作方便,乘务中也不需宿营车,从而节省了运能。缺点是增加了交接手续,不利车辆保养,对服务质量有影响。

(二)乘务工作制度

1. 出退勤制。

2. 趟计划制。

3. 验票制。

4. 统一作业制。

二、技术模块

(一)列车乘务服务

1. 安全工作

安全运送旅客是乘务组的首要任务,必须在保证旅客安全的前提下作好旅客服务工作。

(1)列车开、到前后的安全工作有:

乘务员出乘前充分休息,严禁在出乘前和工作时饮酒。

出乘前列车长向车站客运室联系,了解重点照顾的旅客,并在出乘会上通知并指定专人负责安排照顾。

旅客上车前必须对车门、车梯、车厢连接处进行检查,发现有影响行车和人身安全的,及时通知有关部门解决。列车开、到前后做好乘降组织工作。始发站旅客进站时列车长应在入口处、列车员在车门口观察,注意重点需要照顾的旅客,组织旅客上下车。列车接近站台时,要先试开侧门,待车停稳后再打开,组织旅客先下后上,防止拥挤和混乱。对重点旅客应在到站前先安排到车门,列车停稳后及时下车。列车乘务员要加强车门管理,认真执行"停开、动关、出站加锁、四门检查瞭望"制度,遇临时停车,应看守车门。到站应及时清除扶手和车梯的冰雪,保证旅客上下车安全。旅客上下完了,列车员要按前后顺序进行确认和口头联系,由尾部列车员通报运转车长或值班员"乘降好了"。途中停车时,广播员应向旅客通报,除有关人员外乘务员应坚守岗位,不让旅客下车。

(2)列车运行中的安全工作列车运行中,乘务员要做到:

①及时通报站名,防止旅客坐过站或下错车。

②宣传安全常识,劝阻旅客不要站在车辆连接处,不要手扶门框、风挡,不要将头、手伸出窗外,不要向车外抛物。列车通过大桥、隧道时,应动员旅客关闭车窗并巡视车厢。应加强禁带危险品的宣传,铁路公安人员和客运人员要密切配合,共同做好检查危险品工作。列车员应能通过"看、听、摸、访、嗅"的方法及时发现和处理危险品。

③整理好行李架防止压断或行李坠落砸伤旅客;取送开水或倒开水时,应有相应安全措施,防止烫伤旅客等。

④电气化区段严禁攀登车顶作业。

(3)列车乘务组人员会使用紧急制动阀和手制动机,会使用各种类型的灭火机。

(4)严格执行铁路旅客列车客运作业标准。

旅客旅行大部分时间是在列车上度过的,作好列车的服务工作,最大限度满足旅客在旅行中的物质和文化生活方面的需要是乘务人员的主要任务。服务工作的好坏直接影响到铁路的声誉。因此,乘务员必须树立全心全意为人民服务的思想,讲文明、有礼貌地为旅客服务。

2. 列车服务工作

列车服务工作包括车厢服务、列车广播和餐茶供应工作。

(1)车厢服务工作。始发站剪票前乘务员应做好准备工作,扶老携幼,迎接旅客看票上车。开车后,乘务员按作业过程进行工作,服务中态度主动、热情,语言文明,表达得体、准确,行动稳重、大方、作风谦虚谨慎,方法机动灵活,处理问题实事求是。及时通报站名,组织旅客安全乘降。

(2)列车广播工作。介绍铁路安全、旅行常识及沿线的名胜古迹;正确及时作好站名及中转换乘通告。按时转播中央人民广播电台的新闻和报纸摘要节目以及宣传党的路线、方针、政策;为活跃旅客旅行生活适当播放一些文娱节目和录像;为保证旅客身体健康作好列车卫生宣传工作。

列车广播员应根据旅客心理及客流特点对乘务中各区段、各区间的播音内容做详细安排,经列车长审查批准,按计划执行。

(3)列车饮食供应工作。铁路旅客饮食供应业务,是铁路设置的国营零售商业。基本任务是保证广大旅客在旅行中的饮食需要,保证饮食卫生,不断提高服务质量,为旅客旅行及国际友人友好往来服务。

客运段应成立旅行服务的专业机构,实行专业管理,财务单独核算,并有一名主要领导负责分管这项工作。

饮食供应工作执行"全面服务、重点照顾"的原则,尊重少数民族和外籍旅客的饮食习惯和禁忌避讳。同时,要认真贯彻执行《食品卫生法》,加强食品采购、保管、加工、销售等环节的管理,严防食物中毒。

餐车应根据列车运行时间,实行一日三餐的供应方法,以具有特色的快餐为主,适当供应单炒菜,有条件可供冷饮、夜宵及兼营其他商品。

列车饮食工作,应面向市场,采取灵活的经营方式,参与市场竞争,以满足不同旅客消费水平的需求,实现良好的社会效益和经济效益。

3. 动车组餐饮服务

(1)餐饮供应

制订科学合理、营养健康、绿色环保的餐饮品种体系,针对不同区域、不同季节、不同时段、不同层次旅客的需求,提供规范标准的餐饮产品。餐饮品种应品类丰富,口味多样,方便快捷,能够根据旅客的要求及时调整。餐食成品的各项主辅料搭配要定量化,设置科学合理的上下限标准,并在外包装中标明。餐饮营养搭配合理,各种营养素含量符合国家有关标准。

餐饮应质价相符、物有所值,满足旅客旅行中的基本餐饮需求。要充分考虑铁路票价和乘客的消费水平,提供高、中、低档不同的供应方案。对于旅客必需的餐食品种,要坚持保本微利原则。对于非必需的餐饮品种,可根据市场情况提供差异化服务。乘务餐不得高于成本价。

(2)餐饮包装

餐饮外包装必须标明餐饮成分、食用方法、保质期、生产日期、质量安全图示等标示。包装材料必须选择可重复使用、可回收利用或可降解的材料,确保印制或粘贴的标识标签无毒,且不直接接触食品。

(3)食品配送

配送过程应坚持全程冷链原则。准冷链配送时,必须严格控制时间,确保食品安全。配送的餐饮包装完好,交接流程规范。配送的物品、车辆清洁卫生。配送人员服装统一,整洁卫生。餐饮要及时送至站台,确保开车前 5 min 所有餐食装车完毕。

(4)销售服务

销售服务规范,销售方式新颖,销售工具先进,销售价格透明,服务态度温馨,就餐环境宜人。车上销售人员不少于 3 人,最多不得超过 5 人。餐饮配送和销售人员应经过铁路知识和专业技能培训,持证上岗。销售人员要树立活力、热情、文明、自信的专业形象,服装得体大方,语言文明礼貌,服务规范要符合《动车组站车客运人员服务规范》的要求。

移动售货在列车始发 5 min 后方可开始,终到前 10 min 停止。不得叫卖、兜售,不允许使用对讲系统,不干扰旅客,服务过程中主动避让旅客。售货小推车应印有 CRH 商标,具有良好的防撞、刹车性能,不得影响旅客侧身通行。

(二)列车乘务管理

根据两种不同乘务形式计算服务于某列车的乘务组数,再根据列车乘务组编制,计算乘务员的需要数量。

目前我国采用 8 h 工作制,全年 12 个月,全年日历日 365 d,全年周休日 104 d,全年法定节假日合计 11 d。

$$乘务员每月工作小时 = \frac{365 - 104 - 11}{12} \times 8 = 166.7(\text{h})$$

根据乘务员每月工作时间来计算列车乘务组数。

设每对列车(往返)乘务组工作时间(不包括在折返站的停站时间)为 $T_{往返}$,则

$$T_{往返} = 2\left(\frac{L}{v_直} + t_接 + t_交\right)$$

式中 L——列车始发站至终点站间的距离,km;

$v_直$——列车直达速度(列车始发站至终点站包括停站时分在内的平均速度),km/h；

$t_交$、$t_接$——移交和接收列车的时间,h。

一个列车乘务组一个月工作时间为 166.7 h,则一个列车乘务组每月担当的列车回数(往返)K 为：

$$K = \frac{166.7}{T_{往返}} = \frac{166.7}{2\left(\dfrac{L}{v_直} + t_接 + t_交\right)}$$

设一个月 d 日,每日开行 N 对,则一个月共需要 dN 列车回数。所以需要的列车乘务组数 B 为：

$$B = \frac{dN}{K}$$

再根据列车编组及乘务组编制可以计算乘务员的需要数。

按劳动计划岗位人员编制标准,长途客车单程运行 18 h 以上者,旅客列车乘务人员编制和职称如下：

列车长(正、副)2 人
$\left\{\begin{array}{l}\text{列车值班员每列 2 人}\\ \text{列车员(包括宿营车)每辆 2 人}\\ \text{行李员每列 2 人}\\ \text{广播员每列 2 人}\\ \text{餐车人员：每日一餐者 7 人；每日二餐者 8 人；}\\ \quad\text{每日三餐者 9 人；单程 22 h 以上者 10 人}\end{array}\right.$

根据列车乘务组数乘以该列车定员数即为所需乘务员的数量。

目前各客运(列车)段乘务员需要量的计算,均以实际乘务工时作为计算标准。

乘务工时包括运行中值乘时间(轮班乘务员在车上休息不记工时)、出退勤时间、途中交接班时间(双班作业)、库内清扫和看车时间。

1. 运行中值乘时间。单程运行超过 12 h 时,按值乘旅客列车往返一次实际运行时间一半计算(因乘务组在列车单程运行时间超过 12 h 为双班),单程运行 12 h 以下时按实际运行时间计算。

2. 出退勤工时,按表 2-1 计算。

表 2-1 出、退勤工时计算标准

出退勤时间 ＼ 单程运行时间	$T_{单程} > 12$ h	6 h ≤ $T_{单程}$ ≤ 12 h	$T_{单程} > 6$ h
本段出勤	90 min	90 min	70 min
外段到达	30 min	30 min	20 min
外段出勤	70 min	65 min	60 min
本段到达	60 min	30 min	20 min

3. 本、外段入库清扫工时,按表 2-2 计算。

表 2-2 本、外段入库清扫工时标准

单程运行时间	$T_{单程} > 12$ h	6 h ≤ $T_{单程}$ ≤ 12 h	$T_{单程} < 6$ h
入库清扫时间	360 min	360 min	180 min
作业人数	2 人	1 人	1 人

4. 途中双班作业工时,每人每次按 30 min 计算。

5. 车底在本、外段停留,必须派人看车。

看车人数:软硬卧、软座车各 1 人,餐车 2 人,硬座车 1 人(冬季采暖时间,硬座车每 3 辆或不足 3 辆为 1 人)。看车工时,按下列公式计算:

$$看车工时 = \frac{(列车停留时间 - 出退勤时间 - 库内清扫时间) \times 看车人数}{全班人数}$$

用一次往返乘务工时($T_{往返}$)除乘务员月标准工时(166.7 h)得每组每月值乘次数,再除以开行列车回数,得所需包乘组数。再根据列车编组及乘务员编制,确定每组乘务员需要数。用每组乘务员数乘所需包乘组数即得乘务员总数。

(三)动车组列车乘务组织

列车乘务组人员受列车长统一领导,质量良好地完成本岗位工作。特殊情况下,按规定服从司机统一指挥。

客运乘务组根据交路实际需要一般采用轮乘制。运行时间在 3 h 以内的,客运乘务组由一名列车长和一名列车员组成,超过 3 h 的增加一名列车员。动车组重联时,按两个乘务组安排。

列车在始发后 10 min 内和终到站前 10 min 向旅客致迎送词、必要的安全提示及播放背景音乐外,其他时间只播报站名,不做其他广播。列车旅客信息服务及影音播放系统播放的内容应由客运部门制作并根据旅客需要及时进行调整。

列车供餐由餐饮公司向列车配送成品。餐饮公司加工食品的场地、设备、保管、运输等应当符合国家卫生法律法规的规定。车站应当对餐饮公司车辆进站送餐提供便利。列车保洁工作由保洁公司承担。保洁作业应当爱护车辆设备,铁路运输有关部门应当对保洁工作中涉及卫生环境质量和爱护车辆设备等进行检查指导。列车送餐和保洁人员上岗前应经过安全知识培训,持证上岗并着统一服装、佩戴工牌作业。培训及考核发证由铁路局负责,车站对进站的配餐、保洁人员和车辆进行安全管理。承担乘务工作的餐饮、保洁人员体貌标准应与客运乘务人员一致。

三、案例模块

(一)旅客乘车基本条件

列车乘务中,应注意以下旅客乘车的基本条件:

1. 旅客乘什么车买什么票,并须按票面载明日期、车次、径路、席别乘车,在票面规定的有效期间内抵达到站。旅客也可按票面指定的日期、车次在中途停车站上车,但未乘区段的票价不退。旅客因病在列车中途停车站下车,并可在通票有效期间内恢复旅行,但中途下车后,卧铺票即行失效。

2. 中转换车和中途下车旅客继续旅行时,应先行到车站办理车票签证手续。

3. 持通票的旅客在乘车途中客票有效期终了,要求继续乘车时,应自有效期终了站或最近前方停车站起,另行补票,核收手续费,定期票可按有效使用至到站。

4. 乘坐卧铺旅客的车票由列车员保管并发给卧铺证,下车以前交换。对票额不共用,席位不复用的列车,如列车开车后较长时间卧铺无人使用时,列车长可将该铺另行出售。持票旅客再来卧铺时,应尽量安排同等席别的其他铺位;没有空位时,应编制客运记录交旅客,由到站退还卧铺票价,核收退票费。卧铺只能由持票本人使用,成人带儿童或两个儿童可共用一个卧铺。

5. 烈性传染病患者、精神病患者或健康状况危及他人安全的旅客,站、车可以不予运送、已购车票按旅客退票的有关规定处理。

【案例 2-1】 开车后未使用卧铺,到站退款。

9 月 1 日昆明客运段值乘的昆明开往上海的 K182 次列车,昆明站开出 3 h 30 min 后,一旅客持昆明至上海硬座客快速卧联合票(硬卧 6 车 10 号下铺,票号 D0103557,票价 351.00元)要求给予安排时,列车长已将该空铺出售。列车应如何处理?

【解】 列车长编制客运记录(表 2-3)交旅客,到站退款。

表 2-3 客运记录

昆明铁路局   客统—1

客 运 记 录

记录事由:未及时换票,到站退款。
上海站: 旅客王小刚持 9 月 1 日昆明至上海硬座客快速卧联合票(6 车 10 号下铺,票号 D0103557)乘我车,昆明开车后 3 小时 30 分才到卧车,此时其铺位已另行出售,没有空闲铺位安排,请你站按章处理。

注:
    1. 站、车需要编制记录时均适用。
    2. 本记录不能作为乘车凭证。

昆明 站段 编制人员 K182 次列车长 (印)

×× 站段 签收人员 (印)

20××年 9 月 1 日编制

(二)车票的有效期间

车票是运输合同,任何一种合同都有一定的时效,作为运输合同的车票也不例外,其时效即为有效期间。

1. 车票有效期间的计算

直达票当日当次有效,但下列情形除外:

(1)全程在铁路运输企业管内运行的动车组列车车票有效期由企业自定。

(2)有效期不同规定的其他票种。

通票的有效期按乘车里程计算:1 000 km 为 2 d,超过 1 000 km 的,每增加 1 000 km 增加

1 d,不足 1 000 km 的尾数按 1 d 计算;自指定乘车日起至有效期最后一日的 24:00 止。

2. 车票有效期间的延长

遇下列情况,可适当延长车票的有效期间:

(1)因列车满员、晚点、停运等原因,使旅客在规定的有效期间内不能抵达到站时,车站可视实际需要延长通票的有效期间。延长日从通票有效期间终了的次日起计算。

(2)旅客因病中途下车,恢复旅行时,在通票有效期间内,提出医疗单位证明或经车站证实时,可按实际医疗日数延长,但最多不得超过 10 d。卧铺不能延长,可办理退票。同行人同样办理。

(3)由于误购、误售、误乘或坐过了站在原票有效期间不能到达正当到站时,应根据折返站至正当到站间的里程,重新计算通票有效日期。

车站在办理延长有效期间手续时,应在客票背面注明"因××延长有效期×日",并加盖站名戳。因铁路责任还应在行李票上同样签注,作为到站提取行李时计算免费保管日数的凭证。

3. 车票有效期间失效的处理

(1)持通票的旅客在乘车途中客票有效期间终了,要求继续乘车时,应自有效期间终了站(如列车正在运行中,则从最近前方停车站)起另行补票,核收手续费。

(2)旅客持用的定期客票的有效期间,在乘车途中终了时,可按有效使用至到站。

【案例 2-2】 车票过期。

9 月 4 日,1314 次(成都—郑州)广元开车后发现一旅客持 9 月 1 日宜宾至郑州的通票硬座客快票(该票有效期至 9 月 3 日止),票价 83.00 元,票号 E0108385,列车于阳平关开车后(阳平关 0:03 开)车票即行失效。列车应如何处理?

【解】 阳平关——^宝郑州　955 km

硬座票价:52.00 元

普快票价:10.00 元

手续费:2.00 元

合计:63.00 元,填制代用票如图 2-1 所示。

(三)旅客误乘、误购(误售)及丢失车票的处理

1. 误售(误购)的处理

由于站名相似、口音不同等原因,发生误售、误购车票时,车站和列车必须正确处理,使旅客能安全迅速到达旅行目的地。

对误售、误购车票,应按下列规定补收或退还已收票价与正当票价的差额,不收手续费或退票费。

(1)在发站,收回原票,换发新票。

(2)在中途站、原票到站或列车内,应补收票价时,收回原票,换发代用票,补收票价差额;应退还票价时,站、车应编制客运记录,连同原票交给旅客,作为乘车至正当到站退还票价差额的凭证,并应以最方便的列车将旅客运送至正当到站。

2. 误乘的处理

由于旅客没有确认车次或上、下行方向坐错了车,或乘车中坐过了站,统称为误乘。

旅客发生误乘时,列车和车站应认真妥善处理。列车长应编制客运记录交前方停车站,车站应在车票背面注明"误乘"并加盖站名戳,指定最近列车(不办理一般旅客运输的国际列车除外)免费送回误乘站或正当到站。

A 000000

成都铁路局

Ⓡ **代 用 票**

20×× 年 9 月 4 日乙(旅客)

事由	过期

原客票	种别	日期	×年9月1日	座别	硬
	客快	号码	B0108385	经由	宝
		发站	宜宾	票价	83.00
		到站	郑州	记事	有效期至 3 日

自 阳平关 站至 郑州 站	经由	宝
	全程	955 千米

加倍补收	/	至	/	间	/	票价	/
补收	/	至	/	间	/	票价	/

限乘当日第 1314 次列车	客票票价	52.00
于当日当次到达有效	普快票价	10.00

座别		人 数	卧票价	/
硬	全价	壹	手续费	2.00
	半价	╫		
	儿童	╫	合 计	64.00

记事	原票收回,阳平关失效

㊏ 成都 段第 1314 次列车列车长 印 ㊞

站售票员 ㊞

120毫米×185毫米

A 000000

	9 8 7 6 5 4 3 2 1	拾元
	9 8 7 6 5 4 3 2 1	佰元
	9 8 7 6 5 4 3 2 1	仟元

注意事项	①核收票价与剪断线不符时,按无效处理(不足 10元的除外,超过万元的保留最高额)。②撕角、补贴、涂改即做无效。　**A 000000**

图 2-1　代用票

误售、误购、误乘的旅客,在免费送回的区段,站、车均应告知旅客不得中途下车。如中途下车时,对往返乘车的免费区段,按返程所乘列车等级分别核收往返区段的票价,核收一次手续费。

【案例 2-3】　9 月 1 日,哈尔滨开往郑州 1058 次列车(经由天津、霸州)到达霸州站前,旅客吴小明持长春到沧州硬座客快票(票号 D0304165)向列车长声明,因误认本次车是经沧州的直通车而未在天津站下车中转,坐过了站。列车应如何处理?

【解】　经列车长核实该旅客确属误乘坐过了站,编制客运记录(表 2-4)连同旅客交前方停车站霸州。

3. 丢失车票的处理

车票是有价证券,是不记名的乘车凭证,旅客丢失车票应另行购票。列车上补票时,填发

表2-4　客运记录

哈尔滨铁路局

客 运 记 录

客统—1

第 25 号

记录事由：交误乘旅客
霸州站：
旅客吴小明持长春至沧州硬座客快票（票号 D0304165）乘我车，9月1日本人声明误认乘坐的是直达车，坐过了站，特编记录交你站，请按章处理。
注： 　　1.站、车需要编制记录时均适用。 　　2.本记录不能作为乘车凭证。

哈尔滨 站段　编制人员　　1058 次列车长　　（印）

××段 站　签收人员　　　　　　　　　　　（印）

20××年9月1日编制

代用票，事由栏填写"丢失"，以便找到原票时可凭此退票。其具体处理办法如下：

（1）旅客在乘车前丢失车票时，应另行购票。

（2）在乘车中丢失车票时，应自丢失站起（不能判明时从列车始发站起）补收票价，核收手续费。

（3）学生丢失车票，可凭学生优待证或学校证明，在发站重新购买学生减价票；在列车上或中途站丢失时，经确认无误后，填发代用票，补收自丢失站起至到站的学生减价票，核收手续费。不再在优待证上加盖有关印章（即不占用使用次数）。

（4）旅客丢失车票另行补票后又找到原票时，在发站按退票处理；在列车上经列车长确认后，编制客运记录，连同原票和后补车票一并交给旅客，作为旅客在到站出站前要求退还后补车票记载票价的依据。处理站在办理时，填写退票报告，并核收退票费，后补车票及客运记录随退票报告一并上报。

（5）由于站、车工作人员工作失误，造成旅客车票丢失时，站、车均应填写代用票，在记事栏内注明"因××原因丢失"，将款额剪断线全部剪下随丙联上报。

（6）如遇旅客丢失车票，确实无钱买票乘车时，必须经过详细认真的调查了解后，可按国务院有关规定办理，但不得以客运记录代替车票乘车。

【案例2-4】　4月12日兰州开往深圳西1182次列车到达郑州站前，11号硬卧车厢列车员下车前换票，发现16号下铺车票丢失，旅客称其车票到东莞东站（普快卧至郑州），列车员也有印象，列车应如何处理？

【解】 应由责任人(列车员)写出书面检查,并经列车长确认,按铁路责任填发代用票如图2-2所示。

A 000000

兰州铁路局

代 用 票

事由	丢失

20×× 年 4 月 12 日乙(旅客)

原票	种别	日期	×年4月12日	座别	硬
	客快卧	号码		经由	郑
		发站	兰州	票价	260.00
		到站	东莞东	记事	快卧至郑州

自 郑州 站至 东莞东 站			经由 郑	
			全程 1 837 千米	
加倍补收 / 至 / 间 /			票价	
补收 / 至 / 间 /			票价	
限乘当日第 1182 次列车			客票票价	
于当日当次有效			快票价	
座别	人	数	卧票价	
硬	全价	壹	手续费	
	半价	#		
	儿童	#	合 计	

记事:11车列车员保管不善,16号下铺票丢失。

(兰) 兰州 段第 1182 次列车列车长 印 (印)

站售票员 (印)

注意事项:①核收票价与剪断线不符时,按无效处理(不足10元的除外,超过万元的保留最高额)。②撕角、补贴、涂改即做无效。 A 000000

120毫米×185毫米

A 000000

拾元 9 8 7 6 5 4 3 2 1

佰元 9 8 7 6 5 4 3 2 1

仟元 9 8 7 6 5 4 3 2 1

图 2-2 代用票

(四)违章乘车的处理

1. 下列情况,按规定补票,核收手续费:

(1)经站、车同意上车补票的(持旅客乘降所发给的补票证时,不收手续费)或持低等级车票上车补价的。

(2)应买票而未买票的儿童只补收儿童票。身高超过 1.5 m 的儿童使用儿童票乘车时,应补收儿童票价与全价票价的差额。

(3)持站台票上车送客未下车但及时声明时,补收至前方停车站的票款。

2. 下列情况只核收手续费:

(1)旅客未按票面指定的日期、车次乘车(含错后乘车 2 h 以内的),但乘坐票价相同的列车时,列车换发代用票;超过 2 h 均按失效处理。

（2）旅客所持车票日期、车次相符但未经车站剪口的应补剪。

（3）持通票的旅客中转换乘应签证而未签证的，应补签。

（4）旅客在票面指定的日期、车次开车前乘车的，应补签。

补剪、补签只核收手续费，但已使用至到站的车票不再补剪、补签。

非主观原因造成乘车条件不符，只补收正当票价，核收手续费。如：

①应买票而没买票的儿童，只补收儿童票价和手续费，超过 1.5 m 的儿童持用儿童票乘车时，只补收儿童票与全价票的差额和手续费。这一规定精神是考虑到造成这种情况的原因很多，有的是旅客不明白规定，有的可能是铁路原因，上车时没有认真检验儿童的身高，所以规定只能补收正当票价，核收手续费。另外，如此规定，也含有对儿童从宽处理的精神。

②如持站台票上车并在开车 20 min 后仍不声明时，按无票处理。因为如系持站台票上车来不及下车，开车后会立且向乘务员声明，规定开车后 20 min 就是考虑给旅客声明留有一定时间，便于区分旅客持站台票乘车的性质。

③旅客确因时间仓促来不及买票，主动补票或经车站或列车同意上车补票的，可以在车内补票，核收手续费。这项规定主要从方便旅客出发，以应临时之急，并非旅客有意取巧和有任何违章行为。

3. 有下列行为时，除按规定补收票价或票价差额，核收手续费以外，还必须加收已乘区间应补票价 50% 的票款。同时，铁路运输企业有权对其身份进行登记。

（1）无票乘车的。持失效、伪造、涂改车票乘车或者持站台票上车在开车 20 min 后仍不声明的，按无票处理。其中对持伪造、涂改车票的，还应送交公安部门处理。

（2）持用低等级的车票乘坐高等级列车、铺位、座席的。

（3）持减价票没有规定的减价凭证或不符合减价条件的。

为了维护好旅客运输秩序，保障广大旅客的正常旅行，铁路规定了旅客的乘车条件，旅客应按照规定的乘车条件乘车。如果违反了规定的乘车条件应根据具体情况，区别对待，予以适当处理。产生不符合乘车条件的原因是多方面的，根据旅客运输中经常发生的问题，不同的情况用不同的方法来处理。对属于有意取巧，违反乘车条件的，处理从严。在本条规章中所列举的不符合乘车条件的情况，从性质和情节上属于有意取巧行为，因此在处理上体现了从严的精神，除按规定补票，核收手续费以外，还必须加收已乘区间应补票价 50% 的票款。

（五）旅行变更的办理

旅客在乘车途中，要求办理旅行变更的情况是经常发生的，由于变更类别很多，办理的时间又比较紧迫，站、车客运工作人员务必从方便旅客出发，积极主动地按规定予以办理。

1. 变更等级

旅客要求变更座席、卧铺、列车等级时，由高等级变更为低等级不办理（即不退还变更区段的票价差额），由低等级变更为高等级（含通票的旅客在中转站要求换乘动车组列车），应补收变更区段（不足起码里程时，按起码里程计算）的票价差额，核收手续费。

持用软座票的旅客要求改用硬卧时，补收变更区段的票价差额，核收手续费。

办理变更等级需补收票价差额时，可发售一张补价票，随同原票使用有效。因铁路责任，使旅客变更座席、卧铺、列车等级时，所发生的票价差额，应补收的不补收；应退款时，由列车长编制客运记录，到站退还票价差额，已乘区段不足起码里程时，退还全程票价差额。

变更区段不足起码里程时,按起码里程计算,退还票价差额。均不收退票费。持加快票的通票旅客,在换车站因铁路责任不能换乘接续快车而改乘低等级列车时,换车站也按此精神办理退款。

2. 变更径路

变更径路是指发站、到站不变,只是改变经过的线路。

持通票的旅客在中途站或列车内要求变更径路时,必须在通票有效期间内能够到达原到站方可办理。办理时,原票价低于变径后的票价时,应补收新旧径路里程的票价差额,核收手续费。原票价高于或等于变更后的径路票价时,持原票乘车有效,差额部分(包括列车等级不符的差额)不予退还。但应在原票背面注明"变更经由××站",并加盖站名戳记或列车长名章。动车组列车车票不办理变径。

变更径路后的通票有效期间,从办理站起按新径路里程重新计算。

变径同时变座时,先变径后变座。

3. 越站乘车

越站乘车是指旅客原票到站即将到达,由于旅行计划的变更,要求超越原票到站至新到站的乘车。

旅客要求越站乘车,必须在原票到站前提出,在本列车有能力的条件下,方可办理。

遇下列情况不能办理越站乘车:

(1)在列车严重超员时。

(2)乘坐卧铺的旅客买的是给中途站预留的卧铺时。

(3)乘坐的是回转车,途中需要甩车时。

越站乘车意味着另一旅行计划的开始,所以,办理手续时,应换发代用票,补收越乘区段的票价(不足起码里程按起码里程计算),并核收手续费,但最远不能超过本次列车的终点站。

在同一城市内有两个以上的车站,旅客由于不明情况,发生越站乘车时,如票价相同,原票按有效办理;票价不同,按客票越站乘车办理,只补收客票票价及手续费,不补加快票价、卧铺票价和空调票价。

越站同时变座(变铺)时,先越站后变座(变铺);越站同时变径时,先变径后越站;越站同时补卧时,先越站后补卧。

【案例 2-5】　越站乘车并变座加卧铺。

9 月 2 日 K263 次(北京—包头,新型空调车)沙城开车后,一旅客持北京至大同的新空硬座客快速票,票号 A0311277,票价 54.00 元,要求越站至包头,同时要求使用软卧下铺,8 车 9 号空闲,列车应如何办理?

【解】　(1)补收越站区间票价

大同—包头　450 km

新空硬座客快速票价:65.00 元

(2)补收沙城—包头　703 km

①软、硬座票价差

新空软座票价:117.00 元

新空硬座票价:61.00 元

票价差:117.00-61.00=56.00(元)

②新空软卧下铺票价:121.00 元

(3)核收手续费:5.00 元

合计:65.00+56.00+121.00+5.00=247.00(元)

4. 分乘

凡两名以上的旅客使用一张代用票,要求分票乘车时,称为旅客分乘。站、车应从方便旅客出发予以办理。

无论在发站、中途站或列车上,旅客提出要求办理分乘时,都应按照旅客提出分票乘车的张数,换发代用票,收回原票,并按分票的张数核收手续费。

分乘同时变座时,先分乘后变座;分乘同时变径时,先分乘后变径;分乘同时越站时,先分乘后越站。

分乘与其他旅行变更同时发生时,此时则按变更人数核收一次手续费。

若分乘同时退票时,先分乘后退票,并核收退票费。

【案例 2-6】 分乘、越站、补卧。

9月2日,T62 次(昆明—北京西,新型空调车)运行至长沙站前,4 名旅客持 9 月 1 日昆明至郑州一张新空硬座客特快联合票,票号 E000016,票价 1 084.00 元,2 人因事要求在武昌下车,另 2 人要求越站至北京西并要求使用硬卧(中、下铺)。列车应如何办理?

【解】 (1)第一张代用票:分乘,手续费:1.00 元,填制代用票。

(2)第二张代用票:

①补收越站区间郑州—北京西 689 km

新空硬座客特快票价:94.00×2=188.00(元)

②补收长沙—北京西 1 587 km

新空硬卧票价:中铺票价:144.00 元

下铺票价:154.00 元

(3)核收手续费:5.00×2=10.00(元),填制代用票。

(六)旅客违章携带物品的处理

1. 旅客携带品的范围

(1)重量方面

旅客携带品免费重量成人 20 kg,儿童(包括免费儿童)10 kg,外交人员(持有外交护照者)35 kg。

(2)体积方面

旅客携带品的外部尺寸,每件长、宽、高相加之和不得超过 160 cm,对杆状物品(如扁担、标杆、塔尺等)不得超过 200 cm。

(3)物品方面

为了贯彻国家法令,保证旅客生命财产安全和车内的公共卫生,下列物品不准带进车站和列车内:

①国家禁止或限制运输的物品。

②法律、法规、规章中规定的危险品、弹药和承运人不能判明性质的化工产品。

③动物及妨碍公共卫生(包括有恶臭等异味)的物品。

④能够损坏或污染车辆的物品。

⑤超重、超大物品。

为了方便旅客的旅行,并在保证安全和卫生的条件下,可限量携带下列物品:

①气体打火机 5 个,安全火柴 20 小盒。

②不超过 20 mL 的指甲油、去光剂、染发剂;不超过 100 mL 的酒精、冷烫精;不超过 600 mL 的摩丝、发胶、卫生杀虫剂、空气清新剂。

③军人、武警、公安人员、民兵、猎人凭法规规定的持枪证明佩带的枪支子弹。

④初生雏 20 只。

2. 旅客违章携带物品的处理

旅客携带品超过免费重量或超过规定外部尺寸时,发站应按规定办理托运手续,不准带上车。如在列车内或下车站发现时,对超过免费重量的物品,其超重部分补收四类包裹运费。

旅客携带不可分拆的整件超重、超大物品以及动物(含猫、狗、猴等宠物)都应按该件全部重量补收四类包裹运费。

对于旅客带入车内的宠物,除按上述规定补收运费外,还应放置在列车通过台处,由携带者自己照看并作好保洁工作,宠物发生意外或伤害其他旅客时,由携带者负责。

旅客携带危险品和国家禁止或限制运输的物品以及妨碍公共卫生、污损车辆的物品,均按该件全部重量加倍补收四类包裹运费,危险品交最近的前方停车站处理,必要时移交公安部门处理,有必要就地销毁的危险品应就地销毁,使之不能危害旅客,同时,承运人不承担任何赔偿责任。

如旅客携带的物品价值较低,应补收运费超过其本身价值时,按物品本身价值的 50% 核收运费。同时,补收运费时,最远不得超过本次列车的始发站和终点站。

残疾人旅行时代步的折叠式轮椅可免费携带,并不计入上述(重量与体积)范围。

旅客旅行中携带的少量水果、点心、文件袋、照相机、半导体收音机及随身穿着衣服等零星细小物品,根据惯例,可不计算在重量之内,同时考虑到给予车站在处理问题时有一定的灵活性,为此规定:对携带品超重不足 5 kg 时,可免收运费。

3. 旅客携带品的暂存

为方便旅客,三等以上客流量较大的车站均需设置旅客携带品暂存处,其他车站可由服务处或行包办理处兼办携带品暂存业务。

携带品存放范围,以允许旅客随身携带的物品的范围为限,暂存品必须包装良好,箱袋必须加锁,并适于保管。贵重物品、重要文件、骨灰、尖端、精密产品、易腐物品和各种动物等,不予存放。携带品的暂存范围和暂存处的工作时间、收费标准等,应在暂存处的明显处所公告旅客。

办理暂存手续时,必须填写暂存票,注明品名、包装、日期、件数等。提取时还应注明提取日期、寄存日数和核收款额,并在暂存票乙页上加盖戳记后交给旅客。暂存票应按顺号装订,保管一年。

4. 旅客遗留携带品的处置

因旅客乘降车匆忙而遗留在站、车内的携带品(简称旅客遗失物品),应设法归还原主。

如旅客已经下车,应编制客运记录,注明品名、件数等,移交旅客下车站。不能判明时,移交当次列车的终点站。车站或列车拾得现金时,应填写客运运价杂费收据,并在捡拾物品登记簿上注明客运运价杂费收据号码,当失主来领取时,开具退款证明书办理退款。

主要客运站应设旅客遗失物品招领处。对旅客遗失物品必须加强管理,定期查点,妥善保管。向查找站转送时,内附清单(一件整体物品除外),物品加封,填写客运记录和行李、包裹交接证,与列车行李员办理交接手续(危险品和国家禁止或限制运输的物品、动物、妨碍卫生、污损车辆的物品以及食品不办理转送）。如旅客遗失物品重量超过 5 kg 时,到站应按品类及实际重量填发客运运价杂费收据补收包裹运费。

四、实习训练模块

（一）实训举例

1. 误售（误购）车票

3 月 18 日,在徐州站一旅客持南京至常州硬座客快票（票号 A0108235）,要求签证改乘次日 1478 次（镇江—天津）列车。经查,该旅客实际到站是沧州,由于口音不准误购至常州的车票。常州至天津线路如图 2-3 所示。

【解】 （1）计算已收票价

南京—常州站:138 km

硬座普快联合票:11.00 元

（2）计算应收票价

南京—沧州:895 km

硬座普快联合票:57.00 元

（3）补收票价　57.00－11.00＝46.00（元）

（4）填写代用票

2. 丢失车票,补票后又找到原票

9 月 1 日,K538 次（南宁—上海南）列车到达桂林前,一旅客向列车长声明柳州至上海南的车票丢失。列车长按章补票后,该旅客后来又找到原票,票号 D0304567,经查证属实,列车应如何处理?

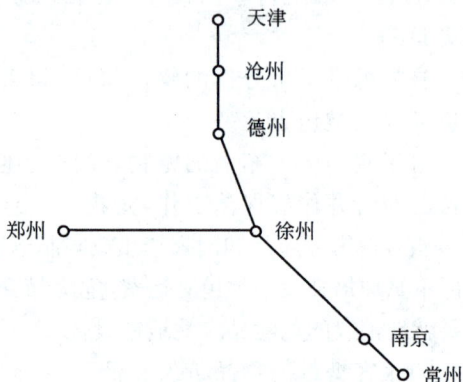

图 2-3　常州至天津线路示意图

【解】 （1）丢失车票,列车按章补票,填发代用票 A010380。

柳州—上海南　1 807 km

新空硬座票价:152.00 元

新空普快票价:24.00 元

空调票价:32.00 元

手续费:2.00 元

合计:152.00＋24.00＋32.00＋2.00＝210.00（元）

（2）丢失车票,补票后又找到原票,列车长编制客运记录（表 2-5）交旅客,由到站退款。

3. 无减价凭证

9 月 2 日,1044 次（乌鲁木齐—西安）到达宝鸡前验票发现一旅客持 9 月 1 日兰州至西安的半价硬座客快票（票号 B0302367,⑱）,票价 24 元,无减价凭证。列车应如何处理?

【解】 （1）补收全、半价差

兰州—西安　676 km

全价硬座客快票价:46.00 元

半价硬座客快票价:24.00 元

补收差额:46.00－24.00＝22.00（元）

（2）加收已乘区间应补票价 50%的票款

兰州—宝鸡　503 km

全价硬座客快票价:36.00 元

表 2-5　客运记录

南宁铁路局　　　　　　　　　　　　　　　客统—1

🚆 客 运 记 录

记录事由:丢失车票后又找到原票
上海站:
旅客王晓明在鹿寨至桂林间声明柳州至上海南新空硬座客快票丢失。补票后又找到原票(票号 D0304567),请你站按章处理。
附:车补代用票(票号 A010380)。
注: 　　1.站、车需要编制记录时均适用。 　　2.本记录不能作为乘车凭证。 　　　　　　　　南宁站段 编制人员　K538 次列车长　(印) 　　　　　　　　××站段 签收人员　张　　　　　　(印) 　　　　　　　　　　　　　　20××年 9 月 1 日编制

半价硬座客快票价:19.00 元

加收票款:$(36.00-19.00)\times50\%=8.50$(元)

(3)手续费:2.00 元

(4)合计:$22.00+8.50+2.00=32.50$(元)

(5)填写代用票

4. 变更径路并补卧铺

9 月 1 日,K372 次(上海—太原,新型空调车)列车在南京站开车前,旅客持当日南京经德州至石家庄的新空硬座客快速票,票号 E0034587,票价 125.00 元,要求变更经由郑州至石家庄,同时要求使用硬卧下铺。列车应如何办理?

【解】　(1)补收变径票价差

新径路:徐州—郑—石家庄　761 km

新空硬座客快速票价:103.00 元

旧径路:徐州—德—石家庄　623 km

新空硬座客快速票价:87.00 元

票价差:$103.00-87.00=16.00$(元)

(2)补收硬卧下铺票价

卧铺只能售至旅客的换车站徐州。

南京—徐州　348 km

新空硬卧下铺票价:49.00 元

(3)核收手续费　5.00 元

(4)合计:16.00+49.00+5.00=70.00(元)

(5)填写代用票

5.越站乘车并变座加卧铺

9月2日 K263 次(北京—包头,新型空调车)沙城开车后,一旅客持北京至大同的新空硬座客快速票,票号 A0311277,票价 54.00 元,要求越站至包头,同时要求使用软卧下铺,8 车 9 号空闲,列车应如何办理?

【解】　(1)补收越站区间票价

大同—包头　450 km

新空硬座客快速票价:65.00 元

(2)补收沙城—包头　703 km

①软、硬座票价差

新空软座票价:117.00 元

图 2-4　代用票

新空硬座票价:61.00 元

票价差:117.00−61.00=56.00(元)

②新空软卧下铺票价:121.00 元

(3)核收手续费:5.00 元

(4)合计:65.00+56.00+121.00+5.00=247.00(元)

(5)填写代用票如图 2-4 所示

6. 分乘、越站、补卧

9 月 2 日,T62 次(昆明—北京西,新型空调车)运行至长沙站前,四名旅客持 9 月 1 日昆明至郑州一张新空硬座客特快联合票,票号 E000016,票价 1 084.00 元,2 人因事要求在武昌下车,另 2 人要求越站至北京西并要求使用硬卧(中、下铺)。列车应如何办理?

【解】 (1)第一张代用票

分乘,手续费:2.00 元,填制代用票 A000068(如图 2-5 所示)。

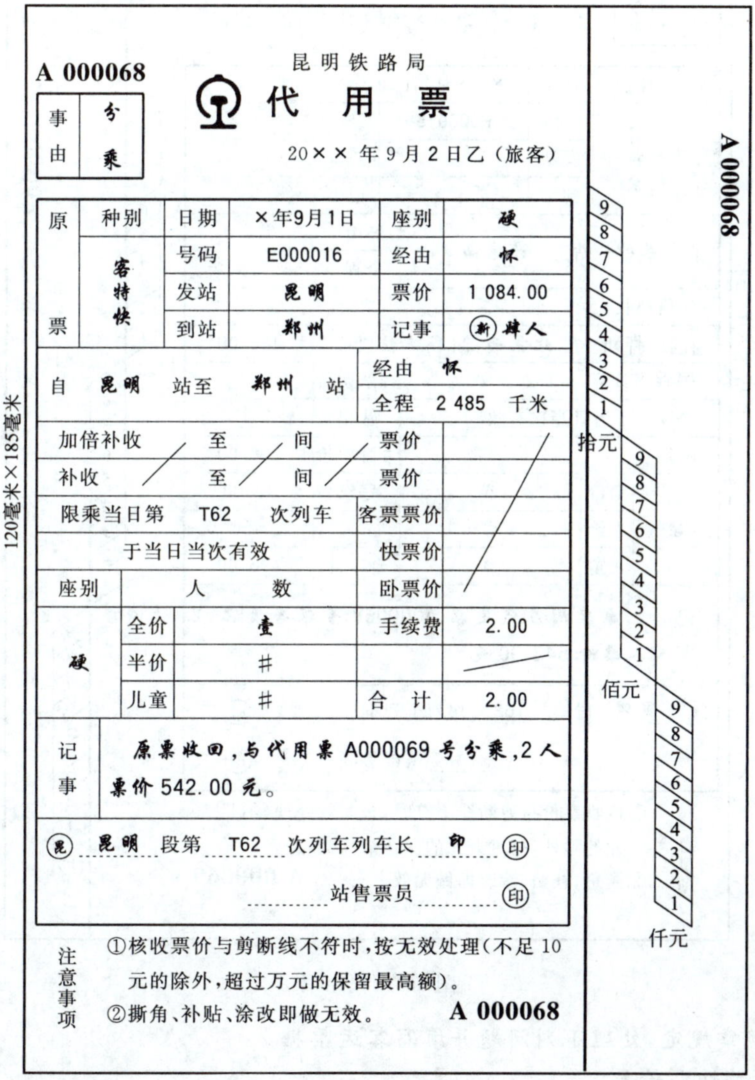

A 000068	昆明铁路局 代 用 票 20××年9月2日乙(旅客)			A 000068
事由	分乘			

原客特快票	种别	日期	×年9月1日	座别	硬
		号码	E000016	经由	怀
		发站	昆明	票价	1 084.00
		到站	郑州	记事	新 牌人

自 昆明 站至 郑州 站	经由	怀
	全程	2 485 千米

加倍补收 / 至 / 间	票价	
补收 / 至 / 间	票价	
限乘当日第 T62 次列车	客票票价	
于当日当次有效	快票票价	
座别	人 数	卧票价

硬	全价	壹	手续费	2.00
	半价	#		
	儿童	#	合 计	2.00

记事	原票收回,与代用票 A000069 号分乘,2 人票价 542.00 元。

昆 昆明 段第 T62 次列车列车长 印 ⑩

站售票员 ⑩

注意事项 ①核收票价与剪断线不符时,按无效处理(不足 10 元的除外,超过万元的保留最高额)。

②撕角、补贴、涂改即做无效。 A 000068

(120毫米×185毫米)

仟元 佰元 拾元 (数字刻度 9~1)

图 2-5 代用票

（2）第二张代用票

①补收越站区间郑州—北京西　689 km

新空硬座客特快票价：94.00×2＝188.00（元）

②补收长沙—北京西　1 587 km

新空硬卧：中铺票价：144.00 元

新空硬卧下铺票价：154.00 元

（3）核收手续费：5.00×2＝10.00（元）

合计：188.00＋144.00＋154.00＋10.00＝496.00（元）

（4）填制代用票 A000069（如图 2-6 所示）。

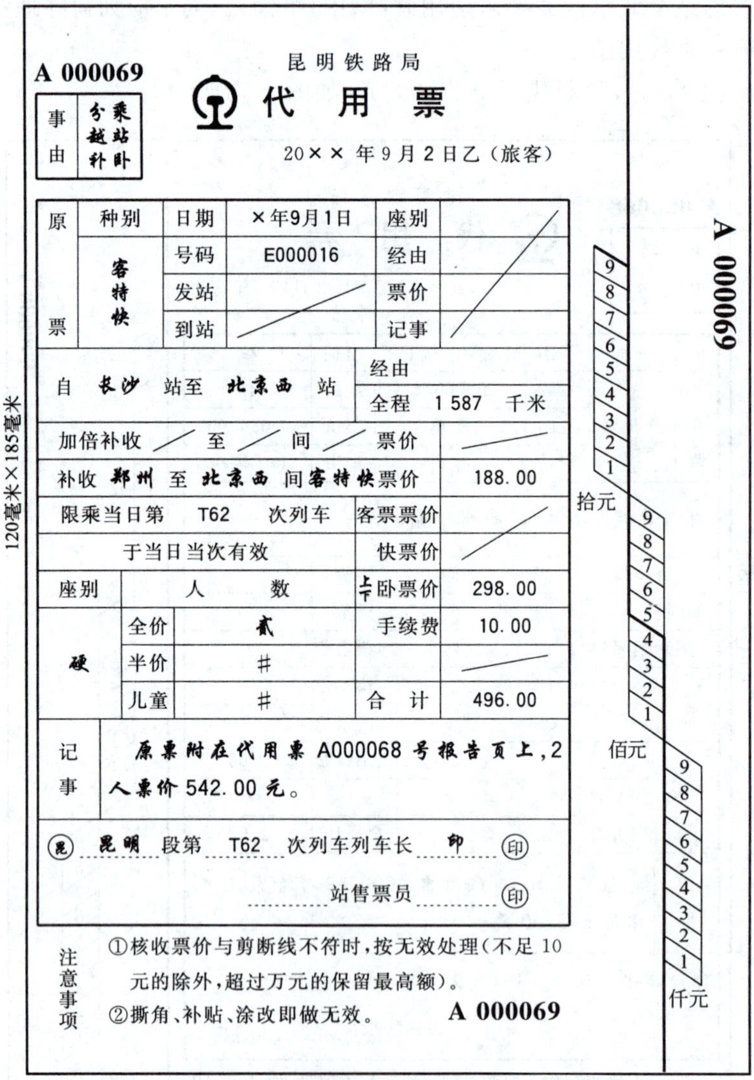

图 2-6　代用票

（二）根据规章规定，处理下列问题并填写客运票据

1. 办理特、普快票价差

2009 年 2 月 19 日，在株洲站一旅客持当日 2506 次（株洲至广州）列车硬座客快票一张，

票号 A123456,票价 45.00 元,要求乘坐当日 T179 次列车(济南—广州,新型空调列车)至到站,列车同意办理,请写出办理过程。

2. 超高

2009 年 4 月 2 日,北京西开往合肥的 1427 次新型空调列车,北京西开车后,发现一旅客持北京西到合肥软座普快卧(下)车票,票号 11A0066,票价 373.00 元,全价 1 名,儿童 1 名,其儿童实际身高 1.42 m,为其补票时,旅客要求补购软卧(上),8 车 6 号空闲,列车应如何处理?

3. 送人

2009 年 4 月 3 日,衡阳开往北京西的 K186 次新型空调列车,12:39 株洲站开车后,一名持株洲站站台票人员到列车办公席,声明送客人未来得及下车,要求前方停车站下车返回株洲,K186 次列车应如何办理?

4. 持站台票上车,开车 20 min 后仍未声名

2009 年 4 月 3 日,衡阳开往北京西的 K186 次新型空调列车,13:29 长沙站开车后,验票时发现一名无票人员,持当日株洲站站台票,其目的是去北京西站,K186 次列车应如何办理?

5. 丢失车票

(1)在列车上丢失车票,另补车票(能判明丢失站)

2009 年 6 月 16 日,广州开往南京西的 K528 次新空调列车,株洲开车后,一旅客到办公席声明,在株洲买食品时丢失衡阳到上海的车票,同意另补车票,经列车查证属实,K528 次列车应如何办理?

(2)列车工作人员丢失旅客车票

2009 年 7 月 1 日,广州开往西安 K82 次列车长沙开车后,4 号车厢列车员发现广州至西安 6 号上铺车票丢失,马上报告了列车长,经审查确实丢失,K82 次列车应如何办理?

6. 变铺

(1)硬卧中铺变下铺

2009 年 2 月 19 日,K135 次列车(长沙—上海南,新型空调列车)运行到株洲站,一旅客持当日长沙至上海南的新空调硬座快速卧(下)联合票,票号 A43567,票价 265.00 元,要求改乘下铺去到站,4 车 19 号下铺空闲。K135 次列车应如何办理?

(2)硬座变软卧

2009 年 2 月 19 日,K135 次列车(长沙—上海南,新型空调列车)运行到株洲站,一旅客持当日长沙至上海南的新空调客快速联合票,票号 A53567,票价 150.00 元,要求改乘软卧,4 车 19 号下铺空闲。K135 次列车应如何办理?

7. 越席、越站

(1)持硬座车票乘软座车

2009 年 5 月 6 日,广州开往长春的 T124 次新型空调列车,株洲站开车后,在软卧车厢 5 号下铺发现一旅客持郴州至新乡新空调硬座特快联合票,票号 A060607,票价 165.00 元,T124 次列车应如何办理?

(2)越站乘车

2009 年 2 月 18 日,K9002 次(广州—岳阳;新型空调列车)列车株洲开车后,一旅客持该次列车广州至长沙新空调硬座快速卧(下)联合票,票号 A056788,票价 183.00 元,要求越站至岳阳,列车有能力,应如何办理?

8. 减价不符

(1)持半价车票无减价凭证

2009 年 3 月 8 日,K9021 次(长沙—郴州,新型空调列车)列车运行到株洲站前验票时发现,一旅客持当日长沙至郴州的伤残军人半价新空调客快速联合票,票价 26.50 元,无减价凭证,列车应如何处理?

(2)持学生票无减价凭证

2009 年 3 月 8 日,长沙开往北京西的 T2 次新型空调列车,岳阳开车后验票发现,一旅客持长沙至北京西学生半价新空调硬座客快速联合票,票价 96.50 元,没有减价凭证,T2 次列车应如何办理?

9. 分乘

2009 年 2 月 19 日,K457 次(郑州—湛江,新型空调列车)列车桂林北站开车后,有 3 名旅客持 1 张 2 月 18 日长沙至湛江的新空调硬座客快代用票,票号 A032857,票价 474.00 元,人数栏全价叁人,要求其中一人继续旅行至到站,另两人在柳州下车办事,列车应如何办理?

10. 不符

(1)提前乘车,车票未剪口

2009 年 6 月 15 日,长沙开往邵阳的 K9037 次新型空调列车,株洲开车后验票时发现,一旅客持 6 月 16 日该次列车株洲至娄底的新空调硬座快速联合票,票号 A076543,票价 21.00 元,车票未剪口,列车应如何办理?

(2)提前乘车,车票未剪口

2009 年 6 月 15 日,北京西开往昆明的 T61 次新型空调列车,长沙开车后验票时发现,一旅客持 6 月 16 日 T61 次长沙至怀化的新空调硬座客特快联合票,票号 A056545,票价 73.00 元,车票未剪口,T61 次列车应如何办理?

(三)根据题目指定情况,按要求编制客运记录

1. 卧铺未使用,到站退款。

2009 年 6 月 11 日,K511 次(上海南—广州,新型空调列车)列车上海南开车 1 h 后,旅客刘勇持上海南至广州新型空调客快速硬卧(中铺)联合票一张,票号 A12345,票价 369.00 元,要求使用卧铺,当时卧铺已售出,全程满员,无法安排,请编制客运记录给旅客到站退款。

2. 退空调费。

2009 年 6 月 15 日,广州开往北京西 T16 次新型空调列车 11 号车 3066 号,武昌至郑州间因空调机故障停止制冷,郑州至北京西间恢复空调。根据 11 号车旅客人数,分别写出客运记录以作为旅客到站退还空调费的凭证。

3. 丢失车票,补票后又找到原票。

2009 年 6 月 11 日,K37 次(广州—柳州,新型空调列车)列车旅客王华在衡阳开车时声称丢失车票,列车填发代用票(OOA3471 号),核收衡阳至桂林新空调硬座客快速联合票,票价 54.00 元,永州开车后,旅客声称找回原票(6 月 10 日广州至桂林新空调硬座客快速联合票,票号 A045678),经列车查证属实,请编制客运记录到站退款。

4. 误售车票,到站退款。

2006 年 6 月 11 日,2513 次(长沙—湛江)列车株洲开车发现旅客张朋应到萍乡,发站长沙误售至凭祥,原票长沙至凭祥硬座客快票,票号 A56341,普快柳州止。列车将旅客交衡阳站折返萍乡,并到萍乡退还差价,请编制客运记录。

5. 列车向车站移交坐过了站的旅客。

2009 年 6 月 17 日，K435 次（长沙—郴州，新型空调列车）列车在衡阳开车，发现旅客吴方持长沙至衡阳空调硬座客快速联合票，坐过了站，票号 A056341，请编制客运记录将旅客交耒阳站。

任务 2   旅客运输阻碍的处理

[学习目标]   掌握列车员岗位基本技能。

[学习要求]   掌握列车员岗位基本技能。理会《客规》关于旅客运输阻碍的处理规定，并能运用规章处理实际问题。

[工作任务]   处理旅客运输阻碍，发生线路中断后安排处理旅客和行包；办理途中车票过期及各种旅行变更，编制《客运记录》或填写《代用票》。

[需要工具及设备]   《里程表》、《票价表》、《运价表》、《客规》、《细则》、《价规》、客运记录、代用票样张、客运运价杂费收据样张。

[教学环境]   模拟硬座车厢、硬卧车厢，理实一体化教室。

一、理论模块

在铁路旅客运输中因意外事件致使铁路运输不能正常进行称运输阻碍。

（一）旅客运输阻碍的种类

1. 列车撞车、颠覆、脱轨、坠河。

2. 列车发生火灾、爆炸。

3. 线路中断（含自然灾害、行车事故等）。

（二）造成旅客运输阻碍的原因

1. 自然灾害，如水灾、雪害、冰雹、地震、泥石流等。

2. 旅客责任，如携带危险品、吸烟者乱扔烟头所引起的燃烧、爆炸等。

3. 铁路过失，如设备陈旧、失修，职员素质低、基础工作薄弱、劳动纪律松弛、列车严重超员等所引起的意外事故。

4. 其他原因，如坏人破坏、战争等。

二、技术模块

（一）发生运输阻碍的应急处理

1. 列车发生火灾、爆炸

（1）立即停车。列车运行中发生爆炸或火灾，发现火情的列车乘务人员，特别是本车厢或相邻车厢列车员应立即拉下紧急制动阀，迫使列车停在安全地带。

（2）疏散旅客。紧急制动后，列车乘务人员应迅速指挥旅客疏散到邻近车厢，同时向列车长、乘警长报告。

（3）迅速扑救。列车长、乘警长在接到报告后，应立即组织、指挥义务消防队和其他工作人员进行扑救，并通知各车厢乘务员封锁车厢，严禁旅客下车、跳车、串车，防止意外事故发生，为事后查明情况创造条件。

（4）切断火源。停车后，车辆、机车乘务员和运转车长要迅速将起火车厢与列车分离，切断火源,防止火势蔓延。

(5)设置防护。列车分解后,运转车长和机车乘务员要迅速设置防护。

(6)报告救援。列车长、运转车长和乘警长要尽快向行车调度员报告事故情况,请求救援。报告内容要简明扼要,车次、时间、地点、火势情况要报告清楚,并应迅速向当地政府、公安机关和驻军请求支援。

(7)抢救伤员。在疏散旅客、迅速扑救的同时,要积极地抢救伤员。

(8)保护现场。在扑救火灾时,要注意保护好现场。列车乘务人员采取多种措施做好宣传工作,稳定群众情绪,维持秩序,以免发生混乱。

(9)协助查访。列车长、乘警长要积极协助公安机关了解情况,提供线索,帮助侦破。

(10)认真取证。公安乘务民警应尽可能了解事故情况,索取证据,以利于现场勘察、侦察线索和查明原因。

全体乘务人员在列车发生爆炸、火灾后,必须按照分工坚守岗位,不得擅离职守,要在列车长、乘警长的统一指挥下,根据实际情况灵活果断地采取得力措施,进行紧急处置。

上述10条40个字是应急方案的要点,在处理突发事故时可根据实际情况同步进行。

2. 列车发生撞车、颠覆

(1)设置防护。机车乘务人员(受伤、遇难时由其他人员)和运转车长负责迅速设置防护。

(2)报告救援。尽快向行车调度员报告事故情况,请求救援,并应迅速向当地政府、公安机关和驻军请求支援。

(3)抢救伤员。抢救时先重后轻、先伤后亡,会同乘警控制现场,为查明原因提供依据。

(4)保护现场。通过宣传稳定秩序和保护现场,可依靠旅客中的军、警、干部、工人等,防止坏人乘乱作案。

3. 列车被洪水围困

(1)列车立即退回安全地段(高坡、后方车站或线路所),退行办法按有关行车规定办理。

(2)必要时有组织地疏散旅客上高地或小山。

(3)设法报告上级,请求救援。

(4)通过宣传稳定秩序,组织保卫,以免发生混乱。

(5)组织照顾老、弱、病、残、孕、幼等重点旅客。

(6)联系地方居民组织饮食供应。

4. 列车被塌方阻挡

(1)立即退回安全地带或后方车站。

(2)迅速报告上级,听候处理。

(3)坚守岗位,维持好车内秩序,禁止旅客擅自下车。

(4)必要时可利用其他交通工具有组织地绕道输送旅客,防止发生混乱。

(二)线路中断后对旅客及行包的安排与处理

1. 线路中断后对旅客的安排

列车停止运行后,应按下列规定安排已购买车票的被阻旅客。

(1)在停运站或被阻列车上时,在车票背面注明"原因、日期,返回××站"作为免费返回发站或中途站退票、换车、延长有效期间的凭证。如在发站或一个中途站等候继续旅行的,在通车10 d内可凭原票重新签证恢复旅行。在返回途中自行下车,运输合同终止。

(2)在发站(或返回发站)停止旅行时退还全部的有效车票票价,但手续费、加收部分的票款、携带品超过规定范围补收的费用以及已使用至到站的车票票价不退。

（3）在停止旅行站（或中途站）退票时，退还已收票价与发站至停止旅行站间票价的差额，发站至停止旅行站不足起码里程按起码里程计算（铁路责任退全部票价）。

（4）铁路组织列车绕道运输时，组织原列车绕道时，原票有效。组织换车绕道时，注明"因××原因绕道××站乘车"，并加盖站名戳。绕道变座、变铺时（铁路责任按铁路原因变座、变铺），应补时补变更区间票价差额，不足起码里程按起码里程计算；应退时退变更区间票价差额，不足起码里程票价不退。

绕道过程中，旅客中途下车时，运输合同终止。旅客自行绕道，按变径办理。

（5）线路中断后旅客买票绕道乘车时，按实际径路计算票价。

（6）旅客索取线路中断证明时，由车站出具文字证明，加盖站名戳。

2. 线路中断后对行李、包裹的安排

（1）未装运及由中途运回发站时，收回行、包票，在旅客页和报单页记事栏注明"线路中断、取消托运"，填写"退款证明书"，退还全部运费，并将收回的行、包票附在"退款证明书"报告页上报。

（2）已运至到站要求返回发站的行李，运费不退。在行李票报销单加盖"交付讫"戳，记事栏注明"线路中断，已运至到站的行李返回，运费不退"交旅客报销。

（3）在中途站领取时，收回行、包票，填写"退款证明书"，退还已收运费与发站至领取站间运费差额，不足起码里程按起码里程计算。在旅客页、报单页记事栏注明"线路中断，中途提取"附在"退款证明书"报告页上报。

（4）在发站（或中途站）停止旅行，要求行李仍运至原到站，补收全程（或终止旅行站至到站）的行李和包裹的运费差额。

（5）包裹变更到站，补收（或退还）已收运费与发站至新到站的运费差额，不足起码里程按起码里程计算。在"客杂"（或"退款证明书"）记事栏注明"因××线路中断，变更到站"。

（6）鲜活包裹被阻，返回发站或变更到站按上述有关规定处理。要求承运人在中途处理时，退还已收运费与发站至处理站间（不足起码里程按起码里程计算）的运费差额和物品处理所得款。

（7）组织行、包绕道运输时，应在行李、包裹记事栏注明"线路中断，绕道运输，被阻×日"，并加盖站名戳，原车绕道时加盖列车行李员名章，到站根据实际运输里程加上被阻日数计算运到期限。

（8）线路中断后承运包裹，经铁路局批准，按实际径路计算运费。

三、案例模块

线路中断列车停运后对旅客的安排

【案例 2-7】 某年 5 月 10 日，一旅客持 A—D 的硬座客票，票价 11.00 元，以及到站为 C 站的普通加快票，票价 1.00 元。在列车运行至 C 站后 C—D 区间因水害线路中断，该旅客要求返回 B 站终止旅行，问该如何处理？该区段线路图如图 2-7 所示。

图 2-7 A—D 区段线路图

【解】 (1)在 C 站应在车票背面注明"因前方水害,于 5 月 10 日返回 B 站",加盖站名戳。

(2)在 B 站办理退票,退还已收票价与发站至停止旅行站间(A—B)硬座客票票价差额,发站至终止行站(A—B)硬座票价 1.50,加快票已使用至到站不退。应退 11.00－1.50＝9.50(元),不收退票费。

(3)收回原票,填退票报销凭证如表 2-6 所示。

表 2-6　退票报销凭证

××铁路局

退票报销凭证　A000000

B 站　　　　　　2009 年 5 月 10 日

原　票	A 站至 D 站	
已乘区间	A 站至 B 站	80毫米×60毫米
已乘区间票　价	壹　元　伍　角	
退 票 费	元	
共　计	壹　元　伍　角	

(无经办人名章无效)　　　　　　　　经办人王伟印

【案例 2-8】 某年 6 月 10 日,一旅客持锦州至北京的硬座客快车票,乘坐 2544 次列车(经由津),因塘沽—天津间水害,铁路组织原列车绕道京沪线至北京,在山海关站要求改乘软卧,列车长应如何处理?

【解】 原票　锦州——津——北京　622 km

硬座客快票价:43.00 元

变座补卧　山海关—北京 315 km

软座票价:36.00 元

硬座票价:20.00 元

软硬票价差:36.00－20.00＝16.00(元)

软卧(下)票价:53.00 元

手续费:5.00 元

应补收:16.00＋53.00＋5.00＝74.00(元),填写代用票。

任务 3　旅客运输事故的处理

保证旅客运输安全,是关系到人民生命财产和国家政治声誉的政治问题,必须十分重视。保证旅客运输安全,是我国铁路运输组织的基本原则之一,是客运职工为旅客服务的首要职责,是客运工作优质服务的重要标志。

[学习目标]　掌握列车员岗位基本技能。

[学习要求]　理会《客规》关于旅客疾病及意外伤害的规定,并能运用规章处理实际问题。

[工作任务]　处理旅客在列车上突发疾病和意外伤害事故,编制《客运记录》。

[需要工具和设备]　《里程表》《票价表》《运价表》《客规》《细则》《价规》、客运记录、代用票样张、客运运价杂费收据样张。

[教学环境]　模拟硬座车厢、硬卧车厢,理实一体化教室。

一、理论模块

持有车票的旅客和无票人员,在车站、列车上发生急病、死亡时,按《中华人民共和国铁路法》(简称《铁路法》)、《合同法》及国务院有关规定处理。

(一)旅客人身伤害事故的定义

凡持有效车票的旅客,经检票口进站验票加剪开始,至到达目的地出站缴销车票时止(中转和中途下车的旅客自出站至进站期间除外),在旅行中遭受到外来、剧烈、明显的意外伤害事故(包括战争所致者在内)以及承运人的过错,致使旅客人身受到伤害以至死亡、残废或丧失身体机能者,均属旅客人身伤害事故。

(二)旅客人身伤害事故的种类和等级

1. 旅客人身伤害按程度分为三种:

(1)轻伤:伤害程度不及重伤者。

(2)重伤:肢体残废、容貌毁损,视觉、听觉丧失及器官功能丧失。具体参照司法部颁发的《人体重伤鉴定标准》。

(3)死亡。

2. 旅客人身伤害事故分为六等:

(1)轻伤事故:是指只有轻伤没有重伤和死亡的事故。

(2)重伤事故:是指有重伤没有死亡的事故。

(3)一般伤亡事故:是指一次造成死亡 1 人至 2 人的事故。

(4)重大伤亡事故:是指一次死亡 3 人至 9 人的事故。

(5)特大伤亡事故:是指一次死亡 10 人至 29 人的事故。

(6)特别重大伤亡事故:是指一次死亡 30 人以上的事故。

二、技术模块

(一)旅客发生急病、死亡的处理

1. 旅客发生急病时的处理

(1)持有车票的旅客在车站候车期间发生急病时,车站应立即送至医院急救,如系传染病应送传染病医院。

(2)旅客在列车上发生急病时,列车长应填写客运记录,送交市、县所在地的车站或较大车站,转送医院或传染病医院治疗。

(3)旅客在治疗期间所需的一切费用,应由旅客自负。如本人确实无力负担,铁路局可在"旅客保险"支出项下列支,由车站按时请领偿还医院。

2. 旅客发生死亡的处理

(1)持有车票的旅客在车站候车期间死亡时,车站站长应会同公安部门、卫生部门共同检验,并按规定处理。如因传染病死亡的应根据卫生部门的指示办理。车站应通知其家属或工作单位前来认领。

(2)旅客在列车上死亡时,列车长应填写客运记录,会同铁路公安人员将尸体和死者遗物交给市、县所在地的车站或较大的车站,接收站按照在车站死亡时办理。

(3)对死者的遗物妥善保管,待死者家属或工作单位前来认领时一并交还。旅客死后所需费用,先由铁路部门垫付,事后向其家属或工作单位索还。如死者家属无力负担或无人认领,铁路可在"旅客保险"项下列支。

3. 无票人员发生急病或死亡时的处理

没有车票的人员,在站台或列车上发生急病或死亡时,由铁路部门负责处理。在候车室、广场等地发生急病或死亡时,由车站通知地方有关部门处理。

(二)旅客人身伤害事故的处理

1. 旅客人身伤害事故的现场处理

(1)处理办法

①在站内或旅客列车上发生旅客人身伤害时,列车长或车站客运主任(三等以下车站为站长,以下同)、客运值班员应当会同铁路公安人员查看旅客受伤程度,及时采取抢救措施。列车上受伤旅客需交车站处理时,应提前通知车站作好救护准备工作。

②旅客列车或车站发生3人以上食物中毒时,列车长车站客运主任(站长)应当及时通知前方停车站或所在站卫生防疫部门和公安部门,并做好现场保护工作。

③发生旅客人身伤害人数较多时,应当封锁事故现场,禁止与救援、调查无关的人员进入。

④发生旅客伤亡人数较多的事故车站、列车认为必要时,应请求地方政府协助组织抢救。

⑤发现旅客在区间坠车时,应当立即停车处理(特快列车不危及本列车运行安全时除外)。在不具备停车条件或迟延发现时,列车长应当通过运转车长通知就近车站派人寻找。同时,列车长应在前方停车站拍发电报,向事故发生地所属铁路局和列车担当铁路局主管部门报告。

⑥发生旅客人身伤害事故时,列车长、车站客运主任应当会同铁路公安部门及时勘验事故现场,检查旅客所持车票的票种、票号、发到站、车次、有效期及加剪情况等;收集不少于两份同行人或见证人的证言和有关证据并保护好证据材料。

⑦收集证人证言时,应当记录证人姓名、性别、年龄、地址、联系方式、身份证号码等内容。证言、证据应当准确、真实,并能够证明事故发生的过程和原因。

⑧列车上发生旅客人身伤害事故,应当将受伤旅客移交三等以上车站(在区间停车处理时为就近车站)处理,车站不得拒绝受理。列车向车站办理移交手续时,编制客运记录一式两份(一份存查,一份办理站、车交接),连同车票、旅客随身携品清单、证据材料一起移交。旅客人身伤害事故系斗殴等治安或刑事案件所致,列车乘警应在客运记录上签字。

⑨因特殊情况来不及编写记录的,列车长必须指派专人下车与车站办理交接,并必须在3 d以内向事故处理站补交有关材料。

⑩当次列车因故未能将受伤旅客及有关材料及时移交,旅客在法定时限内向铁路运输企业索赔且能够证明伤害是在运输过程中发生的,事故发生列车应本着方便旅客的原则,移交旅客就医所在地车站或旅客发、到站处理,被移交站应当受理。

⑪车站对本站发生、发现或列车移交的受伤旅客应当及时送附近或有救治条件的医院抢救;送医院须先缴纳押金时,可用站进款垫付;动用站进款时,填写或补填"运输进款动支凭证"(财收—29),5 d内由核算站或车务段财务拨款归还。

⑫受伤旅客住院期间的生活费由旅客垫付,如旅客或其家属确有困难,经事故处理站站长(车务段长)批准,用站进款垫付;待事故责任明确后,由责任人或责任单位承担。

⑬受伤旅客在现场抢救无效死亡或在站内、区间发现的旅客尸体,经公安机关或医疗部门确认死亡后,车站应当暂时派人看守并尽快转送殡仪馆存放。对死者的车票、衣物等应当妥善保管并通知其家属来站处理。如死者身份、地址不清或家属不来时,或死亡原因系伤害致死需立案侦查时,可根据公安机关的意见处理死者尸体,必要时应对尸体作法医鉴定。尸体存放原

则上不超过 7 d。

(2)事故通报

车站、列车发生旅客人身伤害事故时,应当立即向上级主管部门及有关铁路局主管部门拍发事故速报,条件允许时,应当先用电话报告事故概况。发生重大及以上伤亡事故时,应当逐级向上级主管部门报告。事故速报内容包括:

①事故种类。

②发生日期、时间、车次。

③发生地点、车站、区间里程。

④伤亡旅客姓名、性别、国籍、民族、年龄、职业、单位、住址,车票种类、发到站、票号、身份证号码。

⑤事故及伤亡简况。

在站内或区间线路上发现有坠车旅客时,发现或接到通知的车站应当迅速通报有关列车。有关列车接到通报时,应当立即调查情况,收集包括证人证言在内的证据材料和旅客携带品并在 3 d 内向事故处理站移交。

2. 旅客人身伤害事故的调查

(1)事故处理工作组的组成

发生旅客人身伤害事故,应当成立事故处理工作组。事故处理工作组由以下单位和人员组成:

①事故处理站(车务段)或其上级主管部门。

②事故责任单位或发生单位及其上级主管部门。

③事故处理站公安派出所。

④与事故处理有关的单位或人员。

事故处理工作组组长一般情况下由事故处理站(车务段)的站长(段长)担任;发生重大及以上伤亡事故时,事故发生地所在铁路局局长为组长。

(2)事故处理工作组组长单位负责的主要工作

①办理受伤旅客就医事宜。

②收集事故有关资料,建立案卷。事故案卷中应有:客运记录、证人证言、车票、医院证明、现场照片或图示、寻人启事、公安部门现场勘验笔录、鉴定结论和处理尸体意见等。

③查实伤亡旅客身份,通知伤亡旅客家属或发寻人启事。

④召开事故分析会,分析事故原因,确定责任单位。

⑤处理死亡旅客尸体。

⑥与旅客或其继承人、代理人协商办理赔付。

⑦其他与事故处理有关的事宜。

(3)事故分析会的召开

事故发生后,应当及时召开事故调查分析会。铁路局应派员参加重大及以上伤亡事故调查分析会。

应由政府安全监督管理部门调查处理的旅客人身伤害事故,按照国家有关规定办理。

(4)明确处理费用

旅客受伤需治疗时,医疗费用按实际需要,凭治疗医院单据,由铁路运输企业承担,但其标准一般最高不超过赔偿金限额。如旅客人身伤害系法律、法规规定铁路运输企业免责的,其医疗费用由旅客承担。

旅客自身责任或第三人责任造成的人身伤害,医疗费用由责任人承担。第三人不明确或无力承担时,由铁路运输企业先行赔付后,向第三人追偿。

旅客受伤治疗后身体部分机能丧失,应当按照机能丧失程度给付部分赔偿金和保险金。旅客身体两处以上受伤并部分机能丧失的,应当累加给付,但不能超过赔偿金、保险金最高限额。旅客受伤治愈后无机能影响,在赔偿金、保险金最高限额的 5% 以内酌情给付。旅客死亡按最高限额给付。

如铁路运输企业能够证明旅客人身伤害是由铁路运输企业和旅客的共同过错造成的,应当相应减轻铁路运输企业的赔偿责任。

因处理事故需要发生的其他费用(如看尸、验尸、现场勘验、寻人启事、等与事故处理直接有关的支出)一并在事故处理费中列支并在事故处理报告上列明。

因事故产生的保险金、赔偿金、医疗费用、其他费用,有责任单位(铁路运输企业其他部门责任时,转责任单位所属铁路局)的,由处理事故局将以上费用转账给责任单位;无责任单位的,转事故发生单位。

事故责任涉及两个以上单位时,其事故处理费用由责任单位共同分担,分担比例按责任轻重由事故处理工作组确定。

(5)事故赔付程序

对伤亡旅客的赔偿一般应当于治疗结束或尸体处理完毕后进行。由旅客或其继承人、代理人(代理人应当出具被代理人的书面授权书)提出"铁路旅客人身伤害事故赔偿要求书",并出具治疗医院的证明,作为事故处理站办理赔偿、确定给付赔偿金数额的依据。

事故处理工作组接到"铁路旅客人身伤害事故赔偿要求书"后,应当尽快与旅客或其继承人、代理人协商办理赔偿。办理赔偿应当编制"铁路旅客人身伤害事故最终处理协议书",事故处理各方对协议书所载内容无异议后签字并加盖"事故办理专用章"生效。同时,开具"铁路旅客人身伤害事故赔付通知书",及时将赔偿金、保险金支付给旅客或其继承人、代理人。

需向事故责任或发生单位转账时,由铁路局财务部门开具转账"通知书"(会凭—7),连同"铁路旅客人身伤害事故最终处理协议书"转送事故责任或发生单位。事故责任或发生单位接到转账"通知书"等资料后,应当于 10 d 内将费用转拨事故处理局;超过 10 d 时,每超过 1 d,按应付费用的 0.5% 支付滞纳金。

事故案卷一案一卷,由事故处理站、段保管,案卷保存期为 5 年。

3. 责任划分

铁路旅客人身伤害事故责任分为旅客自身责任、第三人责任、铁路运输企业责任及其他责任。

(1)旅客自身责任。旅客违反铁路安全规定,不听从铁路工作人员引导、劝阻等违法违章行为或其他自身原因造成的伤害,属于旅客自身责任。

(2)铁路运输企业责任。由于铁路运输企业人员的职务行为和设施设备的原因给旅客造成的伤害,属于铁路运输企业责任。

铁路运输企业责任分为客运部门责任和行车等其他部门责任。客运部门责任分为车站责任和列车责任。

①有下列情形之一的,属于车站责任

a. 旅客持票进站或下车后在检票口以内因组织不当造成伤害的。

b. 缺乏引导标志或有关引导标志不准确而误导旅客发生伤害的。

c. 车站设备、设施不良造成旅客伤害的。

d. 车站销售的食物造成旅客食物中毒的。

e. 因误售、误剪不停车站车票造成旅客跳车的。

f. 在规定停止检票后继续检票放行或检票放行时间不足,致使旅客抢上列车造成伤害的。

g. 因违章操作、管理不善造成火灾、爆炸,发生旅客伤害的。

h. 事故处理工作组有理由认为属于车站责任的。

②有下列情形之一的,属于列车责任

a. 由于车门未锁造成旅客跳车、坠车或站内背门下车造成旅客伤害的。

b. 因列车工作人员的过失,致使旅客在不办理乘降的车站(包括区间停车)下车造成人身伤害的。

c. 由于组织不力,旅客下车挤、摔造成伤害的。

d. 车站误售、误剪车票,列车未能妥善处理造成旅客跳车伤害的。

e. 因列车报错站名致使旅客误下车造成伤害的。

f. 因列车工作人员的过失造成旅客挤伤、烫伤的。

g. 因餐车、售货销售的食物造成旅客食物中毒的。

h. 因违章操作、管理不善造成火灾、爆炸,发生旅客伤害的。

i. 因列车设备不良造成旅客人身伤害的。

j. 事故处理工作组有理由认为属于列车责任的。

事故处理工作组认为两个以上单位都负有责任时,可列两个以上的责任单位。

③其他部门责任

铁路运输企业的其他部门责任造成旅客伤害的。

(3)第三人责任。由于旅客和铁路运输企业合同双方以外的人给旅客造成的伤害,属第三人责任。

(4)其他责任。非上述三种责任造成的伤害,属于其他责任。

对事故责任划分有争议时,事故处理工作组应将调查报告、事故案卷、处理意见等有关资料报事故发生和事故处理单位共同的上级客运主管部门或其授权的客运主管部门裁决。

发现对事故定性不准确、处理不符合规定时,上级客运主管部门可以责令重新审查或纠正。

事故处理完毕后,事故处理工作组应当出具"铁路旅客人身伤害事故定责通知书",寄送事故责任单位并抄知其上级客运主管部门。

4. 事故处理报告与统计

事故处理站(车务段)在事故处理完毕后 3 d 内向局客运主管部门报告。一般伤亡事故及以上事故处理完毕后,事故处理和发生单位应逐级向上级客运主管部门报送"事故调查处理报告"。重大及以上伤亡事故由铁路局签署意见后报铁道部客运主管部门。

各铁路局于每月 10 日以前将上月、每年 1 月 10 日以前将上年度本局处理的旅客人身伤害事故填写"铁路旅客人身伤害事故统计表",报铁道部。

三、案例模块

(一)旅客在列车上发生急病、死亡的处理

1. 处理依据

根据《旅客丢失车票和发生急病、死亡处理办法》规定,旅客在列车上发生急病时,列车长应编写客运记录,送交市、县所在地车站或较大车站,由站长负责转送铁路医院、地方医院或传染病院治疗；旅客在列车上死亡时，列车长应编写客运记录，会同铁路公安人员，将尸体和死者遗物交给市、县所在地的车站或较大车站处理。

2. 处理办法

(1)旅客在列车上发生急病时，要立即组织治疗、抢救(列车广播寻医找药)。旅客病情较重或列车上找不到医生时，列车长要及时编写客运记录，将患病旅客送交市、县所在地车站或有医院的较大车站转送医院治疗。

(2)旅客病情严重不能自理，又无同行人时，列车长要会同乘警清点旅客车票、携带物品等，一并移交。编写客运记录时，应注明旅客姓名、性别、年龄、单位或住址以及携带物品的名称、数量等。

(3)旅客在列车上因病死亡时，列车长除会同乘警清点旅客车票、遗物、编写客运记录，将尸体和死者遗物移交市、县所在地车站或较大车站处理外，还应收集不少于 2 份的旁证材料(死者同行人、见证人、参加诊治医生出具的证明等)。

【案例 2-9】 9 月 1 日，西安客运段值乘的西安开往南宁的 K318/5 次列车，由桂林站开出后，一名女旅客突发急病休克，列车广播找医生诊治未见好转，移交柳州站送铁路医院抢救。该旅客身份不明，其上衣口袋装有西安至南宁新空硬座客快速票一张(票号 A000023)，人民币 550 元，携带提包 1 个，内装布衣服 3 套、点心 1 盒、洗脸用具等。编写移交客运记录如表 2-7 所示。

表 2-7 客运记录

西安铁路局 客统—1

🚉 客 运 记 录

记录事由：移交急病旅客
柳州站：
9 月 1 日我车由桂林站开车后，一旅客突发急病休克，经找医生诊治未见好转，现移交你站，请按章处理。
该旅客姓名、住址等不详，其上衣口袋装有人民币 550 元，西安至南宁新空调硬座客快速票一张，票号 A0000023，提包 1 个，内装布衣服 3 套，点心 1 盒以及洗脸用具等，一并移交你站。
注： 　　1. 站、车需要编制记录时均适用。 　　2. 本记录不能作为乘车凭证。 　　　　　　　　　　西安 站段 编制人员　 K318 次列车长 　(印) 　　　　　　　　　　×× 站段 签收人员　　　　　　　　　 (印) 　　　　　　　　　　　　　　　　20××年 9 月 1 日编制

(二)旅客在列车上发生伤害事故的处理

1. 处理依据

根据《铁路旅客意外伤害强制保险条例》及《铁路旅客运输损害赔偿规定》进行处理。

2. 处理程序

立即组织抢救→封锁保护现场→作好调查笔录→收集证实材料→事故速报→编制事故记录→向车站办理移交。

【案例 2-10】 9 月 20 日北京西开往南宁的 T5 次列车在石家庄站开车时,发生石击列车造成旅客伤害,飞石将机后第 14 位 YZ 21023 号,前进方向右侧第 4 个车窗两层玻璃击碎,并将南宁市针织厂工人徐明(男,30 岁)左眼扎伤、头部击破流血不止,列车将受伤旅客交郑州站治疗。列车处理过程如下:

(1)列车长会同乘警检查旅客伤害情况,并进行止血包扎。

(2)列车长编制客运记录,将受伤旅客交郑州站转送医院治疗。

(3)列车长向有关部门及上级主管单位拍发事故速报。

四、实习训练模块

(一)实训举例

1. 旅客在列车上发生急病、死亡的处理

9 月 5 日,北京西开往湛江的 K157 次列车由株洲站开出后,一旅客因突发心脏病,经找医生抢救无效死亡。列车长会同乘警清点其遗物交衡阳站处理。该旅客系湛江市机修厂工人王云(男,45 岁),其上衣口袋内装有钱夹 1 个,内有本人身份证和北京西至湛江 A0000345 号新空硬座客快速车票及人民币 650 元,佩戴上海牌手表 1 块,携带提包 1 个,内有换洗衣服 2 套,北京果脯 3 盒,救心丸 1 瓶,漱洗用具 1 套等。编写移交的客运记录如表 2-8 所示。

表 2-8 客运记录

北京铁路局 客统—1

客 运 记 录

记录事由:移交因病死亡旅客
衡阳站:
9 月 5 日我车由株洲站开车后,旅客王云(男,45 岁),广东省湛江市机修厂工人,因突发心脏病,经我车广播找医生奋力抢救,终无效死亡,特编记录移交你站,请按章处理。
附遗物清单:1. 王云身份证。2. 北京西至湛江新空调硬座客快速票 1 张,票号 A0000345。3. 人民币 650 元。
4. 上海牌手表 1 块。5. 提包 1 个,内装衣服 2 套,北京果脯 3 盒,救心丸 1 瓶,洗漱用具 1 套。
另移交旁证材料两份。
注:
1.站、车需要编制记录时均适用。
2.本记录不能作为乘车凭证。

北京西 站段 编制人员 K157 次列车长 (印)

×× 站段 签收人员 (印)

20××年 9 月 5 日编制

2. 旅客在列车上发生意外伤害的处理

9 月 20 日北京西开往南宁的 T5 次列车在石家庄站开车时,发生石击列车造成旅客伤害,飞石将机后第 14 位 YZ 21023 号,前进方向右侧第 4 个车窗两层玻璃击碎,并将南宁市针织厂工人徐明(男,30 岁)左眼扎伤、头部击破流血不止,列车将受伤旅客交郑州站治疗。列车处理过程如下:

(1)列车长会同乘警检查旅客伤害情况,并进行止血包扎。

(2)列车长编制客运记录(表 2-9),将受伤旅客交郑州站转送医院治疗。

表 2-9　客运记录

<table>
<tr><td>南宁铁路局</td><td align="right">客统—1</td></tr>
</table>

🚆 客 运 记 录

记录事由:移交受伤旅客

郑州站:

　　9 月 20 日 22:47,我车由石家庄开出约 8 min,机后第 14 位 YZ21023 号,前进方向右侧第 4 个车窗外,飞石击碎两层玻璃,旅客徐明左眼被碎玻璃扎伤,击中头部,流血不止,经包扎止血后,编此记录交郑州站转送医院治疗。

　　旅客徐明,男,30 岁,住南宁市针织厂,持北京西至南宁客票,客票号码 A0012345,随身携带手提包 1 个。

　　注:

　　　1. 站、车需要编制记录时均适用。

　　　2. 本记录不能作为乘车凭证。

　　　　　南宁 站段　编制人员　T5 列车长　(印)

　　　　　×× 站段　签收人员　　　　　　(印)

　　　　　20××年 9 月 20 日编制

(3)列车长向有关部门及上级主管单位拍发事故速报(表 2-10)。

(二)编制客运记录及事故记录

1. 向车站移交重病旅客

4 月 3 日,衡阳开往北京西的 K186 次新型空调列车,长沙开车后,在 6 号车厢旅客刘光突然晕倒,经广播找医生诊断为心脏病复发,急需下车治疗,旅客持当日衡阳至北京西新空调客快速卧(中)联合票,请编制客运记录。

2. 向车站移交无人认领的小孩

4 月 8 日,衡阳开往北京西的 K186 次新型空调列车,株洲开车后,6 号车厢列车员报告,该车发现 1 名大约两岁左右的小男孩,无人认领,请编制客运记录。

表 2-10 铁路传真电报

铁 路 传 真 电 报

拟稿人

签发　　　　　　　核稿　　　　　　　　　　　　　　　　电　话

发报所	电报号码	等级	受理日	时分	收到日	时分	值机员

主送:石家庄站并公安所

抄送:石家庄铁路局客运营销处、公安处、安监室,柳州局客运公司乘务部、装备部、运输处客管科,南宁客运一车队。

　　9 月 20 日,本次列车在石家庄开车约 8 min,机后第 14 位 YZ21023 号,前进方向右侧第 4 个车窗,被窗外飞石击碎两层玻璃,将旅客徐明(男,30 岁,南宁市针织厂工人,持北京西至南宁新空调硬座客特快票,票号 A0012345)左眼击伤、头部击破,伤势较重。我车请旅客中的医生进行包扎止血后,编制客运记录 96 号交郑州站转送医院治疗。

特此电告。

T5 次列车长(印)

20××.9.20 于郑州站

(办 23)受理　　　　　　检查　　　　　　　总检　　　　　　　　第　　页

(三)编制事故速报

1. 8 月 1 日,由南宁开往北京西的 T6 次列车,运行至武昌—汉口间,司机发现线路中心有行人,立即紧急制动,将 15 号车厢 25 号座的旅客孙明刚打来的一大杯开水泼洒在对面座位的旅客石磊(男,40 岁,北京市第二中学教师,持南宁至北京西有效新型空调硬座客特快票,票号 A0003456)的双手上,烫得双手水泡,伤势较重,该伤害事故列车应如何处理?

2. 8 月 1 日,济南开往佳木斯的 1392 次新型空调列车运行至绥化—庆安间,旅客李楠(南岔开关厂工人),在通过 9 号车厢时,被坐在通道上打盹的旅客孙宇(佳木斯机车厂工人,持哈尔滨至佳木斯客快联合票票号 A0002345)绊了一跤,李楠破口大骂,睡梦中的孙宇被惊醒,并站起来。此时,李楠以为对方要打他,顺手掏出水果刀刺向孙宇的胸部,孙宇因流血过多死亡,李楠趁人不备在双来站溜走。该伤害事故列车应如何处理?

项目3 行李、包裹运输

行李、包裹运输是铁路旅客运输的重要组成部分,办理行包运输要签订行包运输合同。行包运输组织工作分为行包的发送作业、运送作业和到达作业,具体内容包括行包的范围、托运与承运、行包运费的计算、装车、运送与运输变更、卸车、行包违章运输的处理、行包运输事故的处理等。

任务1 行包发送作业

[学习目标] 掌握车站行李员岗位基本技能。

[学习要求] 理会《客规》关于行李、包裹运输相关规定,并能运用规章处理实际问题。

[工作任务] 行李、包裹的托运、承运、保管;使用《里程表》和《行包运价表》核收行包运费;手工填制行李票、包裹票,或操作计算机制票。

[需要工具和设备] 《行李、包裹托运单》样张、《行李票》样张、《包裹票》样张、《里程表》、《行包运价表》、《客规》、《细则》、《价规》。

[教学环境] 车站行包房、理实一体化教室。

一、理论模块

(一)行包运输合同

为明确铁路承运人与托运人、收货人之间行李、包裹运输权利、义务关系签订的协议,称为铁路行李、包裹运输合同。行李、包裹运输合同的基本凭证是行李票、包裹票。

行李、包裹运输合同自承运人接收行李、包裹并填写行李票、包裹票时起成立,至行李、包裹运至到站、到达地或托运人指定地点交付收货人止为履行完毕。

(二)行包房货位划分的方法

行包房货位划分有按件分区、按线分区和按票据尾号分区三种方法。按件分区适于仓库面积较大的车站。

二、技术模块

(一)行包范围的判断

1. 行李范围

行李是指旅客由于旅行而导致的生活上一定限度的必需品,并且凭客票办理托运。

行李包括旅客自用被褥、衣服、个人阅读的书籍、残疾人用车(每张客票限1辆并不带汽油)、其他旅行必需品等。

2. 包裹范围

(1)包裹的分类

适合在旅客列车的行李车内运输的工农业生产和人民生活有关的小件急运货物,称为包裹,俗称"快件"。包裹共分为四类,如表3-1所示。

表 3-1　包裹分类表

类　别	具　体　内　容
一类	报纸类——自发刊日起 5 d 以内的报纸 政宣品——中央、省级政府(含国务院各部委和解放军大军区)宣传用非卖品以及新闻图片 课本类——中、小学生的教学课本,不含各种教学参考书及辅导读物等(但全国政协工作用书可按一类包裹)
二类	抢险救灾物资——凭政府机关证明办理托运 书刊——应有国家规定的统一书刊号的各种刊物、著作、工具书册以及内部发行的规章等 鲜冻的食用品——鲜或冻鱼介类、肉、蛋、奶类、果蔬类
三类	不属于一、二、四类包裹的物品
四类	特殊运输物品——一级运输包装的放射性同位素、油样箱、摩托车以及国务院铁路主管部门指定的需要 　　　　　　　特殊运输的物品 轻泡物品——泡沫塑料及其制品

对于鲜冻的食用品,因品名繁多,有的应按二类包裹办理,有的则按三类包裹办理,为了正确判明包裹类别,现对不易判明的二类包裹列表说明,如表 3-2 所示。

表 3-2　不易判明的二类包裹品名表

品　名	可按二类包裹办理	不按二类包裹办理
鲜和冻的鱼介类	螺丝、蛤蜊、海参,包括为防腐而煮过的和加少量盐的虾蟹	咸的、卤的、干的鱼、虾、海蜇、海参
鲜和冻的肉类	包括食用动物的五脏、头蹄和未经炼制的脂油	咸的、腌制、熏的、熟的肉类
肠衣	包括为防腐加少量盐的牛、羊、猪的小肠、肠衣、胎盘	
蔬菜类	藕、荸荠、芋头、土豆、豆芽、红薯、豆腐干、豆腐、姜、葱、蒜、洋葱、鲜笋	干辣椒、花椒、粉条、粉皮、海带或腌、干菜
瓜果类	鲜的枣、荔枝、木瓜、桂圆、橄榄、佛手、百合、鲜菱、甘蔗	干果、蜜饯,如松子、核桃、椰子、白果、瓜子、花生、栗子、果脯等
乳类	鲜、冻牛、马,羊乳,酸牛乳、奶酪	炼乳、奶粉、奶油、黄油
蛋类	家禽、野禽的鲜蛋	咸、熟蛋、松花蛋(变蛋)、糟蛋

(2)不能按包裹托运的物品

①尸体、尸骨、骨灰、灵柩及易于污染、损坏车辆的物品。

②蛇、猛兽、猛禽、蝎子、蜈蚣、蜂和每头超过 20 kg 的活动物(警犬和运输命令指定运输的动物除外)。

③国务院及国务院铁路主管部门颁发的有关危险品管理规定中规定的危险品、弹药以及承运人不能判明性质的化工产品。

④国家禁止运输的物品和不适于装入行李车的物品。

(二)行包的托运、验货、承运及保管

1. 行包的托运

旅客凭有效的客票和托运单,可以办理到客票乘车区间内任意站的行李托运,但每张客票只能托运一次(残疾人用车不限次数)。办理行包托运时,托运人必须提出托运单。必要时,应提出有关单位的运输证明。行包托运分为保价运输和不保价运输两种,托运人可自行选择,保价费行李按声明价格 0.5%,包裹按声明价格 1% 核收。托运人也可以选择办理运输保险与否。

托运单如表 3-3 所示。

表 3-3 托 运 单

中铁快运股份有限公司

托 运 单 　　(甲联)

(黑框内由托运人填写)　　　　　　　　20 ____ 年 ____ 月 ____ 日

到站:			经由:			承运人确认事项			
持票旅客填写	客票票号:			人数:		票号:			
	车次:			客票到站:					
货物名称	包装种类	件数	重量(kg)	体积(长×宽×高)	声明价格	件数	重量(kg)	行李	包裹
								□	□
								□	□
								□	□
合　计								□	□
选择填写	付款方式	现金□　　支票□　　协议□　　到付□				包 装 费			元
	取货方式	凭原件提取□　　凭传真件提取□				取 货 费			元
	服务要求	送货上门□　　货需包装□仓储保管□　　代发传真□				代收送货费			元
	发送地								
	到达地								
托运人	名称:								
	地址:								
	邮编:					电话:			
	传真电话:					电子邮件:			
收货人	名称:								
	地址:								
	邮编:					电话:			
	传真电话:					电子邮件:			
托运人记事:					承运人记事:				
取货员(章):					安检员(章):				

托运人注意:在填写托运单前,请详细阅读乙联背面"客户须知",并在下面签字。

托运人:_____　　　　　　　　　　　　　　　　　　　　营业部(章)

2. 验货

旅客或托运人托运的行李、包裹的包装必须完整牢固,要适合运输,不能有开口、破裂、短缺等现象。其包装的材料和方法应符合国家或运输行业规定的包装标准。包装不符合要求时,应动员其改善包装。托运人拒绝改善包装的,车站可以拒绝承运。为保证行包运输安全,车站在受理时,必须认真验货,检查核对以下内容:

(1)物品名称、件数是否与托运单记载相符;状态是否完好,有否夹带危险品及国家禁止或限制运输的物品。

(2)包装是否符合运输要求。

(3)货签、安全标志是否齐全,填写是否正确。

（4）行李、包裹每件最大重量不超过 50 kg，长度和体积以适于装人行李车为限，但最小体积不能少于 0.01 m³。

3. 承运

办理承运行李、包裹时，应确认品名件数、包装并进行检查核对，正确检斤。承运加水、加冰的物品或途中喂养动物的饲料应单独检斤，作为到站因此产生减量或重量消失的依据。办理承运手续时应正确填写行李、包裹票（如表 3-4、表 3-5 所示）。

表 3-4　行　李　票

中铁快运股份有限公司

行　李　票

甲

A000000

20　　年　　月　　日　　　　　　　（报告）

到 .... 站　　　　　　　　经由 .... 站

旅客乘坐　月　日　　次车　　　　　　　客票号

旅客姓名		共　　人　电话：			
住　址		邮政编码：			
顺号	包装种类	件数	实际重量	声明价格	运价里程　　　　千米
					运到期限　　　　天
					计费重量　规重　千克
					超重　千克
					运　费　　　　元
					保价费　　　　元
					合　计　　　　元
					月　日　　次列车到达
合　计					月　日　　交付
记事					营业部经办人　　　㊞

X0000000000000000000000000

行李票号码：A000000

行李、包裹票、小件货物快运运单一式五页。甲页为上报页（红色），上报用。乙页为运输报单（黑色），随车走，到站交收货人；带运包裹时，交旅客，称报单页。凭印签领取或不能提出领货凭证丙页时，乙页上报，不交收货人。丙页为旅客页（绿色），交托运人作为领货凭证，交付时收回上报。丁页为报销页（红色，快运运单丁页为黄纸黑色），交托运人作为报销凭证。戊页为存查页（褐色），发站作为存根，按日整理，存查报管。

行李票、包裹票的填写方法：

行李票的车次和经由栏按实际径路填写,在计费重量栏,将按行李运价计费的重量写在"规重"栏内,加倍计费的重量写在"超重"栏内。

包裹票各栏应按包裹托运单详细填写,分件报价运输的行李、包裹应按顺号逐栏填写声明价格。记事栏应注明以下事项:

(1)旅客指定径路时,注明"旅客指定经由××站"。

(2)对加冰或附饲料的包裹,应注明"加冰"或"附饲料"。

(3)承运需要提出证明文件的物品时,应注明文件的名称、号码、填发日期和填发单位等有关事项。

(4)承运自行押运或带运的包裹时,应注明"自押"或"带运"。

(5)承运自行车或单人轻便摩托车时,应注明牌名、车牌、号码,并分别注明有无铃、锁和灯等零件。

(6)其他需要记载的事情。

表 3-5 包 裹 票

中铁快运股份有限公司

包 裹 票

甲

20　年　月　日

(报告)

到 —————— 站　　　　　　　　经由 —————— 站

托运人	单位姓名:	电话:
	详细地址:	邮政编码:
收货人	单位姓名:	电话:
	详细地址:	邮政编码:

顺号	品名	包装种类	件数	实际重量	声明价格	运价里程	千米
						运到期限	日
						计费重量	千克
						运　费	元
						保价费	元
						合　计	元
						月　日　　　次列车到达	
						月　日　时　　　通知	
	合　　计					月　日　　交付	
记事						营业部经办人 ㊞	

X000000000000000000000000

行李票号码:A000000

4. 保管

承运后的行包按方向、区段(到站)或车次分别堆放在发送仓库的货位上。运输报单必须与行李、包裹同行,以免发生票货分离。

（三）行包装车

1. 编制行李、包裹装卸交接证。

2. 编制行包装车站顺单。

3. 装车。

（四）行包运价制定及《行包运价表》的构成

行李中不得夹带货币、证券、珍贵文物、金银珠宝、档案材料等贵重物品和国家禁止、限制运输的物品、危险品。

1. 行包运价率的制定

行李运价率＝硬座票价率×1‰＝0.058 61×1‰＝0.000 586 1[元/(kg·km)]

包裹运价率，以三类包裹运价率为基数，其他各类包裹运价率则按其加成或减成比例计算，现行各类包裹运价率的比例关系如表 3-6 所示。

表 3-6 包裹运价率表

包裹类别	运价比例(%)	运价率[元/(kg·km)]	包裹类别	运价比例(%)	运价率[元/(kg·km)]
三类	100	0.001 518	二类	70	0.001 062 6
一类	20	0.000 303 6	四类	130	0.001 973 4

2.《行包运价表》

《行包运价表》是按照行李、包裹运价计算规定，以 1 kg 行李、包裹运输若干公里计算得出的，与行包运输里程对应的运价查找表。

查找办法：先按运输里程查找出行李（包裹）每千克的运价〔如表 3-7(a)、(b)所示〕，然后乘以行包重量。

表 3-7(a) 行李运价表

里　程(km)	千克运价(元/千克)	里　程(km)	千克运价(元/千克)
1～20	0.012	261～280	0.154
21～30	0.015	281～300	0.165
31～40	0.021	301～320	0.175
41～50	0.026	321～340	0.186
51～60	0.032	341～360	0.196
61～70	0.038	361～380	0.207
71～80	0.044	381～400	0.217
81～90	0.050	401～430	0.231
91～100	0.056	431～460	0.246
……	……	……	……

表 3-7(b) 包裹运价表

里　程(km)	千克运价(元/千克)			
	一类	二类	三类	四类
1～100	0.030	0.106	0.152	0.197
101～120	0.033	0.117	0.167	0.217
121～140	0.039	0.138	0.197	0.257
141～160	0.046	0.159	0.228	0.296

续上表

里　　程(km)	千克运价(元/千克)			
	一类	二类	三类	四类
161～180	0.052	0.181	0.258	0.335
181～200	0.058	0.202	0.288	0.375
201～220	0.063	0.222	0.317	0.412
221～240	0.069	0.241	0.345	0.448
241～260	0.074	0.260	0.372	0.483
…	…	…	…	…

(五)行包运价计算

1. 行李、包裹运价率的制定

行李运价率＝硬座票价率×1％＝0.058 61×1％＝0.000 586 1[元/(kg·km)]

2. 行李、包裹运价的计算

行李、包裹运价,是以基本运价率乘以不递减的区段里程(初始区段不足起码里程按起码里程计算,行李起码里程为 20 km,包裹起码里程为 100 km),加上递减运价率乘以相适应的区段里程(最后一个区段里程采用中间里程)得出行包的基本运价(1 kg 行李、包裹的运价),然后以基本运价乘以行包的总重,即得出行包的运价。

行李、包裹运价计算公式如下:

(1)先求算 1 kg 为单位的运价基数

$$E＝C_0 L_0＋C_1 L_1＋C_2 L_2＋\cdots＋C_n L_n$$

式中　　　E——以 1 kg 为单位的运价基数;

　　　　　C_0——基本运价率;

　　　　　L_0——不递减区段的里程数;

$C_1,C_2,\cdots,C_n$——各区段的递减运价率;

$L_1,L_2,\cdots,L_n$——递减运价率相应区段的里程数。

(2)按 1 kg 的运价基数求算其他重量的运价

$$F＝G_{计费}\cdot E$$

式中　F——运价;

　$G_{计费}$——计费重量。

3. 行李、包裹运价核收规定

(1)运价里程

行包运价里程,以《里程表》为依据计算。行李运价里程按实际运送径路计算;包裹运价里程按最短径路计算,有指定径路时按指定径路计算。

(2)计费重量

行包均按重量计算运价,有明确规定计价重量的物品按规定重量计价;行包起码计费重量为 5 kg;超过 5 kg 时,不足 1 kg 的尾数进为 1 kg。

(3)运费计算

类别不同的包裹混装为一件时,按其中运价高的计算;行包运费按每张票据计算,起码运费为 1 元。

三、案例模块

【案例 3-1】 计算信阳—北京 23 kg 行李的运价。

【解】 1. 确定区段中间里程

信阳—北京客运运价里程为 997 km。

$$n=\frac{997-700}{40}=7.425\approx7$$

$$L_{中间}=700+(7+0.5)\times40=1\ 000(km)$$

2. 计算行李运价

(1)1 kg 行李运价

$$E=0.000\ 586\ 1\times200+0.000\ 527\ 49\times300+0.000\ 468\ 88\times500$$
$$=0.509\ 907\approx0.510(元)$$

或

$$E=0.000\ 586\ 1\times[200+300\times(1-10\%)+500\times(1-20\%)]$$
$$=0.509\ 907\approx0.510(元)$$

(2)23 kg 行李运价

$$F=23\times0.510=11.73\approx11.70(元)$$

【案例 3-2】 计算信阳—北京 25 kg 三类包裹的运价。

【解】 1. 确定区段中间里程

信阳—北京客运运价里程为 997 km。

$$n=\frac{997-600}{40}=9.925\approx10$$

$$L_{中间}=600+(10-0.5)\times40=980(km)$$

2. 计算包裹运价

(1)1 kg 三类包裹运价

$$E=0.001\ 518\times200+0.001\ 366\ 2\times300+0.001\ 214\ 4\times480$$
$$=1.296\ 372\approx1.296(元)$$

或

$$E=0.001\ 518\times[200+300\times(1-10\%)+480\times(1-20\%)]$$
$$=1.296\ 372\approx1.296(元)$$

(2)25 kg 三类包裹运价

$$F=25\times1.296=32.40(元)$$

【案例 3-3】 行李票的填写。

2008 年 5 月 20 日,邯郸市前进大街 9 号李民持 K589 次(北京西—重庆)车票 1 张,票号 A0123547,在邯郸站托运行李 1 件 27 kg,声明价格 300 元,手提包 1 个 15 kg,声明价格 200 元到重庆站,请办理。

【解】 (1)李民持有效车票,对托运物品可按行李托运。

(2)计算运费:邯郸—重庆 1 644 km

45 kg 行李运费:34.2 元

保价费:2.5 元

装车费:2.0 元

合计:38.7 元

(3)填写行李票(如图 3-1 所示)。

中铁快运股份有限公司

行 李 票

E№.0012345

甲

2008 年 5 月 20 日

（报告）

到 ___重庆___ 站   经由 _____ 站

旅客乘坐 5 月 20 日 K589 次车   客票号 A0123547

旅客姓名		李民		共 1 人	电话:××××××××			
住 址		邯郸市前进大街 9 号			邮政编码:××××			
顺号	包装种类	件数	实际重量	声明价格	运价里程		1 644 千米	
					运到期限		5 天	
1	行李	1	27	300	计费重量	规重	45 千克	
2	手提包	1	15	200		超重	千克	
					运费		34.20 元	
					保价费		2.50 元	
					合 计		36.70 元	
					月 日		次列车到达	
合 计		2	42	500	月 日		交付	
记事								

邯郸站 营业部经办人 张保安 印

X000000000000000000000000

行李票号码:E№.0012345

图 3-1 行李票

四、实习训练模块

(一)行李、包裹运费计算

1.2008 年 5 月 20 日,一残疾旅客林东持嘉兴—桂林北 K181 次(上海南—昆明)车票 1 张,票号 E078542,在嘉兴站托运手提包 1 件 23 kg,声明价格 350 元,旅行袋 1 件 20 kg,声明价格 500 元,残疾人用车 1 辆到桂林北站。请计算运费。

2. 2008 年 5 月 19 日,一旅客张京持天津—哈尔滨 K39 次(北京—齐齐哈尔)车票 1 张,票号 A0456874,在天津站托运旅行袋 1 件 15 kg,声明价格 200 元,手提包 1 件 20 kg,声明价格 350 元,木箱 1 件(内装个人阅读书籍)20 kg,声明价格 600 元,到哈尔滨站。请计算运费。

3. 2009 年 4 月 10 日,富平机械厂(地址:富平自强路 14 号)张平富在西安站托运机械配件 2 箱 47 kg 到武昌站,收货人为武昌第二机械厂(正汉街 11 号),声明价格 1 200 元。请计算运费。

4. 2008 年 6 月 10 日,旅客张敏(西安市自强东路 10 号)持西安—洛阳 T42 次(西安—北京西)车票 1 张,票号 A456321,托运行李 1 件 10 kg,声明价格 700 元,到站石家庄站。请计算运费。

（二）填写行李票、包裹票

1. 2008 年 5 月 20 日，一残疾旅客林东持嘉兴—桂林北 K181 次（上海南—昆明）车票 1 张，票号 E078542，在嘉兴站托运手提包 1 件 23 kg，声明价格 350 元，旅行袋 1 件 20 kg，声明价格 500 元，残疾人用车 1 辆到桂林北站。请在前面计算运费的基础上填写行李票。

2. 2008 年 5 月 19 日，一旅客张京持天津—哈尔滨 K39 次（北京—齐齐哈尔）车票 1 张，票号 A0456874，在天津站托运旅行袋 1 件 15 kg，声明价格 200 元，手提包 1 件 20 kg，声明价格 350 元，木箱 1 件（内装个人阅读书籍）20 kg，声明价格 600 元，到哈尔滨站。请在前面计算运费的基础上填写行李票。

3. 2009 年 4 月 10 日，富平机械厂（地址：富平自强路 14 号）张平富在西安站托运机械配件 2 箱 47 kg 到武昌站，收货人为武昌第二机械厂（正汉街 11 号），声明价格 1 200 元。请在前面计算运费的基础上填写包裹票。

4. 2008 年 6 月 10 日，旅客张敏（西安市自强东路 10 号）持西安—洛阳 T42 次（西安—北京西）车票 1 张，票号 A456321，托运行李 1 件 10 kg，声明价格 700 元，到站石家庄站。请在前面计算运费的基础上填写行李票。

5. 7 月 8 日，旅客张民持 T29 次北京西—韶关车票 1 张，票号 A002456，要求托运行李（编织袋内装服装）1 件 24 kg，旅客住址：北京市复兴门外大街 111 号。请办理。

6. 2 月 4 日，旅客马鸣持 2196 次吉林—锦州车票 1 张，票号 A0025787，托运行李：皮箱 1 件重 30 kg，声明价格 1 200 元，编织袋 1 件重 30 kg，声明价格 1 000 元，旅客住址：吉林市延安路 100 号。请办理。

7. 7 月 5 日，广州市服装厂在广州站托运服装 10 件，重 300 kg，声明价格 15 000 元，到站北京西站，收货人北京市复兴门外大街 102 号张正方。请办理。

任务 2　行包运送作业

[学习目标]　掌握车站行李员岗位基本技能。

[学习要求]　理会《客规》关于行李、包裹运输相关规定，并能运用规章处理实际问题。

[工作任务]　行李、包裹的保管、装卸车作业；计算行李、包裹运到期限；处理线路中断情况下的行李、包裹；办理行李、包裹的运输变更，编制《客运记录》、《铁路传真电报》。

[需要工具和设备]　《行李、包裹托运单》样张、《行李票》样张、《包裹票》样张、《客运运价杂费收据》样张、《退款证明书》样张、《里程表》、《行包运价表》、《客规》、《细则》、《价规》、客运记录、铁路传真电报、《货运记录》样张、计算机、打印机、行包制票软件。

[教学环境]　车站行包房、理实一体化教室。

一、理论模块

行包运送组织原则

行李、包裹的运送，应根据流量和流向，按照先行李后包裹、先中转后始发、先重点后一般和长短途列车分工的原则，及时、安全、准确、合理、均衡地组织运输。

二、技术模块

（一）行包运到期限的计算

1. 普通行包运到期限的计算

行李、包裹的运到期限,按运价里程计算。从承运日起,行李 600 km 以内为 3 d,601 km 以上每增加 600 km 增加 1 d,不足 600 km 的尾数也按 1 d 计算;包裹 400 km 以内为 3 d, 401 km 以上每增加 400 km 增加 1 d,不足 400 km 的尾数也按 1 d 计算。快运包裹按承诺的运到期限计算。一段按行李、一段按包裹计价时,全程按行李计算运到期限。

2. 快运包裹的运到期限

(1)快运包裹运到期限以铁路客运运价里程计算。从承运次日起,国内主要城市间有直达旅客列车运送的快运包裹为 3 d,3 500 km 以上为 4 d;其他城市间需中转运送的快运包裹 1 000 km 以内为 3 d,超过 1 000 km 时,每增加 800 km 增加 1 d,不足 800 km 按 1 d 计算。

(2)一批货物内有超过 50 kg 不足 100 kg 的超重快运包裹增加 1 d;100 kg 以上的快运包裹增加 2 d。按该批单件最重货物计算增加天数。

(3)由于不可抗力(如自然灾害)或非铁路责任(如疫情、战争、执法机关扣留等)所发生的停留时间,应加算在运到期限内。

(二)行包交接

1. 发站装车时的交接

装车时,站、车行李员交换完票据后,先卸后装。票货核对无误后,双方分别在装卸交接证上盖章签收。

2. 到站卸车时的交接

列车到达后,车站行李员接收并清点运输报单总数,确认与交接证相符后,按票边点件边卸车。卸车后要对所卸行包清点件数,检查包装,无误后在交接证上盖章签收,严禁信用交接。

(三)行包运输变更

行李、包裹的运输变更,根据装运前后的情况分别办理。

1. 装运前取消托运

行李、包裹在发站办完托运手续至装车前,旅客或托运人要求取消托运时,车站应核收因取消托运发生的各项杂费(如保管费、变更手续费等),另填发客运运价杂费收据,并收回行李、包裹票注销,注明"取消托运"字样。办理时,以车站退款证明书办理退款,收回的行李、包裹票报销联随车站退款证明书上报。

若已收运费低于变更手续费和保管费时,运费不退也不再补收,收回原行李、包裹票,在报单页、旅客页和报销页注明"取消托运,运费不退"字样。

2. 装运后变更到站

行李、包裹装运后,旅客、托运人或收货人要求变更运输时,只能在发站、行李或包裹所在中转站、装运列车和中止旅行站提出,并按下列规定办理:

(1)托运人在发站取消托运时,发站对要求运回发站的行李、包裹,应收回行李、包裹票,编制客运记录,写明原票内容,交旅客或托运人作为领取行李、包裹的凭证,并发电报通知有关站、车。

托运人在发站要求变更行李、包裹的到站时,车站在行李、包裹票旅客页和报销页上注明"变更到××站",更正到站站名及收货人单位、姓名,加盖站名戳,注明日期,交给托运人,作为在新到站领取行李、包裹和办理变更运输后产生运费差额的凭证,同时发电报通知有关车站和列车。

(2)列车接到电报,找到行李、包裹时,应编制客运记录,连同行李、包裹和运输报单,交前方营业站或运至新到站(旅客在列车上要求变更时,可按此办理)。

(3)行李、包裹所在站接到电报后,应编制客运记录注明应收保管费日数及款额,改正货签上的发、到站,连同行李、包裹运回发站或运至新到站(对列车移交的也同样办理)。

（4）发站或新到站收到行李、包裹后，同时旅客或收货人（托运人）领取，补收或退还已收运费和实际运送区段里程通算运费的差额，核收变更手续费及产生的保管费。补收时填写"客杂"，退款时填写退款证明书，并将收回的原票贴在"客杂"或退款证明书报告页上报。

旅客在发站或中途站停止旅行，要求把行李运至原到站时，应补收停止旅行站至原到站的行李与包裹的运费差额，核收变更手续费。

因误售、误购客票而误运行李，产生的运费差额多退少补，不收变更手续费。同时应编制客运记录或发电报通知行李所在站，将误办的行李运至正当到站。到站需要补收行李运费差额时，使用"客杂"核收，并在原行李运输报单页、报销页和旅客页的记事栏注明"误运"，报单页加盖"交付讫"戳记，交旅客报销；需要退款时，使用退款证明书退还，原行李票收回附在退款证明书上一并上报。

（四）线路中断情况下车站对行李、包裹的处理

1. 未装运及由中途运回发站时，收回行、包票，在旅客页和报单页记事栏注明"线路中断，取消托运"，填写"退款证明书"，退还全部运费，并将收回的行、包票附在"退款证明书"报告页上报。

2. 已运至到站要求返回发站的行李，运费不退。在行李票报销单加盖"交付讫"戳，记事栏注明"线路中断，已运至到站的行李返回，运费不退"交旅客报销。

3. 在中途站领取时，收回行、包票，填写"退款证明书"，退还已收运费与发站至领取站间运费差额。不足起码里程按起码里程计算。在旅客页、报单页记事栏注明"线路中断，中途提取"附在"退款证明书"报告页上报。

4. 在发站（或中途站）停止旅行，要求行李仍运至原到站，补收全程（或终止旅行站至到站）的行李和包裹的运费差额。

5. 包裹变更到站，补收（或退还）已收运费与发站至新到站的运费差额。不足起码里程按起码里程计算。在"客杂"（或退款证明书）记事栏注明"因××线路中断，变更到站"。

6. 鲜活包裹被阻，返回发站或变更到站按上述有关规定处理。要求承运人在中途处理时，退还已收运费与发站至处理站间（不足起码里程按起码里程计算）的运费差额和物品处理所得款。

7. 组织行、包绕道运输时，应在行李、包裹记事栏注明"线路中断，绕道运输、被阻×日"并加盖站名戳，原车绕道时加盖列车行李员名章，到站根据实际运输里程加上被阻日数计算运到期限。

8. 线路中断后承运包裹，经铁路局批准，按实际径路计算运费。

三、案例模块

【案例 3-4】　2006 年 6 月 17 日，衡水跃进路 23 号齐乐，持衡水至济南 K592 次（石家庄—济南）车票 1 张，票号 E130011，在衡水站托运行李 2 件 60 kg，声明价格 800 元。旅客因病在发站停止旅行，当日下午到行包房办理行李取消托运手续（行李尚未装车）。

【解】　衡水站办理如下：

衡水—济南：193 km

60 kg 行李运费：7.2 元

运费低于保管费和变更手续费，运费不退也不再补收，装车费、保价费不退。

【案例 3-5】　2002 年 10 月 17 日发货人张安发在北京托运到枣庄站教具 4 件，总重 100 kg，票号 E0214568。装运后，发货人要求变更到站至商丘站，包裹装载当日北京开往南京西的 1125 次列车上。请办理。

【解】　1. 北京站对包裹票进行更改（如图 3-2 所示）。

中铁快运股份有限公司

包裹票

E0214568

2002 年 10 月 17 日

甲

（报告）

到 <u>枣庄 商丘</u> 站　　　经由 <u>枣庄西</u> 站

托运人	单位姓名：张安发	电话：×××××××
	详细地址：北京市文具厂	邮政编码：××××××
收货人	单位姓名：李兰花 张旺	电话：
	详细地址：枣庄第二中 商丘第五中学	邮政编码：

顺号	品名	包装种类	件数	实际重量	声明价格	运价里程		799 千米
						运到期限		4 日
1	教具	木箱	4	100	3 800	计费重量		100 千克
						运　费		106.00 元
						保价费		28.00 元
						合　计		元
						月　日		次列车到达
						月　日　时		通知
合　计			4	100	3 800	月　日　交付		

| 记事 | 变更到站商丘 |

北京站　营业部经办人　赵琳 (印)

X00000000000000000000000000

包裹票号码：E0214568

图 3-2　包裹票

2. 北京站发电报通知 1125 次列车长、枣庄和商丘站（如表 3-8 所示）。

表 3-8　铁路传真电报

签发　　　核稿　　　　　　　　　　　　　拟稿人
　　　　　　　　　　　　　　　　　　　　电话

发报所	电报号码	等级	受理日	时　分	收到日	时　分	值机员

主送：德州站转交 10 月 17 日过你站 1125 次列车长

抄送：徐州、枣庄、商丘站

　　10 月 17 日我站发枣庄教具 4 件，重 100 kg，票号 E0214568。托运人张安发要求变更到
站到商丘站，请转运到商丘站，并按章处理。

北京站行（02）第 120 号

北京站（印）

2002.10.17

（办 23）受理　　　检查　　　　总检　　　　　　　第　　　页

3. 1125 次列车接到德州站转交的电报后，编制客运记录，连同包裹交徐州站（如表 3-9 所示）。

表 3-9　客运记录

北京铁路局　　　　　客统—1
客 运 记 录　　　　　第 100 号
记录事由：包裹变更到站
徐州站： 　我车接 10 月 17 日北京站行(02)第 120 号电报，要求将北京发枣庄教具，4 件重 100 kg，票号 E0214568，变更到商丘站，现交你站按章处理。 　……
注： 　1. 站、车需要编制记录时均适用。 　2. 本记录不能作为乘车凭证。
北京站段 编制人员　125 次列车长　（印） ××站段 签收人员　　　　　　（印） 2002 年 10 月 17 日编制

4. 徐州站接到 1125 次的客运记录后，即编制客运记录（如表 3-10 所示）。

表 3-10　客运记录

济南铁路局　　　　　客统—1
客 运 记 录　　　　　第 100 号
记录事由：包裹变更到站
商丘站： 　10 月 18 日过我站 1125 次列车交下北京发枣庄教具 4 件，重 100 kg，票号 E0214568， 变更运往你站，请按章处理。
注： 　1. 站、车需要编制记录时均适用。 　2. 本记录不能作为乘车凭证。
徐州站段 编制人员　李 达　（印） ××站段 签收人员　　　　　（印） 2002 年 10 月 18 日编制

5. 商丘站计算运杂费：

已收运费：北京—枣庄　106.00 元

应收运费：124.00 元

补收运费：18.00 元

变更手续费：10.00 元

折返站（德州站）保管费：4 件 8.00 元

徐州站装卸费：4 件 8.00 元

商丘站卸车费：4 件 4.00 元

6. 填写客运运价杂费收据（如表 3-11 所示）。

表 3-11　客运运价杂费收据

<table>
<tr><td colspan="5" rowspan="3">郑州铁路局
客运运价杂费收据
2002 年 10 月 18 日</td><td>丙</td></tr>
</table>

原票据	种　别	日期		10.17		月　日　　时到达、变更
	包裹票	号码		E0214568		月　日　时　交　　付
		发站		北京		
		到站		枣庄		核收保管费　　　日

核　收　区　间			核收费用			款额
			种别	件数	重量	
自　**北京**　站			运费差			18.00
至　**商丘**　站			变更手续费			10.00
经由（　徐州　）			保管费			8.00
座别　　人数			装卸费			12.00
			合　计			48.00

记事	托运人要求变更到商丘站，包裹（4 件）从徐州站转运，在徐州站产生保管一天。

　　　　　　　　　　　　　　　　商丘　站经办人　　张刚　（印）

A0123578

四、实习训练模块

1. 12 月 7 日，柳州发往兰州仪表 2 件（木箱包装），重 100 kg，包裹票号 E0521473，装运后托运人曹大刚因故要求取消托运，要求将包裹运回发站，但此时包裹已经运至西安，请处理（要求说明处理过程，并编制电报及客运记录）。

2. 9 月 1 日，杭州市民生药厂在杭州站托运药品 6 件，重 180 kg，到站无锡，收货人无锡市医药公司，包裹票号 E0098267，装运后，托运人于当日 14:30 来杭州站要求变更到南京站，收货人南京市第一人民医院。接受变更时，装运列车 1312 次尚未到达上海站。请说明办理过程，并编制电报及客运记录。

任务 3 行包到达作业

[学习目标] 掌握车站行李员行包到达交付及行包运输事故处理等基本技能。

[学习要求] 理会《客规》关于行李、包裹运输相关规定,并能运用规章处理实际问题。

[工作任务] 行李、包裹的保管、卸车、交付作业;办理行包逾期到达,填写《退款证明书》;处理违章运输的行包,填制《客运运价杂费收据》;处理行包运输事故,编写《货运记录》。

[需要工具和设备] 《行李、包裹托运单》样张、《行李票》样张、《包裹票》样张、《客运运价杂费收据》样张、《退款证明书》样张、《里程表》、《行包运价表》、《客规》、《细则》、《价规》、客运记录、铁路传真电报、《货运记录》样张、计算机、打印机、行包制票软件。

[教学环境] 车站行包房、理实一体化教室。

一、理论模块

(一)行包运输事故的种类和等级

1. 行李包裹事故的种类

(1)火灾。

(2)被盗(有被盗痕迹的)。

(3)丢失(全部未到或部分短少,无被盗痕迹的)。

(4)损坏(破损、湿损、变形等)。

(5)误交付。

(6)票货分离,票货不符,误装卸或顶件运输。

(7)其他(污染、腐坏等)。

2. 行李、包裹事故的等级

行李、包裹事故按其性质和损失程度,分为重大事故、大事故和一般事故三个等级,以及事故苗子。

二、技术模块

(一)行包运输事故的处理

1. 行李、包裹事故的立案

行李、包裹发生下列情况之一者,应立案处理:

(1)行李、包裹运输发生火灾、被盗、丢失、损坏、误交付、票货分离、票货不符、误装卸或顶件运输等事故时。

(2)行李、包裹超过运到期限 10 d,鲜活包裹超过运到期限没有运到时。

(3)行李、包裹超过运到期限没有运到或发生票货分离、票货不符、误装卸时,车站向发站拍发电报查询行李、包裹的下落,查询无结果时。

事故立案和调查处理由到站办理。行李、包裹在发站装运前全部灭失、毁损时由发站办理。

行李、包裹在发站或运输途中,发生行包事故时,有关站、车应编制客运记录一式两份。一份存查,一份随行李、包裹递送到站,作为站、车交接的凭证和到站编制事故记录的依据。如在途中全部丢失、被盗、毁损时,应将客运记录和运送票据车递挂号寄送到站。

2. 行李、包裹事故的调查

如果行李、包裹超过运到期限没有运到或发生票货分离时,到站必须立即向发站拍发电报查询并抄有关铁路局。由相关站、段调查处理,必要时要会同公安部门调查处理。发生和发现重大事故的车站及列车,应立即向铁道部、铁路局拍发事故速报,并抄知有关单位。

3. 行李、包裹事故的责任划分

(1)铁路与旅客、托运人、收货人责任的划分

由于下列原因造成的灭失或损坏,铁路不负赔偿责任:

①不可抗力,如水害、风灾、冰雹、地震、泥石流等。

②物品本身的自然属性或合理损耗。

③包装方法或容器质量不良,但从外部又不能观察发现或无规定的安全标志时。

④在行李、包裹中夹带有规定不能按行李、包裹托运的物品。

⑤托运人自己押运或带运的物品。

⑥旅客和托运人、收货人的过错。

由于旅客和托运人、收货人的责任给铁路造成财产损失时,应负赔偿责任。

(2)承运人内部站、车责任的划分

①直接发生事故的车站和列车,应主动承担责任。

②在查询过程中,未按规定期限答复时(除已查明直接责任者外),事故责任列逾期答复站、段。

③由于违章承运行李、包裹造成事故时,事故责任列承运站。

④中途站对包装破损未加整修继续运送,造成事故时,事故责任列应整修而未整修的车站。

⑤站、车交接时,接收方不盖规定名章或印章不清无法确认,以及接收方应签收而未签收或虽已签收但对件数、包装等情况站、车双方有异议时,而在开车后 3 h 内(如区间列车运行超过 3 h 不停时,为前方停车站)又未拍发电报确认的,发生事故时,责任列接收站、段。

⑥列车到达终点站后,超过 1 h 不签收或虽未超过 1 h 而列车入库,行李、包裹未卸完,发生事故时,列终点站责任。

⑦车站对无法运送的无主行李、包裹,逾期积压不报或顶件运送,应承担事故责任。

⑧由于装卸责任造成事故时,责任列装卸部门,但装卸与客运同属一个单位的除外。

⑨事故赔偿后又找到原来的行李、包裹,而旅客或收货人又不愿领取时(确有欺诈行为除外),事故责任仍定原单位。

⑩由于行车事故造成的行李、包裹事故,由行车安全监察部门确定的责任单位负责。

⑪ 事故处理站在核定事故责任单位时,如发生站、车各方意见不一致,可将事故记录连同附件逐级上报,由上级机关仲裁核定。

4. 行李、包裹事故赔偿

(1)赔偿标准

①实际损失的赔偿

按照实际损失赔偿时,对灭失、短少的行李、包裹按照其实际价值赔偿;对部分损坏的行李、包裹,可按照其受损前后实际价值的差额或者加工、修复费用赔偿。

②保价运输的赔偿

保价运输的行李、包裹在运输中发生损失,均应在保价额内按照损失部分的实际价值赔偿,实际损失超过保价额的部分不予赔偿。如果损失是因铁路运输企业的故意或重大过失造成的,按照实际损失赔偿。

(2)赔偿手续

①行李、包裹灭失、损失或超过运到期限 30 d 尚未到达,旅客和托运人、收货人有权向铁路提出赔偿。

②旅客和托运人、收货人要求赔偿时,应在有效期内提出赔偿要求书(用货运的),并附下列证件:

a. 行李、包裹事故记录。

b. 行李票或包裹票。

c. 证明物品内容和价格的凭证。

③行李、包裹事故经过调查,只要能够证明是铁路责任的,事故处理站均应先行办理赔偿。对需要查找下落的行李、包裹事故,自旅客或收货人提出赔偿要求书之日起,30 d 内必须予以赔偿。

④车站在受理赔偿要求时,需审核赔偿要求人的要求权利、有效期限、赔偿要求书及有关证明文件。赔偿要求人向法院提出的诉讼案,由诉状中所列的被告出庭答辩。

(3)赔偿时限

铁路与旅客、托运人、收货人相互间要求赔偿或退补费用的有效期限为 365 d。有效期限由下列日期起算:

①全部灭失为运到期限终了的次日。

②部分灭失或损坏为交付的次日。

③给铁路造成损失时,为发生事故的次日。

④多收或少收运输费用,为核收该项费用的次日。

责任者自接到赔偿要求书的次日起,必须在 30 d 内办完赔偿手续。

(4)赔偿批准权限

①赔偿(包括行李、包裹包装整修费)不超过 200 元(含 200 元)的,由处理站审核赔偿。

②赔款 200～5 000 元的,由决算站、段审核赔偿,报铁路局备案。

③赔款超过 5 000 元的,由铁路局审核赔偿,报铁道部备案。

(5)赔偿款额清算

①赔款不超过 200 元(含 200 元)的,互不清算,由处理站所属铁路局列销;

②赔款超过 200 元的,处理站与责任站在一个铁路局管内,由责任站相互间清算;跨铁路局的由铁路局相互间清算。

③责任局接到赔款通知书之日起,必须在 10 d 内办完付款手续,逾期付款每日增加 0.5% 的资金占用费。未按规定及时付款时,铁路局管内由铁路局、跨局由铁道部按季强行划拨。

④列其他责任的事故赔款,由处理局列支。

⑤行李、包裹事故赔款,不论行李、包裹是否保价,均由保价周转金支付。

(二)行包卸车作业

列车到达后,车站行李员负责按票点件卸车。卸车后要对所卸行包清点件数,检查包装,无误后在交接证上盖章签收,严禁信用交接。发现件数不符、行包破损或有其他异状时,经确认后应在交接证上注明现状,由站、车行李员按规定手续处理,并对行包随即按到达、中转分别送入库内,对立即中转的行包应送至装车站台。

(三)行包交付及逾期到达的处理

1. 行包交付与无法交付物品的处理

(1)行李、包裹的交付

行李、包裹运至到站后,到站应立即作好交付的准备工作。

①到达通知

行李随旅客所乘坐的列车运至到站,旅客即可提取,包裹由托运人在发站办理托运后,应立即告知收货人按时提取。包裹到达后,还应及时(最迟不得超过次日12:00)用电话、明信片等方式通知收货人迅速提取。

②仓库保管

行李从运到日起,包裹从发出通知日起免费保管3 d。

因铁路责任或不可抗力等原因而办理了延长客票有效期间手续的旅客,对其托运的行李也应按客票的延期日数延长免费保管的天数。

行李、包裹逾期未到,旅客或收货人前来领取时,车站应在行李、包裹票背面加盖行包逾期戳注明时间,同时还应记录旅客、收货人姓名、住址、邮政编码、电话号码等,以便行李、包裹到达后及时发出通知,并从通知日起免费保管10 d。

③交付规定

旅客或收货人凭行李、包裹票的领取凭证领取行李、包裹。铁路向收货人办理交付时,应认真核对票货,确认票据号码、发站、到站、托运人、收货人、品名、件数、重量、包装无误后在运输报单上加盖"交付讫"戳予以交付,同时收回领取凭证。如将领取凭证丢失,必须提出本人身份证、物品清单和担保人的担保书,承运人对上述单、证和担保人的担保资格认可后,由旅客或收货人签收办理交付。如收货人提不出担保人的担保书,可以出具押金自行担保。车站收取押金时应向旅客或收货人出具书面证明。

旅客或收货人在声明领取凭证丢失前,若行李、包裹已被冒领,承运人不承担责任。

经当事人双方约定,包裹也可使用领取凭证的传真件领取,凭传真领取包裹按下列规定办理:

收货人要求凭印鉴领取包裹时,应与车站签订协议并将印鉴式样备案,而且不得再凭包裹票的领取凭证领取。

旅客或收货人领取行李、包裹时,如发现短少或有异状,车站必须复查重量,必要时可开包检查,如构成行李、包裹事故,车站应编制事故记录交旅客或收货人作为要求赔偿的依据。

④快运包裹的交付

在设有快运机构的到达地,按下列规定办理交付手续:

a. 收货人是单位时,凭收货单位介绍信和经办人有效证件领取。收货人是个人时,凭收货人有效证件领取;须代领时,凭收货人有效证件(或复印件)及代领人的有效证件领取。

b. 收货人栏同时记载单位名称和个人姓名时,符合以上任何一种手续均可交付。

c. 收货人要求凭印鉴领取快运包裹时,可与经营人签订协议并将印鉴式样备案。交付时加盖印鉴即可。

在未设快运机构的到达地,与普通包裹同样办理交付手续。

(2)无法交付物品

对已发生的无法交付物品,应想方设法寻找线索,千方百计使其物归原主。车站对自站发现的或列车移交的无法交付物品，按下列几个环节处置：

①无法交付物品的确定。

②无法交付物品的管理。

③无法交付物品的处理。

车站、经营人对无法交付物品，行李从运到日起，包裹从发出到达通知日起，遗失物品和暂存物品从收到日起，满 90 d 无人领取时（易变质物品应及时处理），车站、经营人进行公告。公告满 90 d 仍无人领取时，开列清单，报请铁路局批准后按相关规定处理。

2. 行包逾期到达的处理

行李、包裹应在规定的运到期限内运至到站。如实际运到日数超过规定的运到期限时，到站应按逾期日数及所收运费的百分比（最高额不得超过运费的 30%，如表 3-12 所示），向旅客或收货人支付运到逾期违约金。

其计算公式如下：

$$C = F\psi$$

式中　C——运到逾期违约金额（尾数以角为单位，分值采取四舍五入处理）；

　　　F——运费；

　　　ψ——违约金比率，以 5% 为计算单位，尾数按 2 舍 3 入、7 退 8 进处理，其计算公式为：

$$\psi = \frac{d_{逾期}}{d_{运期}} \times 30\%$$

其中　$d_{逾期}$——逾期日数，

　　　$d_{运期}$——运到期限。

表 3-12　运到逾期违约金计算表

违约金比率(%)　逾期日数(d)／运到期限(d)	1	2	3	4	5	6	7	8	9	10以上
3	10	20	30							
4	5	15	20	30						
5	5	10	20	25	30					
6	5	10	15	20	25	30				
7	5	10	15	20	20	25	30			
8	5	5	10	15	20	20	25	30		
9	5	5	10	15	20	20	25	25	30	
10以上	5	5	10	10	15	20	20	25	25	30

快运包裹超过规定的运到期限运到时，经营人应按逾期天数每日向收货人支付包干费（包括超重附加费、转运费、到付运费）3% 的违约金，但违约金最高不超过包干费 30%。

一批中的行李、包裹部分逾期时，按逾期部分的运费、包干费比例支付运到逾期违约金。

旅客或收货人要求支付运到逾期违约金时，应自到达次日起 10 d 内提出，并提出行李、包裹票、小件货物快运运单（行李、包裹票、小件货物快运运单丢失或包裹票、小件货物快运运单未到时，应提出保证单位书面证明和所有权证明）。支付运到逾期违约金时，要填写退款证明书，以站进款支付。

包裹逾期到达,仅支付运到逾期违约金,不办理免费转运。

行李、包裹运输变更致使行李、包裹逾期到达,铁路不支付运到逾期违约金。

(四)行包违章运输的处理

1. 对品名不符的处理

(1)对伪报一般品名的,在发站,应补收已收运费与正当运费的差额;在到站,补收应收运费与已收运费差额两倍的运费。

(2)如将国家禁止、限制运输的物品或危险品伪报其他品名托运或在货件中夹带时,按下列规定处理:

①在发站发现时,停止装运,通知托运人领取,运费不退,并将原票收回,在记事栏内注明"伪报品名,停止装运,运费不退"。将报销页交托运人做报销凭证,保管费另以"客杂"核收。

②在中途站发现时,停止运送,发电报通知发站转告托运人领取,运费不退,并对品名不符的货件,按实际运送区段补收四类包裹运费。并根据保管日数,核收保管费。

③在列车上发现时,编制客运记录交到站处理,属危险品交前方停车站处理。

④在到站发现时(包括列车移交的),对品名不符的货件补收全程四类包裹的运费及保管费。因托运人伪报品名给铁路和其他旅客(收货人)造成的损失,由托运人负完全责任。

2. 对重量不符的处理

重量不符应补收时,则补收超重部分正当运费,应退还时退还多收部分的运费。

(1)到站发现行李、包裹重量不符,应退还时,开具退款证明书将多收款退还收货人。

(2)应补收时,开具"客杂",补收正当运费,同时编制客运记录附收回的行李、包裹票报局收入部门,由局收入部门列应收账款向检斤错误的车站再核收与应补运费等额的罚款。

3. 对无票运输的处理

车站和列车应拒绝装运无票的行李、包裹。如发现已装运的,列车长、列车行李员应编制客运记录交到站处理。到站对移交和自站发现的无票运输的行李、包裹,按照实际运送区段,加倍补收四类包裹运费。

三、案例模块

【案例 3-6】 1998 年 6 月 29 日,上海站交付 6 月 25 日由郑州运至上海的干豆腐 2 箱,重 60 kg,票号 E300121 时,发现其中 1 件 30 kg 内全部为西服,上海站如何处理?

【解】 品名不符,加倍补收运费差额,并填写客运运价杂费收据。

已收运费:郑州—上海 998 km

30 kg 二类包裹运费:27.00 元

应收运费:30 kg 三类包裹运费:39.00 元

补收运费:(39.00－27.00)×2＝24.00(元)

填写客运运价杂费收据(如图 3-3 所示)。

四、实习训练模块

(一)品名不符

1. 西安开往郑州 K618 次列车,2008 年 10 月 20 日运行至洛阳站前,发现托运人刘林由西安发往郑州服装一箱,重 60 kg,票号 E5872213,因包裹中夹带油漆外溢,将外包装污染。请处理。

上 海 铁 路 局
客运运价杂费收据

1998 年 6 月 29 日

（报告用）

原票据	种别	日期	6.25			月　日　　时到达、通知、变更	
	包裹票	号码	B300121			月　日　时　　　交付	
		发站	郑州			核收保管费　　　　　日	
		到站	上海				

核　收　区　间		核　收　费　用			款　额
		种别	件数	重量	
		加倍二、三类运费差			
自　郑州　站			1	30	24.0
至　上海　站					
经由（　　　　）					
座别　/　人数　/					
		合　　计			24.0

记事	偽报品名，西服偽报豆腐干。

　　　上海　站经办人　蒙民　印

A000123

图 3-3　客运运价杂费收据式样

2. 2008 年 3 月 10 日，托运人在西安站托运物品，自称服装一箱，重 100 kg，验货时发现其中衣服 60 kg，塑料制品 40 kg，托运人要求按一件办理托运手续。请处理。

（二）重量不符

1. 2008 年 9 月 1 日，西安站接北京发往西安的包裹一件，重 30 kg，票号 E0123547，收货人李利提货时，复磅实际重量 50 kg。西安站如何处理？

2. 2008 年 7 月 10 日，西安站办理兰州发西安 2 件，重 100 kg 包裹（原票记载小学生教学课本）时，发现 2 件包裹其中一件 65 kg，内装服装，另一件 60 kg，内装服装。西安站如何处理？

（三）无票运输

1. 2002 年 9 月 3 日，广州开往武昌 2508 次列车，广州开车后，发现装运至株洲站未办理托运的包裹 1 件，重 45 kg。如何处理？

2. 2008 年 9 月 9 日，T41 次到达西安站卸行包时，车站行李员发现 2 件服装无票运输，经过磅实际重量 80 kg，由石家庄装车。西安站应如何处理？

（四）行包运输事故的处理

7 月 8 日，西安市多彩家电商城在西安站托运 VCD 影碟机 4 件，重 120 kg，声明价格 10 000 元，到站石家庄，收货人石家庄市家电商店，包裹票号 A0032546，托运后待装时，由于保管不善，造成被盗。该事故应如何处理？

项目 4　旅客运输计划

旅客运输计划是编制旅客列车运行图的基础,也是确定客运设备、客运机车车辆修造计划及客运运营支出计划的重要依据。编制旅客运输计划是为了更好地挖掘运输潜力、组织旅客均衡运输、提高客运服务质量、保证旅客安全、迅速、准确、便利地旅行。

根据执行期间的不同,旅客运输计划可分为长期计划、年度计划和日常计划;根据组织形式可分为客流计划、技术计划和日常计划。

任务 1　旅客运输客流计划

[学习目标]　掌握客流计划的编制方法。

[学习要求]　正确编制客流图,计算旅客运输计划指标。

[工作任务]　寻找影响客流变化的主要因素;调查并预测客流量;编制客流斜线表和客流图;计算旅客运输计划指标。

[需要工具和设备]　模拟区段,模拟客流量,计算器,直尺等。

[教学环境]　绘图教室。

一、理论模块

(一)客流及分类

旅客的流量、流向、流程、流时构成客流。客流可以按照不同的标准来进行分类,目前主要根据客流跨及铁路局的不同,分为直通客流和管内客流。

1.直通客流

客流行程跨及两个及以上铁路局。

2.管内客流

客流行程在一个铁路局范围以内。

(二)客流主要特点

1.客流增长迅速

2.客流在时间上有较大的波动性

客流在时间上的不均衡程度,可用波动系数表示:

$$K_{波} = \frac{A_{发}^{时段}}{A_{发}^{平均}}$$

式中　$K_{波}$——波动系数;

$A_{发}^{时段}$——某时段(月、季)旅客发送人数;

$A_{发}^{平均}$——分析期间平均旅客发送人数。

缓和客流在时间上的不均衡性比较困难,因为旅客对运输的需求是有时间性的,为了满足客流波动高峰时的要求,对客运技术设备、客运能力、车辆等必须留有一定的后备,在不同的客运量峰值期采用不同的客运组织方式。

3.客流分布不均衡

由于人口、经济、文化的发达程度、不同运输方式的分工与铁路网的密度等因素的影响,客流在不同地区的分布呈不均衡状态。

二、技术模块

客流计划是旅客运输计划的重要组成部分,它是实现旅客运输计划的基础计划,又是旅客运输能力的分配计划和旅客运输组织的工作计划。

客流计划的编制工作是在铁道部的集中统一领导下,根据客流资料,采取上下结合集中编制的方法进行的。

(一)相关概念

1.客流月

铁道部在下达编制客流图任务的同时,即公布全路直通客流区段(管内和市郊客流区段由铁路局自定)和规定的客流月。所谓客流月,指汇总全路客流时,为求统一,由铁道部选定的客运量较大的月份。

2.客流区段

所谓客流区段,是指客流的到达区段,它不同于列车运行区段和机车牵引区段,其长度按客流密度的变化情况而定。凡各大城市之间,客流密度大致相同的地段,作为一个客流区段。一般大量客流产生和消失地点,衔接几个铁路方向的大型客运站,各铁路局间的分界站,都是划分客流区段的始发站和终点站。

3.区段客流密度

在同一客流区段内各站间有不同的客流密度时,区段客流密度应按其中最大值计算,如图4-1所示,甲—乙区段客流密度为360人。

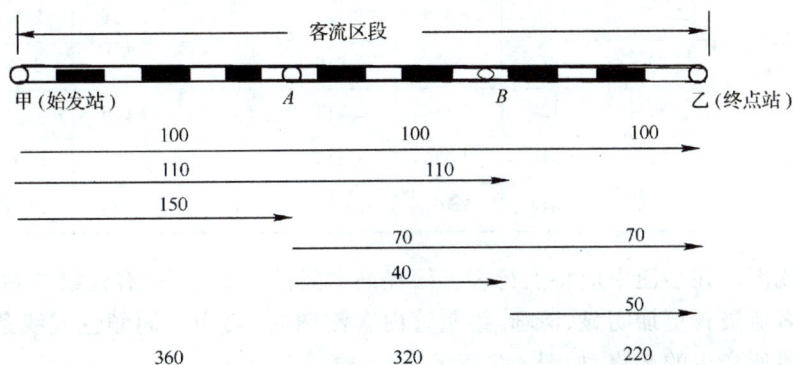

图 4-1　区段客流密度

(二)客 流 图

客流图是旅客由发送地至到达地所经过的客流区段的图解表示。编制客流图的目的,是为确定旅客列车对数和运行区段时,提供所需的计划客流量。

1.直通客流图是由一个铁路局所属各客流区段产生的客流,经过一个或几个铁路局间分界站到达全路各铁路局的各客流区段的客流图解表示。每个铁路局的每条铁路线根据客流密度的不同,可分为一个或几个直通客流区段。各直通客流区段的直通客流都是由三部分组成。

(1)输出客流。由本局各直通客流区段产生通过局间分界站交到外局的客流。

(2)输入客流。全路各铁路局的各客流区段产生的直通客流,通过局间分界站到达本局各直通客流区段的客流。

(3)通过客流。由本局的一个局间分界站接入到另一个局间分界站交出的客流。

各局和全路的直通客流图,只编制直通输出客流。

直通客流图的编制,是根据各局统计工厂提供的各直通客流区段产生的输出客流流量和流向,分线别、客流区段别进行编制,把每个客流区段产生的直通输出客流量按区段顺序,填入各客流区段,如图 4-2 所示。

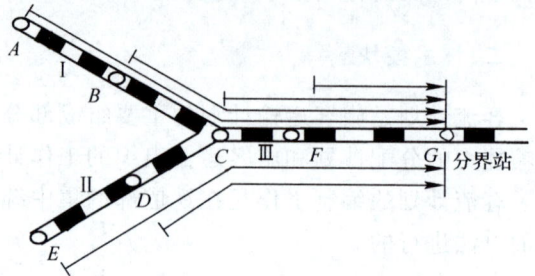

图 4-2 直通客流图

2. 管内客流图是由铁路局管内各客流区段产生,在本铁路局管内各客流区段消失的客流图解表示。管内客流图编制步骤是:

①首先将客流统计到客流斜线表中,见表 4-1。表中斜线上方为下行客流,下方为上行客流。

表 4-1 管内客流斜线表

发站＼到站	距离（km）	甲	乙	丙	丁	戊	下行	上行	总计
甲			2 124	813	372	160	3 469	—	3 469
乙	120	2 493		2 561	277	27	2 865	2 493	5 358
丙	135	865	2 622		1 594	582	2 176	3 487	5 663
丁	176	501	770	1 436		1 316	1 316	2 702	4 023
戊	221	117	126	594	1 216			2 053	2 053
下行		—	2 124	3 374	2 243	2 085	9 826	—	9 826
上行		3 976	3 518	2 030	1 216	—	—	10 740	10 740
总计		3 976	5 642	5 404	3 459	2 085	9 826	10 740	20 566

②绘制客流图。在绘图中应将上行客流绘在站名线的下方,下行客流绘在站名线的上方。

为使管内客流资料更加明显、清晰,绘制管内客流图时,要用不同颜色或线条图案代表不同管内客流区段所产生的客流,如图 4-3 所示。

各铁路局编好直通和管内客流图后,铁道部组织各铁路局将所编制的输出直通客流图资料进行变换,并汇总在按局别的全国铁路直通客流图上。各局根据交换的资料,计算出直通客流区段的客流密度,连同管内的一起,汇总在全国铁路区段客流密度图上。各局结合客流调查和统计资料,利用各种预测方法推算出计划期内客流可能的增长率或绝对数,据以编制客流计划。最后把计划客流密度与现行运行图规定的旅客列车能力进行比较(见表 4-2),即可提出编制新的客车运行图所需的资料。

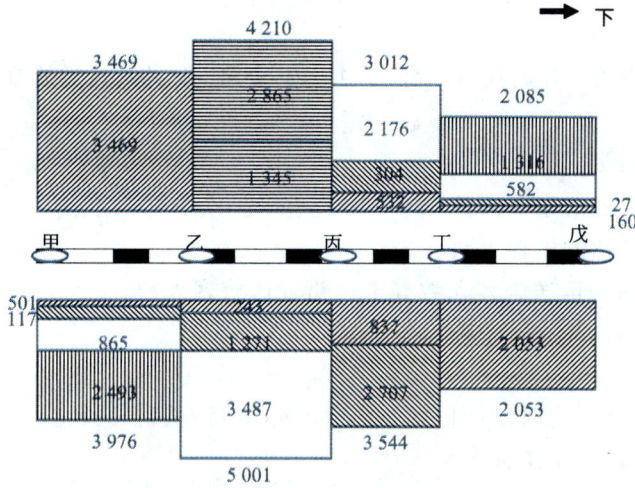

图 4-3 管内客流图

表 4-2 运行图旅客密度与客车能力比较

局　　　　　　　　　　　　　　　　　　　　　　　　年　　月　　日

线路区段	方向	年　月份			年至　年计划			现行旅客列车能力				密度与能力比较 $\dfrac{+}{-}$			
		旅客密度	其　中		旅客密度	其　中		对数	总定员	其中:直通客车		与　月份		与　年	
			直通	管内		直通	管内			对数	定员	总计	直通	总计	直通
	上行														
	下行														
	上行														
	下行														
	上行														
	下行														
	上行														
	下行														
	上行														
	下行														

注:列车定员,按编组表中规定的定员计算(包括硬卧和硬座车),硬座车定员要扣除规定的儿童票数。

(三)旅客运输计划指标

1. 旅客发送人数

旅客发送人数是指在一定时期(日、旬、月、年)内,全路、铁路局、车站发送的旅客人数,分别按直通和管内计算,然后加总,其公式如下:

$$A_{发} = A_{发}^{直通} + A_{发}^{管内} \quad （人）$$

式中　$A_{发}$——旅客发送人数;

$A_{发}^{直通}$、$A_{发}^{管内}$——分别为直通、管内旅客发送人数。

全路旅客发送人数等于全路各站旅客发送人数之和。一个铁路局的旅客发送人数等于铁路局管内各站旅客发送人数之和。

2. 旅客运送人数

旅客运送人数是指在一定时期（日、旬、月、年）内，全路或铁路局运送的旅客人数，其公式如下：

$$A_运 = A_发 + A_{通过}^{接入} + A_{到达}^{接入} \quad （人）$$

式中　$A_运$——旅客运送人数；

　　$A_{通过}^{接入}$——接入通过的旅客人数；

　　$A_{到达}^{接入}$——接入到达的旅客人数。

一般情况下，全路的运送旅客人数等于全路发送旅客人数。

就一个铁路局而言，$A_发 \leqslant A_运$。

3. 旅客周转量

旅客周转量是指在一定时期（日、旬、月、年）内，全路、铁路局所完成的人公里数，是铁路客运工作中最重要的产品产量指标。

旅客周转量应分别按直通、管内客流计算，然后加总，其公式如下：

$$\sum AL = A_{直通} L_{直通} + A_{管内} L_{管内} \quad （人·km）$$

式中　$\sum AL$——旅客周转量；

　$A_{直通}$、$A_{管内}$——分别为直通、管内旅客运送人数；

　$L_{直通}$、$L_{管内}$——分别为直通、管内运输的旅客平均行程。

4. 旅客平均行程

旅客平均行程是指每名旅客的平均运送距离，应按直通、管内分别计算，然后再求总的平均行程，其公式如下：

$$L_{平均} = \sum AL / A_运 \quad （km）$$

式中　$L_{平均}$——平均行程。

5. 客运密度

客运密度是指一定时期内，某一区段、铁路局或全路平均每公里线路上所承担的旅客周转量，是线路客运能力的利用情况和铁路客运工作强度的具体反映其计算公式如下：

$$\varepsilon_客^{区段} = \frac{AL_{区段}}{L_{区段}} \quad （人×km/km）$$

$$\varepsilon_客 = \frac{\sum AL}{L_{营业}} \quad （人×km/km）$$

式中　$\varepsilon_客^{区段}$——区段客运密度；

　$AL_{区段}$——通过该区段的旅客周转量；

　$L_{区段}$——该区段里程长度；

　$\varepsilon_客$——铁路局或全路的客运密度；

　$L_{营业}$——营业里程。

三、案例模块

客流量的预测方法

1. 乘车系数法

$$y(乘车系数)=\frac{Y(铁路客运发送量)}{N(吸引地区居民人数)}$$

【案例 4-1】　2008 年甲站吸引地区的居民人数为 40 万人,铁路客运发送量为 25 万人,则

$$y=Y/N=25 万/40 万=0.625$$

预计 2011 年的乘车系数将在 2008 年的基础上略有增加,为 0.65;国民经济计划 2011 年甲站吸引区的居民人数将为 43 万人,则 2011 年甲站的计划客运发送量为:

$$Y_{计}=N_{计}\times y_{计}=43 万人\times 0.65=27.95 万人$$

2. 比例增减法

按照各种因素的影响,推定铁路客运发送量的增长百分数。

【案例 4-2】　甲站吸引区范围内经济建设和旅游持续发展,客运发送量 2007、2008、2009 年的增长率分别为 9%、10%、13%,2010 年,甲站吸引区内还将有大型企业投产、兴建,旅游项目将进一步开发,确定该年度的客运量增长百分数为 15%。2009 年度客运发送量完成 24 万人,则计划年度客运发送量应为 27.6 万人,其计算式如下:

$$Y_{计}=Y(1+\beta)=24 万人\times (1+15\%)=27.6 万人$$

式中　$Y_{计}$——计划年度客运发送量;

　　　Y——上年度客运发送量;

　　　β——计划年度增长百分数。

3. 时间序列法

将车站以往的客运量数据,按时间顺序排列成一组数字序列,采用两次简单平均的方法,考虑预测年度与使用资料年度的间隔,进行的预测。

该方法的特点是假定预测的客运发送量过去的变化趋势会同样延续到未来,因而可以通过对过去的时间序列数据推算出事物的变化趋势,做出预测,这种方法适用于短期客运量预测。

预测公式为:

$$\hat{Y}=a+bt$$

式中　t——年序数;

　　　a、b——参数。

设一次移动平均数为 M_t^1,二次移动平均数为 M_t^2,取平均时距为$(n=3)$,则

$$a=2M_t^1-M_t^2$$

$$b=M_t^1-M_t^2$$

M_t^1、M_t^2 可按下列方法求解:

设各年的实际客运量为 X_{01}、X_{02}、$\cdots$、X_{14},则

$$M_{t\atop(03)}^1=\frac{X_{01}+X_{02}+X_{03}}{3}$$

$$M_{t\atop(04)}^1=\frac{X_{02}+X_{03}+X_{04}}{3}$$

$$M_{t\atop(05)}^1=\frac{X_{03}+X_{04}+X_{05}}{3}$$

$$\vdots$$

二次移动平均数 M_t^2,不过是一次移动平均数 M_t^1 的再一次移动平均而已,即

$$M_{t\ (05)}^1 = \frac{M_{t\ (03)}^1 + M_{t\ (04)}^1 + M_{t\ (05)}^1}{3}$$

【**案例 4-3**】 表 4-3 是某车站的客运发送量动态数列表,用该表预测车站 2009 年的客运发送量。表中 Y 为车站的实际客运发送量。

表 4-3 客运量动态数列表

年 份	Y(百万人)	$M_t^1(n=3)$	$M_t^2(n=3)$	a	b
1995	552				
1996	612				
1997	648	604			
1998	660	640			
1999	696	668	637	699	31
2000	705	687	665	709	22
2001	787	729	695	763	34
2002	807	766	727	805	39
2003	856	817	771	863	46
2004	912	858	814	902	44
2005	942	903	859	947	44
2006	989	948	903	993	45
2007	1 049	993	948	1 038	45
2008	1 123	1 054	998	1 110	56

将数据代入公式,并将计算数据填入表中。

预测 2009 年的客运发送量为:

$$Y_{2009} = a_{2008} + b_{2008}t = 1\ 110 + 56 \times 1 = 1\ 116(百万人)$$

任务 2　旅客运输技术计划

旅客运输技术计划是保证质量良好地完成旅客运输任务,合理使用机车车辆和其他各种技术设备的具体生产计划。

旅客运输技术计划是以客流计划为依据,主要解决以下问题:

(1)合理地选择旅客列车的重量与速度。

(2)恰当地确定旅客列车的运行区段和行车量。

(3)正确地铺画旅客列车运行方案图。

(4)经济合理地确定车底需要组数。

[学习目标] 掌握旅客运输技术计划的编制方法。

[学习要求] 根据已完成的客流计划,编制技术计划。

[工作任务] 确定旅客列车的重量和速度;确定旅客列车运行区段和行车量;铺画旅客列车运行方案图,编制旅客列车时刻表、编组表;确定车底需要数。

[需要工具及设备] 客流图,小时格运行图,直尺,旅客列车区段运行和停站时分标准,旅客列车时刻表,旅客列车编组表。

[教学环境]　绘图教室。

一、技术模块

(一)旅客列车的重量和速度

1.拟定设计的直通速度

根据列车的运行距离和全程旅行时间,确定拟定设计的直通速度。

$$v_{设直} = \frac{L_{方向}}{\sum t_{运行} + \sum t_{停站} + \sum t_{起停} + \sum t_{慢行}}$$

式中　$v_{设直}$——拟定设计直通速度;

　　　$L_{方向}$——列车始发终到站间的距离;

　　　$\sum t_{运行}$——区间运行时分总和;

　　　$\sum t_{停站}$——列车的停站时分总和;

　　　$\sum t_{起停}$——起停车附加时分总和,每停车 1 次,按照起 1 停 1 统计;

　　　$\sum t_{慢行}$——慢行时分总和。

2.修正直通速度

为方便旅客,直通旅客列车始发站发车的最佳时刻宜在 19:00～24:00 之间,到达终点站的最佳时刻宜在 7:00～14:00 之间。

据此来修正直通速度,使之规定在下列范围之内:

$$\frac{L_{方向}}{19 + 24D} \leqslant v_{修直} \leqslant \frac{L_{方向}}{7 + 24D}$$

式中　$v_{修直}$——修正直通速度;

　　　D——途中过夜天数。

3.确定列车重量和编组数

根据修正后的直通速度,通过牵引计算可求出列车重量理论上的允许值,再根据线路和站台的长度、加挂预留吨位、区段通过能力等因素分别列车种类和等级,最后确定列车重量和编组辆数。

(二)旅客列车的运行区段及行车量

1.旅客列车运行区段

首先,旅客列车的运行区段和行车量,基本上取决于客流计划,即"按流开车"。其次,铁路旅客列车的开行还必须服从国家的政治、经济、文化、科技、国防的需要,加强首都与各直辖市和各省、自治区首府之间,以及各省、市、自治区主要城市之间,重点工矿之间,边疆、沿海和内地之间,城市和农村之间的联系。再次,旅客列车的开行还要有利于铁路技术设备的合理运用。

现以甲戊区段最大客流方向(下行方向)的管内客流图(如图 4-4 所示)为例,确定旅客列车的运行区段。

仅考虑客流因素,甲戊线上客流显著变化的地点为乙、丁、戊三站,则可确定甲—戊、甲—丁、甲—乙为旅客列车的运行区段,即列车的始发和终到站。

2.旅客列车行车量

由于旅客列车定员不同,因此在确定行车量时应对各种旅客列车分别进行,一般从高等级列车到低等级列车顺序计算,分别确定其列数。

(1)特别快车列数($N_{特快}$)

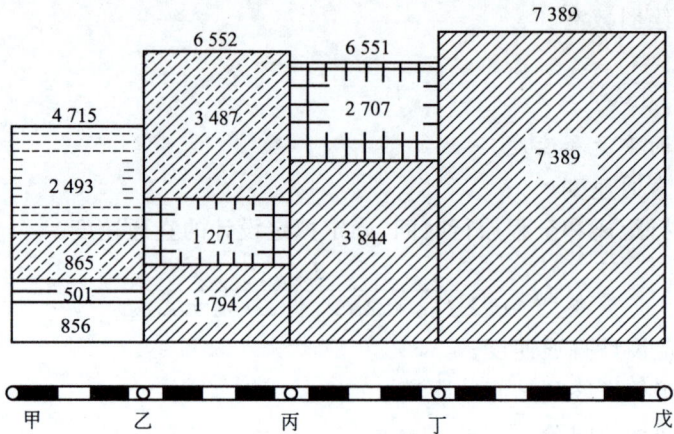

图 4-4　最大客流方向客流图

$$N_{特快}=\frac{AK_{特}}{a_{特快}}\quad（列）$$

式中　A——客流总量；

$K_{特}$——乘特别快车的旅客占总旅客数的百分数；

$a_{特快}$——特别快车定员。

（2）旅客快车列数（$N_{快}$）

$$N_{快}=\frac{(A-a_{特快}N_{特快})K_{快}}{a_{快}}\quad（列）$$

式中　$K_{快}$——乘快车的旅客占剩余客流（除乘坐特快的旅客）的百分数；

$a_{快}$——快车的定员。

（3）普通旅客列车（$N_{客}$）

$$N_{客}=\frac{A-a_{特快}N_{特快}-a_{快}N_{快}}{a_{快}}\quad（列）$$

式中　$a_{客}$——普通旅客列车定员。

【例】　以图 4-4 所列资料确定甲戊间各种旅客列车的行车量。

首先按照旅客列车运行区段从长到短的顺序，确定各运行区段的客流量：

甲—戊区段　4 715 人；

乙—戊区段　6 552 人－4 715 人＝1 837 人；

丁—戊区段　7 389 人－6 552 人＝837 人。

根据客流调查，甲—戊区段需要用特别快车输送的客流占总客流的 40%，用快车输送的客流占剩余客流的 60%，其余客流以普通旅客列车输送。各种旅客列车的定员：特快为 800 人或 900 人，快车为 900 人或 1 000 人，普通旅客列车为 1 050 人或 1 150 人。

甲—戊区段的行车量：

$$N_{特快}=\frac{4\ 715\times40\%}{900}=2\ 列\cdots\cdots余\ 86\ 人$$

$$N_{快}=\frac{(4\ 715-900\times2)\times60\%}{900}=2\ 列\cdots\cdots余\ 51\ 人$$

$$N_{客}=\frac{4\ 715-900\times2-900\times2}{1\ 150}=1\ 列\cdots\cdots欠\ 35\ 人$$

乙—戊区段的行车量：

设 $K_{特快}$ 为 40%，$K_{快}$ 为剩余客流的 30%。

$$N_{特快} = \frac{1\,837 \times 40\%}{800} = 1 \text{ 列} \cdots\cdots \text{欠 65 人}$$

由于用快车输送的客流占剩余客流的 60%，按此比例求算出的快车客流仅有：(1 837 − 800) × 60% = 622 人，不够开行一列快车的条件。所以，决定乙—戊区段不开行快车，而剩余客流由普通旅客列车进行输送。

$$N_{客} = \frac{1\,837 - 800}{1\,050} = 1 \text{ 列} \cdots\cdots \text{欠 13 人}$$

丁—戊区段的行车量：

由于丁—戊区段运行距离不长，同时客流不算太大，需要用特快车输送的客流比重也不多，为此，可组织开行普通旅客列车来进行输送。

$$N_{客} = \frac{837}{1\,050} = 1 \text{ 列} \cdots\cdots \text{欠 213 人}$$

所欠 213 人的客流，可采取减少旅客列车的编成辆数，以免虚糜。

甲—戊区段上总的行车量如表 4-4 所示。

确定各种旅客列车的行车量，除按上述方法进行计算外，还应考虑：

(1)计算出的列车数，出现不足一列的尾数，对此一般不予进整，而是采用加挂车辆或调整车型以扩大客车定员或采取超员运输办法解决。

(2)对不足每日开行一列的旅客列车可采用定期(如每周两次)或隔日开行的方式。

(3)如旅客列车在运行全程个别区段定员有余，为充分利用运能，可采取在定员有余区段适当增加列车停站次数，以吸收部分管内客流；如个别区段超员严重，可采用加挂回转车的方式解决。

表 4-4　甲—戊区段客车行车量

列车行驶区段	各区段行车量			合　计	输送能力（人）
	特别快车	旅客快车	普通旅客列车		
甲—戊	2	2	1	5	4 750
乙—戊	1		1	2	1 850
丁—戊			1	1	1 050
合　计	3	2	3	8	7 650

(三)旅客列车运行方案图的铺画

对跨三局的直通旅客列车，应在铁道部的统一领导下集中编制。跨两局的直通旅客列车，由两局协商编制。管内旅客列车，则由铁路局进行编制。

旅客列车运行方案图(客车方案图)是列车运行图的骨架，它用小时格运行图铺画，在图上只表示始发站、终点站、分界站及其他主要站的到开时刻。

1. 客车方案图的编制原则

编制客车方案时应遵守以下原则：

(1)提高列车的直通速度。

(2)方便旅客旅行。

(3)客货兼顾，全面安排。

(4)保证旅客列车运行与客运站技术作业过程的协调。

（5）经济、合理地使用客运机车车辆。

2. 客车方案图的编制方法

大多数情况下，客车方案图都是在上一届方案的基础上进行的。首先，应分析现行列车运行图的执行情况和存在问题，总结过去的实践经验，提出进一步挖掘潜力、提高效率、改进工作的措施；其次，铁路局应为编制方案提供必要的资料，如列车的区间运行时分、慢行时分、停站时分及起停车附加时分等，其中，区间运行时分由机务部门提供，慢行时分由工务部门提供，各次列车在各区段内的停车站和停站时分由客运部门提供，将上述时分填制专门的表格，与其他编图资料，一并报部审查；再次，根据批准的对数和运行区段，按照先国际、后国内、先直通、后管内，先快车、后慢车的顺序进行编制。

旅客列车方案运行线的铺画方法：

（1）国际联运旅客快车，从国境站开始按照联运旅客列车时刻表决定的时刻向国内铺画。

（2）直通旅客快车，除根据原方案调整范围不大的以外，对必须翻架子的和新增加的直通旅客快车，一般是先确定合理开车范围，并从中选择几个开行方案，进行技术、经济比较，取其中最优方案，而后从列车始发站开始，向终点站顺序地铺画。如终点站的到达时刻不太合适，再作小范围的上下调整。

根据方便旅客旅行的原则，直通旅客快车可规定为不晚于 0:00 开，不早于 7:00 到。按这个条件，每一对车都有其合理开车范围。这个合理开车范围因始发、终到站间列车全程运行时间的不同而不同。有的列车只有一个合理开车范围，有的列车可以有两个合理开车范围。单程运行时间为 27 h 的列车合理开车范围如图 4-5 所示；单程运行时间为 39 h 的列车合理开车范围如图 4-6 所示。

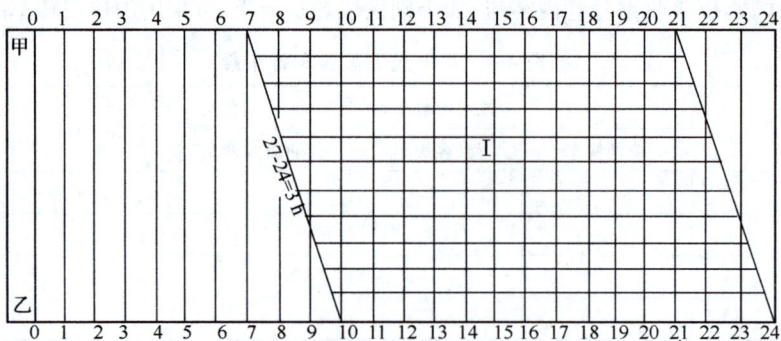

图 4-5　合理开车范围图（之一）

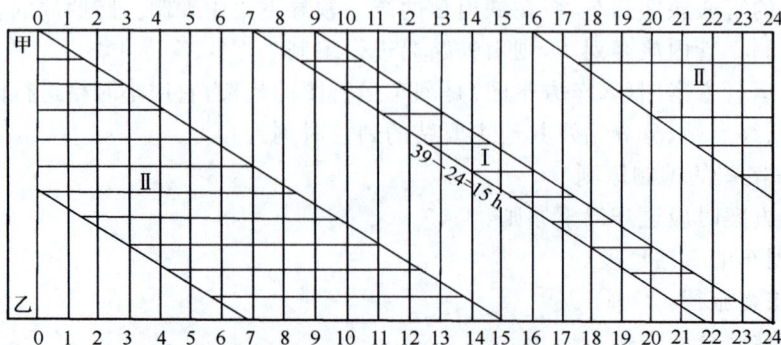

图 4-6　合理开车范围图（之二）

对上图进行分析总结，列车的合理开车范围可用下列公式确定：

设列车的单程运行时间为 $T=x+24D$，则其合理开车范围 t 分别应为：

当 $0+24D \leqslant T < 7+24D$ 时，$t=7 \sim (24-x)$；

当 $7+24D \leqslant T \leqslant 17+24D$ 时，$t=7 \sim (24-x)$，$t=(24-x+7) \sim 24$；

当 $17+24D < T \leqslant 24+24D$ 时，$t=(24-x+7) \sim 24$。

（3）从指定的某方向的一端或中间部分开始铺画。这一方法，主要是为了解决某些关键问题才采用的。例如，为加速客车周转，缩短客车车底在外段的停留时间，可以从旅客列车的到达站开始，同时铺画上下行列车。又如，为解决旅客列车在主要站的接续，可以从接续站开始铺画。再如，为提高线路通过能力，可以从"卡脖子"区段向两端铺画。

由于方案图中不显示列车在中间站的会让和越行，在铺画各种旅客列车运行方案时，应注意区段内会车或越行地点的设备条件，将会让和越行附加时分加入列车的区段运行时分中。附加时分随单线、双线及信、联、闭设备的条件而有所不同。一般来说，停车会让附加 $10 \sim 12$ min，待避附加 $30 \sim 35$ min。

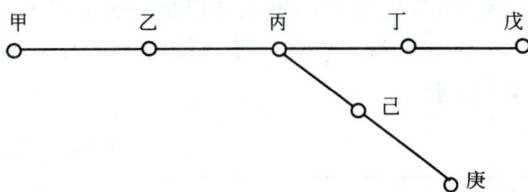

图 4-7　甲戊、甲庚区段示意图

同时，应尽量避免直通快车在每天 18:00 前的一段时间内通过局间分界站。这段时间，随分界站邻接两区间运转时分不同而不同，一般为 15 min 左右。因为这段时间，往往有大量货物列车由分界口排出，容易造成旅客列车晚点。

（四）旅客列车时刻表的编制

利用表格形式，把运行图的主要事项反映出来，即为旅客列车时刻表，甲戊、甲庚区段（如图 4-7 所示）的列车运行图格式如表 4-5 所示。

表 4-5　旅客列车时刻表

丙	甲	甲	丙	甲	开　　往		申	庚	丑	寅	巳
8501	1317	1315	K121	T11	车次　　　车次		T12	K122	1316	1318	8502
普客	普快	普快	快速	特快	站名		特快	快速	普快	普快	普客
	8:50	9:22	14:30	7:12	戊		58	17:01	44	30	—
8:10	58	30	38	20			20:50	16:53	18:34	5:20	18:25
14:22	12:45	13:18	18:44	10:54	丁		27	52	24	54	14
33	51	26	52	11:00			17:18	12:43	14:17	0:48	12:02
20:03	15:35	16:47	21:16	13:21	丙		10		23	22:07	7:30
—	46	17:00		29			15:02	10:08	11:13	21:58	
	17:38	18:52		…	乙		…		26	12	
	45	19:00							9:17	20:04	
	20:31	21:34		17:22	甲		11:02		7:05	17:52	
	—	—		—					—	—	

旅客列车时刻表编制的说明：

（1）时刻表的编制采用 24 h 制，列车在 24:00 出发填记为 0:00，到达填记为 24:00。

（2）列车的始发、终点站均以该站的字头、字尾或省、市的简称来表示，并在开往栏内注明该列车的终点站站名。

（3）每区段的站名在中间，站名左边的为下行列车，应由上向下看；凡站名右边的均为上行列车,应由下向上看。

（4）为使时刻表简明起见,有关内容可用符号表示。

常用符号的含义如下:

"…"或"↓"表示列车在该车站通过,不停车;

"＝"表示列车不经过此站;

"—"表示该站为列车的终点站;

"※"表示旅客乘降所。

（五）旅客列车编组表的编制

旅客列车编组表由铁路局根据客流性质、机车类型、列车重量、速度、车站到发线有效长度等因素确定,由铁道部批准并以部令公布执行。

旅客列车编组表规定了该次列车编挂的车种、辆数、顺序及车底周转图等内容,其格式如表 4-6 所示。

表 4-6　旅客列车编组表

上海—广州快速K47/K48次	车辆乘务广州车辆客运段担任	顺序	沪开	1	2	3	4	5	6	7	8	9	10	11	12	13	14	15	16	17	18
			广开	18	17	16	15	14	13	12	11	10	9	8	7	6	5	4	3	2	1
		车种		XL	YZ	YZ	YZ	YZ	YZ	CA	RW	YW	YW	YW	YW	YW	YW	YW	YW	KD	UZ
		定员		118	118	118	118	112		36	60	66	66	66	66	66	60				
		吨数		43	46	46	46	46	48	48	48	48	48	48	48	48	48	48	48	63	48
		附注					办			广							宿				

旅客列车编组表编制方法如下:

1.列车发到站、车次栏

列车的发到站先填下行发站,后填下行到站,对改变运行方向的列车(即一对列车 4 个及其以上车次时),先填担当乘务工作的铁路局的始发站。

列车性质按照特快、快速、普快、普客、混合等分别填写。

车次一律先填下行后填上行,途中改变运行方向的列车,车次的填写必须和列车的发到站相对应。

2.担当乘务栏

担当乘务的车辆、客运段,如名称相同,可只填写一个。

3.车底编组栏

列车中车厢顺序号的编定,凡北京站和上海站开出的各次列车,车厢顺序号均小号在前,大号在后(北京、上海间运行的列车以北京站为准)。其他列车均以担当局始发站的发车方向为准,小号在前,大号在后。但对途中某个站由于车场进路关系必须调头运行的列车,为便于确认,须在编组顺序项注明发站。

车种按统一的汉语拼音标记,定员按该种车辆的标记定员数填写,吨数填写该种车的总重,并根据车辆的用途、附属设备及其他说明,在附注项内注明"宿"、"茶"、"广"、"办"、"具"、"隔"、"欠"、"回"、"空"、"普"、"高"等字样。

4. 车底周转图栏

车底周转图上表示车底往程和返程运行时间,以及车底在始发站和终点站的停留时间,并由此推算出车底的需要数量。

周转图上填写的始发站名顺序须和填写列车种类车次的始发终到站栏相同。不得上下颠倒。一般先填下行始发站名(途中改变运行方向的,先填担当局始发站名),运行线从担当局的始发站开始画,始发和终到时间填在车站中心线与运行线相交的钝角上。

二、案例模块

车底需要组数的计算。

客车底需要组数的计算方法有两种:

1. 图解法

这种方法是根据客车方案图绘制客车车底周转图,从周转图上直接查得需要的车底数。

【案例 4-4】　甲乙间开行特快旅客列车 T55/T56 次,车底配属甲站。T55 次 16:30 从乙站开车,次日 6:30 到达甲站;T56 次 21:00 从甲站开车,次日 11:40 到达乙站。

【解】　用图解法确定车底需要数为 2 组,车底周转图如图 4-8 所示。

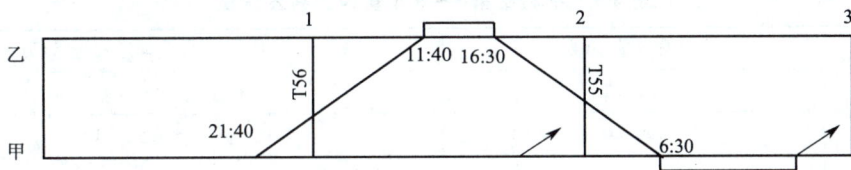

图 4-8　车底周转图

2. 分析计算法

这种方法是分析一定到站和一定种类列车的车底周转时间,计算在该周转时间内发出的某种旅客列车的总数。

车底周转时间是指车底自始发站出发时起至下次再由始发站出发时止,车底所经过的时间。其公式如下:

$$T_{车底} = \sum t = t_1 + t_2 + t_3 + t_4 \qquad (h)$$

式中　$T_{车底}$——车底周转时间,h;

　　　t_1——车底自始发站至折返站的走行时间,h;

　　　t_2——在折返站的停留时间,h;

　　　t_3——从折返站返回发站的走行时间,h;

　　　t_4——在始发站的停留时间,h。

车底周转时间除以 24 即得车底的周转天数($\theta_{车底}$):

$$\theta_{车底} = \frac{T_{车底}}{24} \qquad (d)$$

设某到站某种旅客列车的车底周转时间为 $\theta_{车底}$,在一个周转时间内平均每天发出的列车数为 K,则该到站该种旅客列车的车底需要数($n_{车底}$)为:

$$n_{车底} = \theta_{车底} K \qquad (组)$$

由于 $K=\dfrac{N}{\theta_{车底}}$，上式也可以写成：

$$n_{车底}=\theta_{车底}\cdot\dfrac{N}{\theta_{车底}}=N$$

式中　N——车底周转时间内发出的该到站该种旅客列车总数。

公式表明，一定到站和种类的旅客列车车底需要数等于车底周转时间内发出的该到站该种旅客列车总数。

上述甲乙间开行每天开行一对 T55/T56 次，用分析计算法确定车底需要数。

$$T_{车底}=\sum t=t_1+t_2+t_3+t_4=14+4.8+14+15.2=48(\text{h})$$

$$\theta_{车底}=\dfrac{T_{车底}}{24}=\dfrac{48}{24}=2(\text{d})$$

$$n_{车底}=\theta_{车底}K=2\times1=2(\text{组})$$

三、实习训练模块

通过旅客运输计划课程设计，达到客流计划和技术实训的目的。

(一)铁路旅客运输计划课程设计任务书

1. 客运量预测

(1)已知资料：平利站第 1~8 年管内旅客发送量如表 4-7 所示。

表 4-7　平利站第 1~8 年管内旅客发送量

年份	客运发送量(万人)	年份	客运发送量(万人)
1	151.04	5	184.65
2	160.10	6	191.91
3	164.95	7	199.73
4	176.68	8	208.55

要求：根据已知资料求解下列问题：

①取平均移动年数 $n=3$，经过两次平均移动，建立时间序列法预测表，预测第 9、10 年平利站的客运发送量。计算中保留两位小数，第三位四舍五入。

②已知平利站客流月的波动系数 $k_{波}=1.03$，计算平利站第 9 年的编制客流图时的管内日均客运发送量，并根据历年统计资料的百分比(如表 4-8 所示)，按去向列出日均客运发送量。

表 4-8　历史统计资料

发站＼到站	延河	军山	凤州	华山
平利	58.55%	17.94%	13.55%	9.96%

2. 绘制管内客流斜线表和客流图

(1)已知资料：

①甲铁路局管辖某单线线路有四个客流区段，其营业里程如图 4-9 所示，图中："◎"表示客流区段的划分点；"○"表示区段内运量较小的客运站。图中显示的里程是客流区段划分点之间的里程。

②甲铁路局客流月日均管内旅客发送量及去向统计如下：

甲局

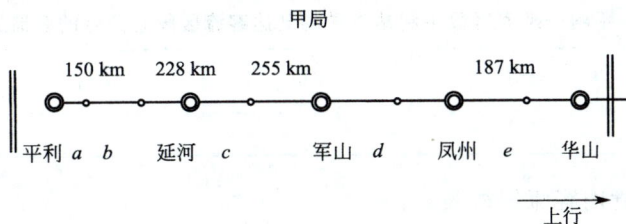

图 4-9　甲铁路局管辖某单线线路的营业里程

a. 平利—延河区段各站发送管内客流及去向统计表如表 4-9 所示。

表 4-9　平利—延河区段各站发送管内客流及去向统计表

发站＼到站	平利	a	b	延河	c	军山	d	凤州	e	华山
平利	/	500	500	1 000	150	300	150	200	60	90
a	0	/	300	400	180	200	50	80	55	85
b	0	300	/	461	81	150	50	271	70	229

b. 整理后的延河站发送管内客流及去向统计表如表 4-10 所示。

表 4-10　整理后的延河站发送管内客流及去向统计表

发站＼到站	平利	军山	凤州	华山
延河	1 399	2 971	1 865	1 097

c. 整理后的军山站发送管内客流及去向统计表如表 4-11 所示。

表 4-11　整理后的军山站发送管内客流及去向统计表

发站＼到站	平利	延河	凤州	华山
军山	951	396	3 404	1 936

d. 整理后的凤州站发送管内客流及去向统计表如表 4-12 所示。

表 4-12　整理后的凤州站发送管内客流及去向统计表

发站＼到站	平利	延河	军山	华山
凤州	1 445	1 355	1 076	4 759

e. 整理后的华山站发送管内客流及去向统计表如表 4-13 所示。

表 4-13　整理后的华山站发送管内客流及去向统计表

发站＼到站	平利	延河	军山	凤州
华山	2 116	2 022	1 476	2 599

(2)根据上述条件求解下列问题：

①将"平利—延河"区段各站发送管内客流及去向整理成平利站发送的到达客流区段划分点延河、军山、凤州、华山的客流表的形式如表 4-14 所示。

表 4-14　平利—延河区段平利站发送的到达客流区段划分点的客流统计表

发站 　　　到站	延河	军山	凤州	华山
平利				

②编制甲铁路局管内客流斜线表。

③绘制甲铁路局管内客流图(不同客流区段产生的客流用不同的颜色或线型加以区分)。

④计算下列指标:管内旅客发送量;管内旅客周转量;管内旅客平均行程;铁路局营业线路客运密度。

3. 旅客运输技术计划

(1)已知资料:

①第二部分所绘制的管内客流图。

②客流比重及列车定员。

a. 乘坐特快的客流占总客流的 15%,乘坐快车的客流占剩余客流的 38%。

b. 各种旅客列车的定员:特快旅客列车定员 900 或 1 000 人;

　　　　　　　　　　　普通旅客快车定员 1 100 或 1 200 人;

　　　　　　　　　　　普通旅客慢车定员 1 300 或 1 400 人。

③旅客列车区段运行、停站时分标准表,如表 4-15 所示。

表 4-15　旅客列车区段运行、停站时分标准表

慢车	快车	特快	列车　区段　列车	特快	快车	慢车
			华山			
2.50	2.42	2.40	运行时分	2.44	2.48	2.58
1.01	0.20	0.10	停站时分	0.08	0.18	0.55
0.27	0.06	0.03	起停车附加时分	0.03	0.06	0.27
0.12	0.12	0.12	慢行时分	0.12	0.12	0.12
4.30	3.20	3.05	计	3.07	3.24	4.32
0.20	0.15	0.15	凤州	0.16	0.16	0.21
3.55	3.53	3.50	运行时分	3.52	3.55	3.57
1.12	0.30	0.20	停站时分	0.18	0.28	1.10
0.39	0.09	0.06	起停车附加时分	0.06	0.09	0.39
0.14	0.14	0.14	慢行时分	0.14	0.14	0.14
6.00	4.46	4.30	计	4.30	4.46	6.00
0.25	0.17	0.17	军山	0.16	0.16	0.24
3.26	3.13	3.10	运行时分	3.13	3.17	3.31
1.08	0.30	0.10	停站时分	0.08	0.28	1.06
0.36	0.09	0.03	起停车附加时分	0.03	0.09	0.36
0.15	0.15	0.15	慢行时分	0.15	0.15	0.15
5.25	4.07	3.38	计	3.39	4.09	5.28
0.20	0.15	0.15	延河	0.15	0.15	0.20

续上表

慢车	快车	特快	列车　　区段　　列车	特快	快车	慢车
2.00	2.00	2.00	运行时分	2.00	2.00	2.00
0.25	0.10		停站时分		0.10	0.25
0.27	0.06		起停车附加时分		0.06	0.27
			慢行时分			
2.52	2.16	2.00	计	2.00	2.16	2.52
			平利			
19.52	15.16	14.00	下行　　合计　　上行	14.03	15.22	19.57

(2)根据上述条件求解下列问题：

①确定旅客列车运行区段，计算行车量，并画图汇总行车量。

②用图解法确定拟开行旅客列车合理开车范围。

③根据列车合理开车范围，在小时格运行图(图 4-10)上铺画旅客列车运行方案图。

④根据客车运行方案图，编制旅客列车时刻表。

⑤根据旅客列车时刻表，用图解法确定各次列车的车底需要数。

⑥计算下列运行图指标：旅客列车平均直通速度；旅客列车平均技术速度；直通速度系数；列车车底平均日车公里。

(二)铁路旅客运输计划课程设计指导书

1. 客运量预测

(1)运用时间序列法预测客流量，首先建立客运量动态数列表，如表 4-16 所示。

表 4-16　客运量动态数列表

年　份	Y(万人)	M_t^1($n=3$)	M_t^2($n=3$)	a	b
1	151.04				
2	160.10				
3	164.95				
4	176.68				
5	184.65				
6	191.91				
7	199.73				
8	208.55				

表中：

M_t^1 是对最近 3 年客运量的简单平均数。

M_t^2 是对最近 3 年 M_t^1 的简单平均数。

$$a=2M_t^1-M_t^2$$

$$b=M_t^1-M_t^2$$

图 4-10 华山—平利区段管内旅客列车运行方案图

预测值 $\hat{Y}=a+bt(t$ 为年序数。即预测年距使用资料年的间距,例如用第 8 年的资料预测第 9 年的客运量,则 $t=1$)。

(2)编制客流计划,应采用客流月的客流。客流月,是铁道部指定作为统计客流的某个月份,一般情况下采用客运量较大的月份。

2. 绘制管内客流斜线表和客流图

(1)管内客流图是由一个铁路局管内各客流区段产生,在本铁路局管内各客流区段消失的客流的图解表示。绘制管内客流图时,应先编制管内客流斜线表。

任务书中,平利、延河、军山、凤州、华山是管内客流区段的分界点,a、b、c、d、e 是区段内客运站。区段内各站产生的客流,都应视为该客流区段始点产生的客流;区段内各站到达的客流,都应视为该客流区段终点到达的客流。在确认区段的始点和终点时,应考虑上下行方向。例如,平利—延河区段内各站即平利站、a 站、b 站,这些站产生的上行客流均视为平利站产生的客流,到达 a 站、b 站及延河站的客流均视为到达延河站的客流。

延河、军山、凤州、华山站发送的管内客流量都已经过整理,任务书中已直接给出,只需整理出平利站发送的管内客流如表 4-17 所示。

表 4-17　平利站发送的管内客流表

到站 发站	延河	军山	凤州	华山
平利				

(2)利用自己整理的平利站发送的管内客流资料及任务书给定的延河、军山、凤州、华山发送的管内客流资料,编制管内客流斜线表。

编制客流斜表时,注意表中到站一行从左至右为上行方向,到站一列从上至下为上行方向,这样才能保证斜线上方为上行客流,斜线下方为下行客流。

自检客流斜表编制的正确与否,只要看斜表右下角的数字是否既是行的总计,也是列的总计。

管内客流表式样如表 4-18 所示。

表 4-18　管内客流斜表式样

列站 发站	距离 (km)	平利	延河	军山	凤州	华山	上行	下行	总计
平利									
延河									
军山									
凤州									
华山									
上行									
下行									
总计									

（3）绘制管内客流图时，上行客流图绘制在线路表示图的下方，下行客流图绘制在线路表示图的上方。不同区段产生的管内客流最好用不同的颜色表示，能够看出这一区段产生客流的消失情况。

（4）计算旅客运输计划指标时注意，由于是管内客流计划，计算的所有指标都是管内指标，不涉及直通客流。

3. 旅客运输技术计划

（1）确定旅客列车运行区段时，为了简单起见，只考虑客流变化情况，不考虑各地的政治、经济情况及客运设备情况。平利、延河、军山、凤州、华山站均为城市所在站。

（2）采用公式计算法计算旅客列车行车量。注意，确定行车量时，应先计算最长列车运行区段的行车量，再依次向短区段确定；每一区段先确定特快行车量，再依次确定快车、慢车的行车量。

计算行车量时，各种旅客列车的定员可选择所给两个定员中任意一个，但应使计算出的列车开行列数尽量趋于整数。

（3）用图解法确定拟开行旅客列车合理开车范围时，以下行旅客列车运行时间为标准，从"旅客列车区段运行停站时分标准表"中查得，$T_{单程}$ 以 h 为单位，取整数，满 30 min 者进为 1 h，不足者舍去。

（4）编制客车方案图。

①以下行特快列车区间运行时间确定站名线，在运行图上填记站名。

②各次列车运行线的铺画，从已确定的合理开车范围中选取最佳的开车时刻，由始发站开始向到达站顺序铺画（也可以在预计的交会站向两端铺画），如遇有始发时刻、到达时刻不恰当，车底折返时间不足或过长等问题时，再作小范围的调整。

③在客车方案图中，特快、快车运行线用双线表示，慢车运行线用单线表示，如图 4-11 所示。

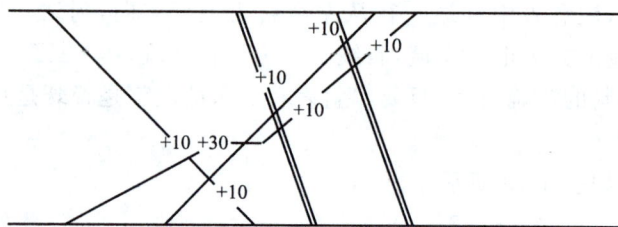

图 4-11　客车方案图

④铺画客车方案图时，应考虑列车会让、待避所增加的附加时分。在区段内，应遵守低等级列车待避或等会高等级列车、短途列车待避或等会长途列车的原则。会让、待避附加时分随单、双线及信、联、闭等设备而有所不同。一般情况下，停会附加 10 min，待避单线附加 30 min，双线附加 20 min。绘制客车方案图时，要求在运行线的交叉点处标明附加时分，低速列车停会高速列车时，附加时分加在低速列车的区间运行时分上；相同等级列车交会时，附加时分加在旅行时间较短的列车的区间运行时分上，并使上下行列车总的旅行时间相接近。同时，应尽量减少待避次数，提高列车的直通速度。

⑤要尽可能地考虑客车方案图的编制原则，为货物列车运行创造良好的条件。铺画时，要注意均衡性、快慢车的配合以及节省车底组数。

⑥要严格遵守"旅客列车区段运行停站时分标准表"给定的时间，不得随意加大或缩小，要

求铺一列、核一列。

⑦客运机车、车底,在本、外段的停留时间标准如表 4-19 所示。

表 4-19　机车、车底停留时间标准表

段别　　种别	本段	外段
机车	≥2 h	≥1.5 h
车底	≥6 h	≥4 h

注:①平利、延河、军山站为机车、车底配属站。

②凤州、华山为折返站。

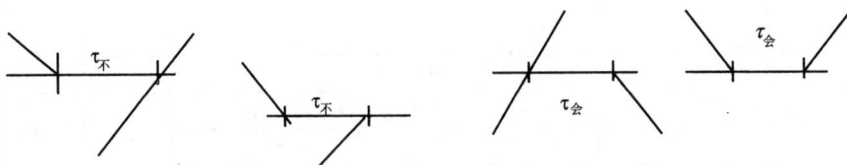

图 4-12　车站不同时到达及不同时会车示意图

⑧车站不同时到达及不同时会车(如图 4-12 所示)间隔时间 τ 的规定,如表 4-20 所示。

⑨为铺画列车详图时易于调整,在铺画客车方案图时要求如下:

a. 自一列车由车站出发时起,至相对方向另一列车到达车站时止的间隔时间不得小于 30 min,如图 4-13 所示。

b. 自一列车由车站出发时起,至由该站发出另一同方向列车时止的间隔时间不得小于 15 min,如图 4-14 所示。

表 4-20　τ 的规定

时间　　种别	时间标准(min)
$\tau_{不}$	5
$\tau_{会}$	5

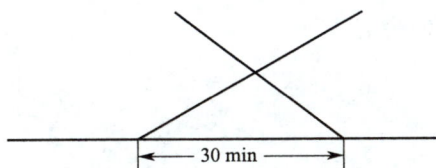

图 4-13　一列车由车站出发至相对方向另一列车到达车站的间隔时间图

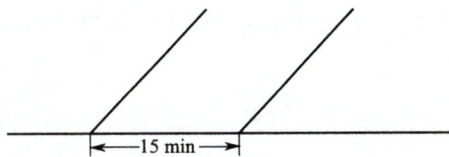

图 4-14　一列车由车站出发至由该站发出另一同方向列车的间隔时间图

c. 自一列车到达车站时起,至相同方向另一列车到达车站时止的间隔时间不得小于 15 min,如图 4-15 所示。

⑩车次的编定:各次旅客列车车次的编定,均由小号编起,管内普通旅客快车和管内普通旅客慢车的车次采用铁路局的管内车次范围。车次编排应符合规定。

⑪列车运行线铺完后,应进行细致的检查。

a. 列车对数是否符合既定的任务,快慢车运行线相结合的情况是否妥当。

b. 列车的区间运行时分是否准确,车站间隔时

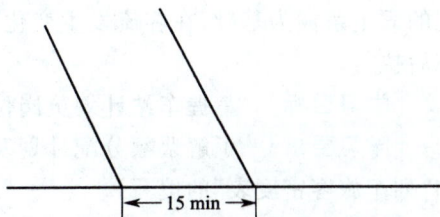

图 4-15　一列车到达车站至相同方向另一列车到达车站的间隔时间图

间及列车的停站时分是否符合规定的时间标准。

c. 列车车底在始发站和折返站停留时间标准是否符合客车整备技术作业过程所规定的时间标准。

d. 列车会让是否合理,会让点有无漏标记附加时分。

(5)编制旅客列车时刻表。

根据方案图规定的车次、运行区段、停车站及到发时分等,编制旅客列车时刻表,格式如图4-16所示。

			开往				
			华山				
			凤州				
			军山				
			延河				
			平利				

图 4-16　旅客列车时刻表编制格式

(6)确定各次列车的车底需要数。

用图解法绘制车底周转图,在图上要标明车次、始发终到站名。

绘制车底周转图时应注意:

①上面一条站名线为下行发站,下面一条站名线为下行到站。若两端发出均为上行或均为下行发站时,上面一条画担当乘务站(配属站)站名线。

②运行线由配属站向折返站铺画。

(7)计算旅客列车指标时,保留两位小数,第三位四舍五入。

任务 3　旅客运输日常计划

旅客运输日常计划是旅客运输计划的组成部分,它是为保证计划年度任务的完成而编制的。由于客流的情况时有波动,旅客列车也可能发生晚点、临时故障等问题,为指导日常运输工作、保证合理运用技术设备和及时输送旅客,必须编制旅客运输日常计划,其目的是通过客运调度进行组织调整,使站车互相配合,组织好均衡运输以提高客运服务质量。

旅客输送日计划的编制,实行固定票额与日计划相结合的方法,在客流正常情况下,以分配的固定票额为基础,在客流发生变化时,提出调整票额、增减车辆的计划并报客调,由客调调整后执行。

[学习目标]　掌握车站计划员岗位基本技能。

[学习要求]　了解票额分配计划及车站旅客输送日计划的编制,掌握"乘车人数通知单"和"列车旅客密度表"的填写。

[工作任务]　编制票额分配计划及车站旅客输送日计划;计算旅客列车定员;填制"乘车人数通知单"(客统—3)和"列车旅客密度表"(客统—4)。

[需要工具和设备]　票额分配计划表,车站旅客输送日计划表,乘车人数通知单,列车旅

客密度表,列车长名章。

[教学环境]　理实一体化教室。

一、技术模块

(一)票额分配计划的编制

每次新运行图实行前编制一次,根据客流变化情况每年定期进行调整。直通列车由铁道部与有关铁路局共同编制(跨三个铁路局以上的旅客列车由铁道部负责,跨两个铁路局的旅客列车由两局协商解决);管内旅客列车由铁路局编制。

1. 分配依据

(1)指定月份的市郊、管内和直通客流图及主要站间旅客交流表等资料。

(2)列车的旅客密度表资料,应分别整理软卧、硬卧和硬座数字,并分析列车虚糜和超员情况。

(3)主要站分车次、区段的上车人数和分车次的下车人数。

2. 分配原则

(1)首先满足始发局(站)到达最后一个区段长途旅客的需要。

(2)适当分配给中途局(站),特别是对省会、直辖市、自治区政府所在地、铁路局所在地、旅游城市所在地的车站应予以照顾。

(3)最后一个铁路局原则上不分配,各停车站可根据列车预报组织售票(或根据上、下车规律数组织售票)。

3. 分配方法

(1)由直通旅客列车担当乘务的铁路局负责,列车始发和通过局参加,共同研究确定分配量,并进行综合平衡。

(2)各铁路局根据各停车站提供乘车人数通知单和列车密度表资料,对各停车站的上下车人数相对照,反复平衡各停车站长短途客流数,编制分配票额计划密度表。

(3)平衡时,如果直通能力大于直通客流时,对富裕的直通能力部分应分配短途票额,组织区段利用。如果直通能力与直通客流处于饱和或不足状态时,计划数字要以直通票额为主,沿途车站不再分配短途套用票额。对中途沿线各站预留的计划票额,由始发站加以利用。

票额分配计划格式见表 4-21、表 4-22。

表 4-21　硬座票额分配计划表

硬座　　　辆　　标记定员　　　实际定员　　　　超成定员

上行:　　次				票额计划	站名	票额计划	下行:　　次			
售票区段							售票区段			
以下定上	××以远	××以近	总数				总数	××以近	××以远	以下定上

(二)列车定员的计算

(1)卧铺定员计算

软卧(座)定员为车厢标记定员;硬卧定员(宿营车除外)为硬卧车厢标记定员的总和减去3个便乘铺位。

表 4-22　卧铺票额分配计划表

车　次	分　配		软　卧			硬　卧			附　注
			数　量	车　位	铺　号	数　量	车　位	铺　号	
次软卧定员 硬卧辆数 定员	宿营车	乘务员							
		列车发售							
	机 务 便 乘								

(2)坐席定员计算

①硬座、软座标记定员为各硬座或软座车厢标记定员的总和,即

$$A_{标记} = \sum a_{标记} \quad (人)$$

式中　$A_{标记}$——列车硬座或软座标记定员;

$\sum a_{标记}$——硬座或软座车厢标记定员之和。如代用客车,定员按如下规定换算:棚车代用硬座客车时,每吨按 1.5 人计算;软卧车代用软座车时,每一下铺按 3 人计算;硬卧车代用硬座车时,每一下铺按 4 人计算,不再加超员率,同时上、中铺禁止出售,中铺吊起。

② 硬座实际定员为硬座车厢总标记定员减去 10 个座位(包括办公席占用及其他用途占用的座位。新型车标记定员不包括办公席在内者,其实际定员即为标记定员)。即

$$A_{实际} = A_{标记} - 10 \quad (人)$$

式中　$A_{实际}$——列车硬座实际定员。

③硬座超成定员为列车硬座实际定员与列车实际定员乘以规定超员率之和,即

$$A_{超成} = A_{实际}(1 + K_{超员})$$

式中　$A_{超成}$——列车硬座超成定员;

$K_{超员}$——规定的超员率。

在保证安全、正点的前提下,允许旅客列车硬座车厢超员运输,特快始发不超员,途中准超员 20%(全程对号除外);直通快车始发不超员,途中准超员 30%;直通旅客列车始发准超员10%,途中准超员 40%;管内旅客列车超员限度比照上述相同等级旅客列车办理。春、暑运期间按部发文、电为准。

(三)车站旅客输送日计划

1.日计划的编制

旅客输送日计划必须从全局出发,按照长短途列车合理分工的原则进行编制,注意运输能

力在时间上和空间上的均衡使用,同时,通过计划来指导售票和其他服务的组织工作。为此,三等及其以上车站要设专职客运计划员(三等以下的车站未设客运计划员的,应由客运值员负责),根据各次列车运输能力的使用情况及票额分配计划,在客运副站长(或客运主任)领导下,进行编制。

(1)旅客输送日计划的编制依据

①各次旅客列车的票额分配计划。

②近日来各次旅客列车上车人数和中转换乘旅客的实绩及其规律。

③节假日与平时客流差异情况及其规律。

④近几天内天气情况及过去天气变化对客流影响的规律。

⑤团体旅客预约及其他情况等。

⑥中转换乘旅客签证的规律。

(2)旅客输送日计划的编制方法

①旅客输送日计划应根据日常的运输能力来调整和均衡地安排旅客运输工作,应分别管内和直通运输,分车次并按客流区段进行编制。车站的发送和中转旅客都要统一纳入计划,其内容包括各次列车的运能(分软、硬卧、软、硬座)及预售、站售、剩余数、中转、乘车证人数(并按限售区段分),直通列车列有预报数,还有考核成绩的兑现率。旅客输送日计划格式如表 4-23 所示。

②节假日运输时间集中,运力和组织工作的安排仅靠铁路本身是不行的,节假日计划必须得到地方政府及有关部门的协助,收集有关资料综合平衡,共同来确定旅客运输计划和组织工作,以保证节假日旅客运输任务的完成。

表 4-23　旅客输送日计划

____年__月__日星期__　　　　日班____　　　　批准号码_____
农历____月____日天气____　　　　夜班____　　　　批准时间_____
　　　　　　　　　　　　　　　　　　　　　　客调姓名_____

车次	运行区段	运能 软卧、座 / 硬卧	硬座	预售	站售	剩余数	中转 / 乘车证	限售区段		管内计		直通计	预报	合计	兑现率
～～	～～	～～	～～	～～	～～	～～	～～	～～	～～	～～	～～	～～	～～	～～	～～

团体旅客登记					下 车 人 数				
车次	到站	人数	单位	备注	车次			车次	
					人数	线		人数	线
					中转			中转	

业 务 简 报				卧 铺 预 报		记 事			
线别	上车人数			下车人数	中转	车次车号	上	中	下	收报人
	直通	管内	合计 中转 / 乘车证							
合计										

(3)旅客输送日计划的编制内容

①分线别的管内、直通区段。

②分车次、分区段的软硬卧铺及软硬座票额。

③分车次、分区段的软硬卧及硬座预售、当日售、剩余数、中转数、乘车证人数。

④车辆的甩挂计划。

⑤分车次、分区段的实际上车人数及合计数。

⑥分车次的日计划兑现率。

⑦日计划兑现率。

2. 日计划的审批

旅客输送日计划编制完毕,经客运副站长(或客运主任)审查,然后提报铁路局客调审批后执行。

客调根据各大站的日计划提报数,加上小站的上车规律数,推算出各次列车在各客流区段内的客流密度,确定列车超员或虚糜的情况,本着始发站照顾中途站、大站照顾小站的原则进行调整。这样使各站之间、各次列车之间的旅客人数得到合理的分配,以提高客车使用效率。其调整方法是:

(1)直通旅客列车的日计划主要按照票额分配计划审批。遇有长途客流发生变化时,车站将变化数量及其流向报告铁路局客调,由铁路局客调在本局管内进行调整。如局管内调整不过来时,则需采取增大超员率(但必须经铁道部批准)或加挂车辆的方法解决。

(2)管内旅客列车日计划的调整方法。大站日计划报铁路局客调,小站日计划经车务段客调综合平衡后报铁路局客调,由铁路局客调进行调整。经过客调平衡调整后的旅客输送日计划,以调度命令的方式于前一天下达给各站执行。

3. 日计划的执行

客运计划员接到铁路局客调批准的旅客输送日计划,应将预售及团体旅客人数和中转签证的规律数从调整后的计划人数中减去,即可得出本站次日可以发售的票额,再由客运计划员下达给售票处进行发售。目前的"客票发售和预定系统"可自动完成这一过程。

车站在执行日计划的过程中,还应注意处理好以下几个问题:

(1)长短途列车的分工和中转换乘优先。长途列车必须组织长途旅客乘坐,如果发售短途票必然积压长途旅客,给长途旅客带来很多困难。换乘优先是指在同等条件下,换乘旅客优先于始发旅客乘车。

(2)大站照顾小站,始发照顾中途。大站是指特、一、二等站,这些车站客流量大,停站列车多,分配票额多,有的还有始发列车,客流便于组织调整。中间小站停站列车少,停车时间短,如大站超售,列车严重超员,小站就无法组织旅客上车。始发站与中途站的关系也如此,始发站必须根据计划票额发售,否则将造成中途站旅客买好了票上不了车,使列车"吊客晚点",打乱列车运行秩序。

(3)满足一般,保证重点。一般来说,首长、外宾、华侨、记者、机要人员、军人、老弱病残和其他有特殊困难的旅客,应较一般旅客优先安排,在票额紧张、运能不足时,应首先保证这些旅客的需求。

(4)严格掌握"热门车",有计划地组织"冷门车"。始发、终到时间好,列车运行速度快的列车为"热门车",必须有计划地组织,票额掌握相对严一些。对"冷门车"则加强组织,使大站客流组织乘坐"冷门车",因大城市市内交通比较方便,而且同方向行驶的旅客列车停靠次数也较多。

(5)为了充分利用运能,对退票的票额应及时使用。

4.日计划的考核

车站旅客输送日计划编制质量的高低,主要是通过对兑现率进行考核。根据铁道部的要求,每趟列车计划兑现率与日计划兑现率,应达到95%以上。

(1)每趟列车兑现率

每趟列车兑现率计算公式为:

实际大于计划时

$$\gamma=\left(1-\frac{A_{实际}-A_{计划}}{A_{计划}}\right)\times100\%$$

式中 $A_{实际}$、$A_{计划}$——分别为每趟列车实际、计划上车人数。

实际小于计划时

$$\gamma=\frac{A_{实际}}{A_{计划}}\times100\%$$

(2)日计划兑现率

将全天各次列车的兑现率加总后除以列车数,计算公式为:

$$\beta=\frac{\sum\gamma}{N}$$

式中 β——日计划兑现率;

$\sum\gamma$——每趟列车兑现率的总和;

N——列车数。

二、实习训练模块

站车客流信息的传报工作

站、车客流信息传报工作是指办理客运业务的车站按规定区段或停车站正确、及时地向旅客列车提报确切的乘车人数,旅客列车向指定的预报站正确地发出车内实际人数、规定区段内旅客密度以及列车剩余能力的预报工作。

建立站、车客流信息传报制度,是合理组织旅客乘车、控制列车超员、弥补列车虚糜、实现旅客计划运输的主要措施之一,同时也是实现车站旅客输送日计划的重要环节。站、车客流信息传报工作和车站旅客输送日计划的结合,可使客调及时了解和掌握各次列车的旅客密度,使始发站和中间停车站的客流得到及时输送,列车前方停车站能有预见性地组织旅客乘车,以保证旅客的均衡运输。

通过站、车客流信息传报,还可为列车提供良好的服务条件,对车站合理地组织售票,维护站、车秩序,保证旅客列车安全正点运行起着重要作用。

(一)专用表报和填写方法

1.乘车人数通知单

乘车人数通知单的格式如表4-24所示。

表 4-24　乘车人数通知单　　　　　　　　　　　　　　　　客统—3

站　　年　　月　　日　　　　　　　　　　　　　　　　　　　　次车

到站	软卧	硬卧	软座	硬座			
				站发	中转	乘车证	合计
总　计							

上车总人数：	人	总进款：	元

第　　　次列车长　　签收

（1）用途

①乘车人数通知单是车站统计各次列车上车人数,积累客流资料的原始记录。

②乘车人数通知单是列车填写旅客密度表的依据。

③乘车人数通知单是车站考核日计划兑现率,检查售票、签票执行日计划情况的依据。

（2）填报方法

①凡办理客运业务的停车站都必须按到站或规定的区段,正确地统计旅客上车人数,做到真实可靠,正确率达到95％以上,并及时向列车提交"乘车人数通知单"。快车按到站,慢车按规定的区段分别统计软、硬席乘车人数。无旅客上车时,车站也要提交"乘车人数通知单",并在人数栏内填写"无"字。

②在本站始发、中转换乘的上车人数(包括不出站签证换乘的人数)和使用铁路乘车证乘车(简称免票)的人数,要分别填写在始发、中转及乘车证的到站人数栏内。

③软、硬座乘车人数的统计采取检票记数或售票记数的方法。检票记数是由检票员检唱票、记数员记数,一般采取"两剪一记"的方法,大的客运站采用电子统计器记数,使用自动检票机的车站由检票机记数。在记数时以始发,中转、免票按到站或区段进行统计。售票记数是由售票系统统计列车分到站或区段的售票张数,再加上各次列车中转和免票的上车人数,即为乘车人数。

④乘坐卧铺的旅客也统计在"乘车人数通知单"内,车站要将中途上车和临时调拨的卧铺按照车号、铺号填写"中途预留剩余卧铺通知单"(客统—6),并将剩余软、硬卧铺号贴在通知单上,于开车前交给列车长。

⑤"乘车人数通知单"和"中途预留剩余卧铺通知单"一式两份,一份交列车长,一份由列车长加盖名章后留站存查。

2.列车旅客密度表

列车旅客密度表(客统—4)简称"一表",格式如表4-25所示。

（1）用途

①列车旅客密度表可以积累各站上下车人数资料,为编制旅客列车运行图,调整列车停站和票额分配计划提供准确的依据。

②列车旅客密度表是列车长及时掌握旅客流量流向变化,合理安排列车统一作业过程,为旅客提供优质服务的基础。

（2）填写方法

表 4-25　列车旅客密度表　　　　　　　　　（客统—4）

____次列车____年____月____日自____站始发

____年____月____日终到____站

列车编组　辆　硬座标记定员　人　　　　____列车（车务）段

实际定员　人
超成定员　人
软座定员　人
硬卧定员　人
软卧定员　人

列车长_____

记事：_____

①列车旅客密度表为梯形表格,分硬座及软、硬卧两个梯形表格。每一竖格的垂直累计数为各站上车人数,每一横格水平累计数为各站下车人数。

②列车长必须亲自填写列车旅客密度表。列车始发前要填写好列车车次、始发日期、始发站名、终到站名,担当段名、组名、列车长姓名,列车编组辆数;填写列车硬座标记、实际、超成定员数及软、硬卧定员数。按列车办理客运业务停车站站顺填记站名,在局间分界站处留出核实栏空格。"固定票额"栏用红笔填写各站的票额分配数(或根据上级命令填记调整后的数字)。软、硬卧梯形表中"固定票额"栏内斜线上方填写软卧票额,下方填写硬卧票额,遇有甩挂车辆时,则应填好甩挂车辆数、车种及到站。

③列车从始发站开出后,列车长根据各停车站提交的"乘车人数通知单"将旅客乘车人数分别填写在各到站(区段)栏内;软、硬卧乘车人数根据各卧铺车厢列车员统计的实际人数分别填写在软、硬卧到站栏内,斜线上方填软卧人数,下方填硬卧人数。

为保证列车旅客密度表中数字的正确性,列车必须认真执行看票上车制度。列车在始发站开车后,应通过旅客去向登记、夜间看票记录或验票的方法,对车内实乘人数按到站进行一次全面核实,并将核实人数用红笔填写在核实栏内。列车运行途中在不干扰或少干扰旅客的前提下,于分界站前用上述方法对车内人数按到站进行核实调整。如列车在某局管内运行超过 800 km 时,增加一次核实。

列车旅客密度表"车内人数"的计算方法为:列车到站前的车内人数减去本站的下车人数加上本站的上车人数等于列车由该站开出后的车内人数(即车内旅客密度)。

在"记事"栏内注明沿途未交"乘车人数通知单"的站名。

(3)列车旅客输送量的计算

列车到达终点站前,列车长应计算一个单程的旅客输送量,其计算方法为:

$$旅客输送量=软、硬座各站下车人数+软、硬卧各站下车人数$$

用同样方法计算出返程旅客输送量,往返旅客输送量之和即为该次列车总的旅客输送量。

(二)站车客流信息传报工作的要求

做好站、车客流信息传报工作是实现旅客计划运输、防止旅客列车超员和虚糜、组织旅客均衡运输的重要措施。车站列车均应做到以下几点:

(1)"客统—3"、"客统—4"填报和统计的人数,数字准确率要达到95%以上。

(2)凡是规定的停车站,规定在列车中部办理交接手续,列车长要准时下车,车站客运值班员要准时接车,由列车长在"客统—3"上加盖"站段名和姓名"印章,完成站车交接(如"客统—3"无车长盖章,视作车站未向车站递交)。

(3)列车要认真执行验票上车制度,发现车站无贴条售票和任意超售客票时,列车长应电告有关铁路局和铁道部运输局。对造成列车严重超员的车站,要认真追查责任,严肃处理。

(4)资料的保存。各次列车的旅客密度表保存1年,车站递交的"乘车人数通知单"保存3个月,列车各车厢的"旅客去向登记记录"保存3个月;车站将经列车长盖章的"乘车人数通知单"按车次装订成册,保存3个月。

(三)实 训 题

广汉铁路局的广汉车站开往南海铁路局的南海车站的1366次列车,沿途停车站为春兰、钟山、那铺、河里、九州、德阳、丰城、吉安、永顺、福塘、飞龙、江南、都安、贺县、松林、盐城,经过广汉局、吉安局和南海局。广汉铁路局的德阳站是广汉局与吉安局的分界站,吉安铁路局的都安站是吉安局与南海局的分界站。根据所给资料,填写各站的乘车人数通知单,练习车站客运值班员与列车长在春兰、德阳和都安站的交接,以及1366次列车往程的列车旅客密度,计算往程旅客输送量。

1. 各站乘车人数资料

广汉站:河里5,九州21,德阳25,丰城11,吉安20,永顺12,福塘10,飞龙5,江南5,都安66,贺县10,松林20,盐城10,南海450。

春兰站:福塘3,江南4,都安7,松林2,盐城2,南海15。

钟山站:福塘1,飞龙5,江南5,都安10,贺县4,松林10,盐城4,南海71。

那铺站:福塘1,都安2,松林1,南海1。

河里站:都安18,松林1,南海13。

九州站:永顺2,都安3,松林2,南海18。

德阳站:永顺2,福塘2,江南1,都安5,松林3,南海20。

丰城站:都安1,松林2,盐城2,南海10。

吉安站:福塘4,飞龙2,江南2,南海12。

永顺站:都安5,南海10。

福塘站:都安2,松林2,南海19。

飞龙站:都安5,松林4,南海3。

江南站:盐城 3,南海 11。

都安站:贺县 5,松林,盐城 10,南海 110。

贺县站:盐城 5,南海 10。

松林站:盐城 10,南海 43。

盐城站:南海 27。

2. 开车后和到达局间分界站前列车的核实资料

广汉开车后核实:那铺 2,河里 3,九州 20,德阳 30,丰城 10,吉安 20,永顺 13,福塘 10,飞龙 5,江南 5,都安 73,贺县 10,松林 22,盐城 10,南海 453。

到达德阳前核实:德阳 30,丰城 10,吉安 20,永顺 15,福塘 15,飞龙 10,江南 14,都安 113,贺县 15,松林 38,盐城 15,南海 569。

到达都安前核实:都安 131,贺县 15,松林 49,盐城 20,南海 658。

3. 限售区段:吉安以远

4. 各站固定票额

广汉站:674。

春兰站:35。

钟山站:97。

那铺站:10。

河里站:30。

九州站:25。

德阳站:30。

丰城站:15。

吉安站:20。

永顺站:15。

福塘站:15。

飞龙站:10。

江南站:14。

都安站:130。

贺县站:15。

松林站:40。

盐城站:20。

项目 5　普通货物运输

　　货运工作的基本过程分为发送、途中、到达三个环节,车站通过组织发送货物的承运、装车、运送,到达货物的卸车和交付,完成货运基本作业。根据工作需要,货场货运岗位分为内勤货运员、外勤货运员和核算货运员。内勤货运员主要负责货物的托运、受理、承运、内交付作业,外勤货运员主要负责货物的进货验收、保管、装卸车、外交付作业。

任务 1　货物发送作业

　　[学习目标]　掌握货物发送作业过程。

　　[学习要求]　理会《铁路货物运输规程》(简称《货规》)中有关货物托运、受理、进货保管、装车的规定,并能运用规章解决实际问题。

　　[工作任务]　办理整车及集装箱货物的托运、受理及承运作业;整车货物计划的编制。

　　[需要工具和设备]　《货规》、《铁路货物运输管理规则》(简称《货管规》)、《货物运价里程表》、"货物运单"、"货票"、"铁路货物运输服务订单(整车)"、车站受理戳、车站承运日期戳、施封锁。

　　[教学环境]　货运综合演练室,模拟货运车间,理实一体化教室。

一、理论模块

(一)铁路货物运输的种类

　　铁路运送的货物,尽管种类繁多,但根据托运货物的数量、性质、形状等条件并结合所使用的货车,将铁路货物运输的种类划分为整车、零担和集装箱三种。

　　1. 整车货物运输

　　一批货物的重量、体积、形状或性质需要以一辆以上货车运输的,应按整车托运。

　　2. 零担货物运输

　　不够整车运输条件的,按零担托运。按零担托运的货物,一件体积最小不得小于 0.02 m³(一件重量在 10 kg 以上的除外),每批不得超过 300 件。

　　下列货物,由于性质特殊,或需特殊照料,或是铁路现有设备条件的限制,尽管不够整车运输条件,也不得按零担托运:

　　(1)需要冷藏、保温或加温运输的货物。

　　(2)规定限按整车办理的危险货物。

　　(3)易于污染其他货物的污秽品(例如未经过消毒处理或使用密封不漏包装的牲骨、湿毛皮、粪便、炭黑等)。

　　(4)蜜蜂。

　　(5)不易计算件数的货物。

　　(6)未装容器的活动物(铁路局规定在管内可按零担运输的除外)。

　　(7)一件货物重量超过 2 t,体积超过 3 m³ 或长度超过 9 m 的货物。

目前,我国铁路零担货物办理站不足百个,并还在不断减少。

3. 集装箱运输

使用集装箱进行的货物运输,称为集装箱运输。集装箱主要用于运输精密、贵重、易损、怕湿的货物。空箱来源有保证的车站,凡适箱货物均应采用集装箱运输。

4. 整车运输的特殊形式

(1)整车分卸

为解决托运的数量不足一车而又不能按零担办理的货物运输而产生的运输方式为整车分卸,它是整车运输的特殊形式。其装在同一货车内作为一批托运的货物,虽然途中进行几次卸车,但只是货物的减量而不能视为分批。

(2)站界内搬运

因特殊原因或没有短途搬运工具,对按整车运输的货物,托运人可要求站界内搬运。站界内搬运是指在站界内铁路营业线上或站线与专用线之间的运输。

(3)途中装卸

途中装卸是指在两个车站之间的区间或在不办理货运营业的车站装卸车。

途中装卸的发站或到站,可根据托运人要求,以装卸车地点的前方或后方办理货运业务的车站为发到站。

途中装卸车的组织工作,由托运人和收货人负责。但车站应派人至装卸车地点进行防护和检查装卸车及堆放货物的安全距离是否符合要求。

(二)一　　批

1. 一批的概念

一批是铁路承运货物和计算运输费用的单位,是指使用一张货物运单和一份货票,按照同一运输条件运送的货物。

2. 按一批办理的条件

按一批托运的货物,必须托运人、收货人、发站、到站和装卸地点相同(整车分卸货物除外)。按运输种类的不同,一批的具体规定是:

(1)整车货物每车为一批,跨装、爬装及使用游车的货物,每一车组为一批,如图 5-1 所示。

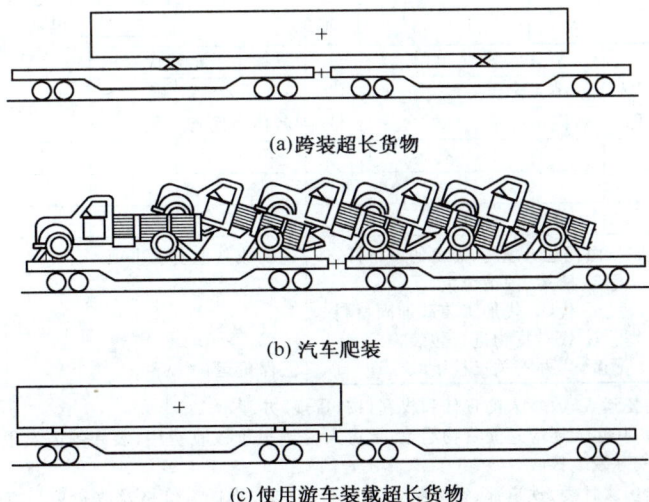

(a)跨装超长货物

(b)汽车爬装

(c)使用游车装载超长货物

图 5-1　跨装、爬装及使用游车的货物

（2）零担货物和使用集装箱的货物，以每张货物运单为一批。

集装箱货物每批必须是同一箱型，至少1箱，最多不得超过铁路一辆货车所能装运的箱数，且集装箱总重之和不得超过货车的容许载重量。

3. 按一批办理的限制

由于货物性质各不相同，其运输条件也不一样。为保证货物安全运输，规定下列货物不得按一批托运：

（1）易腐货物与非易腐货物。

（2）危险货物与非危险货物。

（3）根据货物的性质不能混装运输的货物。如液体货物与怕湿货物，食品与有异味的货物，配装条件不同的货物等。

（4）按保价运输的货物与不按保价运输的货物。

（5）投保货物运输险的货物与未投保货物运输险的货物。

（6）运输条件不同的货物。如需要卫生检疫证的货物与不需要卫生检疫证的货物，海关监管货物与非海关监管货物，不同热状态的易腐货物等。

（三）铁路货物运输合同

1. 铁路货物运输合同的概念

铁路货物运输合同是铁路承运人将货物从起运地点以铁路运输的方式，运输到约定地点，托运人或者收货人支付运输费用的合同。按《铁路货物运输合同实施细则》的规定，托运人利用铁路运输货物，应与承运人签订货物运输合同。

2. 铁路货物运输合同的合同文件

大宗物资的运输，有条件的可按年度、半年度或季度签订货物运输合同，也可以签订更长期限的运输合同；其他整车货物，可使用"铁路货物运输服务订单"（如表5-1所示）按月签订运

表5-1　铁路货物运输服务订单（整车）

_____年_____月份

提表时间：　年　月　日		发　站	名称			略号						
要求运输时间：　日至　日		发货单位盖章	省/部名称_____　代号_____									
受理号码：			发货单位名称_____　代号_____									
			地址_____　电话_____									

顺号	到局：　　代号：			收货单位				货物		车种代号	车数	特征代号	换装港	终到港	报价（元/吨）（元/车）	备注
	到站	到站电报略号	专用线名称	省/部		名称	代号	品名	吨数							
				名称	代号			名称	代码							

供托运人自愿选择的服务项目（由托运人填写，需要的项目打√）		说明或其他要求事项	承运人签章
□1. 发送综合服务　　□5. 清运、消纳垃圾			
□2.　　　　　　　　□6. 代购、代加工装载加固材料			
□3. 仓储保管　　　　□7. 代对货物进行包装			
□4. 篷布服务　　　　□8. 代办一关三检手续　□保价运输			年　月　日

说明：1. 涉及承运人与托运人、收货人的责任和权利，按《货规》办理。

　　　2. 实施货物运输，托运人还应递交货物运单，承运人应按报价核收费用，装卸等需发生后确定的费用，先应列出项目，金额按实际发生核收。

　　　3. 用户发现超出国家计委、铁道部、省级物价部门公告的铁路货运价格及收费项目、标准收费的行为和强制服务、强行收费的行为，有权举报。

　　　　举报电话：　　　　　　　物价部门　　　　　　　　铁路部门

输合同;托运货物还应按批递交货物运单(如表 5-2 所示)。零担和集装箱货物还可选择签订运输服务订单,如表 5-3 所示。

表 5-2 货物运单(格式)

货物指定于 月 日搬入
货位:
计划号码或运输号码:
运到期限 日

×× 铁 路 局
货 物 运 单
托运人→发站→到站→收货人

承运人/托运人装车
承运人/托运人施封
货票第 号

领货凭证

车种及车号
货票第 号
运到期限 日

托运人填写			承运人填写						
发站		到站(局)	车种车号		货车标重				
到站所属省(市)自治区			施封号码						
托运人	名称		经由		铁路货车篷布号码				
	住址	电话							
收货人	名称		运价里程		集装箱号码				
	住址	电话							
货物名称	件数	包装	货物价格	托运人确定重量(公斤)	承运人确定重量(公斤)	计费重量	运价号	运价率	运费
合计									
托运人记载事项			承运人记载事项						

发站
到站
托运人
收货人
货物名称 / 件数 / 重量
托运人盖章或签字
发站承运日期戳

注:本单不作为收货凭证;托运人签约须知见背面。

托运人盖章或签字 年 月 日

到站交付日期戳

发站承运日期戳

注:收货人领货须知见背面

3. 铁路货物运输合同各方的权利和义务

(1)托运人的权利和义务

①权利

有权要求铁路运输企业按照合同约定的期限和到站将货物完整无损地运达约定地点,交给收货人;由于铁路运输企业的责任造成货损、货差或逾期运到时,有权要求承运人支付违约金、赔偿金。

②义务

按照货物运输合同约定的时间和要求向铁路运输企业交付托运的货物;按规定向铁路运输企业支付运费杂费,按国家规定包装标准或行业包装标准的要求包装货物;合同约定自行装货时,按照作业规程按时完成装卸作业;如实填报货物运单和物品清单。

(2)承运人的权利和义务

①权利

有权依照合同规定,向托运人收取运费、杂费;有权对所承运货物的品名、重量、数量进行检查;由于托运人或收货人的责任,给铁路运输企业造成财产损失的,有权要求托运人或收货

表 5-3　铁路货物运输服务订单(零担、集装箱、班列)

××铁路局　　　编号：

托运人 地址 电话　　　　　邮编		收货人 地址 电话　　　　　邮编	
发站	到站(局)	车种/车数	箱型/箱数
装货地点		卸货地点	

货物品名	品名代码	货物价值	件数	货物重量	体积

要求发站装车日期　　月　　日前或班列车次　　日期　　月　　日　　　　　　付款方式

供托运人/收货人自愿选择的服务项目(由托运人/收货人填写,需要的项目打√)
□1. 发送综合服务　　　　　　□5. 清运、消纳垃圾
□2.　　　　　　　　　　　　□6. 代购、代加工装载加固材料
□3. 仓储保管　　　　　　　　□7. 代对货物进行包装
□4. 篷布服务　　　　　　　　□8. 代办一关三检手续

说明或其他要求事项　　　　　　　　　□保价运输

托运人报价　　　　　　元,具体项目、金额列后：

序号	项目名称	单位	数量	收费标准	金额(元)	序号	项目名称	单位	数量	收费标准	金额(元)

托运人/收货人签章　　　　年　　月　　日	承运人签章　　　　年　　月　　日	车站指定装车日期及货位

说明：1. 涉及承运人与托运人、收货人的责任和权利,按《货规》办理。

2. 实施货物运输,托运人还应递交货物运单,承运人应按报价核收费用,装卸等需发生后确定的费用,应先列出项目,金额按实际发生核收。

3. 用户发现超出国家计委、铁道部、省级物价部门公告的铁路货运价格及收费项目、标准收费的行为和强制服务、强行收费的行为,有权举报。

举报电话：　　　　　物价部门　　　　　铁路部门

人赔偿；有权对逾期无法交付的货物按规定处理。

②义务

将承运的货物按照合同规定的期限完整、无损地运至到站；因承运人责任造成货损、货差时,有义务承担赔偿责任。

(3)收货人的权利和义务

①权利

依据托运人交付的领货凭证或能够证明其收货人身份的证明文件,有权领取货物；领取货物时,发现运单与实际不符合,有权查询；发现货物短少、损坏的,有权要求赔偿。

②义务

按照定期及时领取货物,逾期领取的,有义务向铁路运输企业交付保管费；有义务支付托运人未付或少付的运费和其他费用。

二、技术模块

(一)托　　运

1. 货物运单

货物运单是托运人与承运人之间,为运输货物而签订的一种运输合同。它是确定托运人、承运人、收货人之间在运输过程中的权利、义务和责任的原始依据。货物运单既是托运人向承运人托运货物的申请书,也是承运人承运货物和核收运费、填写货票以及编制记录和备查的依据。

货物运单按运输种类分为一般货物运单和专用货物运单。

(1)货物运单(如表 5-2 所示)由两部分组成,左边为货物运单,右边为领货凭证。货物运单中粗线左侧"托运人填写"各栏由托运人填写,粗线右侧"承运人填写"各栏由不同岗位上的货运员填写。领货凭证各栏由托运人填写。货物运单和领货凭证的背面分别印有"托运人须知"和"收货人领货须知"。

(2)集装箱货物专用运单,上端居中的票据名称冠以"中铁集装箱运输有限责任公司集装箱货物运单",由两联组成,第一联为货物运单,第二联为提货单(领货凭证)。

(3)危险货物中剧毒品使用剧毒品专用货物运单,上端居中的票据名称冠以"货物运单(剧毒品运输专用)"字样 ,运单中央以底网形式印刷骷髅图案。

白底黑色印刷的运单,适合于现付;白底红色印刷的运单,适用于到付或后付;黄色纸张印刷的运单,适用于剧毒品专用。

托、承双方在填写时均应对货物运单所填记的内容负责,并按照《货规》的要求,填写运单要做到正确、完备、真实、详细、清楚。运单填写各栏有更改时,在更改处,属于托运人填记事项,应由托运人盖章证明;属于承运人记载各项,应由车站加盖站名戳记。承运人对托运人填记事项一般不得更改。

2. 托运

托运人以货物运单向承运人提出运输要求,并向承运人交运货物,称为托运。

托运人向承运人交运货物,应按批向车站提出货物运单。使用机械冷藏车运输的货物,同一到站、同一收货人可以数批合提一份运单。整车分卸货物,除提出基本货物运单一份外,每一分卸站应另增加分卸货物运单两份(分卸站、收货人各一份),作为分卸站卸车作业和交付货物的凭证。

为了正确地核收运输费用以及发生灭失、损坏等事故时便于划清承运人与托运人之间的责任,遇下列情况托运人除提出货物运单外还应同时提出物品清单:

(1)按一批托运的货物品名过多不能在运单内逐一填记时。

(2)托运搬家货物时。

(3)同一包装内有两种以上货物时。

(4)以概括名称托运品名、规格、包装不同,不能在货物运单内填记的保价货物。

(二)受　　理

车站对托运人提出的货物运单,经审查符合运输要求,在货物运单上签注货物搬入或装车日期、搬入货位后,即为受理。

(1)审查货物运单

车站受理托运人提出的货物运单时,应认真审查货物运单内填记的事项是否符合铁路运

输条件,审查的主要内容有:

①货物运单各栏填写是否齐全、正确、清楚,领货凭证与运单是否一致。

②整车运输有无批准的计划号码,计划外运输有无批准命令;实行承运日期表的零担货物和集装箱货物是否符合日期表规定的去向。

③到站的营业办理限制(包括临时停限装)和起重能力。主要根据《货物运价里程表》站名索引表,有关"营业办理限制"栏和"最大起重能力"栏中的规定,以及停限装电报确定。

④货物名称是否准确、是否可以承运。

⑤需要的证明文件是否齐全有效。根据中央或省(市)、自治区法令需要证明文件运输的货物,托运人应将证明文件与货物运单同时提出,并在货物运单托运人记载事项栏注明文件名称和号码。车站在证明文件背面注明托运数量,并加盖车站日期戳,退还托运人或按规定留发站存查。

⑥有无违反一批托运的限制。

⑦托运易腐货物和"短寿命"放射性货物时,其容许运输期限是否符合要求。

托运易腐货物和"短寿命"放射性货物时,应记明货物的容许运输期限。容许运输期限至少须大于货物运到期限 3 d。

⑧需要声明事项是否在"托运人记载事项"栏内注明。

(2)签证货物运单

货物运单经审查符合要求后,应由受理货运员在运单左上角进行签证,具体的方法是:

①整车货物。在站内装车者,在货物运单上签证计划号码、货物搬入日期及地点,将货物运单交还托运人,凭此搬入货物;在专用线装车者,在货物运单上签证计划号码和装车日期,将货物运单交指定的包线货运员,按时到装车地点检查货物。

②零担货物和集装箱运输的货物。在货物运单上签证运输号码、搬入日期及地点,将运单交还托运人,凭此搬入货物。

③加盖受理章和经办人名章。

(三)进货、验收与保管

1. 进货

托运人凭车站签证的货物运单,按指定日期将货物搬入货场指定的位置即为进货。

2. 验收

货场门卫人员和外勤包区货运员对搬入货场的货物进行有关的检查核对,确认符合运输要求并同意货物进入场、库指定货位。需要检查的内容主要有:

(1)货物名称、件数是否与运单记载相符。

(2)货物的状态是否良好。货物状态有缺陷,但不致影响货物安全,应要求托运人在货物运单内注明。

(3)货物的运输包装和包装标志是否符合规定。

托运的货物,应按国家包装标准或部包装标准(行业标准)进行包装。对没有统一规定包装标准的,车站应会同托运人研究制定货物运输包装暂时标准,共同执行。对于需要试运的货物运输包装,除另定者外,车站可与托运人商定条件组织试运。

在运输和装卸过程中需要特别注意防护的货物,托运人应根据货物的性质,按照国家标准,在货物包装上做好包装储运图示标志,如图 5-2 所示。

(4)货签(货物标记)是否齐全、正确。托运人托运零担货物,应在每件货物上标明清晰明

易碎物体	禁用手钩	向 上	怕 晒	怕辐射
怕 雨	重 心	禁止翻滚	此面禁用手推车	禁用叉车	由此夹起
此处不能卡夹	堆码重量极限	堆码层数极限	禁止堆码	由此吊起	温度极限

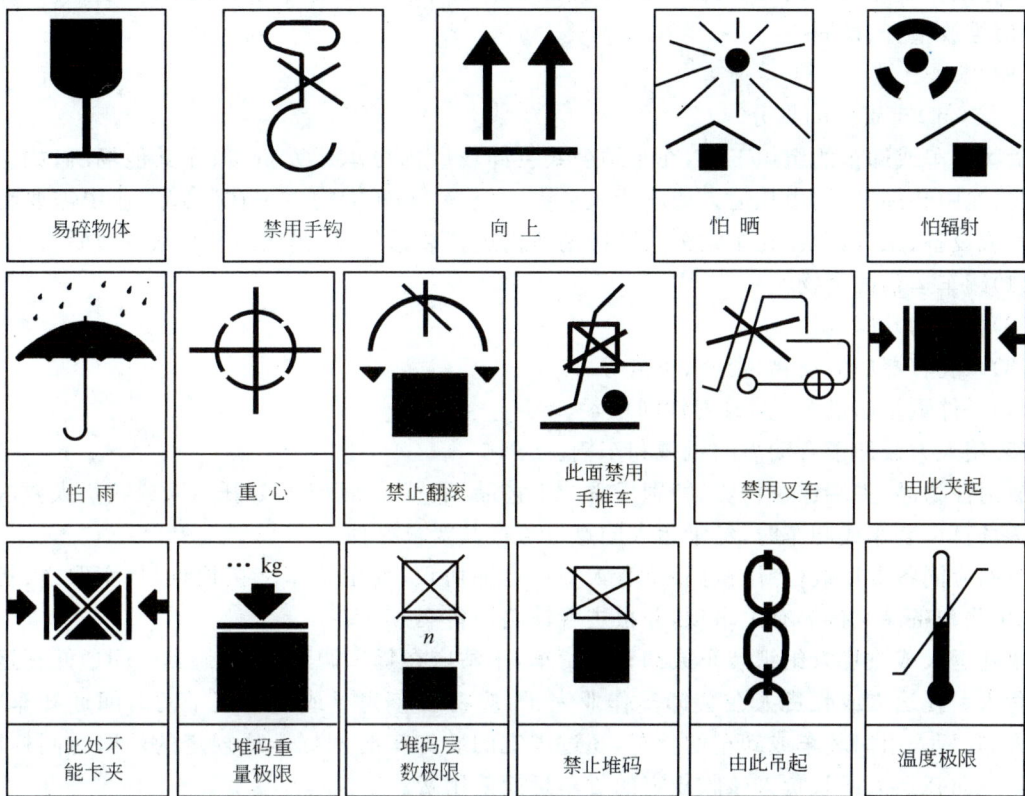

图 5-2 货物包装储运图示标志

显的货签,如图 5-3 所示,其记载内容必须与运单记载对应栏目相符。

货签应用坚韧材料制作,在每件货物两端各粘贴或钉固一个。包装不适宜粘贴或钉固时,可使用拴挂的办法。不适宜用纸制标记的货物,应使用油漆在货件上书写标记或用金属、木质、布、塑料板等材料制成的标记。

托运行李、搬家货物除使用布质、木质、金属等坚韧的货签或书写标记外,还应在货物包装内部放置标记,以防外部货签丢失时。货签不得使用铅笔填写。

托运人托运集装箱时应在集装箱门把手上拴挂一个货签,其中货物名称栏免填。

(5)货件上的旧货签或标记是否撤除或抹消。

运输号码 ————
到 站 ————
收货人 ————
货物名称 ————
总 件 数 ————
发 站 ————

图 5-3 货物标记(货签)式样

(6)装载整车货物所需的货车装备物品或加固材料是否齐全。货车装备物品或货物加固材料均由托运人准备,并应在货物运单托运人记载事项栏内记明其名称和数量,在到站连同货物一并交付收货人。

3. 保管

托运人将货物搬入车站,经验收完毕后,不能立即装车的,需在货场内存放,即为货物保管。整车货物可根据协议进行保管;零担货物和集装箱运输的货物,车站从收货完毕时即负保管责任。

凡存放在装卸场所内的货物,应距离货物线钢轨外侧 1.5 m 以上,距离站台边缘 1 m 以上,并应堆放整齐、稳固。

(四)装 车

1. 装(卸)车责任的划分

货物装车或卸车的组织工作,在车站公共装卸场所内由承运人负责;在其他场所,如企业专用线、途中装卸等,均由托运人或收货人负责。但是,下列货物由于在装卸作业中需要特殊的技术或设备、工具,即使在车站公共装卸场所内进行装卸作业,仍应由托运人或收货人负责。

(1)罐车运输的货物。

(2)冻结的易腐货物。

(3)未装容器的活动物、蜜蜂、鱼苗等。

(4)一件重量超过 1 t 的放射性同位素。

(5)用人力装卸带有动力的机械和车辆。

放射性物品、尖端保密物资、特别贵重的工艺品、展览品等货物,如托运人或收货人要求在铁路货场自行装车或卸车时,经承运人同意也可按其要求办理。

车站应同各专用线(专用铁路)所有人签订运输协议,商定货车交接地点、货车取送、货车装卸、货物和备品交接等有关事项,并报主管铁路局备案。

由托运人或收货人组织装车或卸车的货车,车站应在货车调到前,将调到时间通知托运人或收货人。托运人或收货人在装卸车作业完了,应将装车完了或卸车完了的时间通知车站。托运人、收货人组织装车或卸车的货车,超过规定的装卸车时间标准或规定的停留时间标准,承运人应向托运人或收货人核收规定的货车延期使用费。

2. 货车使用原则

货车使用的基本原则是车种适合货种。具体要做到:

(1)承运人应按照运输合同约定的车种拨配适当的车辆,如无适当的货车拨配,在征得托运人同意,保证货物安全完整和装卸作业方便的条件下可以进行货车代用,例如敞车代用棚车、平车代用敞车等。货车代用时必须遵守批准权限,并符合《铁路货物装载加固规则》(简称《加规》)中"货车使用限制表"(如表 5-4 所示)的规定。

(2)保密物资、涉外物资、精密仪器、展览品,能用棚车装运的,必须使用棚车,不得用其他货车代替。

(3)对怕湿和易于被盗、丢失的货物,应使用棚车装运。

(4)毒品专用车和危险品专用车不得用于装运普通货物。

(5)承运人应拨配状态良好、清扫干净的货车装运货物。

3. 装车前的检查

监装货运员在装车前应进行"三检"工作:

(1)检查货物运单。检查货物运单的记载内容是否符合运输要求,有无漏填和误填。

(2)检查待装货物。按照货物运单记载内容认真核对待装货物的品名、件数,检查标志、货签和货物状态是否符合要求。对集装箱还应检查箱号、封印和箱体外状。

(3)检查货车。检查货车是否符合使用条件;货运状态是否良好,包括车体、车门、车窗、盖、阀,车内是否干净,有无被毒物污染;货车定检是否过期,有无扣修通知、色票、货车洗刷回送标签或通行限制。货车检查时,发现有不符合使用的情况,应采取适当措施,必要时应更换车辆。

表 5-4 货车使用限制表

顺号	车种 限制条件 货物名称	棚车	敞车	底开门车	有端侧板平车	无端侧板平车	有端板无侧板平车	铁地板平车	共用车	备 注
1	散装的煤、灰、焦炭、砂、石、土、矿石、砖	×				×	×	×	×	无端侧板平车或有端板（渡板）无侧板平车（共用车除外），在使用围挡并安有支柱时，可装运煤、灰、砂、石、土、砖
2	金属块			×		×	×	×	×	无端侧板平车或有端板（渡板）无侧板平车（共用车除外），在使用围挡并安有支柱时，可装运散装的金属块
3	空铁桶			×	×	×	×	×	×	应加固并外罩绳网
4	木材			×	×	×	×	×	×	原木不得使用棚车装运
5	集装箱	×						×		1 t 集装箱可装棚车
6	超长货物	×	×	×				×		
7	超限货物	×						×		
8	钢轨	×						×		
9	组成的机动车辆	×	×	×				×		组成的摩托车、手扶拖拉机及小型车辆可使用棚车，在到站有起重能力时，可使用敞车

注：×——不准使用的车种。

4. 装车作业的基本要求

装车作业的基本要求是安全、迅速、满载，遵守装载加固技术条件。

（1）货物装载重量的要求

货物重量不得超过货车容许载重量（$P_容$）。

（2）货物装载高度和宽度的要求

货物的装载高度和宽度，除超限货物和有特殊规定者外（如对需要通风或加温运输的，可以将前进方向左侧车门开启加以固定，最外突出部位，从车辆中心线起不得超过 1 750 mm，可不按超限办理），均不得超过机车车辆限界和特定区段装载限界。

（3）其他要求

①货物重量应均匀分布于车地板上，不得偏重和集重，在运输中不发生移动、滚动、倒蹋或坠落等情况。

②装载应堆码稳妥、紧密、捆绑牢固，做到轻拿轻放，大不压小，重不压轻。

③使用敞车装载怕湿货物时，应堆码成屋脊形，苫盖好篷布，并将绳索捆绑牢固。

④使用棚车装载货物时，装在车门口的货物，应与车门保持适当距离，以防挤住车门或湿损货物。

⑤使用罐车装运货物时，应装到空气包底部或根据货物膨胀系数计算确定的高度，不能超装；液体货物充装量应保持在罐体标记容积的 83%～95% 之间。

⑥用敞、平车装载需要加固的货物、轻浮货物、成件货物，已有定型方案的，必须按定型方案装载；无定型方案的，车站应会同托运人制订试运加固方案，报上级批准后组织试运。

所装货物需进行加固的，按《加规》的规定办理。

5. 货车(箱)施封和篷布苦盖

(1)货车(箱)施封

货车和集装箱施封是货物(车)交接、划分运输责任的手段,是贯彻责任制,保证货物运输安全的重要措施。

使用棚车、冷藏车、罐车、集装箱运输的货物都应施封,但派有押运人的货物,需要通风运输的货物和装车单位认为不需施封的货物(集装箱运输的货物除外)以及托运的空集装箱可以不施封。

原则上是由装车(或装箱)单位在车门(或集装箱箱门)上施封。

施封后,应在相应的货物运单、票据封套和货车装载清单上记明施封及号码。

施封及拆封的技术要求,应按《货车和集装箱施封拆封的规定》办理。

(2)苦盖篷布

使用敞、平车装运易燃、怕湿货物,装载堆码要成屋脊形,使用篷布时要苦盖严密、捆绑牢固。绳索余尾长度不超过 300 mm。接缝处要顺向(按运行最远方向)压紧,不能遮盖车号、车牌和手闸。

破损或绳索不齐全的篷布,应进行更换。

到达专用线(专用铁路)的铁路货车篷布,收货人应于货车送到卸车地点或交接地点的次日起 2 d 内送回车站。超过规定时间,核收篷布延期使用费。

6. 填写运输票据

施封及篷布苦盖完了后,外勤货运员应将车种、车号、货物标重、篷布、施封等内容记入货物运单内。

7. 插挂表示牌

车内所装货物按规定有"禁止溜放"或"限速连挂"调车限制时,需要插挂表示牌(如图 5-4 所示)给车站调车人员加以提示,以防发生事故。

装车完毕后,按《危规》、《鲜规》中规定需插挂表示牌的车辆应在货车两侧插挂表示牌。到站卸车完毕后表示牌应撤除。

8. 装车后的检查

货车装车完了,监装货运员还需进行装车后的检查工作,具体检查内容有:

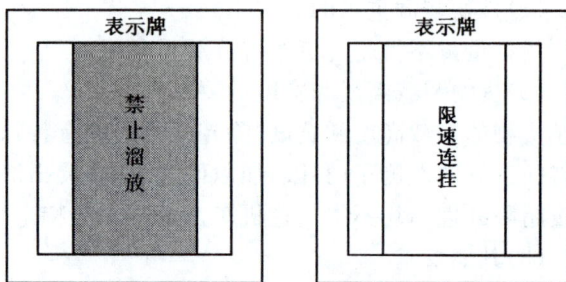

图 5-4　货车表示牌

(1)检查车辆装载。主要检查有无超重、偏重、超限现象,装载是否稳妥,捆绑是否牢固,施封是否符合要求,表示牌插挂是否正确。敞车要检查车门插销、底开门搭扣和篷布苦盖、捆绑情况。对超限、超长、集重货物还要检查是否按规定的装载加固方案进行装载加固,对超限货物还应按装载方案测量装车后的尺寸。

(2)检查运单。检查运单有无误填和漏填,车种、车号,运单与货运票据封套记载是否相符。

(3)检查货位。检查货位有无误装或漏装的情况。

经检查符合要求后,即可将票据移交货运室,同时将装车完了时间通知运转室或货运调度员,以便取车、挂运。

（五）承　　运

1. 货票的填制

整车货物装车后，零担货物过秤后，集装箱货物装箱后或接收重箱后，货运员将签收的运单移交货运室填制货票，核收运杂费。

货票（如表 5-5、表 5-6 所示）是铁路运输货物的凭证，是一种具有财务性质的票据。它是清算运输费用，确定货物运到期限，统计铁路所完成的工作量和计算货运工作指标的依据。

表 5-5　货票丁联式样

××铁路局

货　票　　　丁联．

计划号码或运输号码：　　　　运输凭证：发站→到站存查　　　　No. A00000

发站		到站（局）			车种车号		货车标重		承运人/托运人装车
经由			货物运到期限		施封号码铁路篷布号码				
运价里程			集装箱箱型		保价金额		现付金额		
托运人名称及地址						费别	金额	费别	金额
收货人名称及地址									
货物品名	品名代码	件数	货物重量	计费重量	运价号	运价率			
合计									
集装箱号码									
记　事					合计				

卸货时间　　月　日　时	收货人盖章或签字	到站交付日期戳	发站承运日期戳
催领通知方法			
催领通知时间　　月　日　时	领货人身份证件号码		
到站收费收据号码		经办人章	经办人章

表 5-6　货票丁联背面试样

1. 货物运输变更事项　　　　　　　　　2. 关于记录事项

受理站	电报号	变更事项	运输杂费收据号码
处理站日期戳			
	经办人盖章		

编制站	记录号	记录内容

3. 交接站日期戳

1.	2.	3.	4.	5.	6.

4. 货车在中途站摘车事项

车种、车号、车次、时间	摘车原因	货物发出时间、车次、车种、车号
摘车站 日期戳		经办人盖章

车种、车号、车次、时间	摘车原因	货物发出时间、车次、车种、车号
摘车站 日期戳		经办人盖章

货票一式四联。甲联为发站存查联;乙联为报告联,由发站每日按顺序订好,定期上报发局;丙联为承运证,交托运人报销用;丁联为运输凭证,随货物递交到站存查。货票丁联背面有途中需填记的内容。

填制货票由核算货运员完成。零担、集装箱货物是先制票后装车,整车货物是先装车后制票或平行作业。

货票应根据货物运单记载的内容填写,手工制票时,字迹必须清晰、金额不准涂改,填写错误时按作废处理,其他事项如有更改,必须盖章证明。

车站在货物运单和货票上加盖车站日期戳并收清费用后,将领货凭证和货票丙联一并交给托运人。

2. 货物承运

零担和集装箱运输的货物,由发站接收完毕,整车货物装车完毕并核收运费后,发站在货物运单上加盖车站日期戳(如图 5-5 所示)时起,即为承运。

图 5-5　车站承运日期戳样式

承运是货物运输合同的成立,是承诺的生效,从承运时起承托双方就要分别履行运输合同的权利、义务和责任。因此,承运意味着铁路负责运输的开始,是承托双方划分责任的时间界线。同时,承运标志着货物正式进入运输过程。

三、案例模块

(一)货物运到期限

1. 货物运到期限的概念

货物运到期限是铁路将货物由发站运至到站的最长时间限制,与铁路现有技术设备条件和运输工作组织水平有关。

2. 货物运到期限的计算

货物运到期由货物发送期间、运输期间和特殊作业时间三部分组成,具体规定如下:

(1)货物发送期间为 1 d。

(2)货物运输期间:运价里程每 250 km 或其未满为 1 d;按快运办理的整车货物,运价里程每 500 km 或其未满为 1 d。

(3)特殊作业时间:

①运价里程超过 250 km 的零担货物和 1 t 集装箱,另加 2 d;运价里程超过 1 000 km 的零担货物和 1 t 集装箱,则另加 3 d。

②整车分卸货物,每增加一个分卸站,另加 1 d。

③准、米轨间直通运输的整车货物,另加 1 d。

货物的实际运到日数,从货物承运次日起算,在到站由铁路组织卸车的,至卸车完了时止;在到站由收货人组织卸车的,至货车调到卸车地点或交接地点时止。

货物运到期限,起码为 3 d。运到期限按自然日计算。

"五定"班列货物的运到期限按运行天数(始发日和终到日不足 24 h 的均按 1 d 计算)加 2 d 计算。运到期限自该班列的始发日开始计算。

3. 货物运到逾期

所谓运到逾期,是指货物的实际运到日数超过规定的运到期限,这是一种违约行为。

若货物运到逾期,则到站应向收货人支付违约金。违约金支付比例如表 5-7 所示。货物运到期限在 11 d 以上,发生运到逾期时,按表 5-8 规定计算违约金。

表 5-7　运到逾期违约金支付比例(一)

违约金 / 逾期日数 \ 运到期限	逾期总日数					
	1 d	2 d	3 d	4 d	5 d	6 d 以上
3 d	15%	20%				
4 d	10%	15%	20%			
5 d	10%	15%	20%			
6 d	10%	15%	15%	20%		
7 d	10%	10%	15%	20%		
8 d	10%	10%	15%	15%	20%	
9 d	10%	10%	15%	15%	20%	
10 d	5%	10%	10%	15%	15%	20%

表 5-8　运到逾期违约金支付比例(二)

逾期总日数占运到期限天数比例	违约金占运费的比例
不超过 1/10 时	5%
超过 1/10,但不超过 3/10 时	10%
超过 3/10,但不超过 5/10 时	15%
超过 5/10 时	20%

【案例 5-1】　西安西至丰台 1 112 km。托运人 2009 年 6 月 1 日向西安西站提出托运新闻纸至丰台,按整车办理。西安西站当天受理,6 月 2 日装车并承运。该车货物于 6 月 9 日到达丰台,6 月 10 日在货场卸车完了。问该批货物是否逾期?

【解】　1. 运到期限:

$$T = t_{发送} + t_{运送} + t_{特殊}$$
$$= 1 + \frac{1\ 112}{250}$$
$$\approx 6(d)$$

2. 货物应于 6 月 8 日前卸车完了。

3. 货物逾期 2 d。

4. 应该按照发站所收运费的 15% 向收货人支付逾期违约金。

(二)货车容许载重量的计算

货物装车时,必须遵守货车容许载重量的规定,不得超载。

货车容许载重量可用公式表示为:$P_容 = P_标 + P_特 + P_增$。

①货车标记载重量($P_标$);

②特殊情况可以多装的重量($P_特$)。由于货物包装、防护物重量影响货物净重或机械装载不易计算件数的货物,装车后减吨有困难时可以多装,该部分重量不得超过货车标记载重量的 2%。

③货车的增载量($P_增$)。某些车型在装载特定货物时可以多装的量。根据规定,现行货车的增载量为:

a. 在车体上涂打有"限增"标记的 C_{61}(含 C_{61T})、C_{62B}(含 C_{62BK}、C_{62BT})、C_{63}(含 C_{63A})、C_{64}(含 C_{64A}、C_{64H}、C_{64K}、C_{64T})型敞车装运煤、铁矿石、硫铁矿、石灰石、铝矾土、石膏、磷矿石、泥土、砂、石料等品类货物时,允许增载 3 t。

b. 在车体上涂打有"限增"标记的 C_{62B}(含 C_{62BK}、C_{62BT})型敞车装运除上述品类以外的其他货物时,以及 C_{62A}(含 C_{62A^*}、C_{62A^*K}、C_{62A^*T}、C_{62AT})型敞车,允许增载 2 t。

c. 在车体上涂打有"限增"标记的企业自备车中标记载重 60 t 及其以上的敞车,以及国铁货车中 C_{16}(含 C_{16A})、C_{5D}、C_{61Y}、C_{62}(含 C_{62M})、C_{65}、C_F 型敞车装运煤炭时,允许增载 2 t。

d. P_{62N}(含 P_{62NK}、P_{62NT})、P_{63}、P_{64}(含 P_{64A}、P_{64AK}、P_{64AT}、P_{64GH}、P_{64GK}、P_{64GT}、P_{64K}、P_{64T})、P_{65}(含 P_{65S})型棚车允许增载 1 t(行包专列中 P_{65} 的装载量按有关规定执行)。

e. 标重 60 t 的平车装载军运特殊货物允许增载 10%。

f. 国际联运的中、朝、越铁路货车,可增载 5%。

g. 涂打有"禁增"标记的货车和危险货物,严格按照车辆标记载重量装载,不准增载。

【案例 5-2】 车站使用 60 t C_{61T} 型货车装载货物时,货车的容许载重量为多少?

【解】 ①装运煤、焦炭、其他金属矿石、生铁、铁矿石、硫铁矿、石灰石、铝矾土、石膏、磷矿石、泥土、砂、石料等品类的货物时,

$$P_容 = 60 + 60 \times 2\% + 3 = 64.2(t)$$

②装载上述品名以外的、特殊情况下可以多装的其他货物时,

$$P_容 = 60 + 60 \times 2\% + 2 = 63.2(t)$$

③其他情况下,容许载重量为 $P_容 = 60 + 2 = 62(t)$

【案例 5-3】 车站使用 60 t C_{61T} 型禁增货车装载货物时,货车的容许载重量为多少?

【解】 ①装载特殊情况下可以多装的货物时,容许载重量为 $P_容 = 60 + 60 \times 2\% = 61.2(t)$

②装载其他货物时,容许载重量为 $P_容 = 60(t)$

四、实习训练模块

根据下列条件,分别以托运人和承运人不同岗位角色,完成货物运单的填写;根据给定的运费,完成货票的填写。

(一)已知条件

托运人:陕西福鑫钢铁贸易有限公司

发站:西安西站

收货人:马青云

到站:拉萨西站

货物名称:钢管

件数:35 件

包装:捆

托运人确定重量:60 t

保价金额:50 000 元

车种车号:C_{62BK} 4637207

货车标重:60 t

整车货物计划号码:06Y00853541

装车地点:专用线

运价里程:正式营业线 1 715 km,格拉线 1 130 km,电气化里程 886 km。

正式营业线运费:6 273.20 元

格拉线运费:8 136.00 元

电气化附加费:637.90 元

保价费率:2‰

铁路建设基金:3 395.70 元

印花税:7.50 元

(二)货物运单和货票填制办法

1. 货物运单

(1)货物运单(以下简称运单)是承运人与托运人之间,为运输货物而签订的一种运输合同。托运人对其在运单和物品清单内所填记事项的真实性,应负完全责任。

(2)托运人托运货物时,应向承运人按批提出《货规》规定格式的货物运单一张。使用机械冷藏列车运输的货物,同一到站、同一收货人可以数批合提一份运单;整车分卸的货物,对每一分卸站应增加两份运单(到站、收货人各一份)。

(3)运单由承运人印制,在办理货运业务的车站按规定的价格出售。运量较大的托运人经发站同意,可以按照承运人规定的格式,自行印制运单。

(4)运单粗线以左各栏和领货凭证由托运人用钢笔、毛笔、圆珠笔或用加盖戳记的方法填写。运单和货票都必须按规定填写正确、齐全,字迹要清楚,使用简化字要符合国家规定,不得使用自造字。

(5)运单内填写各栏有更改时,在更改处,属于托运人填记事项,应由托运人盖章证明;属于承运人记载事项,应由车站加盖站名戳记。承运人对托运人填记事项除本办法第15条规定者外不得更改。

2. 托运人填写部分

(1)"发站"栏和"到站(局)"栏,应分别按《铁路货物运价里程表》规定的站名完整填记,不得简称。到站(局)名,填写到达站主管铁路局名的第一个字,例如:(哈)、(上)、(广)等,但到达北京铁路局的,则填写(京)字。"到站所属省(市)、自治区"栏,填写到站所在地的省(市)、自治区名称。

托运人填写的到站、到达局和到站所属省(市)、自治区名称,三者必须相符。

(2)"托运人名称"和"收货人名称"栏应填写托运单位和收货单位的完整名称,如托运人或收货人为个人时,则应填记托运人或收货人姓名。

(3)"托运人地址"和"收货人地址"栏,应详细填写托运人和收货人所在省、市、自治区城镇街道和门牌号码或乡、村名称。托运人或收货人装有电话时,应记明电话号码。如托运人要求到站于货物到达后用电话通知收货人时,必须将收货人电话号码填写清楚。

(4)"货物名称"栏应按《铁路货物运价规则》附表二"货物运价分类表"或国家产品目录,危险货物则按《危险货物运输规则》附件一"危险货物品名索引表"所列的货物名称完全、正确填写。托运危险货物并应在品名之后用括号注明危险货物编号。"货物运价分类表"或"危险货物品名索引表"内未经列载的货物,应填写生产或贸易上通用的具体名称。但须用《铁路货物运价规则》附件一相应类项的品名加括号注明。

按一批托运的货物,不能逐一将品名在运单内填记时,须另填物品清单一式三份,一份由发站存查,一份随同运输票据递交到站,一份退还托运人。

需要说明货物规格、用途、性质的,在品名之后用括号加以注明。

对危险货物、鲜活货物或使用集装箱运输的货物,除填记货物的完整名称外,并应按货物性质,在运单右上角用红色墨水书写或用加盖红色戳记的方法,注明"爆炸品"、"氧化剂"、"毒害品"、"腐蚀物品"、"易腐货物"、"×吨集装箱"等字样。

(5)"件数"栏,应按货物名称及包装种类,分别记明件数,"合计件数"栏填写该批货物的总件数。

承运人只按重量承运的货物,则在本栏填记"堆"、"散"、"罐"字样。

(6)"包装"栏记明包装种类,如"木箱"、"纸箱"、"麻袋"、"条筐"、"铁桶"、"绳捆"等。按件承运的货物无包装时,填记"无"字。使用集装箱运输的货物或只按重量承运的货物,本栏可以省略不填。

(7)"货物价格"栏应填写该项货物的实际价格,全批货物的实际价格为确定货物保价运输保价金额或货物保险运输保险金额的依据。

(8)"托运人确定重量"栏,应按货物名称及包装种类分别将货物实际重量(包括包装重量)用 kg 记明,"合计重量"栏,填记该批货物的总重量。

(9)"托运人记载事项"栏填记需要由托运人声明的事项,例如:

①货物状态有缺陷,但不致影响货物安全运输,应将其缺陷具体注明。

②需要凭证明文件运输的货物,应将证明文件名称、号码及填发日期注明。

③托运人派押运的货物,注明押运人姓名和证件名称。

④托运易腐货物或"短寿命"放射性货物时,应记明容许运输期限;需要加冰运输的易腐货物,途中不需要加冰时,应记明"途中不需要加冰"。

⑤整车货物应注明要求使用的车种、吨位、是否需要苫盖篷布。整车货物在专用线卸车的,应记明"在××专用线卸车"。

⑥委托承运人代封的货车或集装箱,应标明"委托承运人代封"。

⑦使用自备货车或租用铁路货车在营业线上运输货物时,应记明"××单位自备车"或"××单位租用车"。使用托运人或收货人自备篷布时,应记明"自备篷布×块"。

⑧国外进口危险货物,按原包装托运时,应注明"进口原包装"。

⑨笨重货件或规格相同的零担货物,应注明货件的长、宽、高度,规格不同的零担货物应注明全批货物的体积。

⑩其他按规定需要由托运人在运单内记明的事项。

(10)"托运人盖章或签字"栏,托运人于运单填记完毕,并确认无误后,在此栏盖章或签字。

(11)领货凭证各栏,托运人填写时(包括印章加盖与签字)应与运单相应各栏记载内容保持一致。

(12)货物在承运后,变更到站或收货人时,由处理站根据托运人或收货人提出的"货物变更要求书",代为分别更正"到站(局)"、"收货人"和"收货人地址"栏填记的内容,并加盖站名戳记。

3. 承运人填写部分

(1)发站对托运人提出的运单经检查填写正确、齐全,到站营业办理范围符合规定后,应在"货物指定×月×日搬入"栏内,填写指定搬入日期,零担货物并应填记运输号码,由经办人签字或盖章,交还托运人凭已将货物搬入车站,办理托运手续。

（2）"运到期限××日"栏,填写按规定计算的货物运到期限日数。"货票第××号"栏,根据该批货物所填发的货票号码填写。

（3）运单和领货凭证的"车种、车号"和"货车标重"栏,按整车办理的货物必须填写。运输过程中,货物发生换装时,换装站应将货物运单和货票丁联原记的车种、车号划线抹消(使它仍可辨认),并将换装后的车种、车号填记清楚,并在改正处加盖车站戳记,换装后的货车标记载重量有变动时,并应更正货车标重。

（4）"铁路货车篷布号码"栏,填写该批货物所苫盖的铁路货车篷布号码。使用托运人自备篷布时,应将本栏划×号。"集装箱号码"栏,填写装运该批货物的集装箱的箱号。

（5）"施封号码"栏,填写施封锁上的施封号码。

第23条"承运人/托运人装车"栏,规定由承运人组织装车的,将"托运人"三字划消,规定由托运人组织装车的,将"承运人"三字划消。

（6）"经由"栏,货物运价里程按最短径路计算时,本栏可不填;按绕路经由计算运费时,应填记绕路经由的接算站名或线名。

（7）"运价里程"栏,填写发站至到站间最短径路的里程,但绕路运输时,应填写绕路经由的里程。

（8）"承运人确定重量"栏,货物重量由承运人确定的,应将检斤后的货物重量,按货物名称及包装种类分别用 kg 填记。"合计重量"栏填记该批货物总重量。

（9）"计费重量"栏,整车货物填记货车标记载重量或规定的计费重量;零担货物和集装箱货物,填记按规定处理尾数后的重量或起码重量。

（10）"运价号"栏按"货物运价分类表"规定的各该货物运价号填写。

（11）"运价率"栏,按该批货物确定的运价号和运价里程,从"货物运价率表"中找出该批(项)货物适用的运价率填写。运价率规定有加成或减成时,应记明加成或减成的百分比。

（12）实行核算、制票合并作业的车站,对运单内"经由"、"运价里程"、"计费重量"、"运价号"、"运价率"和"运费"栏,可不填写,而将有关内容直接填记于货票各该栏内。

（13）"承运人记载事项"栏,填记需要由承运人记明的事项,例如:

①货车代用,记明批准的代用命令。

②轻重配装,记明有关计费事项。

③货物运输变更,记明有关变更事项。

④途中装卸的货物,记明计算运费的起讫站名。

⑤需要限速运行的货物和自有动力行驶的机车,记明铁路分局承认命令。

⑥需要由承运人记明的其他事项。

（14）"发站承运日期"和"到站交付日期"栏,分别由发站和到站加盖承运或交付当日的车站日期戳。

（15）货票各联根据货物运单记载的内容填写,金额不得涂改,填写错误时按作废处理。

（16）运单上所附的领货凭证,由发站加盖承运日期戳后,连同货票丙联一并交给托运人。

（17）货票丁联"收货人盖章或签字"栏,由收货人在领取货物时,盖章或签字。

（18）货票丁联"卸货时间"由到站按卸车完毕的日期填写;"到货通知时间"按发出到货催领通知的时间填写。

（三）运单及货票填写样张

运单及货票填写样张如表5-9、表5-10所示。

表 5-9 货物运单填写样张

货物指定于 月 日搬入
货位号

计划号码或运输号码：06y00853541

运到期限 13 日

××铁路局

货 物 运 单

托运人→发站→到站→收货人

货票第 92916 号

承运人/托运人装车
承运人/托运人施封

领货凭证

车种及车号 C₆₂BK4637207

货票第 92916 号

运到期限 13 日

发站	西安西
到站	拉萨西
托运人	张洪喜
收货人	马青云

货物名称	件数	重量
钢管	35	60 000 kg

托运人填写			承运人填写			
发站	西安西	到站(局)	拉萨西(青)	车种车号	C₆₂BK4637207	货车标重 60 t
到站所属省(市)自治区			西藏	施封号码		
托运人 名称	陕西福鑫钢铁贸易有限公司 张洪喜			经由		铁路货车篷布号码
托运人 住址	东元路1号	电话	136×××			
收货人 名称		马青云		运价里程		集装箱号码
收货人 住址	光明路2号	电话	139×××			

货物名称	件数	包装	货物价格	托运人确定重量 (kg)	承运人确定重量 (kg)	计费重量	运价号	运价率	运费
钢管	35	捆	50 000	60 000					
合计									

托运人记载事项	保价,方案号 070705	承运人记载事项	保价金额 5 万元

注:本单不作为收货凭证;托运人签约须知见背面。

托运人盖章或签字 张洪喜
2009 年 6 月 30 日

到站交付日期戳

发站承运日期戳

托运人盖章或签字
张洪喜
发站承运日期戳

注:收货人领货须知见背面

表 5-10 货票填写样张

西安铁路局

货 票

丁联.

计划号码或运输号码：06Y00853541

运输凭证:发站→到站存查

No. B092916

发站	西安西	到站(局)	拉萨西(青)	车种车号	C₆₂BK 4637207	货车标重	60 t	承运人/托运人装车
经由	兰、格	货物运到期限	13	施封号码铁路篷布号码				
运价里程	1 715/1 130/ 886/2 845	集装箱箱型		保价金额	50 000 元	现付金额		

托运人名称及地址	陕西福鑫钢铁贸易有限公司 张洪喜(东元路1号)				费别	金额	费别	金额
收货人名称及地址		马青云(光明路2号)			运费	6 273.20	印花税	7.50
货物品名	品名代码	件数	货物重量	计费重量	运价号	运价率 电化费 637.90	铁路基金	3 395.70
钢管	0530032	35	60 000(kg)	60 t	5	保价费 100.00	措拉段	8 136.00
合计		35	60 000(kg)	60 t				

集装箱号码				
记 事	自装卸,方案号 070705		合计	18 550.30

卸货时间 月 日 时	收货人盖章或签字	到站交付日期戳	发站承运日期戳
催领通知方法			
催领通知时间 月 日 时	领货人身份证件号码		
到站收费收据号码		经办人章	经办人章

任务 2 货物途中作业

货物从发站承运后,在运输过程中所进行的货运作业,称为途中作业。途中作业主要包括货运交接检查、运输合同的变更与解除、途中的换装整理作业。其中货运交接和检查在"货运安全及检查"项目中介绍。

[学习目标] 掌握货物途中作业内容及过程。

[学习要求] 理解货物运输合同变更及运输合同解除的含义及办理规定,会办理货物换装整理作业。

[工作任务] 货物运输合同变更的办理;货物运输合同解除的办理;途中换装整理作业。

[需要工具和设备] 《货规》、《货管规》、《铁路货运事故处理规则》(简称《事规》)、"货物运输变更要求书"、"普通记录"、"货运记录"。

[教学环境] 货运综合演练室,理实一体化教室。

一、理论模块

(一)货物运输合同变更的含义

托运人在货物托运后,由于特殊原因需要变更的,经承运人同意,对承运后的货物可以按批在货物所在的途中站或到站办理变更到站和收货人。

对于下列情况,铁路不办理货物运输合同的变更:

1. 违反国家法律、行政法规、物资流向、运输限制和蜜蜂的变更。

2. 变更后货物运到期限大于容许运输期限。

3. 变更一批货物中的一部分。

4. 第二次变更到站。

(二)货物运输合同的解除

整车货物和大型集装箱在承运后挂运前,零担和 1 t 集装箱在承运后装车前,托运人可向发站提出取消托运,经承运人同意,运输合同即告解除。

二、技术模块

(一)货物运输合同变更和解除合同的程序

托运人要求变更和解除运输合同时,应提出"领货凭证"和"货物运输变更要求书"(如表 5-11 所示),提不出领货凭证时,应提出其他有效证明文件,并在货物运输变更要求书内注明。

货物运输变更由途中站或到站受理,但整车货物变更到站受理站应报主管局同意。车站在处理变更时应在货票记事栏内记明变更的根据,改正运输票据、货签等有关记载事项,并加盖车站日期戳或带有站名的名章。变更到站时,应电知新到站及其主管局收入检查室和发站。办理货物运输变更或取消托运,托运人或收货人应按规定支付费用。

(二)货物换装整理的处理方法

货物的换装整理是指装载货物的车辆在运输过程中,发生可能危及行车安全和货物完整情况时,所进行的更换货车或货物在原车内的整理作业。

1. 换装整理的范围

表 5-11　货物运输变更要求书

受理变更顺序号	第　号

提出变更单位的名称和地址＿＿＿＿＿＿＿＿印章＿＿＿＿＿＿＿＿　　　　年　月　日

变更事项					
原票据记载事项	运单号码	发站	到站	托运人	收货人	办理种别
	车种车号	货物名称	件数	重量		承运日期
	记事					
承运人记载事项					经办人

在运输途中发现货车装载偏重、超载、货物撒漏以及因车辆技术状态不良，经车辆部门扣留，不能继续运行，或根据站车交接检查的规定需换装整理时，由发现站及时换装整理。

2. 换装整理的处理

进行换装时，应选用与原车类型和标记载重相同的货车，并按照货票检查货物现状，如数量不符或状态有异，应编制货运记录。对因换装整理卸下的部分货物，应予以及时补送。

经过换装整理的货车，不论是否摘车，均应编制普通记录，证明换装整理情况和责任单位，并在货票丁联背面记明有关事项。

换装整理的时间不应超过 2 d，如 2 d 内未作业完毕，应由换装站以电报通知到站，以便收货人查询。

换装整理的费用，属于铁路责任时，由铁路内部清算；属于托运人责任的，应由到站向收货人核收。

任务 3　货物到达作业

货物在到站进行的各项货运作业，称为到达作业。到达作业主要包括卸车、到达通知、交付和货物搬出。

[学习目标]　掌握货物到达作业内容及过程。

[学习要求]　理会《货规》中关于卸车、交付、搬出的规定，具有办理货物到达作业的技能。

[工作任务]　重车及票据的交接；卸车作业；到达通知的发出；货物保管期间的计算和保管费的核收；内交付、外交付作业过程；货物的搬出。

[需要工具和设备]　《货规》、《货管规》、施封锁、拆封钳、"货物运单"、"货票"、"领货凭证"、"到货通知单"、交付日期戳、货运杂费收据、"货物交讫"戳

[教学环境]　货运综合演练室，模拟货运车间，理实一体化教室。

一、技术模块

(一)重车到达及票据交接

列车到达后，车站应派人接收重车。交接货车时，应详细进行票据与现车的核对，对现车

的装载状态进行检查,并与司机办理货运票据的交接签证。有运转车长的列车,应与车长办理重车及票据交接。

运转室将到达本站卸车的重车票据登记后,移交货运室。

（二）卸　　车

车站必须认真贯彻"一卸、二排、三装"的运输组织原则,认真作好卸车工作。

1. 卸车前检查

为使卸车作业顺利进行,防止误卸并确认货物在运输过程中的完整状态,便于划分责任,监卸货运员应根据货调下达的卸车计划,在卸车前认真作好以下三方面的检查:

（1）检查货位。检查货位能否容纳下待卸的货物,货位的清洁状态,相邻货位上的货物与卸下货物性质有无抵触。

（2）检查运输票据。检查票据记载的到站与货物实际到站是否相符,了解待卸货物的情况。

（3）检查现车。检查车辆状态是否良好;货物装载状态有无异状;施封是否良好;现车与运输票据是否相符。

2. 监卸工作

作业开始之前,监卸货运员应向卸车工组详细传达卸车要求和注意事项。卸车时,货运员应对施封的货车亲自拆封,并会同装卸工一起开启车门或取下苦盖篷布,要逐批核对货物、清点件数,应合理使用货位、按标准进行码放,对于事故货物则应编制货运记录。

3. 卸车后检查

（1）检查运输票据。检查货票丁联上的卸车日期和堆放货位是否填写。

（2）检查货物。检查货物件数与运单是否相符,堆码是否符合要求;卸后货物安全距离是否符合规定。

（3）检查卸后空车。检查车内货物是否卸净,货车是否清扫干净;车门、窗、端侧板是否关闭严密;货车表示牌是否撤除。

此外,还需清理好线路,将篷布按规定折叠整齐,送到指定地点存放。托运人自备的货车装备物品和加固材料,应妥善保管。

卸下的货物应登入"卸货簿"（或集装箱到发登记簿）或卸货卡片内,并将卸完的时间通知货运室记入货票丁联左下角有关栏内,并报告货调,以便取车。

4. 货车的清扫、洗刷和除污

货车卸空后,负责卸车单位应将货车清扫干净,关闭好车门、车窗、端侧板、盖、阀。

下列货车除清扫干净外,还要进行洗刷、除污,如由铁路进行的洗刷除污,应向收货人核收费用。

（1）装过活动物、鲜鱼介的车辆,以及受易腐货物污染的冷藏车。

（2）《危规》规定必须洗刷除污的货车。如装过剧毒品的货车、受到危险货物污染的货车、有刺激性异臭味的货车。

（3）装过污秽品的货车。

若收货人有洗刷、消毒设备时,也可由收货人自行洗刷、消毒。

收货人组织卸车的货车,未进行清扫或清扫不干净时,车站应通知收货人补扫。如收货人未补扫或仍未清扫干净,车站应以收货人的责任组织人力代行补扫,并向收货人核收货车清扫费和延期使用费。

（三）货物到达通知

货物到达后，承运人应及时向收货人发出催领通知，这是承运人履行运输合同应尽的义务，同时也是为了货物尽快搬出货场，以腾空货位，提高场库使用效率，加速货物流转。

发出催领通知的时间，由铁路组织卸车的货物，应不迟于卸车完了的次日。通知的方式可采用电话、明信片等，也可与收货人商定其他通知方式。

（四）到达货物保管

对到达的货物，收货人有义务及时将货物搬出，铁路也有义务提供一定的免费保管期间。免费保管期间规定为：由承运人组织卸车的货物应于承运人发生催领通知的次日起算，不能实行催领通知或会同收货人卸车的从卸车次日起算，2 d 内将货物搬出，不收取保管费。超过此期限未将货物搬出，对超过的按天核收货物暂存费。

（五）内 交 付

交付工作包括票据交付和现货交付两部分，其中内交付工作也称为票据交付，是由内勤交付货运员完成的。

内交付的凭证是发站承运时交给托运人的"领货凭证"，经与货物运单的骑缝章及内容核对后，由收货人在货票丁联上盖章或签字，收清卸车费、保管费等到达作业费用，在货物运单和货票上加盖交付日期戳，将货物运单交还给收货人。

收货人为个人的，还需本人身份证；收货人为单位的，还需有该单位出具所领货物和领货人姓名的证明文件及领货人本人身份证。不能提出领货凭证的，可凭车站同意的有经济担保能力的企业出具担保书取货。

收货人以证明文件领取货物时，必须注明货物的发站、托运人、收货人、货票号码、品名、件数和重量，并且与运输票据的记载完全相符，否则，不予交付。证明文件上还应注明领货人身份证号码。

（六）外 交 付

收货人凭货物运单向外勤交付货运员要求点交货物，交付货运员在货物运单上加盖"货物交讫"戳记，并记明交付完毕的时间。

由承运人组织卸车或发站由承运人组织装车到站由收货人组织卸车的货物，在向收货人点交货物或办理交接手续后，即为交付完毕；发站由托运人组织装车，到站由收货人组织卸车的货物，在货车交接地点交接完毕，即为交付完毕。

货物运输合同的履行是从承运开始至货物交付完毕时止。因此交付完毕意味着铁路履行运输合同就此终止，铁路负责运输就此结束。

（七）货物搬出

收货人持有加盖"货物交讫"的运单将货物搬出货场，门卫对搬出的货物应认真检查品名、件数、交付日期与运单记载是否相符，经确认无误后放行。

二、实习训练模块

在铁路货场进行货车和集装箱的施封与拆封作业。

在现场货运员的指导下，分别进行装好的货车及集装箱的施封、到达卸车的货车、到达掏箱的集装箱的拆封作业。应注意以下问题：

1. 应施封运送的货车、集装箱，均须采用施封锁施封（1 t 箱也可使用施封环），罐车和国际联运过轨货车另有规定者除外。

2. 施封锁分 FS 型(直形)和 FSP 型(环形)两种。

FS 型施封锁由锁头、锁芯、锁套三部分组成,锁头和锁芯用钢丝绳相连,锁闭后呈直杆状,用于各型集装箱的施封。

FSP 型施封锁由锁芯、锁套两部分组成,锁芯和锁套用钢丝绳相连,锁闭时将锁芯垂直向锁套锁孔插入,锁闭后呈环状,用于棚车、冷藏车的施封。

各型施封锁锁套平面上均以钢印方式打印"封印号码、站名、加括号的局名简称(托运人自备的施封锁用托运人编号或专用线编号代替)",锁套外断面上打印制造厂标记。封印号码,每站或每组 6 位数码循环使用。

3. 施封的货车应使用粗铁线将两侧车门上部门扣和门鼻拧固并剪断燕尾,在每一车门下部门扣处施施封锁一枚。施封后须对施封锁的锁闭状态进行检查,确认落锁有效,车门不能拉开。在货物运单或者货车装载清单和货运票据封套上记明 F 及施封号码(如 F146355、F146356)。

4. 发现施封锁有下列情形之一,即按失效处理:

(1)钢丝绳的任何一端可以自由拔出,锁芯可以从锁套中自由拔出。

(2)钢丝绳断开后再接,重新使用。

(3)锁套上无站名、号码和站名或号码不清、被破坏。

5. 卸车单位在拆封前,应根据货物运单、货车装载清单或货运票据封套上记载的施封号码与施封锁号码核对,并检查施封是否有效。拆封时,从钢丝绳处剪断,不得损坏站名、号码。拆下的施封锁,对编有记录涉及货运事故的,自卸车之日起,须保留 180 d 备查。

6. 车站应建立施封锁的领取、发放、使用和销毁制度,按封印号码进行登记,责任落实到个人。

7. 施封锁样式图。

任务 4　货场布置及管理

货场是铁路车站办理货物承运、保管、装卸和交付作业的场所。

[学习目标]　掌握货场设备及布置要求。

[学习要求]　理会货场设备的作用及布置要求;了解货场作业区划分及管理方法;会安排货位的使用形式;会计算货位周转时间。

[工作任务]　货场装卸线、仓库、雨棚、站台、堆放场的布置;货场作业区的划分;货位的使用;货位周转时间的统计。

[需要工具和设备]　货场配置图、货位管理示意图、货场管理信息系统软件、整车到达货物货位使用情况统计表。

[教学环境]　货运综合演练室,模拟货场,理实一体化教室。

一、技术模块

(一)货场主要货运设备的布置要求

1. 装卸线

也称货物线,指装卸货物用的线路。

装卸线一般以货场的一侧为基准向外顺序编号,如货 1、货 2;如果划分货区的货场,可按货区作业性质顺序编号,如整1、整2,集1、集2等。

2. 仓库

仓库是为存放怕受自然条件影响的货物、危险货物和贵重货物而修建在普通站台上的封闭式建筑物。

仓库一般设计成库外布置装卸线路。但在雨雪多、风沙大、气候严寒的地区,作业量大时,也可设计为跨线仓库,其优点是货车在库内作业,不仅改善了装卸工人的劳动条件,并可保证雨雪天不中断作业,避免货物遭受湿损。

仓库按顺序以数字编号,如1号库、2号库。也可冠以用途按顺序编号,如到达1号库、到达2号库;或危1号库、危2号库等。

3. 雨棚

雨棚是为避免货物受自然条件影响而修建在普通站台上的带有顶棚的建筑物。雨棚主要用于存放怕湿、怕晒货物。在多雨雪地区,作业量大的货场可采用跨线雨棚。

雨棚的编号方法与仓库相同。

4. 雨搭

雨搭是仓库、雨棚的辅助防雨设备。为避免货物在装卸和搬运作业时遭受湿损,雨搭一般应伸至站台边缘。多雨且作业繁忙的货场,装卸线一侧雨搭可伸至线路中心线以远;搬运站台一侧的雨搭一般应伸出站台边缘3 m。

5. 货物站台

货物站台的主要作用是便于棚车及敞车的装卸车作业,还可用以存放不受自然条件影响的货物。货物站台按其结构及高度可分为普通站台和高站台两种。

(1)普通站台

普通货物站台是指站台面距轨面高度1.1 m的站台。

普通货物站台按其与装卸线的配置形式可分为侧式站台和尽端式站台。

尽端式站台是用来装卸能自行移动的带轮子货物,如汽车、坦克、拖拉机等。

尽端式站台可以单独设置,也可以与普通货物站台合并设置。

(2)高站台

凡站台面距轨面的高度大于1.1 m的站台,称为高站台。高站台分平顶式、滑坡式和跨线漏斗式三种,可方便装车作业。

站台一般以其邻近的装卸线命名,如货1线站台、整2线站台等。当一条货物线上有两座以上站台时,应按线路号顺序编排,如货5一号站台、货5二号站台等。

6. 堆放场

堆放场是用来装卸并存放煤炭、砂石、木材等散堆装货物、长大笨重货物的场所。按其与装卸线的水平位置分为平货位和低货位两种。

(1)平货位堆放场

即一般常见的堆放场。地面用块石、沥青或混凝土筑成,地面与路基相平。

(2)低货位堆放场

货物堆放场的地面低于线路路肩的,称为低货位堆放场,即低货位。低货位利于散堆装货物的卸车作业。利用低货位卸车,可以减轻劳动强度,提高劳动效率。

(二)货场作业区划分与管理方法

1. 货场作业区的划分

货场作业区的划分可以合理运用货场设备,保证货物安全,便利取送车和搬运作业,促进货区、仓库、线路的专业化,使职工熟悉业务加强责任心,提高工作质量,加快货物运输和车辆周转。

货运量较大的大、中型货场,根据装卸线路的分布、装卸机械的配备、货物运输种类、作业性质、货物品类等情况,把货场划分为若干作业区。如按货物运输种类分为整车、零担、集装箱作业区;按办理种别分发送、到达作业区;按货物品类分为成件包装货物、散堆装货物、粗杂品、笨重货物、危险货物、鲜活货物作业区。也有按东、南、西、北、中分区的。货场作业区划分时,还应考虑下列因素:

(1)货物性质。不同性质的货物对设备要求不同,成件包装货物一般属贵重、怕湿货物,应存放在仓库和雨棚内。堆装货物属不贵重、不怕湿货物,堆货场存放即可。笨重货物和集装箱货物,需用起重机械装卸,可集中在一个作业区,可共用装卸机械,提高起重设备的运用效率。活动物需上水,应集中在有上水设备的线路上。

(2)货物流向。在有几个方向的枢纽站及车站有 2 个以上货场时,可按方向划分货场作业区。

(3)减少取送车次数和有利于双重作业。

(4)有利于货物进出和搬运作业,对大宗货物和笨重货物应固定在道路平坦和搬运距离较近的地方,同时要考虑与取送车作业不相干扰。

2. 货场作业区和装卸线的固定

固定货场作业区和装卸线的使用范围,可方便货场作业,有以下优点:

(1)作业地点固定,任务明确,互不干扰。

(2)工作专业化,便于提高作业效率。

(3)便于固定装卸机械的使用。

(4)便于实施计划管理和贯彻岗位责任制。

(三)货位及使用方法

货位是场库在装车前和卸车后暂时存放一辆货车装载的货物(整车、大型集装箱)或集结一个到站或方向的货物(零担、小型集装箱)所需要的面积。

1. 货位划分和标记

货位的划分是根据货场的具体条件因地制宜地划分。整车货位原则上要求能容纳一车的货物,面积为 $80\sim100~\text{m}^2$,宽度为 $6\sim8~\text{m}$ 为一个货位。零担货物则以集结一个去向或一个到站的货物为一个货位。集装箱以能够容纳 4 个 10 t 箱作为一个货位。

整车及集装箱货物货位的标记一律采用号码制,即分别仓库、站台和堆货场按照顺序编号;发送零担货物按去向、到站进行标记,也有去向、号码同时采用的;到达零担货物采用号码制。货位标记应标在货位明显处,使工作人员容易看到。标记的方法可用油漆写在墙壁上,也可以用木牌或金属牌悬挂在铁丝上或钉在枕木头上。

2. 货位的使用和掌握

(1)货位的使用形式

货位的布局与线路的配列形式,通常有平行式和垂直式两种。平行式的配列,即货位长的一边与线路平行,一般在堆货场中划分货位时采用;垂直式的配列,即货位长的一边与线路垂直,短的一边与线路平行,一辆车长内可有几个货位,一般适用于仓库、雨棚、站台划分货位时采用。

在同一条线路上,装车和卸车货位的使用要有利于卸后车辆的利用,提高双重作业比重;有利于人身、货物、设备安全,便于装卸作业和取送车作业;有利于提高调车作业效率,按方案组织成组挂线装车。其使用形式有以下几种:

①一线两侧装卸货位(如图5-6所示),线路一侧为装车货位,另一侧为卸车货位。其优点是一批作业车数多,便于双重作业,进出货不干扰。适用于运量大且发、到量大致相当的车站。

②一线装卸间隔货位(如图5-7所示),在一条装卸线上,装车与卸车货位间隔固定。其优点是便于双重作业,卸后利用时车辆移动距离短,可使用手推调车。缺点是调送车辆需拉开空档。进出货相互干扰。适用运量小、线路一侧有货位且无调车机的车站。

③一线装卸混合货位(如图5-8所示),在一条线上,一半为装车货位,一半卸车货位。优点是卸后利用时调车行程短,可采用手推调车。缺点是一次送入作业车数少,不适合大组车作业。适用于一批作业车不多又无调车机的车站。

④一侧装卸平列货位(如图5-9所示),在线路的一侧外面是装车货位,里面是卸货车位。优点是一次作业车数多,卸后无需调动车辆就可直接装车。缺点是装车搬运距离长,进出货相互干扰。适用于受地形限制、线路不多、一侧地面宽度较大的山区站。

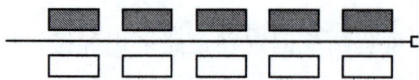

图 5-6　一线两侧装卸货位

图 5-7　一线装卸间隔货位

图 5-8　一线装卸混合货位

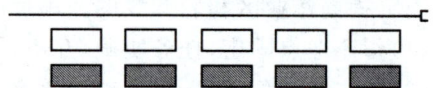

图 5-9　一侧装卸平列货位

(2)货位的掌握方法

货位的占用情况,由车站货调或货运值班员掌握。掌握的方法是在办公室内悬挂货场货位示意图,在图上用挂表示牌的方法显示货位占用情况。如挂红表示牌表示发送货物占用,挂白表示牌表示到达货物占用,不挂表示牌表示货位空闲。准确地掌握货位的占用情况,才能正确指挥货场进出货、装卸车和取送车作业。目前采用货场管理信息系统中的货位子系统对货位进行管理。

二、实习训练模块

货位占用周转时间的统计计算

货位占用周转时间是指货位第一次被占用时起,到该次被占用完了(即货位完全腾空)时止的一段时间。它是衡量货位利用效率的主要指标,货位占用周转时间短,表示货位周转的快,运用效率高。

货位占用周转时间($T_\text{货}$)的计算有以下两种方法:

(一)累积计算法

以一定时期内发送及到达货物占用货位的总时间(按货位分别统计,单位为小时)除以该时期的装车与出货车数之和。

$$T_\text{货} = \frac{T_\text{发} + T_\text{到}}{V_\text{装} + V_\text{出}} \times \frac{1}{24} \qquad \text{(d)}$$

式中　$T_发$——一定时期内发送货物占货位总时间，h；

　　　$T_到$——一定时期内到达货物占用货位总时间，h；

　　　$V_装$——一定时期内的装车数；

　　　$V_出$——一定时期内的出货车数。

这种方法准确，但须对货位的占用情况进行细致的统计，使用上不方便，一般不采取，只是在查标时采用。

（二）近似计算法

不按货位分别统计，每天只在 6:00 和 18:00 分别统计一次重货位数。其计算方法：

$$T_货 = \frac{6:00\ 重货位数 + 18:00\ 重货位数}{2 \times (V_装 + V_出)}$$

式中　$V_装$——当日装车数；

　　　$V_出$——当日搬出车数。

发送货位的货位占用周转时间可以通过进货时间加以控制，因此，在车站日常统计工作中，只统计整车到达货物货位占用周转时间，发送货物货位占用周转时间不统计。整车到达货物货位周转时间可按下式计算：

$$到达整车货物平均占用货位时间 = \frac{6:00\ 到达货物占用货位数 + 18:00\ 到达货物占用货位数}{2 \times 当日货物搬出车数}$$

（三）实训题目

1. 某站货场 2009 年 6 月下旬整车到达货位使用情况如下（如表 5-12 所示），计算该货场 6 月下旬的整车到达货位占用周转时间。

表 5-12　6 月下旬整车到达货位使用情况统计

日　期	重货位数统计		当日装车数	当日搬出车数
	6:00	18:00		
21	15	17	5	5
22	18	12	7	8
23	20	16	6	8
24	17	15	6	6
25	15	15	7	6
26	21	14	9	10
27	20	13	7	10
28	15	15	7	7
29	22	12	7	9
30	16	11	11	9

【解】　$T_{货占} = \dfrac{(15+18+20+\cdots+16) + (17+12+16+\cdots 11)}{2 \times (10+15+14+\cdots 20)}$

　　　　　　$= 1.06(d)$

2. 选择某货运站货场，对其整车到达货位周转时间进行连续统计和分析，提出缩短货位周转时间的措施。

任务 5　铁路货运计划

[学习目标]　掌握货运计划的作用及编制。

[学习要求]　理解货运计划的含义,熟悉货运计划的编制过程。

[工作任务]　订单提报,订单的受理与核实;订单的审定;货运计划的编制。

[需要工具和设备]　"铁路货物运输服务订单(整车)"、铁道部下达的货运任务和运输生产指标、货运计划系统软件。

[教学环境]　货运综合演练室,理实一体化教室。

一、理论模块

货运计划的含义

铁路货物运输计划(简称货运计划)是对铁路货物运输的具体组织和安排,是铁路为企业及货主服务的重要环节,是编制技术计划和其他运输生产计划的依据,是铁路日常运输组织工作的重要组成部分,也是实现运输效益最大化和社会效益最大化的重要途径。

货运计划按其编制期限可分为长运计划(5 年或 10 年)、年度计划和月度计划,此处主要介绍整车货物的月度计划。

月度货物运输计划是有托运人以整车货物运输服务订单的形式提出的,经过承运人的受理和审批,编制成货运计划,并以此掌握装车信息,充分发挥运输工具的效能,正确安排各种货物的运量,确保重点物资运输完成运输生产任务,实现铁路生产经营目标,最大限度地满足国民经济发展的需要。

二、技术模块

铁路货运计划的编制

(一)订单的提报

办理整车货物(包括以整车形式运输的集装箱)运输手续时,托运人应填写整车货物运输服务订单(简称订单)一式两份提报发站。大客户也可通过网络直接向铁路局提报。

(二)订单的受理与核实

车站货运计划员应随时受理并认真核实订单。核实内容主要包括车站办理营业限制,托运人全称与印章是否一致,应填写的特征代码是否正确、齐全,车种、品名是否相符,货物品名是否规范,车数与重量、体积是否匹配,托运的货物是否违反政令限制,货源是否与提报订单的车数相符,填写内容是否齐全等。对托运人虚报、错报的,车站不予受理。

(三)订单的审定

货运计划部门根据托运人的需求和铁路运输能力,对原提订单进行审定。凡经铁路运输的整车和以整车形式运输的集装箱必须经过订单审定,具有批准的计划号,否则视为无计划装车。

1. 订单审定方式分为集中审定、随时审定、立即审定和自动审定。

2. 审定权限为铁道部、铁路局两级。

(四)货运计划编制

货运计划分月编计划(集中审定订单)和日常计划(随时审定订单、立即审定订单和自动审定订单)相结合的审批办法。

1. 月编计划的编制

编制月度货运计划之前,车站、车务段要做好货源摸底核实工作,掌握吸引区内货源、生产、销售情况,在充分进行货源核实的基础上,整理提报托运人的原提运量。大客户的月度计划和日常补充计划通过铁路大客户计算机网络管理系统直接向铁路局提报,铁路局要优先受理。

(1)每月 19 日前,铁路局向铁道部上报次月集中审定原提订单。

(2)每月 19 日前,铁道部向铁路局下达重点物资运输计划和计划编制注意事项。

(3)每月 20 日 12:00 前,铁路局向铁道部提出次月日均装车、主要品类装车和到局别使用车建议数。

(4)每月 21 日 17:00 前(逢星期六提前一天,星期日顺延一天,特殊情况另行通知),铁道部向铁路局下达次月货运计划指标,主要包括日均装车数、主要品类装车数、限制区段装车数和到局别使用车数。同时下发国际联运、水陆联运和到港货物订单的审定结果。

(5)铁路局根据上级下达的指标和内容,结合运输实际,集中审定次月订单。

(6)每月 25 日前,铁路局向铁道部上报次月订单审定结果。对集中审定以外的订单,应根据预留运量和运输实际情况以及客户需求,进行随时受理和审定。

2. 日常计划的编制

日常计划是月编计划的补充,根据运输需求及货源变化等情况,在日常计划中对订单采用随时审定的方式审定。大客户的月度计划和日常补充计划通过铁路大客户计算机网络管理系统直接向铁路局提报,铁路局要随时受理。

三、实习训练模块

到车站及铁路局参与一次货运计划的提报、审定和编制的过程。

1. 月初,跟随车站货运计划员受理、核实订单,参与铁路局货运计划人员对各站原提订单的集中审定。

2. 19 日,参与铁路局向铁道部上报已审定的订单。

3. 21 日,参与铁路局根据铁道部下达的货运计划指标,再次审定次月订单。

4. 25 日,参与铁路局再次向铁道部上报审定的次月订单。

任务6　集装箱货物运输组织

[学习目标]　掌握集装箱运输组织。

[学习要求]　会办理集装箱的发送及到达作业。

[工作任务]　集装箱办理站的查找;适箱货物的确定;集装箱托运与受理;空箱拨配;装箱与施封作业;集装箱的验收;集装箱的承运;集装箱的装卸车作业;集装箱的交付。

[需要工具和设备]　《货规》、《货管规》、《集规》、集装箱、集装箱装卸机械、集装箱专用平车、"集装箱货物运单"、"铁路集装箱出站单"、施封锁、拆封钳。

[教学环境]　货运综合演练室,理实一体化教室或现场教学。

一、理论模块

(一)集装箱办理站

集装箱必须在规定的集装箱办理站间运输。

铁路集装箱办理站应有稳定的货源、集装箱硬化场地、与办理集装箱吨位相配套的装卸机械和办理集装箱业务素质的工作人员。铁路局对具备集装箱办理条件的车站进行审查,报铁道部批准,并在《铁路货物运价里程表》中公布站名及办理的箱型。集装箱只能在办理该箱型的集装箱办理站间运输。

集装箱可在专用线办理运输,办理站的专用线应经过铁路局批准,非办理站的专用线应经过铁道部批准。集装箱在未公布的车站或专用线临时到发时,应经过铁路局批准。跨局运输时,应通知对方铁路局,并报铁道部备案。

(二)适箱货物

《集装箱适箱货物品名表》中规定的品名共有 13 个品类、175 个品名的货物为适箱货物,在发站有运用空箱时,适箱货物必须采用集装箱运输。

(1)交电类,如机动车零配件、空调机、洗衣机、电视机等。

(2)仪器仪表类,如自动化仪表、教学仪器、显微镜、实验仪器等。

(3)小型机械类,如千斤顶、医疗器械、电影机械、复印机、照相机及照相器材等。

(4)玻璃陶瓷建材类,如玻璃仪器、玻璃器皿、日用陶器、石棉布、瓷砖等。

(5)工艺品类,如刺绣工艺品、手工织染工艺品、地毯、展览品等。

(6)文教体育用品类,如纸张、书籍、报纸、音像制品、体育用品等。

(7)医药类,如西医药、中成药、中药材、生物制品、其他医药品等。

(8)烟酒食品类,如卷烟、烟草加工品、酒、罐头、方便食品、乳制品等。

(9)日用品类,如化妆品、牙膏、香皂、日用塑料制品、其他日用百货等。

(10)化工类,如化学试剂、食品添加剂、合成橡胶、塑料编织袋等。

(11)针纺织品类,如棉布、混纺布、花织布、棉毛衫裤等针织品、服装、毛皮等。

(12)小五金类,如锁、拉手、水暖零件、理发用具、金属切削工具、焊条等。

(13)其他适合集装箱装运的货物。

下列货物不能使用铁路通用集装箱装运:

(1)易于污染和腐蚀箱体的货物,如水泥、炭黑、化肥、盐、油脂、生毛皮、牲骨、没有衬垫的油漆等。

(2)易于损坏箱体的货物,如生铁块、废钢铁、无包装的铸件和金属块等。

(3)鲜活货物(经铁路局确定,在一定季节和一定区域内不易腐烂的货物除外)。

(4)危险货物(另有规定的除外)。

(三)集装箱按一批办理的条件

每批必须是同一箱型、同一箱主(铁路、企业自备)、同一箱态(重、空),至少 1 箱,最多不得超过铁路一辆货车所能装运的箱数,且集装箱总重之和不得超过货车的容许载重量。

使用托运人提供的回空自备集装箱装运货物,按铁路集装箱办理。

(四)集装箱总重的限制

集装箱装运货物的重量由托运人确定,但托运的集装箱每箱总重不得超过该集装箱的标记总重。在对集装箱总重有限制规定的办理站间运输时,不得超过限制的总重。

集装箱内单件货物的重量超过 100 kg 时,应在货物运单"托运人记载事项"栏内注明。

对标记总重超过 24 t 的 20 ft 通用集装箱,在 40 ft 集装箱办理站间运输,最大总重可达到 30 t;在有"★"限制的 20 ft 集装箱办理站发到的,最大总重仍为 18.5 t;其他 20 ft 集装箱办理站,最大总重仍为 24 t。

对违反规定装载的,按规定补收运费、核收违约金。

二、技术模块

(一)集装箱托运与受理

托运人托运集装箱应按批填写集装箱货物运单一式两份,如表 5-13 所示。第一联为货物运单,第二联为提货单(领货凭证)。

表 5-13　集装箱货物运单

货物指定于　　月　　日搬入　　中铁集装箱运输有限责任公司　　　　　　　　　承运人/托运人装车
货位:　　　　　　　　　　　　　　　　　　　**集装箱货物运单**　　　　　　　　　货票号码:
运到期限　　日　　　　　　　　托运人→发站→到站→收货人

发站		到站(局)		车种车号		货车标重	
到站所属省(市)自治区					国内运输□　海铁联运□		
发货地点		交货地点			班列运输□		
托运人	名称		电话	运输方式	站到站□　　站到门□		
	地址	邮编	E-mail		门到站□　　门到门□		
收货人	名称		电话				
	地址	邮编	E-mail				
货物品名	集装箱箱型	集装箱箱类	集装箱数量	集装箱号码	施封号码	托运人确定重量(千克)	承运人确定重量(千克)	运输费用
合计								
托运人记载事项:		添附文件:		货物价格:		承运人记载事项:		

注:本运单不作为收款凭证,　　　　托运人盖章签字　　　　　承运　　　　　　　　交付
　　"托运人、收货人须知"见背面。　　　　　　　　　　　　日期戳　　　　　　　日期戳
规格:A4 标准。　　　　　　　　　年　　月　　日

运单中的"发货地点"和"交货地点"栏,托运人选择站到站运输方式时不填写,如选择门到站、站到门、门到门的运输方式,则应填写详细的发货地址和交货地址。

在运单上要注明要求使用的集装箱吨位,使用自备箱或要求在专用线卸车的,在"托运人记载事项"栏内记明"使用×吨自备箱"或"在××专用线卸车"。

承运人对托运人填写的运单进行审核后,在运单和领货凭证上加盖"×吨集装箱"戳记。

(二)空箱拨配

托运人使用铁路集装箱装运货物时,由货运员指定拨配箱体良好的集装箱。托运人在使用前必须检查箱体状态,发现箱体状态不良时,应要求车站货运员更换。

(三)装箱与施封

货物的装箱由托运人完成,箱内货物的数量和质量由托运人负责。装箱要求装载均匀,充分利用箱内容积,不得损坏集装箱。

集装箱在装箱后应由托运人进行施封,并由托运人在运单上逐箱填记集装箱箱号(自备集装箱应有箱主代号)和施封号码。填记的施封号码应与该箱箱号相对应;已填写的施封号码不

得随意更改,必须更改时,托运人须在更改处盖章。

托运人应在箱门把手上拴挂一个货签,1 t 箱还在箱顶吊环处加挂一个。货签上不填货物名称。拴挂前应清除残留的货签,以免造成作业错误。为了保证箱体的运用寿命,禁止使用不干胶货签。

（四）验　　收

托运人将装好的重箱交给车站,货运员应逐箱进行检查。

（1）箱体状态是否良好。如果发现在装箱过程中有破坏箱体的情况,要求托运人赔偿;如箱体不良可能危及货物安全的,应更换集装箱。

（2）箱门是否关好,锁舌是否落槽,把手是否全部入座。锁舌不入槽,箱门是假关闭;把手不入座,装卸时极易损坏集装箱。

（3）施封是否有效。

（4）核对运单上填记的箱号和施封号码与集装箱上的是否对应、一致。

（5）对有称重及检测条件的办理站,承运人必须逐箱复查发送的集装箱货物的品名和重量,超重时,托运人应对集装箱减载后运输,并按规定交纳违约金。

（6）对没有检测设备的车站,承运人需对集装箱货物品名、数量、装载状况等进行开箱检查时,在发站应通知托运人到场,在到站应通知收货人到场,无法约见托运人和收货人时,应会同驻站公安检查,并做好记录。

验收后的重箱应送入货区指定箱位,并在货物运单上填写箱位号、验收日期并签章。

（五）承　　运

接收重箱后,货区货运员将货物运单和相关费用的票据交给核算货运员,核算货运员按规定制票并核收运费后,在货物运单上加盖车站承运日期戳,并将运单第二页的领货凭证交给托运人。

（六）装卸车作业

1. 装载加固基本要求

使用铁路货车装运集装箱时,应合理装载,防止超载、集重、偏载、偏重、撞砸箱体。

集装箱装车时,应核对箱号,检查箱体外状和施封情况。专用集装箱和特种集装箱还要检查外部配件。

使用集装箱专用车和两用车时,装车前须确认锁头齐全、状态良好;装车后要确认锁头完全入位,门挡立起。

使用普通平车装运集装箱时,应按规定进行加固。

使用敞车装运重箱时,应采取措施,防止偏载。

2. 装载技术要求

1 t 集装箱仅限使用棚车装运,近车门处最外层集装箱应箱门朝里码放,防止运行中倒塌,保证到站从两侧门卸车。1 t 集装箱可与普零货物混装一车。

端部有门的 20 ft 集装箱使用平车装运时,箱门应朝向相邻集装箱。空集装箱运输时,须关紧箱门并用 10 号镀锌铁线拧固。

3. 搬运和堆码要求

集装箱装卸和搬运时应稳起轻放,防止冲撞。20 ft 以上集装箱应使用集装箱专用吊具装卸。装卸部门码放集装箱时,必须关闭箱门,码放整齐,箱门朝向一致;多层码放时,要角件对齐,不得超过限制堆码层数。

4. 装车后票据、封套的填写

集装箱装车时,应填制"集装箱货车装载清单",记明箱号和对应的施封号。在货运票据封套右上角加盖箱型戳记并填记箱号(1 t 箱除外),在"货物实际重量"栏内填记箱数和全车集装箱总重。

5. 集装箱卸车

卸车时应核对箱号,检查箱体外状和施封情况。卸车完了,监卸货运员应凭票核对箱号、箱数、施封等项目,在货运票据上注明箱位,登记"集装箱到发登记簿",向内勤货运员办理运输票据的交接,向货调报告卸车完了时间。

(七)交　付

收货人凭领货凭证到车站领取集装箱。内交付货运员应认真审查领货凭证及相关证明文件,确认正当的收货人后,收清相关费用,将货物运单交给收货人。收货人持运单到货区领取集装箱,货区货运员将集装箱点交给收货人后,认真填写集装箱出站单,并在货物运单上加盖"交讫"戳记,收货人凭加盖"交讫"戳记的运单和集装箱出站单将集装箱搬出货场。

到达的集装箱,应于承运人发出催领通知的次日起算,2 d 内领取集装箱货物,并于领取的当日内将箱内货物掏完或将集装箱搬出。

集装箱门到门运输重去空回或空去重回时,应于领取的次日送回;重去重回时应于领取的3 d 内送回。

铁路集装箱超过免费暂存期限和使用铁路箱超过规定期限,核收货物暂存费和集装箱延期使用费。

集装箱的掏箱由收货人负责。铁路箱掏空后,收货人应清扫干净,将箱门关好,撤除货签及其他标记,有污染的须除污洗刷。车站对交回的铁路空箱应进行检查,发现未清扫或未洗刷的,应由收货人清扫或洗刷干净后再接收,或以收货人责任委托清扫人员清扫洗刷。

三、案例模块

(一)集装箱运输主要指标计算

集装箱运输的主要指标分为数量指标和质量指标。

数量指标包括:集装箱发送箱(TEU);集装箱发送吨;集装箱运输收入;国际集装箱发送箱(TEU)。

质量指标包括:集装箱在站平均停留时间(d)、集装箱保有量(TEU)、集装箱周转时间(d)。

1. 铁路集装箱在站平均停留时间计算

集装箱在站的停留时间是指集装箱在到站卸车完了时起至重新装车时止的全部停留时间(d),但不包括其中的转入非运用的停留时间。集装箱在站的平均停留时间只对铁路集装箱统计,并填写"集装箱停留时间统计簿"。

$$平均停时 = \frac{总停时}{(发出总箱数 + 发出运用空箱数) \times 24} \quad (d)$$

2. 铁路集装箱保有量

$$铁路集装箱保有量 = 铁路箱日均发送箱数 \times 平均停时$$

在日常集装箱运输组织工作中,要注意这些主要指标的变化,发现问题要及时找出原因,有针对性地提出解决问题的措施,保证和改进集装箱运输工作。

（二）案　　例

【案例 5-5】　甲站某月 20 ft 铁路集装箱总停时为 67 243 h,发送铁路箱 1 609 个,排空铁路箱 30 个。试计算其平均停时和集装箱保有量。

【解】　甲站该月发送总箱数为 1 609 个 TEU,排空总箱数为 30 个 TEU。

$$平均停时 = \frac{67\ 243}{(1\ 609 + 30) \times 24} \approx 1.71(d)$$

$$铁路集装箱保有量 = \frac{1\ 609}{30} \times 1.71 = 91.7 \approx 92(TEU)$$

四、实习训练模块

实习任务:集装箱交接

（一）交接地点和方法

（1）在车站货场装卸车的交接

重箱凭箱号、封印和箱体外状,空箱凭箱号和箱体外状交接。箱体没有发生危及货物安全的变形或损坏,箱号、施封号码与货物运单记载一致,施封有效时,箱内货物由托运人负责。

（2）在专用线(专用铁路)装卸车的交接

由车站与托运人或收货人商定交接地点与办法。

（二）交接凭证

集装箱进出站交接凭证为"铁路箱出站单"。

从车站搬出铁路箱时,车站根据运单填写"铁路箱出站单"作为出站和箱体状况交接的凭证。

（三）交接问题的处理

发站在接收集装箱时,发现箱号或封印内容与运单记载不符或未按规定关闭箱门、拧固、施封的,应由托运人改善后接收。箱体损坏危及货物运输安全的不得接收。

收货人在接收集装箱时,应按运单核对箱号,检查施封状态、封印内容和箱体外状。发现不符或有异状时,应在接收当时向车站提出。

到站卸车发现集装箱施封丢失、封印内容不符、施封失效时,应在当时清点箱内货物并编制货运记录;发现集装箱破损可能危及货物安全时,应会同收货人或驻站公安检查箱内货物并编制货运记录。

（四）运输责任的划分

运输过程中由于托运人责任造成的事故和损失由托运人负责;因集装箱质量发生的问题,责任由箱主或集装箱承租人负责。

集装箱在承运人的运输责任期内,箱体没有发生危及货物安全的变形或损坏,箱号、施封号码与运单记载一致,施封有效时,箱内货物由托运人负责。

（五）违约与赔偿

托运人有违约责任时,承运人应按合同约定或有关规定向托运人或收货人核收违约金和因检查产生的作业费用。可继续运输的,车站应会同托运人或驻站公安补封,编制货运记录。

由于托运人或收货人责任造成铁路箱丢失、损坏及无法洗刷的污染时,应由托运人或收货人负责赔偿,责任人在"铁路箱出站单"上签认,车站凭"铁路箱出站单"编制"集装箱破损记录",作为向责任人索赔的依据。

由于承运人责任造成自备箱出现上述问题时,车站应编制货运记录,由承运人负责赔偿。

赔偿费按实际发生的费用计算。

任务 7　专用线（专用铁路）运输

[学习目标]　掌握专用线和铁路运输组织的衔接方法。

[学习要求]　理会专用线（专用铁路）的概念；掌握专用线作业及管理的基本要求。

[工作任务]　专用线运输协议的签订；专用线共用协议的签订。

[需要工具和设备]　《货规》、《货管规》、《铁路专用线专用铁路管理办法》、"专用线、专用铁路运输协议"。

[教学环境]　现场教学。

一、理论模块

（一）专用线（专用铁路）的概念

专用线是指厂矿企业自有的线路，与铁路营业网相衔接，并由铁路负责车辆取送作业的企业铁路。

专用铁路是指货运量较大的厂矿企业自有的线路，与铁路营业网相衔接，具有相应的运输组织管理系统，以企业自备机车动力办理车辆取送作业的专用线。

专用线、专用铁路一般统称为专用线。

（二）专用线（专用铁路）管理的基本要求

专用线运输组织和安全管理要以《铁路专用线专用铁路管理办法》为依据，基本要求是：

1. 要具有良好的技术设备和科学的管理方法，保证企业不间断的生产和装卸车作业不间断进行，保证行车安全、车辆和货物的完整。

2. 要以运输方案为中心编制统一技术作业过程，考虑提高运输效率及满足企业的生产需要，大力组织定点、定线、定编组内容的"三定"列车和成组装车。

3. 为保证专用线的安全，应建立健全作业标准、工作制度、货物安全等规章制度。

二、技术模块

（一）专用线（专用铁路）运输协议的签订

车站与其接轨的专用线（专用铁路）产权单位，于每年 12 月底以前，使用规定表格，签订下年度专用线（专用铁路）运输协议。

运输协议规定了铁路与厂矿企业双方的权利、义务和责任，是路企双方为保证质量良好地完成运输任务所应共同遵循的准则。运输协议的基本内容包括专用线运输设备情况、专用线运输品类及设计年运量、交接方法、装卸车组织及作业时间、货车清扫洗刷和消毒工作、运输生产安全措施、专用线共用、费用清算办法等。

车站在与企业签订运输协议前应征得铁路局同意，站企双方签字盖章后生效，并报铁路局备案。

（二）专用线共用

专用线共用（不包括专用铁路）是指在保证专用线产权单位运输需要和专用线即有设备能力富余的前提下，与其吸引范围内的单位，共同使用该专用线办理铁路货物发到业务。

开展专用线共用，必须遵循下列原则：

1. 凡铁路车站货场作业量不饱和的,不准办理专用线共用。

2. 应坚持自愿互利、有偿共用和就地、就近、方便货主的原则。

3. 专用线办理共用的货物品类和业务范围,原则上不应与其原设计时办理的内容有别。严格控制专用线办理危险货物、超限、超长和集重货物的共用。

在保证专用线产权单位运输的条件下,由共用单位、产权单位、车站三方签订共用协议。车站在签订协议前应征得铁路局的同意。

组织专用线共用,可以提高专用线的使用效率,减少短途搬运的距离,减轻货场负担,缓和运量与运能之间的矛盾。

三、实习训练模块

收集车站货场衔接的某条专用线的设备、运输品类和设计年运量等资料,编制该专用线的运输协议。

任务8 货运集约化经营

[学习目标] 了解货运集约化经营的方法。

[学习要求] 理会我国铁路货运集约化经营的战略。

[工作任务] 学会货运站整合、零担货运业务整合、战略装卸点建设的具体实施方法。

[教学环境] 课堂教学。

一、理论模块

通过集中运输生产要素,优化运输生产资源配置等措施,提高运输生产效益,是集约化运输的目标。

铁道部根据铁路运输特点,提出"两整合一建设"战略,即整合货运量小的货运站,整合零担货运业务,建设战略装卸点。

(一)货运站整合

2006年以前,我国有货运站3 000多个,其中1/3的货运站规模小、布局分散,效率极低。货运站的平均站间距不足11 km,分布过密,增加了摘挂列车对数和摘挂列车在中间站的停站次数和时间,影响了铁路运输能力的发挥,影响行车安全和运输效率。

1. 货运站整合的意义

整合货运量较小的车站,需要对路网上的车站或线路的布局进行调整,将货运业务集中到规模较大、设备较完善的车站办理,停办和限办小运量车站的货运业务,封闭小运量的专用线,实现货运站的集中化和专业化分工,其意义如下:

(1)有利于集中货源和优化运输组织方案,提高货物送达速度和运输组织水平。

(2)有利于提高货运设备的使用效率和线路的运输能力,充分发挥铁路中长途运输的优势,增加经济效益。

(3)发挥铁路局直管站段的优势,挖潜提效,创新货运组织方式。

2. 货运站整合的原则

整合货运量较小的车站,需要考虑各个车站的运量、所在线路的经济环境,调整货运营业办理限制,采用停办货运业务、只办理专用线业务、保留办理业务等方式,通过运力倾斜,将运量转移集中到相邻较大的车站办理。铁道部提出的整合原则是：结合实际、增加运能、合理规划、协作地方、精心组织、稳步推进。

3. 货运站整合的目标

对年发到货运量小于 10 万 t 的车站进行整合，逐步实现所有货运办理站年发到运量达到 20 万 t。

4. 货运站整合的实施方法

(1)核实货源，确定货物装卸集中的车站，不流失既有运量，不放弃潜在运量。主要整合对行车干扰大、运量便于集中的车站。调整优化枢纽内货运站的布局，枢纽内货运站作业要按方向、货物种类进行分工，逐步建立集中办理，在指定车站装车的制度。结合铁路运输管理信息系统的建设，对不具备联网条件的车站要优先考虑停办。在拟定停办车站时，防止重发送轻到达的情况。

(2)根据运量集中情况，调整运力安排，满足货运集中后的运输需求。停办货运业务后的运量应转移到附近具备条件的货运站办理，主动与客户协商，作好货运组织与货运服务，在计划、装车上给予倾斜，在货位安排、货物保管、到货通知等方面提供便利。

(3)对年运量不足或不符合危险货物办理要求的专用线，采取"关、停、并、转"的方式，逐步减少专用线数量。对专用线有一定运量，但站内运量很小的车站，可规定该站仅办理专用线业务。开展专用线专业化装(卸)车点建设，对在同一车站接轨的专用线，按照专业化、品类化、集约化、货场化原则对线路及货位分工进行调整，使其满足成组、成列装车的条件。

(二)零担货运业务整合

2006 年前，我国铁路零担办理站数量多，占用的人员和装卸机械、场库等设备多，运输组织方法烦琐，货运事故多，运输效率极低，服务质量难以保障。

1. 零担货运业务整合的意义

通过零担货运业务的整合，可以优化零担货物运输组织方式，使零担货物运输更加方便、快捷和安全，增加零担货物运能，满足市场需求。

2. 零担货运业务整合原则

零担货运业务整合应本着"方便客户、稳定货源、统筹协调、精心组织、先立后破、破立结合、区别对待、稳步推进"的原则进行。在整合过程中，引入现代物流概念，优化零担办理站布局，改革内部作业组织方法。

3. 零担货运业务整合的思路

(1)调整与优化零担办理站布局，使既有零担货源向较大零担办理站集结。

(2)停办零担货物中转作业，取消危零运输，笨零改为整车方式运输，普零逐步以整车(拼车)、集装箱(拼箱)、行包运输和一站直达整零方式为主。

4. 零担货运业务整合的实施方法

(1)仅保留基本具备拼车、拼箱、行包运输和一站直达整零组织条件的零担办理站，调整和优化零担办理站布局。

(2)采用拼车、拼箱的零担货物运输方式，承运前、交付后应采用多种营销方式，由物流公司运作，发到站应与物流公司密切衔接，保证货物安全。

(3)结合战略装车点的建设和货运站的布局优化，合理规划，充分利用零担货物运输设施设备，建立铁路零担货物物流中心。

(4)加强与地方政府的沟通与协调，考虑货主需求，向货主做好宣传和引导工作。

（三）战略装卸点建设

由于货运站数量多、布局分散、规模小，造成装卸车效率低。2006年以前，全路装卸车时间约占车辆全部周转时间的1/4。装卸点技术设备落后，装卸时间过长，影响了运输能力的发挥。

加快战略装卸点建设，提高装卸效率，有利于促进铁路发展大宗货物直达运输，加快车辆周转，提高运输组织水平。

我国货源的结构是大宗货物比重高，其中煤炭、金属矿石、钢铁、石油和粮食五大支柱货物品类的运量占到全路货运量比重的70%以上，这也为战略装卸点的建设提供了可能。

1. 战略装卸点建设的意义

通过战略装卸点的建设，将同一区域内的发货人、货源、装车地、到站和去向集中，使铁路运力得到优化组合和运用，促进铁路货运由单车、小批量运输向整列、大批量运输转变，推动铁路货运的重载化、直达化和快速化进程，提高货运组织水平。

2. 战略装卸点建设原则

一站可建多个战略装车点，一个装车点可建多条整列装车线，装车线可以是专用线、专用铁路，或车站货场装卸线。

（1）战略装车点的建设应与企业现代化生产规模相适应，以货源基础和客户需求为前提。

（2）战略装车点的建设既要满足当前运输的需要，还要与路网长远规划能力及技术标准相适应，与当地重点企业和行业发展规划相适应。

（3）按区域实际情况统筹规划战略装车点，改扩建与新建并重。

（4）与"货运站整合"和"大客户战略"统筹考虑，通过战略装车点，将被整合车站的部分大宗货源吸引过来。对装车地和去向比较集中的大客户装车点，优先规划和建设战略装车点。

（5）同步建设战略卸车点，在设备设施、劳力组织、能力安排、应急预案等方面完善战略卸车点。

3. 战略装卸点建设的实施方法

（1）战略装车点的选定以货源条件为基础，可采取不同的措施，例如建立大宗物资装车点、单一品类装车点等。

（2）站场建设的高标准。煤炭装车点尽可能建设环形装车线，其他装车点尽可能建设贯通式装车线。装车线要能够保证整列取送车和装车。

（3）战略装车点日均一次动态仓储或堆存能力必须大于整列车装载量。

（4）根据货物品类选择装卸设备，煤炭尽可能采用简仓（发送塔）或装载机（铲车）装车；石油使用鹤管装车，一车一管。装车线应配备自动计量和超偏载检测设备。

（5）铁路局根据战略装车点年度运量和货源去向，统一战略装车点发货人名称，将发货人纳入铁路大客户进行管理。制订一站直达和同方向整列直达运输方案，特别重视大宗物资整列重车循环运输方案制订。编制月度运输计划时，按直达运输方案，制订战略装车点计划，并按先直达后一般的原则编制旬方案、日历装车计划。

（6）对战略装车点按照"单批计划、旬定方案、日历安排、整列装运"的原则进行货运组织。日常调度工作中，尽量做到整列配空、整列装车、直达运输，组织同一到站或去向的整列装车。

项目6 特殊货物运输组织工作

铁路货物运输中的特殊货物包括阔大货物、鲜活货物和危险货物三种,其中阔大货物又包括超长货物、集重货物和超限货物。特殊货物的运输组织工作大多在专用线进行,其工作内容主要是针对货物在运输过程的特殊要求,在各个运输环节上比普通货物运输有更严格的要求。

任务 1 货物装载加固方案设计

[学习目标] 掌握货物装载加固方案的设计。

[学习要求] 理会《铁路货物装载加固规则》(简称《加规》)货物装载加固的规定,并能运用规章解决实际问题。

[工作任务] 合理制定装载方案;合理使用加固材料和加固;确定重车重心高度;判定超限货物的超限等级,采取一定措施降低超限等级。

[需要工具和设备] 《常用装载加固材料与装置》、《铁路超限超重货物运输规则》(简称《超规》)、《加规》、货物运单等。

[教学环境] 货运综合演练室,模拟铁路货场,理实一体化教室。

一、理论模块

(一)铁路限界

铁路限界主要有:机车车辆限界、货物装载限界和建筑接近限界等。

(二)超限、超长货物的概念、超限货物等级

1. 超限货物的概念

一件货物装车后,在静止或运行的条件下,货物的任何部位超出机车车辆限界或特定区段装载限界,均称为超限货物。

2. 超长货物的概念

超长货物系指一车负重,突出车端,需要使用游车或跨装运输的货物。

3. 超限等级的划分

超限货物以装车站列车运行方向为准,由线路中心线起分为左侧、右侧和两侧超限;按超限程度划分为一级超限、二级超限和超级超限;按超限部位划分为上部超限、中部超限和下部超限。

(三)常用加固材料及加固装置

1. 常用加固材料

目前,装载加固货物常用的加固材料有:支柱、垫木、三角挡、凹木、铁线、钢丝绳等。支柱是用来拦护货物的加固材料。垫木为增大货物支重面的长度和宽度,隔木为防止层间货物滑动。挡木、三角挡、掩木、凹木主要用来加固圆柱形货物和轮式走行机械的。它们通常和铁钉、扒锯钉配合使用,以增强货物在车底板上的稳定性。镀锌铁线、固定捆绑铁索、钢丝绳主要用

于拉牵加固捆绑货物,可防止货物产生倾覆、水平移动和滚动。腰箍主要是通过下压捆绑增大货物与车底板或垫木间的摩擦力,以达到防止货物滚动或移动的目的。钉子、扒锯钉是配合挡木、三角挡、掩木等加固材料使用的,主要是利用它与车底板之间的剪切应力和与木材之间的握裹力来加固货物的。

一车负重货物突出端梁最长一端底面距游车车底板最小高度、国产镀锌铁线、盘条破断拉力值、固定捆绑铁索材质、规格、公称抗拉强度 1 670 MPa 规格 6×19 钢丝绳的破断拉力、钢制加固材料的许用应力、钉子的容许载荷分别如表 6-1、表 6-2、表 6-3、表 6-4、表 6-5、表 6-6、表 6-7 所示。

表 6-1 一车负重货物突出端梁最长一端底面距游车车底板最小高度

突出端梁长度(mm)	0.5	1.0	1.5	2.0	2.5	3.0	3.5	4.0	4.5	5.0
最小高度(mm)	140	150	160	180	200	220	240	250	260	270

表 6-2 国产镀锌铁线和盘条破断拉力

线号	6	7	8	9	10	11
直径(mm)	5.0	4.5	4.0	3.5	3.2	2.9
破断拉力(kN)	6.70	5.40	4.30	3.29	2.75	2.26

表 6-3 盘条破断拉力

直径(mm)	6.0	6.5
破断拉力(kN)	9.70	11.12

表 6-4 固定捆绑铁索材质、规格

镀锌铁线的直径(mm)	组成的股数
4.0(8 号线)	3
3.5(9 号线)	3
3.2(10 号线)	4

表 6-5 公称抗拉强度 1 670 MPa 规格 6×19 钢丝绳的破断拉力

钢丝绳直径(mm)	7.7	9.3	11.0	12.5	14.0	15.5	17.1	18.5	20.0	21.5	23.0
钢丝直径(mm)	0.5	0.6	0.7	0.8	0.9	1.0	1.1	1.2	1.3	1.4	1.5
《加规》采用的破断拉力(kN)	31.68	45.57	62.03	81.04	102.41	126.61	153.27	182.37	214.03	248.23	284.88

注:许用拉力可取破断拉力的 1/2。

表 6-6 钢制加固材料的许用应力

加固材料种类		许用应力数值(MPa)			
		拉应力	压应力	剪切应力	弯曲应力
低碳钢(2 号钢)制品	各种型材	140	140	90	140
	各种铆钉	90		100	
	各种螺栓	120		80	
铸铁制品		100～160			

表 6-7 钉子的容许载荷　　　　　　　　　　　　　　　　单位:kN

钉子直径 (mm)	钉子高度 (mm)	部件高度(mm)						
		50	55	60	70	80	90	100
4.0	100~110	0.62	0.62					
4.5	125	0.74	0.78	0.78				
5.0	150	0.85	0.90	0.96	1.08			
5.5	175	0.94	1.03	1.08	1.18	1.18		
6.0	200	1.02	1.12	1.23	1.36	1.41	1.41	1.41
7.0	225	1.19	1.32	1.44	1.67	1.80	1.92	1.92
8.0	250	1.37	1.50	1.64	1.92	2.18	2.36	2.50

2.加固装置

常用加固装置有:货物转向架、活动式滑枕或滑台、货物支架、座架、车钩缓冲停止器等。

(四)装载加固定型方案

1.装载加固定型方案的内容

装载加固定型方案包括 11 类 50 项,涉及货物装载品类千余种。具体分为:01 类成件包装货物,02 类集装箱、集装件及箱装设备,03 类水泥制品、料石及箱装玻璃,04 类木材、竹子,05 类起重机梁及钢结构梁、柱、架,06 类轧辊、轮对、电缆、钢丝绳、变压器及卧式锅炉,07 类金属材料及制品,08 类轮式、履带式走行机械,09 类圆柱形、球形货物,10 类大型机电设备,11 类口岸站进口设备。

2.装载加固定型方案的执行

(1)定型方案的查找方法

首先在《装载加固定型方案》上册的总目录中查出货物的类项页数,其次再在类项页数所在的分目录中查找出某个编码货物的装载方案页数。

(2)现有定型方案的执行规定

①定型方案的货物必须严格按定型方案装载加固。

②定型方案中,对每道加固镀锌铁线、钢丝绳的直径和股数,是规定的直径和股数。

③定型方案中所采用的加固材料和加固装置必须是铁路主管部门许可,准许使用的合格材料和装置。

④凡品名相同,而重量、重心位置、外形尺寸等与部定型方案相近的货物,可比照部定型方案装车。

二、技术模块

(一)货物装载的基本技术条件

1.货物装载加固的基本要求

货物装载加固最基本的要求是保证重车运行安全和避免损伤车辆。

2.对车辆和货物重量的要求

装载货物应正确的选择车辆,遵守货车使用限制表及有关规定,保证定检不过期。

3.货物中心水平位置的要求

货物装车后,一般情况下其中心在水平面上的投影应落在车地板纵、横中心线的交叉点上

（简称"车辆中央"），为了最大限度地使用货车的载重力或降低超限等级，允许货物重心投影发生偏移，但纵向偏移时，每个转向架所承受的货物重量不得超过货车容许载重量的 1/2，且两个转向架承受的货物重量之差不得大于 10 t；横向偏移时，最多不超过 100 mm。

4. 货物重量分布的规定

货物装车时应遵守《加规》规定，采取一定措施防止集重的形成。

5. 重车重心高的要求

重车重心高一般不超过 2 000 mm，超过时，须采取配重等措施降低，否则应按《加规》规定限速运行。

6. 货物突出平车端梁的要求

使用平车装载长度超过车地板的货物，或由于其他原因，货物必须突出车辆端梁装载时，如果突出端货物半宽等于或小于车地板半宽，每端各允许突出端梁 300 mm；突出端货物半宽大于车地板半宽时，每端各允许突出端梁 200 mm，超过此限制时应加挂游车或跨装运输。

7. 成件包装货物的装载要求

装载成件货物时，应排列紧密、整齐。当装载高度或宽度超出货车端侧墙时，应层层压缝、梯形码放，四周货物倾向中间，两侧超出侧墙的宽度应一致。对装车后超出货物端侧墙（板）高度的成件包装货物，应使用网绳或绳索串联在一起捆绑牢固，也可使用挡板、支柱、镀锌铁线（盘条）等加固。袋装货物袋口应朝向车内，起脊部分应使用上封式网绳等加固。

8. 散装货物装载要求

颗粒状散堆装货物，如煤、碎石、砂、木材等货物，单位体积重量大，使用敞车装运能达到货车标记载重量。

（二）货物重心水平位置的确定

当货物重心投影发生偏移，纵向偏移时，每个转向架所承受的货物重量不得超过货车容许载重量的 1/2，且两个转向架承受的货物重量之差不得大于 10 t；横向偏移时，最多不超过 100 mm。

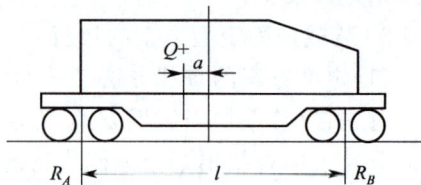

图 6-1　货物重心纵向水平位移示意图

1. 货物重心在车辆纵向的合理位置

（1）一车装载一件货物（如图 6-1 所示）

设货车的容许载重量为 $P_容$(t)，货物重量为 Q，其重心纵向发生偏移时最大偏移量 $a_容$ 的计算公式：

当 $P_容 - Q < 10t$ 时，$a_容 = \left(\dfrac{P_容}{2Q} - 0.5\right) l$　（mm）；

当 $P_容 - Q \geqslant 10t$ 时，$a_容 = \dfrac{5l}{Q}$　（mm）

（2）一车装载多件货物（如图 6-2 所示）

一车装载 n 件货物，重量分别为 Q_1、Q_2、Q_3、$\cdots$、Q_n。

$$a_总 = \frac{\pm a_1 Q_1 \pm a_2 Q_2 \pm \cdots \pm a_n Q_n}{Q_1 + Q_2 + \cdots Q_n} \quad (6\text{-}1)$$

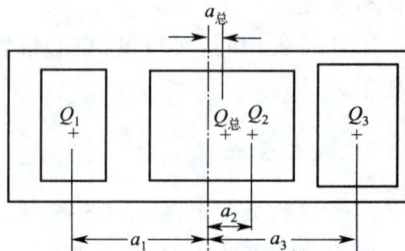

图 6-2　多件货物重心纵向水平位移示意图

多件货物总重心纵向最大容许偏移量仍按一车一件的方法使用 $a_容$ 计算，此时，$Q = Q_1 + Q_2 + \cdots + Q_n$。

2. 货物重心在车辆横向的合理位置

（1）一车装载一件货物

一车装载一件货物时，用装车后货物横向偏移量 $b_实$ 直接与 $b_容$ 相比较，如果 $b_实 > b_容$，则装车方案不符合横向偏移的要求；如果 $b_实 \leqslant b_容$，则说明装车方案符合货物装载技术条件的要求。

（2）一车装载多件货物

设车辆装载 n 件货物，每件货物重量分别为 Q_1、Q_2、Q_3、$\cdots$、Q_n，以货车纵中心线为轴，b_1、b_2、$\cdots$、b_n 为每件货物重心偏离车辆纵中心线的距离，$b_总$ 为货物总重心偏离车辆纵中心线的距离。根据力矩平衡原理有：

$$b_总 = \frac{\pm b_1 Q_1 \pm b_2 Q_2 \pm \cdots \pm b_n Q_n}{Q_1 + Q_2 + \cdots + Q_n} \tag{6-2}$$

式中的正、负号以车辆纵中心线为准，一侧取正号，另一侧取负号。用 $b_总$ 和 $b_容$ 比较，$b_总 \leqslant b_容$，货物重心水平位置在横向上合理，$b_总 > b_容$ 不合理。

3. 配重物重量（$Q_配$）和配重物重心偏移量（$b_配$）的确定

实际工作中遇到货物总重心偏离车辆纵中心线的距离超过 100 mm 时，必须采取配重措施，使配装后货物的总重心落在车辆纵中心线上或使偏移量不超过 100 mm。

设原装货物重量为 $Q_主$，重心横向偏移量为 $b_主$，配重后货物总重为 Q，货物总重心偏离车辆纵中心线为 b，则式 $b_总 = \dfrac{\pm b_1 Q_1 \pm b_2 Q_2 \pm \cdots \pm b_n Q_n}{Q_1 + Q_2 + \cdots + Q_n}$ 转换为 $b = \dfrac{Q_主 b_主 - Q_配 b_配}{Q_主 + Q_配}$

根据技术条件，$Q_配$、$b_配$ 必须满足 $|b| \leqslant 100$ mm；

同时满足 $Q_配 \leqslant P_标 - Q_主$，$b_配 \leqslant \dfrac{B_车}{2}$（$B_车$ 为车地板宽度）得出：

$$b_配 = \frac{Q_主 b_主 - b(Q_主 + Q_配)}{Q_配} \tag{6-3}$$

$$Q_配 = \frac{Q_主 (b_主 - b)}{b + b_配} \tag{6-4}$$

（三）重车重心高的确定

我国铁路规定，重车重心高一般不得超过 2 000 mm，超过此限，有条件时，应降低重车重心高，否则，应按规定限速运行。

1. 重车重心高的计算

（1）一车装载一件货物的重车重心高的计算（如图 6-3 所示）

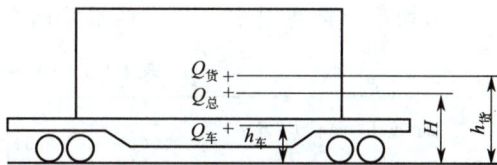

图 6-3 单件货物重车重心高度计算示意图

$$H = \frac{Q_车 h_车 + Q_货 h_货}{Q_车 + Q_货} \tag{6-5}$$

（2）一车装载多件货物的重车重心高的计算（如图 6-4 所示）

$$H = \frac{Q_车 h_车 + Q_1 h_1 + Q_2 h_2 + \cdots + Q_n h_n}{Q_车 + Q_1 + Q_2 + \cdots + Q_n} \tag{6-6}$$

（3）跨装运输的重车重心高的计算

$$H = \frac{Q_{车1} h_{车1} + Q_{车2} h_{车2} + Q_货 h_货}{Q_{车1} + Q_{车2} + Q_货} \tag{6-7}$$

式中 $Q_{车1}$、$Q_{车2}$——两负重车车辆自重，t；

$h_{车1}$、$h_{车2}$——两负重车车辆重心自轨面起算的高度，mm。

（4）重车重心高超过 2 000 mm 应采取的措施

①降低重车重心高

a. 选用空车自重大、重心高度较低、车地板高度较低车辆,可以降低重车重心高。

b. 采取配重措施降低重车重心高。

重车重心高超过 2 000 mm,且车辆载重力、容积有剩余时,在符合货物装载基本技术条件下,可以采取配重的措施降低重车重心高。

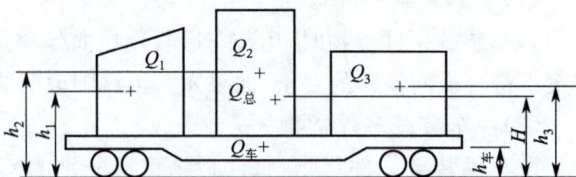

图 6-4 多件货物重车重心高度计算示意图

设原有货物的重量为 $Q_货$,其重心高为 $h_货$,重车车辆自重为 $Q_车$,其重心高为 $h_车$;配重前重车重心高为 H;配重货物的重量为 $Q_配$,其重心高为 $h_配$。则配重后重车重心高 H' 为:

$$H' = \frac{Q_货\, h_货 + Q_车\, h_车 + Q_配\, h_配}{Q_货 + Q_车 + Q_配} \tag{6-8}$$

为降低重车重心高至 2 000 mm 及其以下,在已知 $Q_配$ 时,$h_配$ 的计算:

$$h_配 \leqslant 2\,000 - \frac{(Q_货 + Q_车)(H - 2\,000)}{Q_配} \quad (\text{mm}) \tag{6-9}$$

若已知配重货物的重心高 $h_配$,计算所需配重货物的重量 $Q_配$:

$$Q_配 \geqslant \frac{(Q_货 + Q_车)(H - 2\,000)}{2\,000 - h_配} \text{ 且 } Q_配 \leqslant P_标 - Q_货 \tag{6-10}$$

②限速运行

当重车重心高超过 2 000 mm,且无法降至 2 000 mm 以下时,应按《超规》重车重心高超过 2 000 mm 限速运行表规定限速运行。

(四)超长货物装载方法

1. 一车负重装载的技术条件

(1)均重货物使用 60 t 平车两端均衡突出时,其装载量不得超过表 6-8 所列数值。

表 6-8 60 t 平车两端均衡突出装载量

突出车端长度 L(m)	$L<1.50$	$1.50 \leqslant L <$ 2.00	$2.00 \leqslant L <$ 2.50	$2.50 \leqslant L <$ 3.00	$3.00 \leqslant L <$ 3.50	$3.50 \leqslant L <$ 4.00	$4.00 \leqslant L <$ 4.50	$4.50 \leqslant L <$ 5.00
容许载重量 $Q_{容许}$(t)	58	57	56	56	55	54	53	52

注:表内所列重量,包括加固材料的重量。

(2)均重或非均重货物一端突出端梁装载时,重心最大容许纵向偏移量应根据计算确定。即

当 $P_标 - Q < 10$ t 时,

$$a_容 = \left(\frac{P_标}{2Q} - 0.5\right)l \quad (\text{mm}) \tag{6-11}$$

当 $P_标 - Q \geqslant 10$ t 时,

$$a_容 = \frac{5l}{Q} \quad (\text{mm}) \tag{6-12}$$

(3)所用横垫木或支架高度 $H_垫$ 应计算确定。

$$H_垫 = 0.031a \pm h_{车差} + f + 80 (\text{mm}) \tag{6-13}$$

式中 a——货物突出端至负重车最近轮轴轴心所在垂直面的距离,mm;

$h_{车差}$——游车地板高度与负重车地板高度差,游车地板比负重车地板高时,取正值,反之取负值,mm;

f——货物突出端的挠度,mm;

0.031——按通过驼峰的要求,货物底部与游车地板的接触点所形成夹角的正切值,取值0.031;

80——负重车地板空重高差(30 mm)与安全距离(50 mm)之和,mm。

(4)共用游车时,两货物突出端间距不小于 500 mm。

(5)游车上装载的货物,与货物突出端间距不小于 350 mm,货物突出部分的两侧不得装载货物,如图 6-5 所示。

2. 跨装货物装载的技术条件

跨装货物装载应遵守下列规定。

(1)跨装货物只准两车负重。负重车车地板高度应相等,如高度不等时,需要垫平。对未达到容许载重量的货车,可以加装货物,

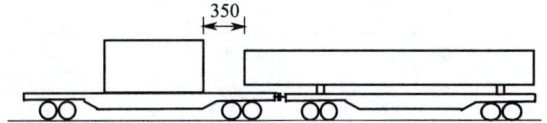

图 6-5　游车加装货物间距

但不得加装在货物的两侧,与跨装货物端部间距不小于 400 mm。

(2)中间只准加挂一辆游车(N_{15}型准挂两辆)。

(3)货物转向架支重面长度应遵守不集重的规定。货物转向架应放在车地板的横中心线上,必须纵向位置时,应符合货物重心偏离货车横中心线的最大容许距离 $a_{容}$ 的规定,货物转向架的上架体与跨装货物,下架体与车辆分别加固在一起。

(4)加固方法不得影响车辆通过曲线,并将提钩杆用镀锌铁线捆紧。

(5)中间加挂游车的跨装车组通过 9 号及其以下道岔时,不得推送调车,以防脱轨。遇设备条件不允许或尽头线时,可以 5 km/h 的速度,匀速推进。

(6)跨装车组禁止溜放。

(7)跨装车组应使用车钩缓冲停止器。

(五)集重货物的装载方法

1. 平车货物装载条件

(1)平车装载集重货物时,要符合均布载荷或对称集中载荷载重量表的规定。

(2)货物装载方法如下:

①当车型一定、货物重量一定时,货物支重面长度大于等于平车地板负重面长度时,货物可直接装载车地板上。

②加横垫木。

当货物支重面长度小于车辆所要求的负重面长度的最小长度,但大于规定的两横垫木之间的最小距离时($K>l_{支}>K_1$),需要使用横垫木,使用横垫木时其中心线间的最小距离要符合表 6-9、表 6-10、表 6-11 的规定。

③加纵横垫木(如图 6-6 所示)。

当车型一定,货物重量一定,货物支重面长度小于规定的两横垫木中心线间的最小距离($l_{支}\leqslant K_1$)时,需要使用纵横垫木,两横垫木中心线之间的最小距离要符合表 6-9、表 6-10、表 6-11 的规定。

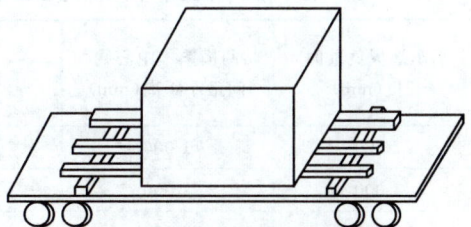

图 6-6　使用纵横垫木装载货物

表 6-9 平车局部地板面承受均布载荷或对称集中载荷时容许载重量表

平车地板负重面长度(mm)	两横垫木中心线间最小距离(mm)	最大容许载重量(t)				
		N_6、N_{17}、NX_{17}	N_{60}	N_{16}	NX_{17B}	NX_{70}、NX_{70H1}
1 000	500	25	25	25	25	30
2 000	1 000	30	27.5	27.5	30	35
3 000	1 500	40	30	30	40	45
4 000	2 000	45	33	32	45	50
5 000	2 500	50	35	35	50	55
6 000	3 000	53	40	37	53	57
7 000	3 500	55	45	40	55	60
8 000	4 000	57	50	44	57	63
9 000	4 500		55	49	61	65
10 000	5 000		60	55		70
11 000	5 500			60		

表 6-10 凹底平车局部地板面承受均布载荷或对称集中载荷时容许载重量表(摘)

平车地板负重面长度(mm)	两横垫木中心线间最小距离(mm)	最大容许载重量(t)							
		D_2 210 t	D_5 60 t	D_6 110 t	D_7 150 t	D_8 180 t	D_{10} 90 t	D_{15} 150 t	D_{32} 320 t
1 000	500	175.0	33.0	87.0	120.0	150.0	60.0		
1 500	750	176.5	35.0	88.5	121.0	151.5	65.0	12.9	
2 000	1 000	178.0	37.0	90.0	123.0	153.0	67.0		
3 000	1 500	180.0	40.0	93.0	126.0	156.0	70.0	13.1	
3 500	1 750	181.5	42.0	95.0	128.0	158.0	72.0		
4 000	2 000	183.0	43.5	97.0	130.0	160.0	73.5		
4 500	2 250	185.0	45.0	99.0	131.5	161.5	75.0	13.4	
5 000	2 500	187.0	47.0	101.0	133.0	163.0	77.0		
5 500	2 750	188.5	48.5	103.0	135.0	165.0	78.5		
6 000	3 000	190.0	50.0	105.0	137.0	167.0	80.0	13.7	
7 000	3 500	196.0	55.0	110.0	141.0	171.0	83.5		30.0
7 500	3 750	198.0	60.0		143.0	173.0	85.0	14.2	
8 000	4 000	200.0			145.0	176.0	87.0		
9 000	4 500	210.0			150.0	180.0	90.0	15.0	31.5
10 000									32.0

表 6-11 长大平车局部地板面承受均布载荷或对称集中载荷时容许载重量表

平车地板负重面长度(mm)	两横垫木中心线间最小距离(mm)	最大容许载重量(t)				
		D_{26} 210 t	D_{26A} 260 t	$D_2 2$ 120 t	D_{27} 150 t	D_{70} 70 t
2 000	1 000	30		42	42	32
4 000	2 000	48		48	48	36
6 000	3 000	55		55	55	40
8 000	4 000	60	260	60	60	44

续上表

平车地板负重面长度(mm)	两横垫木中心线间最小距离(mm)	最大容许载重量(t)				
		D_{26} 210 t	D_{26A} 260 t	D_22 120 t	D_{27} 150 t	D_{70} 70 t
10 000	5 000	65		65	65	46
12 000	6 000	70		70	70	48
14 000	7 000	75		75	75	50
15 000	7 500					
16 000	8 000			80	80	70
16 500			260			
17 000	8 500					
18 000	9 000	85		85	85	
20 400	10 200	120				

2. 敞车装载免于集重的条件

(1)60 t 敞车装载

对于 C_{62A}、C_{62A*}、C_{62A*K}、C_{62AK*T}、C_{62AT}、C_{62B}、C_{62BK}、C_{62BT}、C_{64}、C_{64K}、C_{64H} 及 C_{64T} 型敞车装载应符合以下规定:

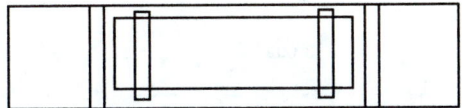

①仅在车辆两枕梁之间、横中心线两侧等距离范围内承受均布载荷(如图 6-7 所示)时,容许载量如表 6-12 所示。

图 6-7　均布载荷

表 6-12　60 t、61 t 敞车两枕梁间承受均布载荷时最大容许载重量表

车辆负重面长度(mm)	车辆负重面宽度(mm)	最大容许载重量(t)
2 000	1 300≤B<2 500	15
	B≥2 500	20
3 000	1 300≤B<2 500	16
	B≥2 500	23
4 000	1 300≤B<2 500	17
	B≥2 500	26
5 000	1 300≤B<2 500	18.5
	B≥2 500	29
6 000	1 300≤B<2 500	20
	B≥2 500	32
7 000	1 300≤B<2 500	23.5
	B≥2 500	35.5
8 000	1 300≤B<2 500	27
	B≥2 500	39
9 000	1 300≤B<2 500	30
	B≥2 500	43

②仅在车辆两枕梁之间、横中心线两侧等距离范围内承受对称集中载荷（如图 6-8 所示）时,容许载重量如表 6-13 所示。

③两枕梁直接承受货物重量且两枕梁承受的货物重量相等时,全车装载重量可达到车辆容许载重量。

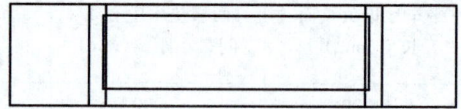

图 6-8 对称集中载荷

④在车辆两枕梁内外等距离（装载长度不超过 3.8 m）、宽度不小于 1.3 m 范围内（小于 1.3 m 时加垫长度不小于 1.3 m 的横垫木）承受均布载荷时,全车装载重量可以达到车辆的标记载重。

表 6-13 60 t、61 t 敞车两枕梁间承受对称集中载荷时最大容许载重量表

车辆负重面长度(mm)	横垫木长度(mm)	最大容许载重量(t)
1 000	$1\ 300 \leqslant B < 2\ 500$	13
	$B \geqslant 2\ 500$	17
2 000	$1\ 300 \leqslant B < 2\ 500$	14
	$B \geqslant 2\ 500$	20
3 000	$1\ 300 \leqslant B < 2\ 500$	17
	$B \geqslant 2\ 500$	21
4 000	$1\ 300 \leqslant B < 2\ 500$	24
	$B \geqslant 2\ 500$	30
5 000	$1\ 300 \leqslant B < 2\ 500$	32
	$B \geqslant 2\ 500$	42
6 000	$1\ 300 \leqslant B < 2\ 500$	43
	$B \geqslant 2\ 500$	49
7 000	$1\ 300 \leqslant B < 2\ 500$	46
	$B \geqslant 2\ 500$	5
8 000	$1\ 300 \leqslant B < 2\ 500$	50
	$B \geqslant 2\ 500$	60(61)
8 700		60(61)

如果需要在货物下加垫横垫木或条形草支垫（稻草绳把）时,应分别加垫在枕梁上及其内外各 1 m 处,如图 6-9 所示。

⑤靠车辆两端墙向中部连续装载货物,每端装载长度超过 3.3 m 时（如图 6-10 所示）,应遵守下列规定:

$Q_{容} \leqslant P_{标}$

1 m 1 m

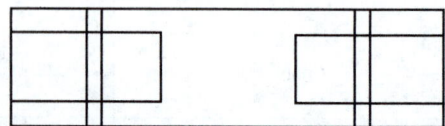

图 6-9 长度≤3.8 m 加垫横垫木装载　　　　图 6-10 长度＞3.8 m 时的装载

a. 装载宽度 $B \geqslant 2.5$ m 时,全车装载重量可达车辆标记载重量。

b. 装载宽度 1.3 m$\leqslant B < 2.5$ m 时,全车装载重量不得超过 55 t。

⑥在车辆两枕梁内外等距离、宽度不小于 1.3 m 范围内和车辆中部三处承载〔如图 6-11（a）所示〕时，中部货物重量不得大于 13 t，全车装载重量不得超过 57 t。

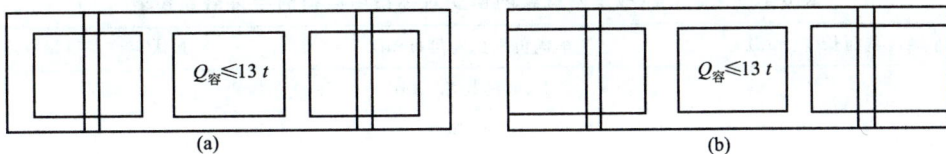

图 6-11 三处承载示意图

⑦靠车辆两端墙向车辆中部连续装载，如图 6-11(b)所示，每端装载长度超过 3.8 m，且在车辆中部装载货物时，应遵守下列规定：

a. 中部装载的货物重量不得超过 13 t。

b. 当两端货物的装载宽度 $B \geqslant 2.5$ m 时，全车装载重量不得超过 57 t。

c. 当两端货物的装载宽度 1.3 m$\leqslant B < 2.5$ m 时，全车装载重量不得超过 55 t。

⑧仅靠防滑衬垫防止货物移动时，全车装载量不得超过 55 t。

（2）70 t 敞车装载

70 t C_{70}、C_{70H} 型敞车局部地板面承受均布载荷时，应遵守下列规定：

①仅在车辆两枕梁之间、横中心线两侧等距离范围内承受均布载荷时，容许载重量如表 6-14 所示。

表 6-14 C_{70}、C_{70H} 敞车两枕梁间承受均布载荷时容许载重量表

车辆负重面长度(mm)	车辆负重面宽度(mm)	最大容许载重量(t)
2 000	$1\,300 \leqslant B < 2\,500$	25
	$B \geqslant 2\,500$	30
3 000	$1\,300 \leqslant B < 2\,500$	28
	$B \geqslant 2\,500$	39
4 000	$1\,300 \leqslant B < 2\,500$	34
	$B \geqslant 2\,500$	40
4500	$1\,300 \leqslant B < 2\,500$	34
	$B \geqslant 2\,500$	40
5 000	$1\,300 \leqslant B < 2\,500$	36
	$B \geqslant 2\,500$	42
6 000	$1\,300 \leqslant B < 2\,500$	42
	$B \geqslant 2\,500$	45
7 000	$1\,300 \leqslant B < 2\,500$	44
	$B \geqslant 2\,500$	48
8 000	$1\,300 \leqslant B < 2\,500$	48
	$B \geqslant 2\,500$	52
9 000	$1\,300 \leqslant B < 2\,500$	52
	$B \geqslant 2\,500$	62

②仅在车辆两枕梁之间、横中心线两侧等距离范围内承受对称集中载荷时,容许载重量如表 6-15 所示。

表 6-15　C₇₀、C₇₀ₕ敞车两枕梁间承受对称集中载荷时容许载重量表

车辆负重面长度(mm)	车辆负重面宽度(mm)	最大容许载重量(t)
1 000	1 300≤B<2 500	26
	B≥2 500	3
2 000	1 300≤B<2 500	32
	B≥2 500	36
3 000	1 300≤B<2 500	35
	B≥2 500	39
4 000	1 300≤B<2 500	42
	B≥2 500	46
5 000	1 300≤B<2 500	48
	B≥2 500	54
6 000	1 300≤B<2 500	58
	B≥2 500	64
7 000	1 300≤B<2 500	60
	B≥2 500	68
8 000	1 300≤B<2 500	64
	B≥2 500	70

③下列情况 C₇₀、C₇₀ₕ敞车全车装载量可以达到标记载重量:

a. 当车辆负重面宽度小于 2 000 m 时,在车辆两枕梁处负重面程度各为 3 800 mm 或在车辆两枕梁及中央三处负重面长度不小于 2 000 mm 且均匀对称装载时。

b. 全车均匀装载。

c. 使用横垫木在两枕梁处对称装载,当横垫木长度不小于 2 000 mm,两横垫木中心线间距离为 1 000 mm 时。

(六)超限等级的确定

超限等级是以计算点所在检定断面的计算点宽度及相对应的计算点高度的数值,查《超规》附件四"机车车辆限界、各级超限限界与直线建筑接近限界距离线路中心线尺寸表"而确定。

1. 超限等级的计算方法

(1)标点

在端视图上标出不同高度、不同宽度的点。在等宽条件下,计算点在 1 250 mm 以上时,标高不标低;不足 1 250 mm 时,标低不标高。

(2)选面

在侧视图上选出与所标出的点相对应的检定断面,当高度和宽度相同时,应选偏差量大的检定断面。在两转向架中心销之间,应选近(靠近货车横中心线),不选远;在两转向架中心销外方,应选远(距转向架中心销),不选近。

(3)计算

确定计算点高度、宽度：

①计算点高度由轨面起至计算点的高度。一般包括货车地板高度、垫木高度和计算点至货物支重面的高度。

②计算点宽度由线路中心线的垂直面至计算点的宽度。在直线线路上为货物的实宽；在曲线线路上为货物的计算宽度。

③查表——根据计算点高度和计算点宽度查《超规》附件四，确定超限等级。

2. 计算点的选择

(1)当车辆转向架中心销距小于等于 9 350 mm 时，$C_1 \leqslant 36$ mm，按实测宽度确定超限等级。

(2)当货物为等断面体时，只需计算 C_1 或 C_2。若 $\dfrac{2x}{l} \leqslant \sqrt{2}$ 时，计算 C_1；若 $\dfrac{2x}{l} > \sqrt{2}$ 时，计算 C_2。货物长度较小时，计算 C_1，选用销距较小的车辆可以降低超限程度；货物长度较长时，计算 C_2，选用销距较大的车辆可以降低超限程度。

(3)当使用一辆普通平车装运超限货物时，其检定断面位于两转向架中心销之间(中央部位除外)任何部位时，一般不需计算 C_3 和 X_3，可直接按货物的实测宽度确定超限等级和运送条件。

(4)当使用平车装运超限货物时，只有在下列条件下，方需计算 C_3：

①货物转向架中心销(或车辆主梁中心销)间(车辆中央部位除外)有突出部分。

②货物突出部分的实测宽度大于其在车辆横中心线处的实测宽度。

③有数个突出部分，其突出部分相近，应计算确定计算宽度。

④有数个突出部分，其高度、宽度相等时，应以距车辆横中心线最近的突出点作为计算点。

(5)当使用平车装运超限货物时，只有在下列条件下，方需计算 C_4：

①货物在两转向架中心销(或车辆主梁中心销)外方任何部位(货物端部除外)有突出部分时。

②货物突出部分的实测宽度大于货物端部的实测宽度。

③若货物有数个突出部分，其高度不同、实测宽度相等时，应以高度最高，距车辆横中心线最远的突出点作为计算点。

(6)当货物外形较为复杂时，应自上而下分别计算 X_1、X_2、X_3、X_4 后进行比较，确定超限等级。

(七)运行中作用于货物上的力的计算

1. 纵向惯性力

纵向惯性力可用下式计算：

$$T = t_0 Q \tag{6-14}$$

式中　T——纵向惯性力，kN；

　　　t_0——每吨货物的纵向惯性力，kN/t；

　　　Q——货物的重量，t。

(1)采用柔性加固

$$t_0 = 0.001\,2Q_{总}^2 - 0.32Q_{总} + 29.85 \tag{6-15}$$

式中　$Q_{总}$——重车总重，t，跨装时按跨装车组总重计算。

当 130 t $< Q_{总} \leqslant$ 150 t 时，$t_0 = 6.78$ kN/t；当 $Q_{总} >$ 150 t 时，$t_0 = 5.88$ kN/t。

(2)采用刚性加固

$$t_0 = 26.69 - 0.13Q_\text{总} \tag{6-16}$$

当 $Q_\text{总} > 130$ t 时,按 130 t 计算。

2. 横向惯性力

横向惯性力一般可用下列试验公式计算:

$$N = n_0 Q \tag{6-17}$$

式中 N——横向惯性力,kN;

　　　Q——货物重量,t;

　　　n_0——单位重量货物的横向惯性力,kN/t,可用下式计算:

$$n_0 = 2.82 + 2.2 \frac{a}{l} \tag{6-18}$$

其中 a——货物重心的纵向位移量,mm,跨装时为货物转向架中心销偏离车辆横中心线的距离,

　　　l——负重车的销距(具有多层转向架群的货车为底架心盘中心距),mm。

3. 垂直惯性力

垂直惯性力可用下式计算:

$$Q_\text{垂} = q_\text{垂} Q \tag{6-19}$$

式中 $Q_\text{垂}$——垂直惯性力,kN;

　　　Q——货物重量,t;

　　　$q_\text{垂}$——每吨货物的垂直惯性力,kN/t,不同的车型计算方法有所不同。

使用平车、敞车装载时:

$$q_\text{垂} = 3.54 + 3.78 \frac{a}{l} \tag{6-20}$$

使用长大货物车装载时:

$$q_\text{垂} = 4.53 + 7.84 \frac{a}{l} \tag{6-21}$$

4. 风力

风力的大小与受风面的形状和大小以及风压的大小有关,其值可用下式计算:

$$W = qF \tag{6-22}$$

式中 W——风力,kN;

　　　q——侧向计算风压,当受风面为平面时取 0.49 kN/m^2,当受风面为圆球或圆柱体的侧面时取 0.245 kN/m^2;

　　　F——侧向迎风面的投影面积,m^2。

5. 摩擦力

(1)纵向摩擦力

$$F_\text{纵摩} = 9.8\mu Q \tag{6-23}$$

式中 Q——货物的重量,t;

　　　μ——摩擦系数。

(2)横向摩擦力

$$F_\text{横摩} = \mu(9.8Q - Q_\text{垂}) \tag{6-24}$$

式中 $Q_\text{垂}$——货物的垂直惯性力,kN。

铁路常用摩擦系数如表 6-16 所示。

表 6-16　铁路常用摩擦系数表

摩擦接触面	μ 的取值	摩擦接触面	μ 的取值
木与木	0.45	橡胶垫与木	0.60
木与钢板	0.40	橡胶垫与钢板	0.50
木与铸钢	0.60	稻草绳把与钢板	0.50
钢板与钢板	0.30	稻草绳把与铸钢	0.55
履带走行机械与车辆木地板	0.70	稻草帘与钢板	0.44
橡胶轮胎与车辆木地板	0.63	草支垫与钢板	0.42

（八）货物稳定性的检验

1. 倾覆方面稳定性的检验

（1）当货物不进行任何加固时，由图 6-12 可见，货物免于纵向倾覆的稳定条件应为：

$$\eta_{纵倾} = \frac{稳定力矩}{纵向倾覆力矩} = \frac{9.8Qa}{Th} \geqslant 1.25 \qquad (6-25)$$

式中　Q——货物重量，t；

　　　　a——货物的纵向稳定力臂，即货物的纵向倾覆点至货物重心所在横向垂直平面的距离，mm；

　　　　T——货物的纵向惯性力，kN；

　　　　h——货物重心自倾覆点所在水平面起算的高度，mm。

（2）同理，货物免于横向倾覆的稳定条件应为：

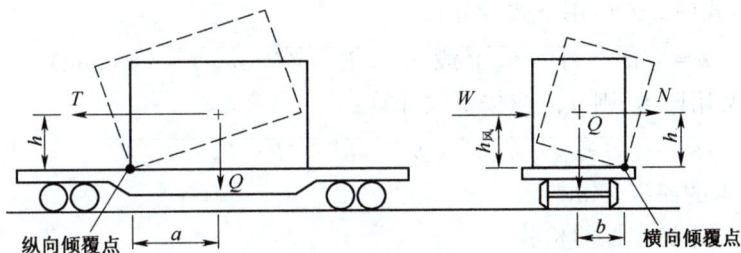

图 6-12　货物在车地板上倾覆趋势示意图

$$\eta_{横倾} = \frac{稳定力矩}{横向倾覆力矩} = \frac{9.8Qb}{Nh + Wh_{风}} \geqslant 1.25 \qquad (6-26)$$

式中　b——货物的横向稳定力臂，即货物的横向倾覆点至货物重心所在纵向垂直平面的距离，mm；

　　　　N——货物的横向惯性力，kN；

　　　　W——货物的风力，kN；

　　　　$h_{风}$——风力合力作用点自横向倾覆点所在的水平面起算的高度，mm。

（3）当货物加挡木进行加固时：

$$\eta_{纵倾} = \frac{稳定力矩}{纵向倾覆力矩} = \frac{9.8Qa}{T(h - h_{挡})} \geqslant 1.25$$

式中　$h_{挡}$——挡木高度，mm。

$$\eta_{横倾} = \frac{稳定力矩}{横向倾覆力矩} = \frac{9.8Qb}{N(h - h_{挡}) - W(h_{风} - h_{挡})} \geqslant 1.25$$

2. 滚动方面稳定性的检验

(1)如图 6-13 所示,货物免于纵向滚动的条件为:

$$\eta_{纵滚} = \frac{稳定力矩}{纵向滚动力矩} = \frac{9.8Qa}{T(R-h_{掩})} \geqslant 1.25 \tag{6-27}$$

式中　a——货物纵向滚动点至货物重心所在的横向垂直平面的距离,mm;

　　　R——货物或轮子的半径,mm;

　　$h_{掩}$——掩木的高度,mm。

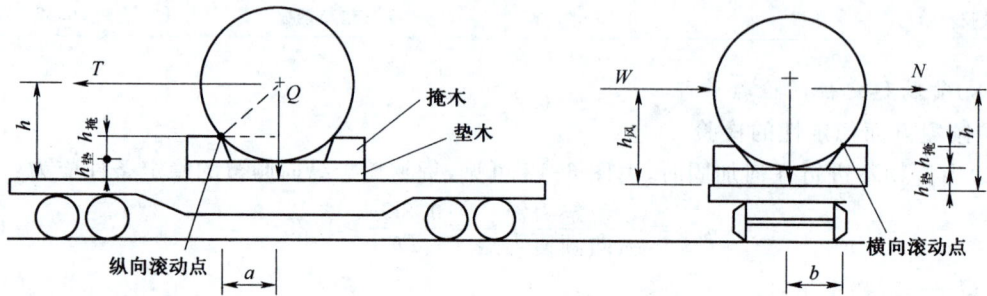

图 6-13　货物在车地板上滚动趋势示意图

(2)货物免于横向滚动的条件为:

$$\eta_{横滚} = \frac{稳定力矩}{横向滚动力矩} = \frac{9.8Qb}{(N+W)(R-h_{掩})} \geqslant 1.25 \tag{6-28}$$

式中　b——货物横向滚动点至货物重心所在的纵向垂直平面的距离,mm。

根据图 6-13,式中 a、b 可用下式计算:

$$a = \sqrt{R^2-(R-h_{掩})^2} \quad 或 \quad b = \sqrt{R^2-(R-h_{掩})^2} \quad (mm) \tag{6-29}$$

若既用掩木又用凹木,则 a、b 应按下式计算:

$$a = \sqrt{R^2-(R-h_{掩}-h_{凹})^2} \quad 或 \quad b = \sqrt{R^2-(R-h_{掩}-h_{凹})^2} \quad (mm) \tag{6-30}$$

式中　$h_{凹}$——凹木的深度,mm。

3. 水平移动方面稳定性的检验

(1)货物免于纵向水平移动的条件应为:

$$\eta_{纵移} = \frac{F_{纵摩}}{T} > 1 \tag{6-31}$$

为确保安全,在考虑横向加固时,将横向惯性力和风力之和加大了 25%。

(2)货物免于横向水平移动的条件为:

$$\eta_{横移} = \frac{F_{横摩}}{N+W} \geqslant 1.25 \tag{6-32}$$

由于货物的形状各异,所以对于一件具体的货物应综合考虑其不稳定因素,并分别进行校验,以确定是否需要进行加固。

(九)加固强度的计算

1. 铁线、钢丝绳

平底货物使用铁线、钢丝绳拉牵加固如图 6-14 所示。

拉牵绳需加固的力 $S_{拉}$ 分解出的三个分力与其关系为:

纵向水平分力:　　　　　　　$S_{纵} = S_{拉} \cos \alpha \cdot \cos \beta_{纵}$

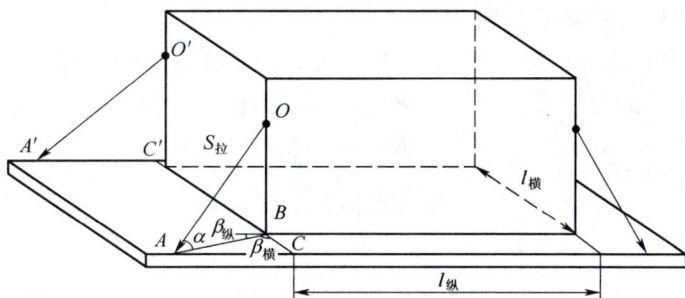

图 6-14　拉牵加固图

横向水平分力：
$$S_横 = S_拉 \cos \alpha \cdot \cos \beta_横$$

垂直分力：
$$S_垂 = S_拉 \sin \alpha$$

用边的比值可表示如下：

$$S_纵 = S_拉 \cdot \frac{AC}{AO} \qquad S_横 = S_拉 \cdot \frac{BC}{AO} \qquad S_垂 = S_拉 \cdot \frac{BO}{AO}$$

当同一方向采用 n 根拉牵绳时，每根拉牵绳应承受的力 $S_拉$ 按下述方法计算。

（1）防止货物纵向倾覆，加固的力为纵向水平分力和垂直分力，$S_拉$ 表示为：

$$S_{纵倾} = \frac{1.25Th - 9.8Qa}{n(l_纵 + AC)\dfrac{BO}{AO}} \qquad (\mathrm{kN}) \tag{6-33}$$

（2）防止货物横向倾覆，加固的力为横向水平分力和垂直分力，$S_拉$ 表示为：

$$S_{横倾} = \frac{1.25(Nh + Wh_风) - 9.8Qb}{n(l_横 + BC)\dfrac{BO}{AO}} \qquad (\mathrm{kN}) \tag{6-34}$$

（3）防止货物纵向水平移动，加固的力为纵向分力和纵向摩擦力，$S_拉$ 表示为：

$$S_{纵移} = \frac{T - F_{纵摩}}{n\dfrac{AC}{AO}} \qquad (\mathrm{kN}) \tag{6-35}$$

（4）防止横向水平移动，加固的力为横向分力和横向摩擦力，$S_拉$ 表示为：

$$S_{横移} = \frac{1.25(N + W) - F_{横摩}}{n\dfrac{BC}{AO}} \qquad (\mathrm{kN}) \tag{6-36}$$

式中　n——同一方向采用的拉牵绳根数；

　　　$l_纵$——B 点至货物纵向倾覆点的距离，mm；

　　　$l_横$——B 点至货物横向倾覆点的距离，mm。

因为拉牵绳既要防止货物倾覆，又要防止货物移动，所以，每根拉牵绳应承受的力为：

$$S_拉 = \max\{S_{纵倾}, S_{横倾}, S_{纵移}, S_{横移}\} \tag{6-37}$$

若用 8 号镀锌铁线作拉牵绳，由于需多股扭合而成，考虑各股铁线受力不均匀，则每根拉牵绳需要的股数（$n_股$）应按下式计算：

$$n_股 = \frac{S_拉}{0.9P_许} \qquad (股) \tag{6-38}$$

式中　$P_许$——每股铁线的许用应力，kN。

2. 腰箍

采用腰箍加固货物，每道腰箍应承受的力的计算如下。

（1）顺向卧装圆柱形货物的加固

腰箍加固圆柱形货物如图 6-15 所示。顺向卧装的圆柱形货物可能发生的是横向滚动，防止货物横向滚动，加固的力为腰箍的垂直分力，每道腰箍应承受的力 $P_{腰}$ 表示为：

$$p_{横滚}=\frac{1.25(N+W)(R-h_{掩}-h_{凹})-9.8Qb}{2nb\dfrac{EF}{EG}} \qquad (kN) \qquad (6\text{-}39)$$

式中　n——采用的下压腰箍根数。

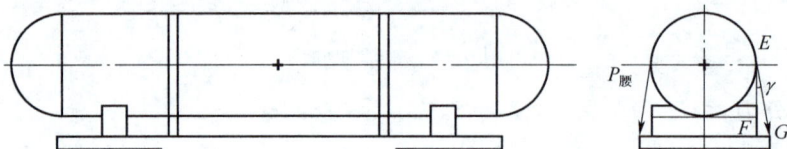

图 6-15　腰箍下压加固圆柱形货物示意图

$P_{腰}$—下压腰箍需加固的力；E—下压腰箍与圆柱形货物的切点；EF—E 到车地板的距离；EG—E 到货物拴结点的距离；γ—拉牵绳与 E 点所在纵向垂面的夹角。

防止货物纵向水平移动，加固的力为腰箍的垂直分力和纵向摩擦力，$P_{腰}$ 表示为：

$$P_{纵移}=\frac{T-F_{纵摩}}{2n\mu\dfrac{EF}{EG}} \qquad (kN) \qquad (6\text{-}40)$$

防止货物横向水平移动，加固的力为腰箍的垂直分力和横向摩擦力，$P_{腰}$ 表示为：

$$P_{横移}=\frac{1.25(N+W)-F_{横摩}}{2n\mu\dfrac{EF}{EG}} \qquad (kN) \qquad (6\text{-}41)$$

采用腰箍加固后，应既可防止货物发生滚动，又可防止货物发生移动，故每道腰箍应承受的力为：

$$P_{腰}=\max\{S_{横滚},S_{纵移},S_{横移}\} \qquad (kN) \qquad (6\text{-}42)$$

（2）箱形货物的加固

当箱形货物无拴结点时，可采用腰箍加固，如图 6-16 所示，腰箍可防止箱形货物发生倾覆和移动。

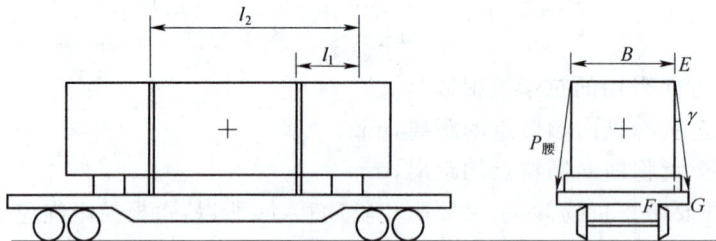

图 6-16　腰箍加固箱形货物示意图

$P_{腰}$—下压腰箍需加固的力；E—下压腰箍与货物的接触点；EF—E 到车地板的距离；EG—E 到货物拴结点的距离；γ—下压腰箍与 E 点所在纵向垂面的夹角。

防止货物纵向倾覆，加固的力为腰箍在垂直方向的分力，每道腰箍应承受的力 $P_{纵倾}$ 表示为：

$$P_{纵倾}=\frac{1.25Th-9.8Qa}{2n\dfrac{EF}{EG}(l_1+l_2+\cdots+l_n)} \qquad (kN) \qquad (6\text{-}43)$$

防止货物横向倾覆,加固的力为腰箍在垂直方向的分力,每道腰箍应承受的力 $P_{横倾}$ 表示为:

$$P_{横倾} = \frac{1.25(Nh + Wh_风) - 9.8Qb}{n \dfrac{EF}{EG} B} \quad (kN) \tag{6-44}$$

式中 n——采用的下压腰箍根数;

$l_纵$——B 点至货物纵向倾覆点的距离,mm;

$l_1, l_2, \cdots, l_n$——腰箍各垂直分力到货物纵向倾覆点的距离,mm;

B——腰箍垂直分力到货物横向倾覆点的距离,mm。

防止货物纵向、横向水平移动同式(6-40)、式(6-41)。

采用腰箍加固后,应既可防止货物发生滚动,又可防止货物发生移动,故每道腰箍应承受的力为:

$$P_腰 = \max\{S_{纵倾}, S_{横倾}, S_{纵移}, S_{横移}\} \quad (kN) \tag{6-45}$$

若用钢丝绳作腰箍,钢丝绳的破断拉力应不低于 $2P_腰$;若用扁钢带作腰箍,扁钢带的断面积应为:

$$F \geqslant \frac{10P_腰}{[\delta]} \quad (cm^2) \tag{6-46}$$

式中 $[\delta]$——扁钢带的许用应力,MPa,普通碳素钢许用应力 $[\delta]$ 取 140 MPa。

3. 挡木

使用挡木防止货物发生移动时,钉子的数量计算如下。

防止货物纵向移动 $$I_纵 = \frac{T - F_{纵摩}}{nS_钉} \tag{6-47}$$

防止货物横向移动 $$I_横 = \frac{1.25(N + W) - F_{横摩}}{nS_钉} \tag{6-48}$$

式中 I——钉子的数量;

n——挡木根数;

$S_钉$——钉子的容许载荷,kN。

4. 焊接加固

当用铁地板长大货物车装运的货物,可以采用在货物周围加焊钢挡的方法防止货物移动。在货物同一端或同一侧加焊钢挡的数量取决于需要钢挡承受的力 ΔT 或 ΔN,在同一端(或同一侧)可以焊一个、两个或三个、四个钢挡。钢挡的加固强度取决于钢挡与车底板间的焊缝长度。

同一端(或同一侧)焊 n 个钢挡时,每个钢挡需要的焊缝长度 l 可按下式计算:

防止纵向移动 $$l_纵 \geqslant \frac{10\Delta T}{0.7nK[\tau]} \quad (cm) \tag{6-49}$$

防止横向移动 $$l_横 \geqslant \frac{10\Delta N}{0.7nK[\tau]} \quad (cm) \tag{6-50}$$

式中 $l_纵$——防止纵向位移的焊缝长度,cm;

$l_横$——防止横向位移的焊缝长度,cm;

K——焊缝高度。cm;

ΔT——纵向需加固的力,kN;

ΔN——横向需加固的力，kN；

$[\tau]$——焊缝的许用剪切应力，MPa，一般取 60～70 MPa。

三、案例模块

（一）货物重心水平位置的确定

【案例 6-1】 一件货物重 52 t，长 12 000 mm，货物重心距货物一端为 7 100 mm，选用 N_{17} 型 60 t 平车（车地板长 13 000 mm，销距 l 为 9 000 mm）一辆装载，距重心较远的货端与车地板平齐，试问该装载方法是否符合重心纵向位移的技术条件？

【解】 由题意可知，$a_实 = 7\,100 - \dfrac{13\,000}{2} = 600（\text{mm}）$

$$P_标 - Q = 60 - 52 = 8（\text{t}），P_标 - Q < 10\ \text{t}$$

则 $a_容 = \left(\dfrac{P_标}{2Q} - 0.5\right)l = \left(\dfrac{60}{2 \times 52} - 0.5\right) \times 9\,000 = 692.30 \approx 692（\text{mm}）$

因为 $a_实 < a_容$，所以该装载方式符合货物重心纵向位移的技术条件。

【案例 6-2】 用标重 60 t 的平车装载货物一件，$Q_主 = 40$ t，$b_主 = 200$ mm，在车辆纵中心线的另一侧装载配重货物一件，$Q_配 = 10$ t。试问当配重货物重心偏离纵中心线多远时，才能使总重心：（1）位于车辆纵中心线上；（2）距车辆纵中心线为 100 mm；（3）距车辆纵中心线大于 0 mm 且小于 100 mm？

【解】 （1）总重心位于车辆纵中心线上，即 $b = 0$ mm。

$$b_总 = \dfrac{Q_主\,b_主 - Q_配\,b_配}{Q_主 + Q_配}$$

$$b_配 = \dfrac{Q_主\,b_主}{Q_配} = \dfrac{40 \times 200}{10} = 800（\text{mm}）$$

（2）总重心距车辆纵中心线 100 mm，即 $b = 100$ mm。

$$b_配 = \dfrac{Q_主 \times b_主 - 100(Q_主 + Q_配)}{Q_配}$$

$$= \dfrac{40 \times 200 - 100 \times (40 + 10)}{10}$$

$$= 300（\text{mm}）$$

（3）总重心距车辆纵中心线大于 0 mm 且小于 100 mm，即 0 mm $< b <$ 100 mm，则得 300 mm $< b_配 <$ 800 mm。

（二）重车重心高的确定

【案例 6-3】 工业设备一件，重 30 t，重心高 2 162 mm，原拟用 N_{60} 型 60 t 平车（$Q_车 = 18$ t，$h_车 = 715$ mm，$h_地 = 1\,170$ mm）装载。装车后，重车重心高为 2 351 mm。装车前还承运了二批同一到站的货物，货$_1$ 重 20 t，重心高 1 000 mm；货$_2$ 重 25 t，重心高 500 mm。车站还有标重 60 t 的 N_{12} 型（$Q_车 = 20.5$ t，$h_车 = 720$ mm，$h_地 = 1\,180$ mm）车辆可供选择。

试问：能否采取配重措施将重车重心降至 2 000 mm 以内？假定以上货物均可直接装于车地板上，车地板上有足够的装载位置。

【解】 因为货$_2$ 比货$_1$ 重量大，重心低，所以选择货$_2$ 为配重货物。

（1）用原 N_{60} 型 60 t 平车，采用 25 t 的货物作为配重货物，则配重后重车重心高为：

$$H = \frac{Q_{车} h_{车} + Q_{货} h_{货} + Q_{配} h_{配}}{Q_{车} + Q_{货} + Q_{配}}$$

$$= \frac{18 \times 715 + 30 \times (2\ 162 + 1\ 170) + 25 \times (500 + 1\ 170)}{18 + 30 + 25}$$

$$\approx 2\ 118 (\text{mm}) > 2\ 000\ \text{mm}$$

(2)换用 N_{12} 型 60 t 平车,采用 25 t 的货物作为配重货物,则配重后重车重心高为:

$$H = \frac{Q_{车} h_{车} + Q_{货} h_{货} + Q_{配} h_{配}}{Q_{车} + Q_{货} + Q_{配}}$$

$$= \frac{20.5 \times 720 + 30 \times (2\ 162 + 1\ 180) + 25 \times (500 + 1\ 180)}{20.5 + 30 + 25}$$

$$\approx 2\ 080 (\text{mm}) > 2\ 000\ \text{mm}$$

因此,该件货物在现有的车种和配重物的情况下,不能采用配重措施将重车重心高降至 2 000 mm 以内。

(三)货物免于集中装载

【案例 6-4】　一件货物重 45 t,货物支重面长度 1 900 mm,使用 N_{17} 平车如何装载?

【解】　查表 6-9,货物中 45 t,要求车辆负重面长度 4 000 mm,而货物支重面长度仅有 1 900 mm,不符合直接装载的要求,但可在货物底部加横垫木,两横垫木之间最小距离应当是 2 000 mm,而货物支重面长度只有 1 900 mm,还需在货物与横垫木之间加纵垫木。

【案例 6-5】　用 C_{62A} 装载,均布载荷时,车辆负重面长度 3 000 mm,车辆负重面宽度 2 400 mm,最大容许载重量是多少?

【解】　查表 6-12,车辆均布载荷,负重面长度 3 000 mm,宽度 2 400 mm 时,车辆最大容许载重量 16 t。

(四)超限等级计算

【案例 6-6】　长方形塔式起重机座一件,重 45 t,长 9 000 mm,宽 3 800 mm,高 1 400 mm 使用 N_{17} 型 60 t 平车装运,货物底部选用高度为 140 mm 的横垫木 2 根。装载方法如图 6-17 所示。N_{17} 型车数据:$l = 9\ 000\ \text{mm}$,$h_{车地板} = 1\ 209\ \text{mm}$。试计算超限等级。

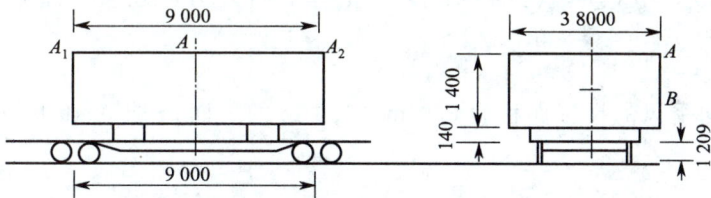

图 6-17　塔式起重机座装载示意图(单位:mm)

【解】　(1)标计算点

在端视图上 A、B 两点均在 1 250 mm 以上,应标上不标下,计算点应标在 A 点。

(2)选择检定断面

A 点在侧视图上相对应的点为 A_1、A_2,高度相同、宽度相同,均在两销间,应选近不选远,检定断面应在两销间中央部位 A 处。

(3)确定计算点的高度和宽度

A 点应计算 X_1

$$X_1 = B_1 = C_1 - 36 = B_1 + \frac{l^2}{8R} - 36 = 1\,900 + \frac{9^2}{2.4} - 36 = 1\,897.75 \text{ (mm)} \approx 1\,898 \text{ mm}$$

计算宽度小于实测宽度时,按实测宽度 X_1 取 1 900 mm。

$$H = h_车 + h_垫 + h_货 = 1\,209 + 140 + 1\,400 = 2\,749 \text{ (mm)}$$

(4)根据计算点的宽度和高度: $X_1 = 1\,900$ mm, $H = 2\,749$ mm。

查《超规》附件四,该货物属于中部一级超限。

(五)运行中作用于货物上的力的计算

【案例 6-7】 某站用标重为 60 t 的 N_{16} 型车装运木质箱型均重货物一件,货重 20 t,外部尺寸 8 000 mm×2 400 mm×1 800 mm,货物均匀对称顺装,装后货物重心投影落在车底板的中央处,试计算作用于运行中货物上的各种力的大小。

【解】 N_{16} 型车自重为 19.7 t,车辆销距为 9 300 mm。各种力的数值计算如下。

(1)纵向惯性力

因为 N_{16} 型车车底板为木底,货物也为木质,所以加固方式拟用柔性加固。由式(6-14)、式(6-15)得:

$$
\begin{aligned}
T &= t_0 Q \\
&= (0.001\,2Q_总^2 - 0.32Q_总 + 29.85)Q \\
&= [0.001\,2 \times (19.7+20)^2 - 0.32 \times (19.7+20) + 29.85] \times 20 = 380.746 \quad \text{(kN)}
\end{aligned}
$$

(2)横向惯性力

因为 $a = 0$,所以:

$$N = n_0 Q = \left(2.82 + 2.2\frac{a}{l}\right)Q = 2.82 \times 20 = 56.400 \text{ (kN)}$$

(3)垂直惯性力

因为采用的是普通平车装运,所以:

$$Q_垂 = q_垂 Q = \left(3.54 + 3.78\frac{a}{l}\right)Q = 3.54 \times 20 = 70.800 \text{ (kN)}$$

(4)风力

因为货物侧向受风的投影面积为 8.0 m×1.8 m 的平面,q 取 0.49 kN/m^2,所以由式(6-22)得:

$$W = qF = 0.49 \times 8.0 \times 1.8 = 7.056 \text{ (kN)}$$

(5)摩擦力

因为 N_{16} 型车车底板为木底,货物也为木质,所以查表 6-16,μ 取 0.45,由式(6-23)、式(6-24)得:

$$F_纵摩 = 9.8\mu Q = 9.8 \times 0.45 \times 20 = 88.200 \text{ (kN)}$$

$$F_横摩 = \mu(9.8Q - Q_垂) = 0.45(9.8Q - Q_垂) = 0.45 \times (9.8 \times 20 - 70.800) = 56.340 \text{ (kN)}$$

(六)货物稳定性的检验

【案例 6-8】 铸钢结构圆柱形货物一件,货重 12 t,长 17 000 mm,直径 3 200 mm,采用

N_{16} 型车一车负重,均匀顺向卧装,两端用同样车型作游车,货物下面垫凹口深为 8 mm,凹部高为 150 mm 的凹木,两凹木中心线间距与车辆转向架中心销间距相等,凹木上钉高为 150 mm 的掩木,试检验该货物在滚动方面的稳定性。

【解】　因为该货物是顺向卧装,只有可能发生横向方面的滚动,故只检验此方面的稳定性。

(1)计算力值

$$N = n_0 Q = \left(2.82 + 2.2\,\frac{a}{l}\right)Q = 2.82 \times 12 = 33.840\ (\text{kN})$$

$$W = qF = 0.245 \times 17 \times 3.2 = 13.328\ (\text{kN})$$

(2)检验货物稳定性

$$b = \sqrt{R^2 - (R - h_{掩} - h_{凹})^2} = \sqrt{1\ 600^2 - (1\ 600 - 150 - 8)^2} \approx 693\ (\text{mm})$$

$$\eta_{横滚} = \frac{9.8Qb}{(N+W)(R - h_{掩} - h_{凹})} = \frac{9.8 \times 12 \times 693}{(33.840 + 13.328) \times (1\ 600 - 150 - 8)} \approx 1.2 < 1.25$$

计算表明,该货物可能发生横向滚动,需在横向进行加固。

【案例 6-9】　某站用标重为 60 t 的 N_{16} 型车装运木质箱型均重货物一件,货重 20 t,外部尺寸 8 000 mm×2 400 mm×1 800 mm,货物均匀对称顺装,装后货物重心投影落在车底板的中央处。试确定货物是否会发生移动?

【解】　经计算得知:纵向惯性力 $T = 380.746$ kN,横向惯性力 $N = 56.400$ kN,风力 $W = 7.056$ kN,纵向摩擦力 $F_{纵摩} = 88.200$ kN,横向摩擦力 $F_{横摩} = 56.340$ kN。

纵向　$\eta_{纵移} = \dfrac{F_{纵摩}}{T} = \dfrac{88.200}{380.746} < 1$

横向　$\eta_{横移} = \dfrac{F_{横摩}}{N+W} = \dfrac{56.340}{58.400 + 7.056} < 1.25$

计算表明,该货物纵横方向均可能发生移动,需要加固。

由于货物的形状各异,所以对于一件具体的货物应综合考虑其不稳定因素,并分别进行校验,以确定是否需要进行加固。

(七)加固强度计算举例

【案例 6-10】　水闸一件,重 18 t,支重面长 11 610 mm,货物全长 12 850 mm,宽 2 590 mm,中心高 3 380 mm,一侧高 3 280 mm 处,左右各宽 1 295 mm,重心高 1 718 mm。水闸为梯形,两侧各有两个捆绑环,共有 4 个捆绑环。使用标重为 60 t 的 N_{12} 型车对称装载,如图 6-18 所示。试确定该货物的加固方法及加固材料强度。

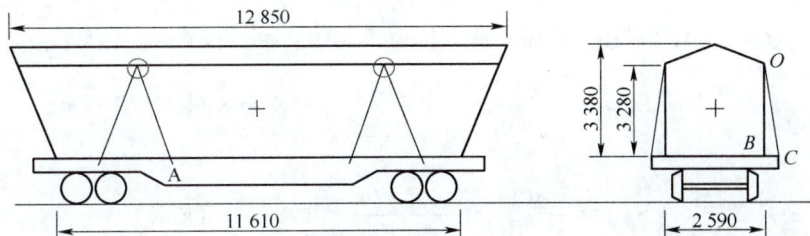

图 6-18　水闸装载加固示意图(单位:mm)

【解】　N_{12} 型车:自重 20.5 t,长 12 500 mm,宽 3 070 mm,木地板。货物重心投影落在车

辆中央,所以 $a=0$。货物与车地板为钢板与木,摩擦系数取 0.4。

(1)计算各种力的数值

①纵向惯性力

$$T=t_0Q=(0.001\ 2Q_{总}^2-0.32Q_{总}+29.85)Q=348.377\ (kN)$$

②横向惯性力

$$N=n_0Q=\left(2.82+2.2\frac{a}{l}\right)Q=2.82\times18=50.760\ (kN)$$

③垂直惯性力

$$Q_{垂}=q_{垂}Q=\left(3.54+3.78\frac{a}{l}\right)Q=3.54\times18=63.720\ (kN)$$

④风力

$$W=qF=0.49\times\frac{(12.85+11.61)\times3.38}{2}=20.255\ (kN)$$

⑤摩擦力

纵向　$F_{纵摩}=9.8\mu Q=9.8\times0.4\times18=70.560\ (kN)$

横向　$F_{横摩}=\mu(9.8Q-Q_{垂})=0.4\times(9.8\times18-63.720)=45.072\ (kN)$

(2)检验货物的稳定性

①倾覆方面

纵向　$\eta_{纵倾}=\dfrac{9.8Qa}{Th}=\dfrac{9.8\times18\times\dfrac{11\ 610}{2}}{348.377\times1\ 718}=1.71>1.25$

横向　$\eta_{横倾}=\dfrac{9.8Qb}{Nh+Wh_{风}}=\dfrac{9.8\times18\times\dfrac{2\ 590}{2}}{50.760\times1\ 718+20.255\times1\ 718}=1.87>1.25$

②水平移动方面

纵向　$\Delta T=T-F_{纵摩}=348.377-70.560=277.817\ (kN)$

横向　$\Delta N=1.25(N+W)-F_{横摩}=1.25\times(50.760+20.255)-45.072=43.679\ (kN)$

计算结果表明,该货物不会倾覆,但要发生纵横方向的水平移动,需在此方面加固。

(3)加固方法及加固强度的确定

考虑货物上有捆绑环,采用拉牵加固比较易操作。

如图 6-18,$OB=3\ 280$ mm,$BC=\dfrac{2\ 980-2\ 590}{2}=195$ mm,根据 N_{17} 型车丁字铁、支柱槽的位置确定 $AC=1\ 000$ mm,则:

$$AO=\sqrt{AC^2+BC^2+BO^2}=\sqrt{1\ 000^2+195^2+3\ 280^2}\approx3\ 435\ (mm)$$

$$S_{纵移}=\frac{\Delta T}{n\cdot\dfrac{AC}{AO}}=\frac{277.817}{4\times\dfrac{1\ 000}{3\ 435}}=238.568\ (kN)$$

$$S_{横移}=\frac{\Delta N}{n\cdot\dfrac{BC}{AO}}=\frac{43.679}{4\times\dfrac{195}{3\ 435}}=192.435\ (kN)$$

考虑横向上需加固材料承受的力太大,在纵向上货物两侧分别采用 4 根 400 mm×100 mm×100 mm 的挡木加固,每根挡木用直径为 8 mm,长 250 mm 的铁钉 3 颗钉固。

每颗铁钉的容许负载 $S_钉=2.5$ kN，则 $S_挡=nIS_钉=4×3×2.5=30$ （kN），需拉牵绳承受的纵向力为 $S_{纵移}=\dfrac{\Delta T}{n\dfrac{AC}{AO}}=\dfrac{277.817-30}{4×\dfrac{1\,000}{3\,435}}=212.807$ （kN）

若用镀锌铁线作拉牵绳，需要的股数太多，不易操作。

选用钢丝绳作拉牵绳，钢丝绳的破断拉力应大于 $2S_拉=2×212.807$ （kN），查表，其规格应为直径 22 mm，破断拉力为 248 kN，公称抗拉强度 1 670 MPa 规格 $6×19$ 钢丝绳 2 根。

四、实习训练模块

（一）货物重心水平位置的确定

一件均重货物重 45 t，长 15 m，宽 2 m，高 1.8 m，拟用 N_{16} 平车装运，垫木高度为 200 mm。试确定经济合理的装车方案。

（二）重车重心高的确定

一件货物重量 30 t，使用 N_{17} 平车一辆装载，装车后重车重心高度 2.03 m。为使重车重心高度降至 2 m 以内，选用一件重量 15 t 的货物配重，试计算配重货物本身最大的重心高度。

（三）货物免于集中装载

1. 货物重 45 t，长 3 000 mm，使用 N_{17} 平车如何装运？

2. 使用 C_{70} 装载，对称集中载荷时，两横垫木中心线之间距离为 5 000 mm，横垫木长度为 2 400 mm 时，最大容许载重量是多少？

（四）超限等级的确定

钢梁一件重 40 t，长 15 000 mm，宽 3 400 mm，高 2 000 mm。使用 N_{60} 60 t 平车纵向一段突出、横向对称装运，用 60 t 平车一辆作游车，使用垫木高度 1 800 mm。试计算超限等级。N_{60} 平车数据：$l=9\,300$ mm，$L_车=13\,000$ mm，$h_车=1\,170$ mm。

（五）作用于货物上的各种力的计算

圆柱形货物一件重 40 t，长度 8 000 mm，直径 4 200 mm，使用 N_{60} 装运，货物重心投影于车底板中央。计算作用在货物上的各种力。

（六）货物加固方案及加固材料的确定

圆形过滤器一件，如图 6-19 所示，重 15 t，全长 8 210 mm，支重面长 5 300 mm，直径为 4 060 mm，重心位于圆心高度处，中心高 4 130 mm（包括 70 mm 的钢垫架），试确定加固方法及加固材料的强度。

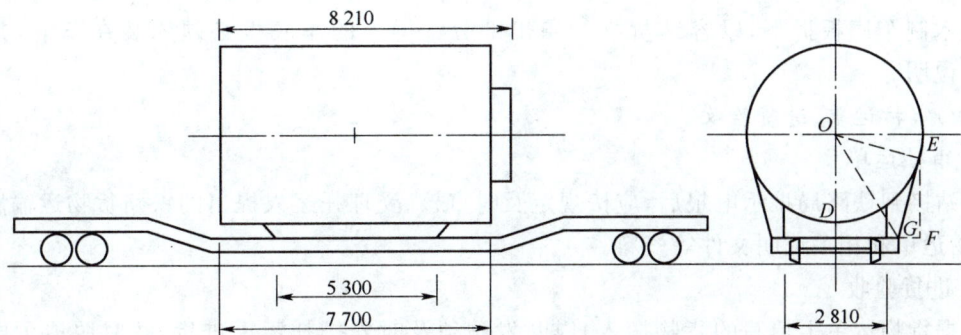

图 6-19 圆形过滤器装载加固示意图（单位：mm）

任务 2　阔大货物运输组织

[学习目标]　掌握超长、集重、超限货物的货物运输组织方法。

[学习要求]　理会《加规》《超规》关于阔大货物运输的相关规定,并能运用规章解决实际问题。

[工作任务]　办理超长、集重、超限货物的托运、受理、承运;确定阔大货物运输条件;阔大货物装车;阔大货物加固;填制《超限、超重货物托运说明书》《超限、超重货物运输记录》;编制超限货物运输的请示文电和批复文电。

[需要工具和设备]　《加规》《超规》、货物运单、《货票》样张、货车主要技术参数表、阔大货物模型、平车模型、卷尺、水平仪、铅锤、《超限、超重货物托运说明书》《超限、超重货物运输记录》、铁路电报。

[教学环境]　货运综合演练室,模拟铁路货场,理实一体化教室。

一、技术模块

(一)超限、超重货物托运办理

托运超限货物时,托运人除应根据批准的要车计划向车站提出货物运单外,还应提供以下相应的资料。

(1)托运超限货物说明书。

(2)货物外形尺寸三视图,并以"＋"号标明货物重心位置。

(3)有计划装载、加固计算根据的图纸和说明。

(4)自轮运转超限货物,应有自重、轴数、轴距、固定轴距、长度、转向架中心销间距离、制动机型式及限制条件。

(二)超限、超重货物托运受理

托运人提供的货物技术资料及相关证明文件齐全有效、符合规定,且货物发到站(含专用线、专用铁路)具备超限、超重承运人资质的,发站应给予受理。

(三)选择装车方案

车站对托运人托运的货物应进行装车前测量。根据货物外形情况研究顺装、横装或立装等方案,以确定最有利的装载方法。必要时应采取改变货物包装、解体货体或某个部件的措施,以降低超限等级。货物如不能解体,为通过个别区段的建筑限界,经铁路局确定,准许将木制车底板拆下,以容纳货物的突出部分。拆下的车底板必须原装在车上,并应在运单内说明。

(四)审核运单、进货验收

1. 审核运单

发站接到铁路局批示电报后,应按规定及时审核、受理托运人提出的铁路货物运输服务订单、货物运单和相关证明文件等资料。

2. 进货验收

根据货物运单上填写的货物搬入日期,发站须及时安排托运人进货,并对照请示电报核查、确认待装货物的外形尺寸、重心位置和重量等。

（五）装车组织

1. 装车前工作

①发站接到批复的文电后，应严格按批复的文电内容和要求选择车辆。

②标画货车纵、横中心线。

③货物装车前应按货物重心的位置，在货物的两端或两侧，标画货物纵、横重心的垂直线。

2. 装车后工作

装车后在货物或车辆上标画检查线；在货物两侧标示"？级超限"，书写困难时亦可挂"级超限货物检查牌"。

需要限速运行的货物和自有动力行驶的机车，记明铁路局承认命令。

对某些特殊要求的货物，在运单、票据封套、列车编组顺序表及车牌上注明"超限货物"、"连挂车组不得分摘"、"限速××公里"、"禁止溜放"等字样。

装车完毕后，按规定需要"禁止溜放"的货车，应在货车两侧插挂表示牌。

3. 超限货物运输记录

车站装车后要以批示文电为依据进行复测，复测应与上级批准的计划装车尺寸相符，对复测后各超限部位的尺寸，以及运输有关事项，车站应会同工务、车辆等有关部门确认与实际情况相符无误后，填入"超限货物运输记录"，否则应另行请示。途中货物检查时，应将检查结果填记在超限货物运输记录乙页背面。

（六）超限车的运行

1. 选择挂运方案

对超限程度大的超限货物，在最短径路通行有困难时，为了通过限制区段，在装载方法和货物本身无法解决时，可采取下列措施组织运输：

（1）绕路运输。

（2）反方向行车。

（3）改变建筑物和固定设备。

2. 超限车的挂运

（1）车站挂运工作

①运行上有限制条件的超限货物列车，除有特殊指示外，禁止编入直达、直通列车。对限期到达、反方向行车和特别批准的超限车，允许专开超限列车。

②发站装车完毕并复核确认符合批示电报条件后，应及时向铁路局调度所拍发超限、超重车辆挂运请示电报。

③当接到调度所下达的调度通知时，应交给列车乘务员。

④车站固定到发线。

（2）调度指挥工作

①在挂运和接运超限车以前，调度所应将管内的具体运行条件，以调度命令通知有关站、段，以便做好准备工作。

②跨及两个调度所时，挂运车次、办法应争得相邻调度所的同意。

③相邻调度所间的预确报内容应包括挂运车次、批示文电号码、车种、车号、到站、品名、超限等级和有关注意事项。

3. 超限车的运行

（1）超限列车的会车条件

挂有超限车的列车运行在复线、多线及并行的单线区间的直线地段与邻线列车会车时：

邻线列车运行速度小于 120 km/h 的，两运行列车之间的最小距离大于 350 mm 者不限速，300 mm 至 350 mm 之间者运行速度不得超过 30 km/h，小于 300 mm 者禁止会车。

邻线列车运行速度大于等于 120 km/h 小于 160 km/h 的，两运行列车之间的最小距离大于 450 mm 者不限速，400 mm 至 450 mm 之间者运行速度不得超过 30 km/h，小于 400 mm 者禁止会车。

邻线列车运行速度大于等于 160 km/h 小于 200 km/h 的，两运行列车之间的最小距离大于 550 mm 者不限速，500 mm 至 550 mm 之间者运行速度不得超过 30 km/h，小于 500 mm 者禁止会车。

曲线地段与邻线列车会车必须根据规定相应加宽。

挂有超限车的列车在 CTCS—2 级区段的区间禁会动车组。

(2)超限列车与建筑限界间距离对运行速度的影响

超限列车中的超限货物应考虑其与实际建筑限界的距离，尤其是超级超限货物。

①超限货物的任何部位与限界距离在 100～150 mm 之间时，时速不得超过 15 km。

②超限货物的任何部位与限界距离在 150～200 mm 之间时，时速不得超过 25 km。

③超限货物的任何部位与限界距离不足 100 mm 时，由铁路局根据实际情况规定运行办法。

(七)超限车的检查

由于超限列车在运行中受到各种力的影响，不可避免地有时会发生移动。为了确保行车安全，除在发站开车前认真检查外，途经区段站、编组站或途中指定的检查站，应按下列内容检查超限车是否符合要求。

1. 货运检查的主要内容

(1)货物列车中货物装载、加固状态。

(2)《铁路超限货物运输规则》规定的事项。

(3)《铁路货车超偏载检测装置运用管理办法》规定的内容。

2. 重点检查、确认内容

(1)有无超限、超重货物运输记录及其填写是否完整。

(2)货物两侧明显位置，是否有超限、超重等级标识。

(3)是否标画有检查线货物有无移动，加固材料是否有松动和损坏。

(4)车辆转向架左右旁承游间不得为零。

检查确认后，须在超限、超重货物运输记录上记录检查结果，并签章。

(八)超限、超重货物到达作业

超限、超重货物到站应根据批示电报正确选择、确定卸车地点和货位，科学制定卸车方案，严格加强卸车组织，确保安全。

收货人组织自卸的，车站应与收货人签订自卸车协议，明确安全责任，并在卸车前与收货人办理完货物交付手续。

二、案例模块

(一)超限、超重货物测量

1. 装车前测量

（1）长度

测量货物最大长度和支重面的长度，如图 6-20 所示。

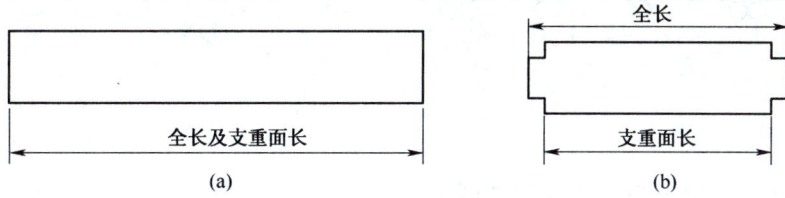

图 6-20 货物全长及支重面长

（2）高度

由底部支重面起，测量货物中心高度和侧高度，如图 6-21 所示。

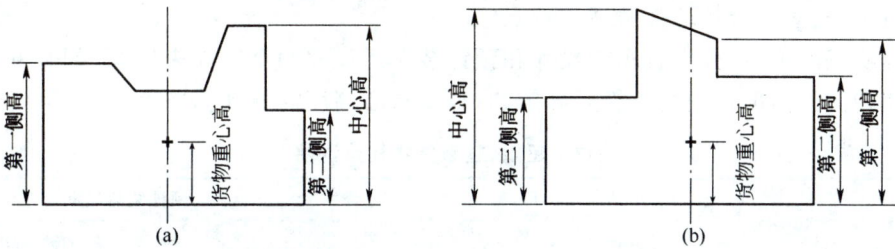

图 6-21 货物装车前测量货物高度

（3）宽度

由货物的重心所在的纵向垂直平面起，测量中心高度处的宽度和不同侧高度处的宽度，如图 6-22 所示。

货物为圆形，中心高度为直径，中心宽左右为零，最大宽度为半径。

货物上部为圆弧形，应测量并记录为自 h（mm）以上为半径 R（mm）的圆弧。货物上部为椭圆形，可选定几个高度分别测量其不同高度和宽度，如图 6-23 所示。

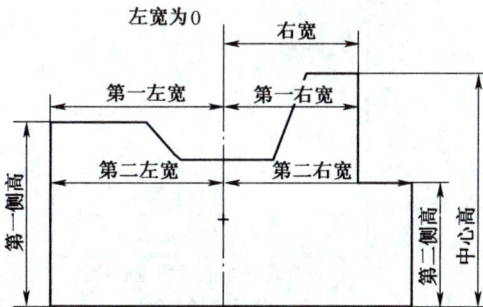

图 6-22 装车前宽度的测量

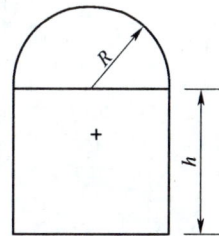

图 6-23 圆弧形货物

2. 装车后测量

（1）长度

突出装载时，测量突出车辆端梁外方的长度。如两端突出不相等时，应分别测量。跨装时，测量跨装支距的长度和分别测量两支点外方的长度，如图 6-24 所示。

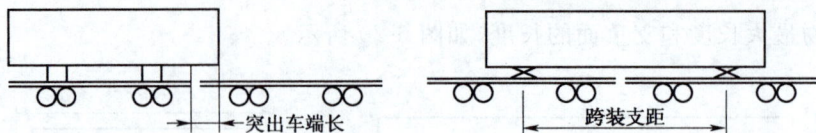

图 6-24　装车后测量货物长度

（2）高度

由轨面起测量货物中心高度和侧高度。

货物装车后，计算点低于 1 250 mm 或使用凹型车、落下孔车装运时，应测量货物计算点至轨面的高度。

（3）宽度

由车辆纵中心线所在的纵向垂直平面起分别测量中心高度和不同侧高度处的左侧和右侧宽度。

（二）超限、超重货物托运说明书

托运说明书的填写，分为装车前尺寸和预计装车后尺寸两个方面来填写，如表 6-17 所示。其中垫木和转向架高度是经过计算后确定的；重车重心高度需要计算取得。

表 6-17　超限、超重货物托运说明书

发局		装车站		预计装后尺寸			
到局		到站		由轨面起高度		由车辆纵中心线起	
品名		件数				左宽	右宽
每件重量		总重量	重心位置		中心高		
货物长度		支重面长度			侧高		
高度	中心高	由线路纵中心线起的宽度	左	右	侧高		
	侧高		左	右	侧高		
	侧高		左	右	侧高		
	侧高		左	右	侧高		
要求使用车种		标记载重		侧高			
装卸时的要求							
其他要求				车地板高度			
				垫木或转向架高度			
				预计装在车上货物重心位置距轨面的高度			
				重车重心高度			

注：粗线栏内由铁路填记

　　发货单位　　　　　盖记　　　　年　　　月　　　日提出

（三）请示文电、批示文电、运输记录的填写

1. 请示电报

车站装运超限货物必须向上级有关业务部门（铁道部、铁路局）发请示文电，其内容为：

(1)到站、到达局、品名、件数、重量和收货人。

(2)货物外形(包括固定包装和加固装置)尺寸。

(3)跨装时,应说明支距长度,突出支点两端的长度和宽度,以及使用货物转向架的高度。

(4)突出车辆端梁装载时,应说明在负重车辆上垫木的高度。

(5)自轮运转的货物,应有自重、轴数、轴距、固定轴距、长度、转向架中心销间距离、制动机形式及限制条件。

2. 车站请示文电范围(如表 6-18 所示)

(1)到站为自局管内的各级超限货物,应向铁路局请示。

(2)到站为跨及四局以上的超级超限货物,以及通过普通电气化区段,其装后高度超过 5 150 mm 和装后高度在 5 000～5 150 mm 之间,但其左侧或右侧宽度超过 750 mm 的超级超限货物,均应报铁路局,由铁路局审核后向铁道部请示。

3. 批示电报

批示电报内容为:

(1)到站、到达局、品名、件数、重量和收货人。

(2)应装车辆型号。

(3)货物装后外形尺寸。

(4)装运办法,见《超规》附件五运输超限货物电报代号。

4. 铁道部、铁路局批示文电范围(如表 6-18 所示)

(1)铁道部:应向发局、经由局和到达局批示。

(2)铁路局:应向发站和有关站段批示,并抄经由局和到达局。

表 6-18　请示电报、批示电报的范围

运输范围	自局管内、各局间和跨及三局以下	跨及四局以上
超限等级	各级超限	超级超限,通过电气化区段时超过规定数值[注]
请示处所	铁路局	报铁路局审核后,向铁道部请示
批示处所	铁路局	铁道部
主送单位	发站、有关站段	发局、经由局、到达局
抄送单位	经由局、到达局	

注:见车站请示文电范围。

【案例 6-11】　请示文电及批示文电的编写。

【解】　1. 请示文电

铁 路 传 真 电 报

签发:××　　　　　核稿:×××　　　　　拟稿人:××　电话××××××

发报所名	电报号码	等级	受理日	时分	收到日	时分	执机员

主送:北京铁路局运输处

　　我站发信阳站卧式锅炉一件,重 28 t,长 7 400 mm,货物本身重心高 1 630 mm,货物中心高 3 520 mm 处,左右宽各 0 mm,第一侧高 3 080 mm 处,左右宽各 1 520 mm。第二侧高 1 200 mm 处,左右宽各 1 560 mm。中心高与第一侧高之间为 440 mm 半径的圆弧。请示装运办法。

丰台站趟字 05 号

××年××月××日

2. 批示文电

铁 路 传 真 电 报

签发：××   核稿：×××   拟稿人：××   电话××××××

发报所名	电报号码	等级	受理日	时分	收到日	时分	执机员

主送：北京铁路局调度所、丰台站、××车辆段、工务段、电务段。

抄送：郑州局运输处。

    丰台站发信阳站卧式锅炉一件，重 28 t，长 7 400 mm，货物本身重心高 1 630 mm，使用 N_{17} 型 60 t 平车一辆装载，装后中心高 4 729 mm 处，左右宽各 0 mm，第一侧高 4 289 mm 处，左右宽各 1 520 mm。第二侧高 2 409 mm 处，左右宽各 1 560 mm。中心高与第一侧高之间为 440 mm 半径的圆弧。

装运办法：1. A 超级超限，2. K、N、O。

京运超 0025 号
××年××月××日

（四）《超限、超重货物运输记录》

    车站装车后复测的各超限部位的尺寸，以及运输有关事项，车站应会同工务、车辆等有关部门确认与实际情况相符无误后，填入"超限货物运输记录"，如表 6-19 所示。途中货物检查时，应将检查结果填记在超限货物运输记录乙页背面（表 6-20）。

表 6-19 超限货物运输记录   **No_____**

甲页   ×级超限   （单位：mm）

装车局		铁路局	发站		经由线名		
到达局		铁路局	到站		经由线名		
品名			件数		每件重 吨	配重 吨	总重 吨
货物长度		支重面长度	转向架中心销间距离		重车重心高		
装车后尺寸	中心高		中心高的宽	左 / 右	记 事		
	第一侧高		侧高的宽	左 / 右			
	第二侧高		侧高的宽	左 / 右			
	第三侧高		侧高的宽	左 / 右			
	第四侧高		侧高的宽	左 / 右			
车种		车号		标记载重 吨	轴数		
文电内有关指示	铁道部 年 月 日 部运超 号批准使用 车						
	铁路局 年 月 日 超 号批准使用 车						
					本记录在 站作成，经检查完全符合批示的条件 发 站 签 字 工务段 签 字 车辆段 签 字 段 签 字 年 月 日		

注：（1）不用的各栏应划去。

    （2）按电报指示尺寸填记，小于指示时，将实际尺寸填于记事栏内，大于指示尺寸时，必须另电请求指示。

    （3）"重车重心高"栏在不超出 2 000 mm 时须以 [／] 号表示之。

    （4）一式两份，第一份仅为甲页留站存查；第二份为甲、乙页，随货运票据送到达站。

表 6-20 超限货物运输记录背面

检 查 结 果 记 录

乙页

检查站名		检查站名	

检查站名		检查站名	

检查站名		检查站名	

检查站名		检查站名	

三、实习训练模块

阔大货物装载加固方案设计

（一）设 计 目 的

通过本次设计，使学生在理论学习的基础上，综合运用所学专业理论知识，解决货物装载、超限等级的确定、超限货物运输组织、货物加固等方面的实际问题，从而巩固所学理论知识，提高学生的动手能力和解决实际问题的能力，为今后走上工作岗位实现零过渡打下良好的基础。

（二）设计内容及要求

1. 设 计 内 容

（1）确定货物的装载方案。

（2）填制有关单据。

（3）绘图。

（4）编制说明书。

2. 要 求

（1）正确测量货物，绘制货物三视图。

（2）填写"货物运单"，超限货物还需填写"超限货物托运说明书"。

（3）选择车辆，进行装载方案比选。

（4）确定货物的超限等级，草拟"请示文电"和"批复文电"。

（5）进行作用于货物上的各种力的计算和货物稳定性的检验，绘制货物装车示意图。

（6）确定货物加固方法和加固强度的计算。

（7）对超限货物填制"超限货物运输记录"。

（三）题 目

1. 题 目 一

西安西站承运到上海西站 30 t 钢制货物一件，货物三视图如图 6-25 所示，货物重心位于货物主体部分的中心，使用 N_{16} 型平车一辆装载。

2. 题 目 二

西安西承运到丰台化工金属罐一件，重 22 t，全长 15 000 mm，罐体直径 2 800 mm。罐体

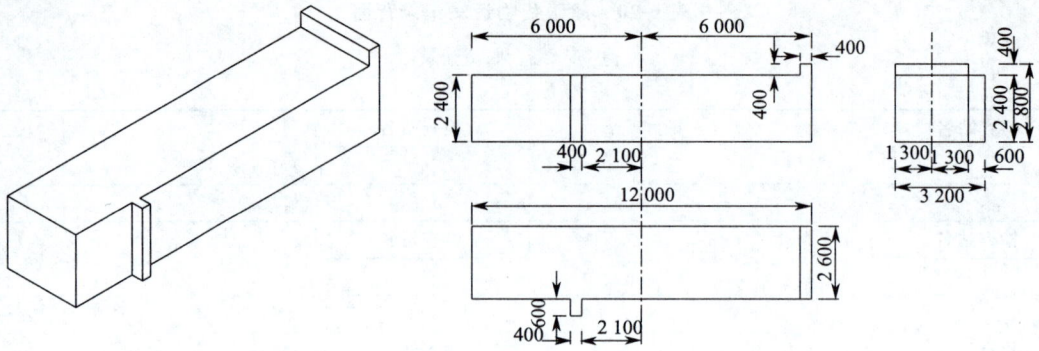

图 6-25　钢制货物的三视图(单位:mm)

上部有突出部分距货物端部 300 mm,货物高 3 200 mm 处左右宽各 1 000 mm。自带凹木及腰箍,凹木总高 500 mm,凹木底高 200 mm,凹木中心线间距 7 000 mm。货物重心偏右侧 200 mm,货物重心高 1 700 mm(含凹木),如图 6-26 所示。

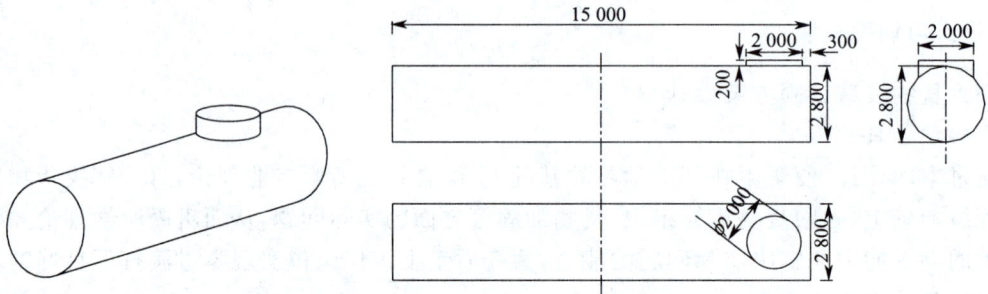

图 6-26　金属罐三视图(单位:mm)

完成设计需要的表格(表 6-21,表 6-23)如下:

表 6-21　超限、超重货物托运说明书

发局		装车站			预计装后尺寸		
到局		到站			由轨面起高度	由车辆纵中心线起	
品名		件数				左宽	右宽
每件重量		总重量	重心位置		中心高		
货物长度		支重面长度			侧高		
高度	中心高		宽度	左	右	侧高	
	侧高			左	右	侧高	
	侧高			左	右	侧高	
	侧高			左	右	侧高	
要求使用车种		标记载重			侧高		
装卸时的要求							
其他要求					车地板高度		
					垫木或转向架高度		
					预计装在车上货物重心位置 距轨面高度		
					重车重心高度		

注:粗线栏内由铁路填记

发货单位　　　　　戳记　　　　年　　　月　　　日提出

表 6-22

铁 路 传 真 电 报

签发：　　　　　核稿：　　　　　　　　　拟稿人：　　　　　　　　电话：

发报所名	电报号码	等级	受理日	时分	收到日	时分	值机员

主送：

报文：

……

表 6-23

超限、超重货物运输记录　　　　　No：

甲页　　　　　　　　　级超限　　级超重　　　　　（单位：mm）

装车局			发站			经由线名		
到达局			到站			经由线名		
品名			件数			每件重　　吨	配重　　　吨	总重　　　吨
货物长度		支重面长度		转向架中心销间距离			重车重心高	
装车后尺寸	中心高		中心高的宽		左	记事		
					右			
	第一侧高		侧高的宽		左			
					右			
	第二侧高		侧高的宽		左			
					右			
	第三侧高		侧高的宽		左			
					右			
	第四侧高		侧高的宽		左			
					右			
车种		车号		标记载重		吨	轴数	
文电内有关指示	铁道部　　年　月　日　部超限、超重　　号批准使用车							
	铁路局　　年　月　日　超限、超重　　　号批准使用车							
						本记录在　　　站作成，经检查完全符合批示的条件		
						发　站签　字		
						工务段签　字		
						车辆段签　字		
						段签　字		
						段签　字		
						年　　月　　日		

注：(1)不用的各栏应划去。

(2)按电报指示尺寸填记，小于指示时，将实际尺寸填于记事栏内，大于指示尺寸时，必须另电请求指示。

(3)"重车重心高"栏在不超过 2 000 mm 时须以[/]号表示之。

(4)一式两份，第一份仅为甲页留站存查；第二份为甲、乙页，随货运票据送到达站。

任务3　鲜活货物运输

[学习目标]　掌握鲜活货物的运输组织方法。

[学习要求]　理会《铁路鲜活货物运输规则》(简称《鲜规》)关于鲜活货物运输的相关规定,并能运用规章解决实际问题。

[工作任务]　使用冷藏运输设备;使用"易腐货物运输条件表",易腐货物的托运、受理和承运;易腐货物的装卸;易腐货物车辆的挂运;组织活动物的运输。

[需要工具和设备]　《鲜规》、"易腐货物运输条件表"、冷藏车模型、铁路加冰所示意图、加冰冷藏车作业单、铁路传真电报、家禽车图片。

[教学环境]　货运综合演练室,模拟货场,理实一体化教室。

一、理论模块

(一)鲜活货物定义

鲜活货物系指在铁路运输过程中需要采取制冷、加温、保温、通风、上水等特殊措施,以防止腐烂变质或病残死亡的货物,以及托运人认为须按鲜活货物运输条件办理的货物。

(二)鲜活货物分类

鲜活货物分为易腐货物和活动物两大类。

1.易腐货物

易腐货物包括肉、鱼、蛋、奶、鲜水果、鲜蔬菜、冰、鲜活植物等。易腐货物按其热状态又分为冻结货物、冷却货物和未冷却货物。

2.活动物

活动物包括禽、畜、兽、蜜蜂、活鱼以及鱼苗等。

(三)《易腐货物运输条件表》的内容

托运人、收货人和承运人在办理易腐货物运输时,均应遵守《鲜规》"易腐货物机械冷藏车运输条件表"(表6-24)的规定。该表分热状态,按顺号对各品类易腐货物的承运质量、承运温度、适用包装、装载方法、运输温度等作了具体规定。

表6-24　易腐货物机械冷藏车运输条件表(摘录)

品类顺号	货物品类	货物品名	货物热状态	装车时货物质量要求		运输温度(℃)	适用包装或包装号	装载方式	
				感官质量	承运温度(℃)			装载要求	装载号
1	速冻食品								
1.1	速冻水果	速冻荔枝、速冻草莓等	冻结	果面洁净,无不洁物污染;冻结良好,无结霜或粘连。无异味。产品包装完好无破损;无复冻现象	—18以下	—15以下	3	紧密堆码	
⋮	⋮	⋮	⋮	⋮	⋮	⋮	⋮	⋮	⋮
2	冻水产品								
2.1	冻水产品	冻鱼(鲅鱼、鲳鱼、乌鲳鱼、大黄鱼、黄花鱼、带鱼、青鱼、草鱼、鲢鱼、鳊鱼等)、冻鱼片	冻结	冻结良好,无明显水晶、无粘连、无变形;内外包装清洁卫生;单冻产品冰衣应完全将鱼包覆,晶莹透明,个体易分离;鱼眼清晰明亮;真空包装产品包装袋完整不漏气,无软化、复冻现象	—18以下	—15以下	3	紧密堆码	
⋮	⋮	⋮	⋮	⋮	⋮	⋮	⋮	⋮	⋮

二、技术模块

（一）鲜活货物的托运、承运

1. 活动物的托运、承运

（1）活动物一般按整车运输，不能用通用集装箱运输。

（2）托运活动物，托运人应按国家检疫规定提出检疫证明，在运单"托运人记载事项"栏内注明检疫证明的名称和号码，并将随货同行联粘贴在运单背面，车站凭此办理运输。蜜蜂外运，除应提出检疫证明外，还需要取得到达地农业主管部门签发的放蜂许可证。

（3）托运猛禽、猛兽，必须有坚固可靠的包装容器，确保安全，并与发送铁路局商定运输条件和运输防护方法。

（4）托运活动物，托运人必须按铁路规定相应人数的、熟悉活动物特性的押运人随车押运，并在运单"托运人记载事项"栏内注明押运人的姓名、证件名称及号码。

（5）对承运的活动物，发站应在运单、货票、装载清单、票据封套上注明"活动物"字样。

2. 易腐货物的托运、承运

（1）托运易腐货物要符合按易腐货物托运的条件

①不同热状态的易腐货物运输条件不同，不得按一批托运。

②按一批托运的整车易腐货物，一般限运同一品名。但不同品名的易腐货物，如在冷藏车内保持或要求的温度上限（或下限）差别不超过 3 ℃时，允许拼装在同一冷藏车内按一批托运。

（2）托运手续办理

①托运易腐货物，托运人应在运单"货物名称"栏内填写具体的货物品名，并注明其品类顺号及热状态，如实提出并在运单"托运人记载事项"栏内注明易腐货物容许运输期限（日）。

②按易腐货物运输条件表或按运输协议商定的条件确定运输方式和途中服务要求，在运单"托运人记载事项"栏内具体注明"途中加冰"、"途中制冷"、"途中加温"、"途中通风"、"途中不加冰"、"途中不制冷"、"途中不加温"、"不加冰运输"等字样。

③需浇水运输的鲜活植物，托运人须派押运人押运。需通风运输的易腐货物，托运人要求派人押运时，经车站同意，也可派人押运。托运人应在运单"托运人记载事项"栏内注明押运人的姓名、证件名称及号码。

④托运需检疫运输的易腐货物，托运人应按国家有关规定提出检疫证明，并在运单"托运人记载事项"内注明检疫证明的名称和号码，将随货同行联牢固地粘贴在运单背面。车站凭此办理运输。

⑤托运人托运易腐货物时，货物的质量、温度和包装必须符合《鲜规》"易腐货物运输条件表"和"易腐货物包装表"的规定。

（二）易腐货物运输方式的确定

运输易腐货物有冷藏、保温、防寒、加温和通风五种运输方式。冷藏运输是指由冷藏车、冷藏集装箱提供冷源，保持车内、箱内温度低于外界温度来运输易腐货物。保温运输是指不采用任何制冷、加温措施，仅利用车体、箱体的隔热性能和货物本身的冷量或热量来保持运输温度在适宜范围内运输易腐货物。防寒运输是指用保温运输还不能使车内温度维持在货物容许的最低温度以上时,须采取补充的防护措施来运输易腐货物,防止货物遭受冷害冻损。多用于寒季运输怕冷怕冻货物。加温运输是指由运输工具提供热源,保持车内温度高于外界温度来运输易腐货物。通风运输是指在运输全程或部分区段需开启冷藏车的通风口盖、进风阀门、排气口或开启棚车车门窗或吊起敞车侧板对车内进行通风来运输易腐货物。

(三)冷藏车的预冷

机械冷藏车车内的预冷温度:冻结货物为 $-3\ ℃\sim0\ ℃$;香蕉为 $11\ ℃\sim15\ ℃$,菠萝、柑橘为 $9\ ℃\sim12\ ℃$;其他易腐货物为 $0\sim3\ ℃$。

(四)易腐货物的装车

1. 装车注意事项

装车作业应使用不致损坏车体、车内设备的工具。开关车门,严禁乱砸硬撬。采取保温、防寒、防湿等措施时,不得损坏车体。

经过预冷的冷藏车,应采取措施保持车内温度,避免降低预冷效果。冷藏车装车时,为保证货物质量,应符合装载方案的规定。

用冷藏车装运需要通风运输的易腐货物时,可以将前进方向左侧车门开启并固定,开启的车门最外突出部位从车辆中心线起不得超过 1 750 mm。用棚、敞车装运通风运输的易腐货物,可将棚车门窗开启固定,或将敞车侧板吊起,翻转到最大限度用铁线捆绑牢固,并用栅栏将货物挡住,开启的门窗和吊起的侧板最外突出部位不得超限。

2. 装卸时间规定

易腐货物作业车停站时间原则上不得超过该站的货车停留时间。单节机械冷藏车每辆装(卸)车作业时间(不包括洗车和预冷时间)不得超过 3h。装货车为 4 辆型的,每组不得超过 6 h。其中每一车的装卸作业时间不得超过 3 h。

3. 易腐货物的装载方法

易腐货物的装载方法基本上可以分为紧密堆码装载法和留通风空隙装载法两类。通风装载方法主要有:"品字形"装载法、"一二三、三二一"装载法、"井字形"装载法和筐口对装法。

(五)冷藏车作业单

使用机械冷藏车时,填写机械冷藏车作业单(如表 6-25 所示),对同一到站、同一收货人和同一热状态、要求同一温度的货物可不限车数合填机械冷藏车作业单。

表 6-25　机械冷藏车作业单
一、始发站作业记录

1. 发站 __长沙北__ 到站 __广州西__ 车种、车型、车号 __B₁₉ 7101611～7101614__ 。

2. 控温货物品名(包括热状态) __冻猪肉__ 货物质量 __新鲜正常__ 包装种类、状态 __无包装__ 。

3. 拼装货物品名 __/__

4. 货物装载方法 __紧密堆码__ 。

5. 商定的运输条件 __按规定 $-12\ ℃\sim-9\ ℃$__ 。

6. 车辆预冷时间 __3__ 小时,车内预冷温度 __-2__ ℃。

7. 装车作业时间 __8__ 时 __20__ 分开始,到 __11__ 时 __10__ 分止。

8. 装车前车内温度 __-3__ ℃,货物的承运温度 __-11__ ℃。

　　装车单位经办人签字 __×××__ 。

　　发站货运员(签字) __×××__ ;机械冷藏机械长(签字) __×××__ ;站戳_____ 。

二、机械冷藏车温度记录

日/时分	10/17:10	10/23:10	11/5:10	11/11:10	11/17:10	11/23:10	12/5:10	12/11:10	
外温(℃)	28.6	26.5	25.2	29.7	28.3	27.9	26.4	29.6	
车温(℃)	−9.1	−9.2	−9.6	−9.8	−9.8	−9.5	−9.8	−9.2	
日/时分									
外温(℃)									
车温(℃)									
外温(℃)									
车温(℃)									
日/时分									

机械冷藏车机械长(签字)　×××　;列车戳　　　　　　　　　。

三、到站作业记录

1. 到达车次　20397　次,时间　5　月　12　日　9　时　15　分。

2. 车辆调入　5　月　12　日　11　时　35　分,卸车时间　5　月　12　日　14　时　50　分起至　16　时　20　分止。

3. 卸车时温度:车内　−9.2　℃,车外　29.8　℃。

4. 货物质量:感官观察　正常　冻结货物温度　−11　℃。

5. 车内洗刷情况　符合要求　。

卸车单位经办人(签字)　　　　　×××

到站货运员(签字)　　　　　×××

机械冷藏车机械长(签字)　　　　　×××

站戳　　　　　　　　

注:1. 未冷却的货物可不填记货物的承运温度。

　　2. 冷却及未冷却的货物以卸车时车内温度为货物交接温度。

　　3. 机械冷藏车作业单一式三份,一份由发站留存,一份随车递送到站保存,一份由机械冷藏车乘务组交保温段存档。

　　4. 本作业单保存期为一年。

(六)易腐货物挂运

压缩易腐货物车辆的在站停留时间,尽可能将易腐货物车辆编入高等级列车运行并及时处理运输途中发生的问题。发站、编组站、区段站要将⚠符号转记在列车编组顺序表内,对装有易腐货物的车辆应快速编解、取送,及时中转挂运,除中间站装卸车可编入摘挂列车外,均应根据作业计划编入快运列车或直达、直通、区段列车。机械冷藏车组尽量编在列车中部。

装有易腐货物的车辆,在运行途中不得保留积压,因车辆技术状态不良发生滞留不能继运时,发现站应及时向主管铁路局报告,尽量组织按原运输条件换装。

(七)易腐货物途中作业

1. 机械冷藏车控温

运输途中,机械冷藏车乘务组应按易腐货物运输条件表的规定或运输协议商定的运输条件保持车内温度。

2. 通风作业

全程或部分区段需通风运输的易腐货物,或运输一段距离后需要对车内通风换气的易腐货物,应根据外界气温情况进行适当的通风。通风分为停站通风和在途通风。

(1)机械冷藏车的通风

机械冷藏车的通风是由车辆的通风装置实现的。停站和在途时,可根据车内所装货物的需要开启车辆两端的进风阀门和车顶中部的排气口,利用循环风机的运转,给车内通风换气。运输未冷却的水果、蔬菜时,也可进行自然通风。

(2)棚、敞车的通风

棚、敞车装运的易腐货物需要停站或在途通风时,可以将车门、车窗开启固定或将敞车侧板吊起并加固。

(八)易腐货物到达作业

1. 卸车与交付

到达的易腐货物应及时组织卸车交付或送车交接。货场内卸车的易腐货物要注意场地、装卸搬运机具符合卫生要求,严防污染变质,车站应及时联系收货人,采取措施,随卸随搬,减少暂存时间,特别是冻结、冷却货物和寒季保温、加温货物,收货人应准备搬运工具和防护用品,组织直接卸车,防止货物升温过快或发生冷害冻损。卸车时发现事故,应及时妥善处理,防止扩大损失。装运易腐货物的冷藏车,卸后应认真填写冷藏车作业单"到站作业记录"的各项内容。

2. 货车的清扫、洗刷除污和消毒

卸车单位对卸后空车应负责清扫干净。必要时按规定或依照卫生防疫部门的要求进行消毒。经洗刷除污的货车达到要求时,应撤除货车洗刷回送标签,并在货车两车门内外明显处粘贴洗刷工艺合格证。

(九)活动物的发送、途中和到达作业

1. 发送作业

活动物在办理完承运手续后,要正确组织装车。

(1)活动物运输车辆

活动物运输车辆包括家畜车、活鱼车、棚车、敞车。

(2)车辆选用

装运活动物必须选用家畜车、家禽车、活鱼车以及清扫干净、未受污染的棚、敞车,但不得使用无车窗的棚车。拨配的车辆是否适合装运活动物一律由托运人检查确定。托运人认为不适合装运时,承运人应给予调换。

①装运牛、马、骡、驴、骆驼等大牲畜,不得使用铁底货车。

②发往深圳北的活牛,应用活牛专用车或棚车装运。

③装运活鱼、鱼苗必须使用活鱼车、棚车,不得使用全钢和车窗不能开起的棚车(采用增氧机运输的除外)。

(3)活动物装车

装车前,应认真检查车辆的货运状态、卫生条件是否适合装运活动物。装车时,应按规定的方法和要求装载。

①禽、畜可单层或多层装载,每层的装载数量由托运人根据季节、运输距离、活动物的体积及选用的车种、车型等情况确定。

②棚车装活鱼、鱼苗应使用木箱、鱼篓、帆布桶、帆布槽等容器盛装。

③蜜蜂蜂箱巢门外须安装纱罩,防止蜜蜂逃逸和蜇伤人畜。蜜蜂的装载,应纵向排列,堆码稳固,并留有足够的通风道和押运人休息位置。使用敞车装运时,高度不得超过4 600 mm,高出端、侧板的蜂箱要适当起脊堆码捆绑牢固,避免超限和运行中蜂箱倒塌、坠

落,保证安全。

④使用棚、敞车装运活动物时,为了通风散热,可开启门窗或吊起侧板,但应采取设置栅栏等措施防止活动物头脚伸出或坠落。棚车开启的车门窗和敞车吊起的侧板不得超限并固定捆绑牢固,敞车上搭盖防晒防雨棚应稳固不超限,以保证安全。

(4)活动物车辆的调车限制和编组隔离要求

①调车限制

鱼苗和外贸出口的禽、畜,装车后应在货车两侧插挂"禁止溜放"货车标示牌,在货物运单、票据封套、装载清单上用红色记明"禁止溜放"字样。

活鱼、蜜蜂和非外贸出口的禽、畜,装车后应在货车两侧插挂"限速连挂"货车标示牌,在货车运单、票据封套、装载清单上用红色记明"限速连挂"字样。

②编组隔离要求

禽、畜、鱼苗装车后,应在货物运单、票据封套、装载清单上用红色记明编组隔离标记,并转记在货车标示牌上。

装运蜜蜂的车辆不得与整车的敌敌畏、1605、1059等农药车(即标有 ⚠)编挂在同一列车上。如因车流不足,分别挂运有困难,在列车运行全程不发生折角转向运行的条件下,可编入同一列车内,但应将蜜蜂车挂在农药车的前部,并隔离4辆以上。

蜜蜂车与生石灰车编挂在同一列车中至少应隔离2辆。

2.途中作业

(1)活动物车辆的运行

装有活动物的车辆,车站应及时组织挂运,除在中间站有装卸作业的可编入摘挂列车外,其他站均应编入快运列车或直达、直通列车。在编组站、区段站中转停留的时间,原则上不得超过本站方向别的中转停留时间。将活动物车辆编入快运货物列车、鲜活货物直达列车。

(2)活动物车辆途中上水

活动物在中途上水,由铁路指定的上水站免费供应。

(3)押运

活动物车辆由押运人随车押运,负责作好动物的饲养、饮水、换水、洒水、看护、卫生、防疫和处理病残、死亡动物等工作。

(4)蜜蜂不办理变更到站

蜜蜂外运,需要取得到达地农业主管部门签发的放蜂许可证,托运人根据签证指定的到站托运,承运人凭此办理承运,因此已承运的蜜蜂不能再变更到站。

3.到达作业

活动物车辆到达后,到站负责卸车的应及时组织卸车和交付,收货人负责卸车的应及时办理送卸和交接。卸车时要采取必要的措施防止活动物发生病残死亡等事故。

装运活动物的车辆卸车后,必须认真进行清扫、洗刷除污,装过病死动物的车辆还应进一步按规定或依照防疫部门的处理意见进行消毒。

(十)车辆的选择和使用

1.车辆选择

托运人应根据货物的种类、热状态、气候条件、运输距离和运输去向等因素选择使用的车辆。选用的车辆必须符合易腐货物机械冷藏车运输条件表的规定,使用棚、敞车时应按《鲜规》

"使用棚敞车运输易腐货物的措施"的规定办理。

2. 冷藏车使用规定

装运需用冷藏车冷藏、保温或加温运输的非易腐货物,或利用冷藏车回空代用,车站应逐级上报铁道部,经调度命令承认后,方可使用。具体规定如下:

(1)无包装的瓜果、蔬菜、卤鱼和能损坏车内设备的易腐货物,不得使用冷藏车装运(西瓜、哈密瓜、南瓜、冬瓜除外)。

(2)冷藏车严禁用于装运能污染和损坏车辆的非易腐货物。

(3)机械冷藏车组,可组织同一到站的两站分装,B_{18}、B_{20}型机械冷藏车组可组织同一发站装车的两站分卸。但两分装或分卸站应为同一经路,距离不超过 200 km。第一装车站的装车数或第二卸车站的卸车数不得少于全车组的一半(枢纽地区除外)。

(4)机械冷藏车每个车的装货重量,不准超过车辆的标记载重量。

3. 棚、敞车使用规定

托运人应在提出的铁路货运服务订单上注明"如无冷藏车也可拨配棚车或敞车",承运人可根据托运人的要求,按以下规定办理:

(1)货物品类限制

易腐货物的质量是否适合棚、敞车运输,由托运人负责确定。货物品类应限于易腐货物使用棚、敞车运输条件表中明确规定的货物。运输未规定具体运输条件的易腐货物,托运人应事先与发站商定试运条件,报铁路局批准。

(2)包装规定

用棚、敞车装运易腐货物,货物包装应符合易腐货物使用棚、敞车运输条件表的规定。承运人应对包装进行定期检查、鉴定,防止因包装材料、构造、强度等不符合要求造成易腐货物腐烂。

(3)车辆使用及装载要求

装车单位装车前要认真检查棚敞车的货运状态和卫生条件,状态不良不能保证货物安全的车辆,承运人应予以调换,不符合卫生条件的车辆要进行洗刷除污。降温用的冰和采取防寒、保温、隔热措施所用稻草、棉被、草帘、薄膜等材料应清洁,避免货物受到污染、滋生细菌或感染疫病源。货物应稳固装载,需要通风运输的水果、蔬菜要留有足够的通风空隙。

任务 4　危险货物的运输组织

[学习目标]　掌握危险货物运输组织方法。

[学习要求]　理会《铁路危险货物运输管理规则》(简称《危规》)关于危险货物运输的相关规定,并能运用规章解决实际问题。

[工作任务]　办理危险货物受理和承运;检查危险货物包装,保管危险货物;危险货物的装卸车作业;危险货物车的挂运;办理危险货物罐车运输,确定罐车装载量;办理剧毒品的托运、承运、押运,全程追踪剧毒品车辆;办理放射性物质的托运和承运及射线的防护。

[需要工具和设备]　《危规》、《铁路危险货物品名表》、《铁路危险货物运输办理站(专用线、专用铁路)办理规定》(简称《办理规定》)、《铁路危险货物承运人员资质证书》(简称《承运人资质证书》)样本、货物运单、"配放表"、"铁路禁止溜放和限速连挂表"、"车辆编组隔离

表"。

[教学环境] 货运综合演练室,模拟货场,理实一体化教室。

一、理论模块

(一)危险货物的定义

在铁路运输中,凡具有爆炸、易燃、毒害、感染、腐蚀、放射性等特性,在运输、装卸和储存保管过程中,容易造成人身伤亡和财产毁损而需要特别防护的货物,均属危险货物。

(二)危险货物分类及编号

1. 危险货物分类

根据国家公布的《危险货物分类和品名编号》和《危险货物品名表》,铁路运输危险货物按其主要危险性和运输要求划分为九类,各类危险货物按其性质又划分为若干项,具体类项名称如表 6-26 所示。

2. 铁路危险货物的品名编号(简称"铁危编号")

铁危编号由 5 位阿拉伯数字及英文大写字母组成。第 1 位数字表示该危险货物的类别;第 2 位数字表示该危险货物的项别;后 3 位数字表示该危险货物品名的顺序号。顺序号001～500 为一级,501～999 为二级。

同一品名编号具有不同运输条件时,在数字编号后用英文大写字母(如 A、B、C 等)表示。

表 6-26 危险货物类项名称表

类号及名称	项号及名称	铁危编号
一、爆炸品	1. 有整体爆炸危险的物质和物品	11 001～11 148
	2. 有迸射危险,但无整体爆炸危险的物质和物品	12 001～12 057
	3. 有燃烧爆炸危险并有局部爆炸危险或局部迸射危险或两种危险都有,但无整体爆炸危险的物质和物品	13 001～13 061
	4. 不呈现重大危险的物质和物品	14 001～14 066
	5. 有整体爆炸危险的非常不敏感物质	15 001～15 005
	6. 无整体爆炸危险的极端不敏感物品	16 001
二、气体	1. 易燃气体	21 001～21 072
	2. 非易燃无毒气体	22 001～22 069
	3. 毒性气体	23 001～23 077
三、易燃液体	1. 一级易燃液体	31 001～31 318
	2. 二级易燃液体	32 001～32 158
四、易燃固体、易于自燃的物质、遇水放出易燃气体的物质	1. 易燃固体(一级易燃固体)	41 001～41 074
	(二级易燃固体)	41 501～41 559
	2. 易于自燃的物质(一级自燃物品)	42 001～42 052
	(二级自燃物品)	42 501～42 537
	3. 遇水放出易燃气体的物质(一级遇水易燃物品)	43 001～43 057
	(二级遇水易燃物品)	43 501～43 510
五、氧化性物质和有机过氧化物	1. 氧化性物质(一级氧化性物质)	51 001～51 086
	(二级氧化性物质)	51 501～51 530
	2. 有机过氧化物	52 001～52 123
六、毒性物质和感染性物质	1. 毒性物质一级毒性物质(剧毒品)	61 001～61 205
	二级毒性物质(有毒品)	61 501～61 940
	2. 感染性物品	62 001～62 004
七、放射性物质	六种形式:易裂变物质、低弥散放射性物质、低比活度放射性物质、表面污染物体、特殊形式放射性物质、其他形式放射性物质	71 001～71 030

续上表

类号及名称	项号及名称	铁危编号
八、腐蚀性物质	1. 酸性腐蚀性物质（一级） （二级） 2. 碱性腐蚀性物质（一级） （二级） 3. 其他腐蚀性物质（一级） （二级）	81 001～81 135 81 501～81 647 82 001～82 041 82 501～82 526 83 001～83 029 83 501～83 515
九、杂项危险物质和物品	1. 危害环境的物质 2. 高温物质 3. 经过基因修改的微生物或组织，不属感染性物质，但可以非正常地天然繁殖结果的方式改变动物、植物或微生物物质	91 001～91 021 92 001、92 002 93 001

对不属于上述九类危险货物，但易引起燃烧，在铁路运输过程中需采取防火措施的货物属于易燃普通货物（如表 6-27 所示）。

表 6-27　易燃普通货物品名表

顺　号	品　　名
1	危险货物品名表规定之外的籽棉，棉花（皮棉），木棉，黄棉花，废棉，破籽花
2	危险货物品名表规定之外的各种麻类和麻屑
3	麻袋（包括废、破麻袋），各种破布，碎布，线屑，乱线，化学纤维
4	牧草，谷草，油草，蒲草，羊草，芦苇，荻苇，玉米棒，玉蜀黍秸，豆秸，秫秸，麦秸，蒲叶，烟秸，甘蔗渣，蒲棒，蒲棒绒，芒秆，亚麻草，烤烟叶，晒烟叶，棕叶及其他草秸类
5	葵扇（芭蕉扇），蒲扇，草扇，棕扇，草帽辫，草席，草帘，草包，草袋，蒲包，草绳，芦席，芦苇帘子，笤帚以及其他芦苇，草秸制品
6	干树皮，干树枝，干树条，树枝（经脱叶加工），带叶的竹枝，薪柴（劈柴除外），松明子，腐朽木材（喷涂化学防腐剂的除外）
7	刨花，木屑，锯末
8	纸屑，废纸，纸浆，柏油纸，油毡纸
9	炭黑，煤粉
10	粮谷壳，花生壳，笋壳
11	羊毛，驼毛，马毛，羽毛，猪鬃以及其他禽兽毛绒
12	麻黄，甘草

注：1. 用敞、平、砂石车装运易燃普通货物时，应用篷布苫盖严密，在调车或编入列车时，应进行隔离。但对干树皮、干树枝、干树条和带叶的竹枝，由于干湿程度、带叶多少不同，应否苫盖篷布，由发站根据气温和运输距离在确保运输安全的原则下负责确定。

2. 腐朽木材喷防火涂料或采取其他防火措施后，可不苫盖篷布。

3. 本表未列的品名，是否也属于易燃普通货物，由发站报铁路局确定。

4. 以易燃材料作包装、捆扎、填塞物，以竹席、芦席、棉被等苫盖的非易燃货物，以及用木箱、木桶、铁桶包装的易燃普通货物，均按普通货物运输。以敞车装运时，是否应苫盖篷布，由托运人根据货物的运输安全情况负责确定。并在运单托运人记事栏内注明。

（三）危险货物办理站

1. 办理站种类

危险货物办理站指站内、专用线、专用铁路办理危险货物的发送、到达作业的车站。分为专办站、综合办理站、集装箱办理站、专用线接轨站四种。

2. 办理站规定

危险货物的办理站刊登在《危规》附件《办理规定》上，要符合以下规定的主要内容：危险货物办理站站名表，规定站内办理危险货物的发到品类；危险货物集装箱办理站站名表，规定站内办理危险货物集装箱发到站名及允许的箱型；剧毒品办理站站名表，规定站内、专用线剧毒品发到的品名；专用线、专用铁路办理规定一览表，规定铁路罐车、集装箱、整车装运危险货物发到的品名，与车站衔接的专用线、专用铁路产权单位名称、共用单位名称，轨道衡计量以及集装箱作业条件（起重能力、起重设备类型）等。

3. 承运人资质

凡在中华人民共和国境内从事铁路危险货物承运业务的承运人，应向有管辖权的铁路管理机构申请取得资质许可。铁路管理机构批准后颁发《承运人资质证书》。

有铁路危险货物承运人资质的车站，应当具备下列条件：

（1）危险货物办理站的储运仓库、作业站台、专用雨棚等专用设施、设备要与所办理危险货物的品类和运量相适应。耐火等级、防火、防爆、防雷、防静电、污水排放和污物处理等应符合国家有关规定及技术标准。

（2）危险货物专用线（专用铁路）办理的地点、场所应配备有关检测设备和报警装置；作业人员应配备相应的防护用品；装卸设备应具备防爆、防静电功能；装卸能力、计量方式、消防设施、安全作业防护应符合规定要求；专用线、专用铁路接轨方式、线路作业条件等铁路运输安全基本设施、设备，必须符合铁道部的规定。

（3）货运人员、技术管理人员、装卸及驾驶人员应经过铁路危险货物运输业务知识培训，熟悉本岗位的相关危险货物知识，掌握铁路危险货物运输规定。

（4）建立健全危险货物受理、承运、装卸、储存保管、消防、劳动安全防护等安全作业规程及管理制度。

（5）有铁路危险货物运输事故处理应急预案，配备应急救援人员和必要的救援器材和设备。

（四）装运危险货物的车辆

危险货物限使用棚车装运，但《危险货物品名表》第 11 栏内有特殊规定除外；整车发送的毒性物质和放射性矿石、矿砂必须使用毒品专用车。

爆炸品、硝酸钠、氯酸钠、氯酸钾、黄磷和铁桶包装的一级易燃液体应选用 P_{64}、P_{64A}、P_{64AK}、P_{64AT}、P_{64GK}、P_{64GT} 型竹底棚车或木底棚车装运。如使用铁底棚车时，须经铁路局批准。

毒性物质限使用毒品专用车，如使用棚车装运时，须经铁路局批准。铁路局应指定毒品专用车保管（备用）站。毒品专用车回送时，使用"特殊货物及运送用具回送清单"。

其他部分装运危险货物的车辆见表 6-28。

装过危险货物的货车，应按照"谁污染，谁负责"的原则进行卸后洗刷除污或清扫干净。

（五）危险货物的判定

危险货物的具体判定方法，可按下述步骤进行：

1. 在《铁路危险货物运输管理规则》附件"危险货物品名表"中列载的品名，均属危险货物（特殊规定可按普通货物运输条件运输的品名除外），均按危险货物运输条件运输。

2. 未列入"危险货物品名表"中，但铁道部已确定并公布为危险货物的品名时，按铁道部规定办理。

表 6-28　部分装运危险货物的车辆

车辆种类	危险货物品名	备注
必须使用毒品专用车	整车发送的毒性物质和放射性矿石、矿砂	
P64* 型竹底棚车或木底棚车装运	爆炸品、硝酸钠、氯酸钠、氯酸钾、黄磷和铁桶包装的一级易燃液体	如使用铁底棚车时,须经铁路局批准
限用"停止制动作用"的棚车	爆炸品中 14 个品名	
禁用棚车	整车沥青及含沥青的制品	
可使用敞车	1. 塑料沥青 2. 油布、绸、漆布、动植物纤维〔含动植物油〕、油纸及其制品、油棉纱、油麻丝 3. 氨溶液、硫化钠、硫化钾、氢氧化钠、氢氧化钾、焦油、煤焦油、松焦油 4. 含油金属屑 5. 混胺—02、发烟硝酸	1. 可以使用敞车 2. 经路局批准,可用敞车苫盖篷布运输 3. 钢桶包装的可以使用敞车 4. 散装运输时,须使用全钢敞车,车内必须干燥 5. 路局批准,可以使用规定的铝罐装敞车
限用冷藏车	乙醚	4～9 月用钢桶装
用铁路罐车	原油、汽油、煤油、柴油、溶剂油、石脑油 非危险货物:重油、润滑油	
用自备罐车	气体、液体危险货物	符合《危险货物品名表》的规定,未规定的由发局审,报部后试运
P64、P64A、P64Ak、P64AT 型棚车装运	硝酸铵	使用敞车运输时,需采取安全措施,并经过铁路局主管部门批准。应采取随车押运措施
其　他	《品名表》第 11 栏特殊规定	

3. 在"危险货物品名表"中未列载的化工原料、化工产品,可按《危规》中新产品的有关条件办理运输。

（六）危险货物托运人资质

铁路危险货物运输实行托运人资质认证制度。办理危险货物运输的托运人应具有国家有关部门审批认定的危险货物生产、储存、使用、经营许可资格,按规定取得《铁路危险货物托运人资质证书》(简称《托运人资质证书》)或《铁路进出口危险货物代理人资格确认件》(以下简称《代理人资格确认件》)。已批准的危险货物托运人资质许可的危险货物托运人由铁道部统一公布。

从事铁路危险货物运输的专业技术人员(含企业)、运输经办人员和押运人员应经过铁路危险货物运输业务知识培训,并按规定学时进行定期或不定期培训,参加技术培训考试合格者,由铁路局核发《培训合格证》,未取得该证者不得上岗。国内危险货物运输禁止中介部门代理。不符合危险货物办理规定情况的托运人,责令其暂停办理危险货物托运业务,并限期整改。

三、技术模块

（一）危险货物的托运和承运

正确地办理危险货物的托运和承运,是保证危险货物运输安全的重要环节。危险货物仅办理整车和 10 t 以上集装箱运输。

1. 运单的填写

发货人托运危险货物时,应向车站提出填写正确的货物运单。

（1）货物名称栏

托运人托运危险货物时，应在货物运单（剧毒品使用黄色专用运单）"货物名称"栏内填写"危险货物品名索引表"内列载的品名和编号。

（2）运单的右上角空白处

标明危险货物的类项名称、编组隔离符号（△～⑧）、"禁止溜放"或"限速连挂"、"停止制动作用"等警示标记。

托运爆炸品（烟花爆竹）时，标明"爆炸品（烟花爆竹）"字样。

（3）货物运单"托运人记载事项"栏

填写《托运人资质证书》、经办人身份证和《培训合格证》号码，有押运人时还需填写押运人姓名、《押运员证》或《培训合格证》号码。需要相关证明文件时，注明许可证证件名称和号码。

（4）运单审查

车站受理危险货物运输必须严格按铁道部公布的托运人资质、《办理规定》确定托运人资质，审查押运人资质，《托运人资质证书》、经办人身份证、《培训合格证》，要注意运单记载的品名与《托运人资质证书》规定的范围、《品名表》、《办理规定》中列载的发到站品名是否一致。审查运单右上角是否用红色戳记标明危险货物的类项及警示标志。

2. 危险货物新产品的运输

托运《危险货物品名索引表》内未列载危险货物时需进行性质鉴定。属于危险货物时按照危险货物新品名试运要求办理。

托运人提交品名鉴定前需填写《铁路危险货物运输技术说明书》，如表 6-29 所示。由铁道部认定的具有资格的专业技术机构进行鉴定。危险货物新品名经铁路局批准试运。

表 6-29　铁路危险货物运输技术说明书

申请单位声明		
本单位对所填数据的真实性负责，保证送检样品与所托运货物一致。否则，所造成一切损失由本单位承担经济、法律责任。 申请单位（盖章）： 经办人（签字）： 　　年　　月　　日		

	品名		别名	
申请鉴定单位填写	外文名称		分子式（结构式）	
	成分及百分含量			
	货物主要理化性质	颜色：　　；状态：　　；气味：　　；相对密度：　　；水中溶解度：　　g/100 ml		
		熔点：　　℃；沸点：　　℃；闪点：　　℃（闭杯）；燃点：　　℃；黏度：		
		分解温度：　　℃；聚合温度：　　℃；控温温度：　　℃；应急温度：　　℃		
		与酸、碱及水反应情况：		
		其他有关化学性质：		
	拟用包装	内包装（材质、规格、封口）：		
		衬垫（材质、方法）：		
		外包装（材质、规格、封口、捆扎）：		
		单位重量：　　kg；总重：　　kg；包装标志：　　包装类：		
	防护及应急措施	作业注意事项：		
		容器破损及撒漏处理方法：		
		灭火方法：　　　　　　；灭火禁忌：		
		中毒急救措施：		
		存放注意事项：　　　　　；洗刷除污方法：		

鉴定单位填写	货物主要危险性	爆炸性:爆发点: ℃;爆速: m/s;撞击(摩擦)感度:	
		气体特性:临界温度: ℃;50 ℃时蒸气压: kPa;充装压力: kPa	
		易燃性:闪点: ℃(闭杯);爆炸极限: ;燃点: ℃;燃烧产物:	
		自燃性:自燃点: ℃	
		遇湿水易燃性:与水反应产物: ;反应速度: ;放热量:	
		氧化性:与可燃物粉末混合后燃烧、摩擦、撞击情况:	
		毒害性:经口或皮肤接触半数致死量 $LD_{50}=$ mg/kg;吸入蒸气 $LD_{50}=$ mg/m³ 感染性:	
		放射性:比活度: Bq/kg;总活度: Bq;半衰期: ;射线类型:	
		腐蚀性:与皮肤、碳钢、纤维等作用情况:	
		其他危险性:水生急毒性: ;恶臭: ;其他影响运输的性质:	
	鉴定单位意见	该货物属于:危险货物( );非危险货物( )	
		危险货物	非危险货物
		该货物应属危险货物第……类,第……项 比照编号……………………………………, 比照品名……………………………………, 比照《危规》第……………………………包装。 包装标志:……………;包装类:……………	
		建议:	
	鉴定单位及鉴定人	鉴定单位(公章) 年 月 日	鉴定人(签章) 年 月 日
	装车站意见		(公章) 年 月 日
	铁路局意见		(公章) 年 月 日
	产品生产及托运单位	产品生产单位: 电话: 地址: 邮编: 产品托运单位: 电话: 地址: 邮编: 托运单位(公章) 联系人(签章) 年 月 日	

本表 A4(A3 对开)两页印刷。

试运时,托运人在货物运单"托运人记载事项"栏内注明"危险货物新产品试运,批准号×××",期限 2 年。

试运结束时,托运人应会同车站将试运结果报铁路局。铁路局对试运结果进行研究后,提出试运报告报铁道部。铁道部根据试运报告进行必要的复验,达到要求后正式批准。未经批准或超过试运期限未总结上报的,必须立即中止试运。

3. 按普通货物运输的条件

(1)符合《品名表》第 11 栏特殊规定条件的,可按普通货物条件运输。

危险货物按普通货物条件运输时,经铁路局批准后可在非危险货物办理站发运。托运人应在货物运单"托运人记载事项"栏内注明"×××,可按普通货物运输"。

按普通货物运输的,可不办理《托运人资质证书》。

(2)放射性物质的包装件外表面最大辐射水平不超过 0.005 mSv/h,包装件外表面放射性污染不超过《危规》规定的"包装件放射性污染最大限值"和"包装件的放射性活度限值"的,可按普通货物运输。

4. 禁止运输过度敏感或能自发反应而引起危险的物品。

凡性质不稳定或由于聚合、分解在运输中能引起剧烈反应的危险货物,除《危险货物品名索引表》另有规定外,托运人应采用加入稳定剂或抑制剂等方法,保证运输安全。对危险性大,如易于发生爆炸性分解等反应或需控温运输的危险货物,托运人应提出安全运输办法,报铁道部确定运输条件。

(二)危险货物的包装

1. 危险货物包装类别

危险货物的包装根据其内装物的危险程度划分为三种包装类别:

Ⅰ类包装——盛装具有较大危险性的货物,包装要求高;

Ⅱ类包装——盛装具有中等危险性的货物,包装强度要求较高;

Ⅲ类包装——盛装具有较小危险性的货物,包装要求一般。

2. 危险货物包装的基本要求

危险货物的运输包装和内包装应按《品名表》及《铁路危险货物包装表》的规定确定包装方法,同时还需符合下列要求:

①包装材料的材质、规格和包装结构应与所装危险货物的性质和质量相适应。包装容器与所装货物不得发生危险反应或削弱包装强度。

②充装液体危险货物,容器应至少留有 5% 的空隙。

③液体危险货物要做到液密封口;对可产生有害蒸气及易潮解或遇酸雾能发生危险反应的应做到气密封口。对必须装有通气孔的容器,其设计和安装应能防止货物流出和杂质、水分进入,排出的气体不致造成危险或污染。其他危险货物的包装应做到严密不漏。

④包装应坚固完好,能抗御运输、储存和装卸过程中正常的冲击、震动和挤压,并便于装卸和搬运。

⑤包装的衬垫不得与所装货物发生反应而降低安全性,应能防止内装物移动和起到减震及吸收作用。

⑥包装表面应清洁,不得沾附所装物质和其他有害物质。

⑦包装不得重复使用(特殊规定除外,如钢瓶)。

3. 危险货物的试运包装

托运人要求改变危险货物运输包装时,应填写《改变运输包装申请表》,一式四份。

发站对托运人提出的改变包装的有关文件确认后,报铁路局批准,在指定的时间和区段内组织试运,跨局试运时由铁路局通知有关铁路局和车站。

试运前,承运人、托运人双方应签订安全运输协议。试运时,托运人应在运单"托运人记载事项"栏内注明"试运包装,批准号×××"字样,试运时间 2 年。试运结束时,托运人应会同车站将试运结果报铁路局,铁路局对试运结果进行研究后,提出试运报告报铁道部,铁道部根据试运报告进行必要的复验,达到要求后正式批准。未经批准或超过试运期未上报的,须停止试运。

4. 进出口危险货物包装的要求

①托运的货物,在《国际海运危险货物规则》、《国际铁路货物联运协定》附件2《危险货物运送规则》等有关国际运输组织的规定中属危险货物,而我国铁路按非危险货物运输时,可继续按非危险货物运输,但包装和标志应符合上述有关国际运输组织的规定,托运人应在运单"托运人记载事项"栏内注明"转运进(出)口"字样。

②托运的货物,我国铁路规定为危险货物,而上述国际运输组织的规定中属非危险货物时,按我国《危规》规定办理。

③办理非国际联运的危险货物时,同属危险货物但包装方法不同时,进口的货物,经托运人确认原包装完好,符合安全运输要求,并在运单"托运人记载事项"栏内注明"进口原包装"字样,经铁路局同意后,可按原包装方法运输;出口的货物,按国内运输要求办理。

5. 危险货物的包装标志

为了保证运输安全、指导作业及一旦发生事故能尽快地判定危险货物的性质,采取相应的施救方法,托运人应在每件货物的包装上牢固,清晰地标明危险货物包装标志和包装储运图示标志,并有与货物运单相同的危险货物品名。

(三)危险货物的装卸

1. 危险物的装(卸)车的基本要求

托运人、收货人有专用铁路、专用线的,整车危险货物的装车和卸车必须在专用线、专用铁路办理。托运人、收货人提出专用铁路、专用线共用时,需经铁路局批准。

危险货物装卸前,应对车辆、仓库进行必要的通风和检查。车内仓库内必须打扫干净。装卸危险货物严禁使用火灯具照明。照明灯具应具有防爆性能,装卸作业使用的机具应能防止产生火花。

2. 装车作业

作业前货运员应向装卸工组详细说明货物的品名、性质,布置装卸作业安全注意事项和需准备的消防器材及安全防护用品。作业时要轻拿轻放,堆码整齐牢固,防止倒塌。要严格按规定的安全作业事项操作,严禁货物倒放、卧装(钢瓶及特殊容器除外)。破损的包装件不准装车。装车前应检查车辆、货物等,并作好相应记录台账。

3. 卸车作业

(1)检查车辆。车辆状态及施封检查,核对票据与现车,确定卸车及堆码方法。

(2)卸车作业。传达安全作业注意事项及卸车方案。

(3)卸车后工作。填记卸货登记簿。对受到污染的车辆,及时回送洗刷所洗刷除污。清理车辆残存废弃物交由收货人负责处理。因污染、腐蚀造成车辆损坏的,要按规定索赔。

4. 签认制度

危险货物运输作业实行签认制度。作业应按规定程序和作业标准进行并签认。要对作业过程内容的完整性、真实性负责,严禁漏签、代签和补签。签认单保存期半年。

落实危险货物运输签认制度的有关要求按《铁路危险货物运输作业签认单》办理。

5. 各类危险货物装卸与搬运注意事项

第1类 爆炸品

开关车门、车窗不得使用铁撬棍、铁钩等铁质工具,必须使用时,应采取防火花涂层等防护措施。装卸搬运时,不准穿铁钉鞋,使用铁轮、铁铲头推车和叉车,应有防火花措施。禁止使用可能发生火花的机具设备。

照明应使用防爆灯具。作业时应轻拿轻放,不得摔碰、撞击、拖拉、翻滚。有整体爆炸危险的物质和物品、有迸射危险但无整体爆炸危险的物质和物品的装载和堆码高度不得超过 1.8 m。车、库内不得残留酸、碱、油脂等物质。发现跌落破损的货件不得装车,应另行放置,妥善处理。

第 2 类　气体

作业时,应使用抬架或搬运车,防止撞击、拖拉、摔落、滚动。防止气瓶安全帽脱落及损坏瓶嘴。装卸机械工具应有防止产生火花的措施。

气瓶装车时应平卧横放。装卸搬运时,气瓶阀不要对准人身。装卸搬运工具、工作服及手套不得沾有油脂。装卸有毒气体时,应配备防护用品,必要时使用供氧式防毒面具。

第 3 类　易燃液体

装卸前应先通风,开关车门、车窗时不要使用铁制工具猛力敲打,必须使用时应采取防止产生火花防护措施。作业人员不准穿铁钉鞋。装卸搬运中,不能撞击、摩擦、拖拉、翻滚。装卸机具应有防止产生火花的措施。装载钢桶包装的易燃液体,要采取防磨措施,不得倒放和卧放。

第 4 类　易燃固体,易于自燃的物质和遇水放出易燃气体的物质

作业时不得摔碰、撞击、拖拉、翻滚,防止容器破损。特别注意勿使黄磷脱水,引起自燃。装卸搬运机具,应有防止产生火花的措施。雨雪天无防雨设备时,不能装卸遇水易燃物品。

第 5 类　氧化性物质和有机过氧化物

装车前,车内应打扫干净,保持干燥,不得残留有酸类和粉状可燃物。卸车前,应先通风后作业。装卸搬运中不能摔碰、拖拉、翻滚、摩擦和剧烈震动。搬运工具上不得残留或沾有杂质。托盘和手推车尽量专用,装卸机具应有防止发生火花的防护装置。

第 6 类　毒性物质和感染性物质

装卸车前应先行通风。装卸搬运时严禁肩扛、背负,要轻拿轻放,不得撞击、摔碰、翻滚,防止包装破损。

装卸易燃毒害品时,机具应有防止发生火花的措施。作业时必须穿戴防护用品,严防皮肤破损处接触毒物,作业完毕及时清洁身体后方可进食和吸烟。

第 7 类　放射性物质

装卸车前应先行通风,严禁肩扛、背负、撞击、翻滚。作业时间应按《危规》中表 8 的要求控制。堆码时应将辐射水平低的放射性包装件放在辐射水平高的包装件周围。在搬运Ⅲ级放射性包装件时,应在搬运机械的适当位置上安放屏蔽物或穿防护围裙,以减少人员受照剂量。

装卸、搬运放射性矿石、矿砂时,作业场所应喷水防止飞尘,作业人员应穿戴工作服、工作鞋,戴口罩和手套,作业完毕应全身清洗。

容物撒漏时,应立即向有关部门报告。由安全防护人员测量并划出安全区域,悬挂明显标志。

第 8 类　腐蚀性物质

作业前应穿戴耐腐蚀的防护用品,对易散发有毒蒸气或烟雾的腐蚀性物质,必须通风作业,并使用防毒面具。货物堆码必须平稳牢固,严禁肩扛、背负、撞击、拖拉、翻滚。装车前卸车后必须清扫车辆,不得留有稻草、木屑、煤炭、油脂、纸屑、碎布等可燃物。

表 6-30　铁路危险货物配放表

说明：

一、配放符号

1. 无配放符号表示可以配放；
2. △表示可以配放，堆放时至少隔离 2 m；
3. ×表示不可以配放；
4. 有"注 1"、"注 2"……注释时按注释规定办理。

二、注释

注 1. 除硝酸盐（如硝酸钠、硝酸钾或硝酸铵等）与硝酸、发烟硝酸可以混存外，其他情况皆不得混存。

注 2. 氧化剂不得与松软的粉状可燃物（如煤粉、焦粉、炭黑、糖、淀粉、锯末等）混存。

注 3. 饮食品、粮食、饲料、药品、药材类贴有 6 号、13 号、14 号、15 号、16 号包装的物品，及有恶臭能使货物污染异味的物品，以及畜禽产品中的生皮张、生毛皮（包括碎皮）、禽毛、骨、蹄、角、鬃等物品混存。

注 4. 饮食品、粮食、饲料、药材类、食用油脂与普通货离 1 m 以上；

注 5. 漂白粉与过氧化氢、易燃物品、活动毒品不得 2 m 以上与饮食品、粮食、饲料混存。

注 6. 贴有 7 号包装符号的液态农药不得与氧化剂和有机过氧化物混存。

危险货物的种类和品名		品名编号	配放号	1	2	3	4	5	6	7	8	9	10	11	12	13	14	15
爆炸品	导火索和点火绳	14 007～14 009,14 058	1	1														
	枪弹类、演习用纸壳手榴弹、抛射空降伞兵靶、民用火箭、礼花弹、响墩、火柜信号、烟花、爆竹、鞭炮、燃烧弹、手榴弹、音响信号手榴弹、火箭信号	12023,12039,12042,12047,13056,14049,14053,14055,14059～14062	2	△	2													
气体	非易燃无毒气体　氧、空气、一氧化二氮（氧及空气空钢瓶不得与油脂同一车内配放）	21001～21061,21063～21064	3	△	△	3												
	非易燃无毒气体	22001,22003,22017	4	△	△	△	4											
	毒性气体（液氯及液氨不得同一车内配放）	22005～22016,22018～22055	5	△	△	×	△	5										
易燃液体	易燃液体	23001～23053	6	△	×	×	×	△	6									
易燃固体、易于自燃的物质、遇水放出易燃气体的物质	易燃固体（发孔剂 H 不得与酸或易燃腐蚀性物品及有毒或易燃危险品名配放）	31001～31055,31101～31302,32001～32150	7	△	△	△	△	×	△	7								
	易于自燃的物质	41001～41062,41501～41553	8	×	×	△	△	×	×	×	8							
	遇水放出易燃气体的物质	42001～42040	9	△	×	×	×	△	×	△	×	9						
	一级易于自燃的物质	42501～42526	10	△	△	△	△	△	△	△	△	×	10					
	二级易于自燃的物质　15 所列品名配放	43001～43051,43501～43510	11	△	△	△	△	△	△	△	△	△	△	11				
氧化性物质和有机过氧化物	过氧化氢	51001,51501	12	△	×	△	△	×	×	×	△	×	△	△	12			
	亚硝酸盐、亚氯酸盐、次氯酸盐（注 2）	51043,51046,51071～51074,51509,51525	13	△	×	△	△	×	×	×	△	×	△	△	△	13		
	其他氧化性物质（配放号 15 所列品名除外）	51002～51042,51044,51045,51047～51067,51069,51070,51080～51083,51502～51508,51510～51524,51526,51527	14	△	×	△	△	×	×	×	△	×	△	△	△	×	14	
	硝酸胍、高氯酸醋酸酐溶液、过氧化氢、三氯异氢尿酸、二氯异氢尿酸、四硝基甲烷等有机过氧化物	51068,51075～51079,52001～52103	15	×	×	×	×	△	△	△	△	△	△	△	×	×	×	15

类别	品名	货物编号	1	2	3	4	5	6	7	8	9	10	11	12	13	14	15	16	17	18	19	20	21	对角号
毒性物质：氧化物	氧化物	61001～61005												×										16
毒性物质：其他毒性物质（注6）	其他毒性物质	61006～61034、61051～61139、61501～61520、61551～61924		×										△				×						17
腐蚀性物质：酸性腐蚀性物质	溴	81021	△	×	△			×	△		×	△	△				×	×	△					18
腐蚀性物质：酸性腐蚀性物质	发烟硝酸、硝酸、硝化酸混合物、废硝酸、废发烟硫酸、硫酸、含铬硫酸、废硫酸、渣渣硫酸、氯磺酸	81001～81004、81006～81009、81023	△	×	×	△	△	×	△	△	×	×	△	△		注1	×	×	△	△				19
腐蚀性物质：酸性腐蚀性物质	其他酸性腐蚀物质	81005、81010～81020、81022、81024～81067、81101～81135、81501～81531、81601～81647、81532～81534	△	△	△	△	△	△	△	△	△	△	△	△	△	△	△	△	△					20
腐蚀性物质：碱性腐蚀性物质	碱性腐蚀性物质（水合肼、氨水）不得与氧化性物质和有机过氧化物配放）其他腐蚀性物质	82001～82033、82501～82524、83001～83021、83501～83514											△					×	×	×	△			21
普通货物：易燃普通货物	易燃普通货物		△	△	△			×						△			△	△	△	△	△	×	×	22
普通货物：饮食品、粮食、饲料、药品、药材类、食用油脂（注4）	饮食品、粮食、饲料、药品、药材类、食用油脂			△	△			×		△	×		×	△				×	×	×	×	×	△	23
普通货物：非食用油脂	非食用油脂													△					×	×	×	×		24
普通货物：活动物（注3）	活动物			△	△			×						△	△	△	△	×	×	×	×	×	×	25
普通货物：其他（注3）（注4）	其他																							26

配放号

（四）危险货物的保管

1. 危险货物的保管要求

存放保管危险货物时，应按照《铁路危险货物配放表》（简称《配放表》）的规定执行。编号不同的爆炸品不得同库存放。放射性物质需建专用仓库，并与爆炸品仓库保持 20 m 以上的安全距离。

堆放危险货物的仓库、雨棚等场地必须清洁干燥、通风良好，配备充足有效的消防设施。货场严禁吸烟、使用明火。应划定警戒区、设置明显警戒标志，加强警卫巡守、闲杂人员不得进入。

2. 危险货物配放表

《配放表》（见表 6-30）包括危险货物的种类和品名、品名编号、配放号、配放条件和注释。

（1）货物的种类和品名

货物分危险货物和普通货物两大类。危险货物包括一、二、三、四、五、六、八类危险货物；普通货物包括易燃普通货物、食品、非食用油脂、活动物和其他货物。

（2）品名编号

品名编号为上述各类危险货物的各个可配放的危险货物品名编号及范围。

（3）配放号

①可以配放：配放表中无配放符号。

②隔离配放：以△表示。隔离配放是指可以配放，堆放时至少应隔开 2 m 的距离。

③不能配放：以×表示。不能配放是指两种货物不能配放在同一库内。

④注释：标有注 1～注 6 者等注释时，应按注释规定办理。

3. 各类危险货物保管应注意事项

第 1 类　爆炸品

爆炸品必须存放于专库内，库房应有避雷装置、防爆灯及低压防爆开关。仓库应由专人负责保管。库内应保持清洁，并隔绝热源与火源，在温度 40 ℃ 以上时，要采取通风和降温措施。爆炸品的堆垛间及堆垛与库墙间应有 0.5 m 以上的间隔。要避免日光直晒。

第 2 类　气体

应存放于阴凉通风场所，防止日晒、油污，隔绝热源与火种，当库内温度超过 40 ℃ 时，应采取通风降温措施。

气瓶平卧放置时，堆垛不得超过 5 层，瓶头要朝向同一方，瓶身要填塞妥实，防止滚动；立放时要放置稳固，防止倒塌。

第 3 类　易燃液体

存放于阴凉通风场所，避免日晒，隔绝热源和火种。堆放要稳固，严禁倒置。库内温度超过 40 ℃ 时，应采取通风降温措施。容器受热膨胀时，应浇洒冷水冷却，必要时应移至安全通风处放气处理。

第 4 类　易燃固体；易于自燃的物质；遇水放出易燃气体的物质

本类物品应存放于阴凉、通风、干燥场所，防止日晒，隔绝热源和火种，与酸类、氧化剂必须隔离存放。严禁露天存放遇水易燃物品。

第 5 类　氧化性物质和有机过氧化物

应存放于阴凉通风场所，防止日晒、受潮，远离酸类和可燃物，特别要远离硫磺、硝化棉、金属粉等还原性物质。亚硝酸盐类与其他氧化性物质应分库或隔离存放。堆垛不宜过高过大，注意通风散热。库内货位应保持清洁，对搬出后的货位，应清扫干净。

第 6 类　毒性物质和感染性物质

应存放在阴凉、通风、干燥的库内,不得露天存放。与酸类应隔离存放,严禁与食品同库存放。必须加强管理,严防丢失和发生误交付。

第 7 类　放射性物质

放射性物质的存放必须专库专用,仓库应通风良好、干燥、地面平坦,应有专人管理,按规定码放。

遇到燃烧、爆炸可能危及放射性物质安全时,应迅速转移至安全处,并派专人看管。

第 8 类　腐蚀性物质

应存放在清洁、通风、阴凉、干燥场所,防止日晒、雨淋。堆码应整齐稳固,不得与可燃物、氧化剂等混存。

（五）危险货物交付

危险货物到达时应及时通知收货人搬出。存放危险货物的货位,应清扫洗刷干净。遇有危险货物包装破损时,车站应及时清理撒漏物,同时通知收货人予以处理。对危险性大、撒漏严重的,要在卫生、防疫、环保、消防等部门指导下进行。

装过危险货物的货车,应进行卸后洗刷除污或清扫干净。

（六）剧毒品运输跟踪监控

1. 车站对剧毒品技术作业的跟踪监控

剧毒品运输安全要作为重点纳入车站日班计划、阶段计划。车站编制日班计划、阶段计划时要重点掌握,优先安排改编和挂运。车站要根据作业情况建立剧毒品车辆登记、检查、报告和交接制度,值班站长要按技术作业过程对剧毒品车辆进行跟踪监控。

（1）列车出发作业

车号员要认真编制列车编组顺序表（运统一）,并在剧毒品车辆记事栏内标记"D"符号,车号员在发车前认真核对现车,确保出发列车编组、货运票据和"运统一"内容一致。发车后,要及时发出列车确报。

车站调度员（车站值班员）于列车出发后,将剧毒品车辆的挂运车次、编挂位置等及时报告铁路局调度,并将信息登录到剧毒品运输信息跟踪系统。

（2）列车改编作业

车站调度员（调车区长）要准确掌握剧毒品车辆信息,及时安排解编作业,正确编制调车作业计划,并在调车作业通知单上注明标记。严格执行剧毒品车辆限速连挂或禁止溜放要求,剧毒品押运人乘坐的车辆须限速连挂、禁止溜放。

调车指挥人员要按调车作业计划,将剧毒品车辆的作业方法、注意事项直接向司机和调车人员传达清楚,严格按要求进行调车作业。作业完毕时,及时将剧毒品车辆有关信息向调车领导人报告。

（3）列车到达作业

车号员应严格执行核对现车制度,确保列车编组、货运票据和"运统一"内容一致。对剧毒品车辆要进行标记。

2. 货检对剧毒品的跟踪监控

货检人员要认真检查剧毒品车辆、集装箱施封等状态,没有押运人的必须甩车,及时通知发站派人处理,并通知公安部门采取监护措施。对剧毒品车辆还要用数码相机对剧毒品车辆的两侧进行清晰拍照（车号、两侧施封锁号码、门窗状况,共五张照片）,并存档保管至少三个月。

3. 调度部门对剧毒品的跟踪监控

调度部门要实行逐级负责制,对承运后和到达前的剧毒品情况,由部、局调度负责掌握,按照运输距离的长短,分别由铁道部或铁路局负责跟踪。对编挂有剧毒品车辆的列车原则上不准保留。

4. 计算机跟踪管理

剧毒品实行铁道部、铁路局和车站信息管理系统三级计算机跟踪管理。

装车站要将剧毒品货票所载信息,及时生成《剧毒品运输管理信息登记表》,实时报告剧毒品运输跟踪管理系统。

挂有剧毒品车辆的列车,应在"列车编组顺序表"记事栏中注明"D"字样,并将剧毒品车辆的车种车号、发到站、货物品名、挂运日期、挂运车次等信息及时报告给铁路局行车确报系统和剧毒品运输跟踪管理系统。

中途站发现装有剧毒品的车辆或集装箱无封、封印无效以及有异状时,应立即甩车,报告所属铁路局,并通知公安部门共同清点。同时按规定及时以电报形式,向发到站及所属铁路局和铁道部报告有关情况。继续运送时,按装车站要求办理。

剧毒品到站后和卸车交付完毕后,立即将车种车号(集装箱箱型、箱号及所装车号)、发到站、《托运人资质证书》编号、托运人、收货人、品名及编号、件数、重量、到达日期、到达车次、交付日期等信息上网报告剧毒品运输跟踪管理系统,并在 2 h 内通知发站。

三、案例模块

危险货物办理程序实例

货物品名:电引爆雷管[爆破用](11001)

数量:1 车

发站:窑村(西安铁路局)

托运人:西安庆华电器(集团)有限责任公司

装车地点:西安庆华电器(集团)有限责任公司专用线

到站:倮果(成都局)

收货人:攀钢集团矿业公司 846 厂

卸车地点:攀钢集团矿业公司 846 厂专用线

雷管分为电引爆雷管和非电引爆雷管。电引爆雷管主要特性:纸、塑料或金属管,内装起爆药和猛性炸药。对明火、电火花、震动、撞击,均很敏感,是极不安全的起爆器材,易爆炸。押运人武装押运。

发送过程如下:

1. 计划受理

计划受理的重点内容为填记运单、标记,核查凭证文件,审查办理规定,确定装载方案。

(1)查《铁路危险货物托运人资质一览表》,确定西安庆华电器(集团)有限责任公司具有托运人资质。审核经办人员的身份证、《培训合格证》、《委托书》、押运人的《培训合格证》、到达地公安部门出具的民用爆炸品运输通行证证件内容。

(2)查《办理规定》,确定西安庆华电器(集团)有限责任公司专用线办理电引爆雷管的发送。

(3)查《办理规定》,确定收货人攀钢集团矿业公司 846 厂可以在倮果站攀钢集团矿业公司 846 厂专用线内办理电引爆雷管到达。

(4)查《品名表》,确定电引爆雷管的品名编号为 11001。

(5)查《品名表》,确定电引爆雷管采用的包装:雷管用纸盒或塑料筒等盛装,塞紧,再放入木箱中塞紧,以雷管不发生摇动为准,木箱上,下部各有握柄。箱板厚度应为 15 mm。托运人采用的包装符合要求。

(6)审查货物运单填记及加盖特殊标记

除按普通货物运单规定填记外,托运人在货物运单品名栏内填写"电引爆雷管,11001";"托运人记载事项"栏内填写《托运人资质证书》、经办人员身份证、《培训合格证》、押运人(不少于 2 人)的姓名、证件及到达地公安部门出具的民用爆炸品运输通行证证件名称和号码;运单右上角用红色戳记标明"爆炸品"。

承运人在运单右上角用红色戳记标明"禁止溜放"、"停止制动作用"字样及隔离标记"△"。

2. 装车作业

(1)车辆选择。电引爆雷管应选用木底棚车或 P_{64}、P_{64A} 型车装运。确认车辆技术状态良好,定检不过期。车内清扫干净,不得留有酸、碱和有机物、粉状可燃物,对清扫的残留物要送检。托运人使用 P_{64A} 型棚车装运。

列检对所用车辆进行检查,确认技术状态良好后,关闭制动机,登记并作成记录。

(2)确认货物品名、包装与运单记载一致,包装标志符合规定,确认包装无破损。

(3)装车前企业运输员应向装卸作业班组传达安全作业注意事项,部署装车方案。对车内进行覆盖,车门处使用橡胶垫覆盖。

(4)按方案装车,装载稳固、均匀,车内装载高度不得超过 1.8 m,装载枚数不超过民用爆炸品通行证准运数量。车门固定。作业时严禁火花发生,装卸机具的负荷应适当降低,注意防滑。

装车后,企业运输员须填写货物装载加固质量签认卡。

3. 交接检查

(1)专用线货运员检查车内覆盖情况。

(2)专用线货运员检查货物的装载状态,装载是否稳妥,有无超高、超量情况。

(3)检查符合要求时,专用线货运员与企业运输员在交接线凭货车调送单办理货车交接。

4. 承运

(1)按照受理审查程序,审查办理规定。

(2)根据运单填记货票,核收运费,在货票右上角用红色戳记标明"爆炸品"、"禁止溜放"、"停止制动作用"和隔离标记"△"。审核填记《托运人资质证书》、经办人身份证、《培训合格证》、押运人《培训合格证》、身份证及《民用爆炸品运输通行证》证件名称和号码。

上述每项作业(受理、装车、承运、交接检查)审核无误后,均应在《危险货物发送作业程序签认单》上签字。

5. 挂运

(1)窑村车站值班员及时报告列车调度员,由列车调度员掌握以最近车次挂出。

(2)外勤值班员检查押运人数、着装,没有押运人、押运人不足或押运人未穿防护服(黄色棉布马甲),不准挂运。

6. 特殊情况的处理

作业中和运输途中雷管发生撒漏时,应通知车站和公安或专用线有关部门及时处理。发生火灾和爆炸时,及时疏散人员,同时立即启动危险化学品事故应急预案。施救时可用水,禁用酸碱灭火器或沙土。

项目7 货运核算

任务1 货物运输费用的计算

[学习目标] 掌握《铁路货物运价规则》(简称《价规》)及其附件的构成及使用方法。

[学习要求] 理解货物运价的概念;学会使用《铁路货物运输品名分类与代码表》(简称《分类表》)、《铁路货物运输品名检查表》(简称《检查表》)和《货物运价里程表》,会正确查找货物运价率;理解货物运费的计算公式。

[工作任务] 运费计算;货运制票系统软件的使用。

[需要工具和设备] 《价规》、《分类表》、《检查表》、《货物运价里程表》、货运制票系统软件。

[教学环境] 理实一体化教室。

一、理论模块

货物运价概念及分类

铁路货物运价是指铁路运输产品的销售价格,即铁路向货主核收的运输费用,包括车站作业费用、运行作业费用、服务费用和额外占用铁路设备的费用等。

(一)按适用范围分

铁路货物运价按其适用范围可以分为普通运价、特殊运价、军运运价等。

1. 普通运价

普通运价是铁路货物运价的基本形式,是铁路计算运费的统一运价,凡在路网上办理正式营业的铁路运输线上都适用统一运价。现行铁路的整车货物、零担货物、集装箱货物运价都属于普通运价。普通运价是计算运费的基本依据。

2. 特殊运价

特殊运价是指地方铁路、临时营业线和特殊线路的运价。

3. 军运运价

军运运价是指军事运输中军运货物运输的运价。

(二)按货物运输种类分

按货物运输种类,铁路货物运价可分为整车运价、零担运价和集装箱运价。

二、技术模块

(一)《价规》的使用方法

《价规》是计算铁路货物运输费用的主要规章。

1. 适用范围

《价规》确定了国家铁路及合资、地方铁路及与国家铁路办理直通运输的有关货物运输费用计算方法,是计算国家铁路货物运输费用的依据。

国家铁路营业线的货物运输,除军事运输(后付)、水陆联运、国际铁路联运过境运输及其他铁道部另有规定的货物运输费用外,都按《价规》计算货物运输费用,其以外的货物运输费用,按铁道部的有关规定计算核收。

2. 基本内容

《价规》规定了在各种不同情况下计算货物运输费用的基本条件,各种货物运费、杂费和代收款的计算方法及国际铁路联运货物国内段的运输费用的计算方法。

3. 附件及作用

《价规》有四个附件,其作用如下:

附件一为《分类表》。

《分类表》是用来判定货物的类别代码和确定运价号的工具,由代码、货物品类、运价号(整车、零担)、说明与备注五项组成。代码由 4 位阿拉伯数字组成,前 2 位表示货物品类的大类、第 3 位数字表示中类、第 4 位数字表示小类,代码对应运价号。

铁路运输的货物共分 26 类,其品类代码的前两位数、品类名称如表 7-1 所示。

表 7-1 货物品类

品类代码	品类名称	品类代码	品类名称	品类代码	品类名称	品类代码	品类名称
01	煤	08	矿物性建筑材料	15	化工品	22	饮食品及烟草制品
02	石油	09	水泥	16	金属制品	23	纺织品和皮毛及其制品
03	焦炭	10	木材	17	工业机械	24	纸及文教用品
04	金属矿石	11	粮食	18	电子、电气机械	25	医药品
05	钢铁及有色金属	12	棉花	19	农业机具	99	其他货物
06	非金属矿石	13	化肥及农药	20	鲜活货物		
07	磷矿石	14	盐	21	农副产品		

附件二为"铁路货物运价率表",用来查找不同运价号的对应的货物运价率。

附件三《检查表》,也是用来判定货物的类别代码和确定运价号的工具。

附件四为《货物运价里程表》,分上、下两册。上册为站名索引表,可查找站名,该站所属省、市、自治区,该站所属铁路局及线路,车站的营业办理限制和最大起重能力,以及该站在下册中的页数等。下册为里程表,包含各条线路之间的接算站示意图及最短径路示意图,分线别的里程表。使用《货物运价里程表》上、下册查到发站和到站间的运价里程。

4. 附录

附录一为铁路电气化附加费核收办法。

附录二为新路新价均摊运费核收办法(目前费率暂为零)。

附录三为铁路建设基金计算核收办法。

附录四为超重货物分级表。

(二)运费计算程序及公式

1. 运费计算程序

(1)根据货物运单上填写的货物名称查找《分类表》、《检查表》,确定货物适用的运价号。

(2)根据运价号查找"铁路货物运价率表"中确定货物使用的运价率(即基价 1 和基价 2,以下同)。冷藏车运价率、自轮运转货物运价率和集装箱货物运价率直接从"铁路货物运价率表"中查出。

(3)根据发到站,查找《货物运价里程表》,计算出发站至到站的运价里程。

(4)根据货物种类、重量、运输方式,确定计费重量。

(5)利用运费计算公式,计算运费。

2. 运费计算公式

(1)整车货物

按重量计费　　　　运费＝(基价1＋基价2×运价里程)×计费重量

按轴数计费(自轮运转货物)

$$运费＝(基价2×运价里程)×轴数$$

(2)零担货物

$$运费＝(基价1＋基价2×运价里程)×计费重量/10$$

(3)集装箱货物

$$运费＝(基价1＋基价2×运价里程)×箱数$$

(三)运价号的查找

我国现行铁路货物运价实行分号运价制。整车(含冷藏车)货物运价号分为8个,零担货物运价号分为2个,集装箱货物运价号分为3个。

按照货物运单上填写的货物品名,查找《分类表》和《检查表》,确定出该批货物适用的运价号。

1. 先查《检查表》。使用该表时首先从品名首字汉语拼音索引表或品名首字笔画索引表中,查出该品名在检查表中的页数,再根据检查表查出该品名的拼音码、代码和运价号。

2.《检查表》中有具体名称时,按具体名称判定代码和运价号。不属该具体名称的不能比照。但由于货物的别名、俗名、地方名称等不同,而实际属于该具体名称的,仍按该具体名称适用类别和运价号。

3.《检查表》中无该具体名称时,则按《分类表》中概括名称判定类别和运价号。必须遵守以下规定:

(1)适用制材或加工工艺概括名称的,除明定者外,均不分用途。如货物具有两种以上制材时,则按其主要制材判定类别和运价号。

(2)适用用途概括名称时,除明定者外,均不分制材。如货物具有多种用途时,按托运人在运单上声明的用途和铁路有关规定,判定类别和运价号。

(3)适用自然属性概括名称的,除明定者外,均不分用途、制材、形态、品种。

4. 半成品除明定者外,均按制成品适用类别和运价号。

5. 在《分类表》和《检查表》中既无货物的具体名称,又无概括名称时,按小类→中类→大类的顺序逐层次判定其归属的收容类目。各类均不能归属的货物,则列入总收容类目→9990未列名的其他货物。对于《检查表》未列的品名,当确定了该品名归属品类后,在品名代码栏填记该小类的收容品名(末3位为999),在货物名称栏填记货物实际品名,对于这些品名字典中未列的品名,铁路局须将其货物名称、制作材料、用途、形态、价格、批量、运量及其他有关参考资料报铁道部,由铁道部定期整理,统一核定的补充品名字典。

(四)运价率的确定

铁路货物运价率是根据运价号相应制定出对应于每一运价号的基价1和基价2。基价1

是货物在发站及到站进行发到作业时单位重量（箱数）的运价。它只与计费重量（箱数）有关，与运价里程无关。基价 2 是指货物在运输期间单位重量（箱数）每一公里的运价，它既与计费重量（箱数）有关，又与运价里程有关。

（1）整车货物的运价号为 1～7 号、机械冷藏车，基价 1 的单位为元/ t，基价 2 的单位为元/（t·km）；整车货物运价号中的 7 号为按轴计费的运价号，无基价 1，基价 2 的单位为元/（轴·km）。

（2）零担货物的运价号为 21、22 号。基价 1 的单位为元/10 kg，基价 2 的单位为元/（10 kg·km）。

（3）集装箱货物，分别按 1 t 箱、20 ft 箱、40 ft 箱制定基价 1 和基价 2。基价 1 的单位为元/箱，基价 2 的单位为元/（箱·km）。

任务 2　运价里程的计算

［学习目标］　掌握发到站间最短径路里程的确定。

［学习要求］　理会最短径路的含义，能利用《货物运价里程表》熟练查找车站、径路及里程。

［工作任务］　利用《货物运价里程表》上册查找站名及营业办理限制、最大起重能力；利用里程表下册的最短径路示意图查找发到站间的最短径路里程。

［需要工具和设备］　《货物运价里程表》上下册、全路货运营业站示意图。

［教学环境］　理实一体化教室。

一、理论模块

铁路货运营业办理站的概念

货运营业办理站公布在《货物运价里程表》上。

车站的营业办理限制和起重能力主要根据《货物运价里程表》上策《站名索引表》有关"营业办理限制"栏和"最大起重能力"栏中的规定来确定。

营业办理限制用符号表示，△表示不办理，○表示仅办理。不能用符号表示的，另加文字说明。各种营业办理限制，除明定适用于专用线者外，都指站内营业办理范围。集装箱按《集装箱办理站站名表》，危险货物按《铁路危险货物运输办理站（专用线、专用铁路）办理规定》办理。常用营业办理限制符号表示如下：

△货——站内及专用线均不办理货运营业。

△牲——不办理活牲畜到达。

○农——危险货物仅办理农药运输（不含剧毒品）。

○专——仅办理专用线、专用铁路整车发到。

○路——仅办理整车路用货物发到。

○正——仅办理整车货物发到。

○另——仅办理零担货物发到。

最大起重能力栏符号的含义：

叉——该站配属叉车。

× t——该站最大起重能力为× t。

二、技术模块

（一）车站和里程查找方法

首先从上册的站名首字汉语拼音或首字笔画索引表中，查出发站和到站在站名索引表中的页数，再根据站名索引表查出发站和到站在《货物运价里程表》下册中的页数，即可从《货物运价里程表》中找出发站和到站间的里程，或发站和到站至接算站间的里程，通过计算得出发到站间的里程。

用来计算跨及两条或两条以上线路车站间运价里程的车站，称为接算站。里程表里一般用"★"表示，接算站示意图中一般用"○"表示接算站。接算站一般情况下是位于两条以上线路的汇集交叉点，如图 7-1 所示。

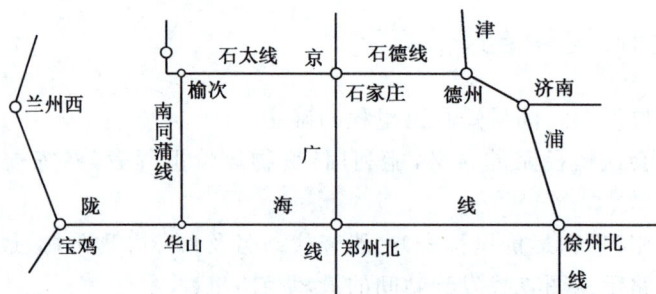

图 7-1　部分接算站在路网上的位置示意图

（二）运价里程的确定

1. 最短径路概念及最短径路示意图的使用方法

最短径路是指发站至到站间运价里程最小的经由路线。在《货物运价里程表》中，附有货物运价里程最短径路示意图。货物运价里程最短径路示意图分为货物运价里程最短径路示意图（环状线）和××站起点货物运价里程最短径路示意图两种。

货物运价里程最短径路示意图（环状线），表明了当发、到站在同一环状线上时，从发站至到站的最短径路。环状线示意图中各个接算站为始点发出了半环指示箭头，环内的数字为半环的运价里程。例如丰台、天津、德州、石家庄在同一个环状线路上，图中从四个站发出的箭头指向环状线路里程的一半。如天津起点的里程的一半在土贤庄和良村间，丰台起点的环状里程的一半在清凉店、龙华间。半环的运价里程是 402.5 km。从图中可以看出，丰台至德州的最短径路应经由天津，天津到石家庄的最短径路应经由丰台，如图 7-2 所示。

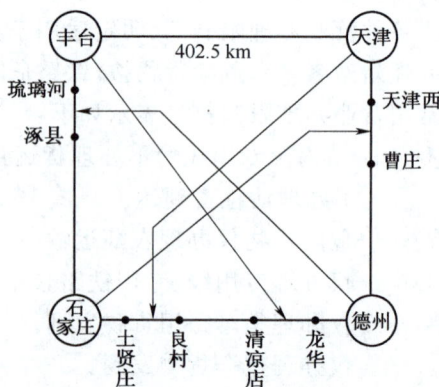

图 7-2　环状线最短径路确定方法

在《货物运价里程表》中，还有以哈尔滨、沈阳、山海关、丰台为起点的最短径路示意图（在东北地区内），以天津、郑州北、南京东为起点的最短径路示意图（在北南方地区内），是用来确定以这些车站或这些车站附近的车站为发站，至某些到站的最短径路。其使用方法就是根据示意图中的箭头的指向来确定最短径路,当遇到逆向箭头或实心圆点时,表明该径路不是最短径路。在实际中,货运量较大的车站,都编制了以本站为起点的最短径路示意图,以加快查找里程的速度,提高准确性。

2. 最短径路运价里程的计算方法

(1)发站和到站在同一线上

用两站到本线起点站或终点站的里程相减,即可求得两站间的运价里程。

(2)发站和到站不在同一线上

此时确定货物运价里程时,应首先参照货物运价里程接算站和货物运价里程最短径路示意图,查明发站至到站的最短径路,再按下列方法求得两站间的里程。

①东北与北南方相互间:发站至到站经由山海关或丰台时,以发站和到站至山海关或丰台接算站的里程相加。

②北方和南方相互间:发站至到站经由郑州北或南京东时,以发站和到站至郑州北或南京东接算站的里程相加。

③东北地区内:发站至到站经由沈阳、哈尔滨、郑家屯,或部分发站至到站经由锦州、梅河口、吉林、牡丹江、佳木斯等接算站时,以发站和到站至各该接算站的里程相加。

④北方地区内:发站至到站经由丰台、大同,或部分发站至到站经由天津、济南、石家庄、太原北、宝鸡等接算站时,以发站和到站至各该接算站的里程相加。

⑤南方地区内:发站至到站经由株洲、衡阳,或部分发站至到站经由上海、柳州、广州北等接算站时,以发站和到站至各该接算站的里程相加。

⑥发站至到站跨及两线以上但不通过前五项中的接算站时,以发站和到站至最近的接算站的里程,与该两接算站的里程相加。

实行统一运价的营业铁路与特价营业铁路直通运输,运价里程分别计算。

3. 需另加入的运价里程

(1)国际联运货物,经由国境线时,应另加算国境站至国境线的里程(按里程表中的"国际联运国境线里程表"确定)。如国际联运货物从二连站经蒙古铁路时,则国内区段的运价里程应加算二连站至国境线的里程 5 km,如图 7-3 所示。

(2)水陆联运货物,经由码头支线时,应另加算换装站至码头线的里程(按里程表中的"铁路货物联运换装站到码头线里程表"确定)。

(3)轮渡线里程根据铁道部公布的运价里程计算。

(4)站界内搬运按实际里程计算。

4. 不计入运价里程内的里程

专用线、货物支线的里程不计入运价里程内。

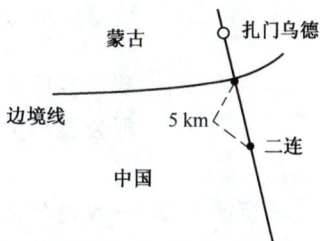

图 7-3 二连站至过境线运价里程示意图

5. 实际经由计算方法

在下列情况下,发站在货物运单内注明,运价里程按实际经由计算:

(1)因货物性质(如鲜活货物、超限货物等)必须绕路运输。

(2)因自然灾害或其他非铁路责任,托运人要求绕路运输。

(3)属于"五定"班列运输的货物,按班列经路运输时。

承运后的货物发生绕路运输时,仍按货物运单内记载的径路计算运费。

为保护托运人的利益,由于铁路内部车流调整发生的绕路运输,未经铁道部明定按绕路计费的都不应按绕路计算运费。

三、实习训练模块

1. 查包头东至石家庄的最短径路

包头东与石家庄在相邻环状线路示意图中,利用货物运价里程最短径路示意图(环状线)进行查找,如图 7-4 所示。

2. 查找徐州北至洛阳东的运价里程

徐州北和洛阳东位于同一条线路上,用这两个站至线路始点或终点的里程直接相减即可,如图 7-5 所示。

3. 查找徐州北至沈阳的运价里程

徐州北站属于北南方地区,沈阳站位于东北地区,两站间必经三海关,应以山海关为接算站,如图 7-6 所示。

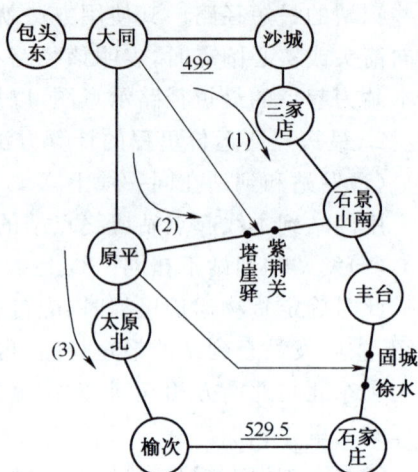

图 7-4　包头东至石家庄最短径路

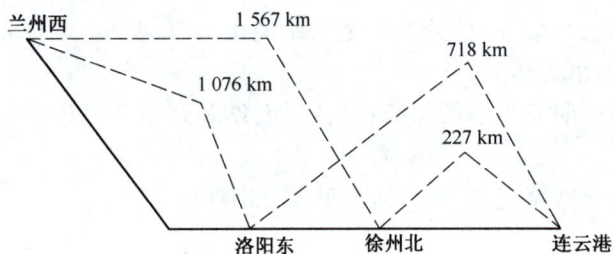

图 7-5　徐州北、洛阳东站间运价里程计算方法

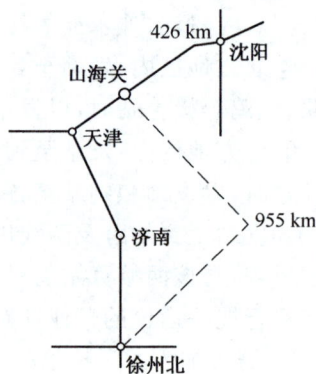

图 7-6　徐州北、沈阳间最短径路

任务 3　整车货物运费的核收

[学习目标]　掌握各种整车货物运费核收的方法。

[学习要求]　理会整车货物运费的核收规定,会根据发到站及运输要求,正确核收整车货物运费。

[工作任务]　一般整车货物运费计算;冷藏车运费计算;快运货物运费计算;超限、限速运行货物运费计算;超长货物运费计算;危险货物运费计算;自备、租用车的运费计算;自备货车装备物品及集装箱用具的回送费计算;站界内搬运、途中装卸、整车分卸货物的运费计算。

[需要工具和设备]　《价规》、《货规》、《货物运价里程表》、计算器、全路货运营业站示意图、货运制票软件。

[教学环境]　理实一体化教室。

一、技术模块

(一)整车货物计费重量的规定

1. 整车货物一般情况下,均按货车标重计算运费,货物重量超过标重时按货物重量计费。

计费重量以吨为单位,吨以下四舍五入。

2. 特殊情况下,使用规定车种车型装运特定货物,计费重量按表 7-2 所列规定计费重量计算,货物重量超过规定计费重量的按货物重量计费。

3. 车辆换长超过 1.5 的货车(D 型长大货物车除外),未明定计费重量的,按其超过部分以每米(不足 1 m 的部分不计)折合 5 t 与 60 t 相加之和计费。

4. 准、米轨间换装运输的货物,均按发站的原计费重量计费。

表 7-2 整车货物规定计费重量表

顺号	项 目	计费重量(t)
1	标重不足 30 t 的家畜车	30
2	矿石车、平车、砂石车经铁路局批准装运"品名分类与代码表" 01(煤)、0310(焦炭)、04(金属矿石)、06(非金属矿石)、081(土、砂、石、石灰)、14(盐)类货物	40
3	标重低于 50 t、车辆换长小于 1.5 的自备罐车	50
4	SQ_1(小汽车专用平车)	85
5	QD_3(凹底平车)	70
6	GY_{95S}、GY_{95}、GH_{40}、GY_{40}、$GH_{95/22}$、$GY_{95/22}$(石油液化气罐车)	65
7	GY_{100S}、GY_{100}、GY_{100-I}、GY_{100-II}(石油液化气罐车)	70

5. 承运人提供的 D 型长大货物车的车辆标重大于托运人要求的货车吨位时,经中铁特货公司批准可根据实际使用车辆的标重减少计费重量,但减吨量最多不超过 60 t。

(二)整车货物运价率的规定

1. 按一批办理的整车货物,运价率不同时,按其中高的运价率计费。

2. 运价率加(减)成的确定方法如下:

《分类表》中规定的加(减)成应先计算出其适用的运价率后,再按下述规定进行加(减)成计算。

(1)一批或一项货物,运价率适用两种以上减成率时,只适用其中较大的一种减成率。

(2)一批或一项货物,运价率适用两种以上加成率时,应将加成率相加。

(3)一批或一项货物,运价率同时适用加成率和减成率时,应以加成率和减成率相抵后的差额作为适用的加(减)成率。

如某站发送一件超级超限货物,运价率应加成 150%;用自备车装运,运价率应减成 20%。因此,该批货物应在其适用运价率的基础上加成 130%(150%-20%=130%)。

二、案例模块

(一)一般整车货物运费

【案例 7-1】 2009 年 5 月 1 日,托运人在某站托运一批货物,其中空调 50 台,运动器材 100 套,试确定运价率。

【解】 查出空调为 6 号运价,运动器材为 5 号运价,因其按一批托运,故按 6 号运价率计费。

【案例 7-2】 2009 年 5 月 1 日,托运人从安阳托运一台机器,重 26 t,使用 60 t 货车一辆装运至徐州北,计算运费。

【解】 查里程表安阳至徐州北的运价里程为 556 km,查品名分类与代码表,机器运价号为 6 号运价,查运价率表,6 号运价的基价 1 为 14.80 元/t,基价 2 为 0.076 5 元/(t·km),计费重量 60 t。

$$运费＝（14.8＋0.076\,5×556）×60＝3\,440.04（元）≈3\,440.00\,元$$

（二）冷藏车运费

1. 计费重量

机械冷藏车运送易腐货物，按规定计费重量计费（如表 7-3 所示），超过时按货物重量以吨为单位四舍五入计费。

表 7-3　冷藏车规定计费重量表

车种 车型		计费重量（t）	附　注
机械冷藏车	B_{18}	32	8 辆装货
	B_{19}	38	4 辆装货
	B_{20}	42	8 辆装货
	B_{21}	42	4 辆装货
	B_{10}、B_{10A}、B_{10B}	44	单节
	B_{22}、B_{23}	48	4 辆装货
自备机械冷藏车		60	
代替其他货车装运非易腐货物铁路冷藏车		冷藏车标重	

2. 运价率的规定

冷藏车的运价率只与车型有关，与车内所装货物品名无关。

（1）途中不需要加温（或托运人自行加温）或制冷的机械冷藏车按机械冷藏车的运价率减 20％计费。

（2）使用铁路机械冷藏车运输，要求途中保持温度－12 ℃（不含）以下的货物，按机械冷藏车运价率加 20％计费。

（3）自备冷藏车、隔热车（即无冷源车）和代替其他货车装运非易腐货物的铁路冷藏车，均按所装货物适用的运价率计费。

【案例 7-3】　2009 年 5 月 1 日，集宁站发开封站冻羊肉 120 t，用 B_{19} 型机械冷藏车组装运（途中制冷），计算运费。

【解】　集宁至开封最短径路里程为 1 112 km（最短径路经京包线、北同蒲线、太焦线、陇海线）。使用机械冷藏车，根据机械冷藏车运价率该批货物运费。

$$每辆车运费＝（11.5＋0.079\,0×1\,112）×38＝3\,775.224（元）≈3\,775.20\,元$$
$$总运费＝3\,775.20×4＝15\,100.80（元）$$

（三）快运货物

按快运办理的货物的运费计算同不按快运办理的货物，但需加收快运费。快运费的费率为该批货物运价率的 30％。

【案例 7-4】　案例 7-3 的货物，如托运人要求快运时，试计算每批货物快运费。

【解】　快运费＝3 775.20×30％＝1 132.56（元）≈1 132.60 元

（四）超限、限速货物运费计算

由于超限货物和需限速运行的货物运输条件特殊，办理手续复杂，影响铁路运输效率，增加运输成本。因而运送这类货物时，发站应将超限货物的超限等级在货物运单货物名称栏内注明。承运人记载调度命令号，其运费计算按下列规定进行。

1. 一级超限:按运价率加 50% 计费。

2. 二级超限:按运价率加 100% 计费。

3. 超级超限:按运价率加 150% 计费。

4. 限速运行(不包括仅通过桥梁、隧道、出入站线限速运行)的货物,按运价率加 150% 计费。需限速运行的超限货物,只核收 150% 的加成运费,不另核收超限货物加成运费。

需限速运行的货物主要是指货物装车后,重车重心高超过 2 000 mm 及与限界距离或邻线列车距离较小的超级超限货物。由于限制其运行速度,因而影响铁路运输效率,增加铁路运输成本,运价率需进行加成。

【案例 7-5】 2009 年 5 月 1 日,天津站发呼和浩特站机器一批重 26 t,为超级超限,使用一辆 60 t 平车装运,计算运费。

【解】 天津至呼和浩特最短径路里程为 761 km,机器运价号为 6 号运价,因其为超级超限,运价率加成 150% 计算。

$$运费 = (14.8 + 0.076\ 5 \times 761) \times (1 + 150\%) \times 60 = 10\ 952.475(元) \approx 10\ 952.50\ 元$$

【案例 7-6】 2009 年 5 月 1 日,上海南站发常州站变压器一台重 20 t,以一辆 60 t 平车装运,装车后货物为一级超限,重车重心高 2 260 mm,需要限速运行,计算运费。

【解】 上海南至常州运价里程为 181 km,变压器运价号为 6 号运价,该货物为需限速运行的超限货物,则运价率加成 150% 计算。

$$运费 = (14.8 + 0.076\ 5 \times 181) \times (1 + 150\%) \times 60 = 4\ 296.975(元) \approx 4\ 297.00\ 元$$

(五)使用游车时货物运费计算

1. 游车不装货物时,游车运费按主车货物运价率和游车标重计费。

2. 利用游车装运货物,按所装货物运价率与主车货物运价率高的核收游车运费。

3. 两批货物共同使用游车时,游车运费各按主车货物的运价率及游车标重的 1/2 计费。

4. 运输超限货物或需要限速运行的货物使用游车时,游车运费不加成。

5. 自轮运转的轨道机械,以企业自备货车或租用铁路货车作游车时,按整车 7 号运价率核收游车运费;自轮运转的轨道机械,以铁路货车作游车时,按整车 6 号运价率和游车标重核收游车运费。

6. D 型长大货物车运输货物需用隔离车时,隔离车不另核收运费。隔离车加装货物时,按所加装货物适用的运价率核收运费。

【案例 7-7】 2009 年 5 月 1 日,山海关站发乌海站桥梁架一件长 16.3 m,重 39 t,使用一辆 60 t 平车一端突出装运,另用一辆 60 t 平车作游车,试计算这批货物运费。

【解】 山海关至乌海最短径路运价里程为 1 569 km。

桥梁运价号为 5 号,计费重量为 60 t,主车按此计算运费;游车上未装货物,按主车运价号 5 号,计费重量 60 t 计算运费。

$$主车运费 = (10.4 + 0.054\ 9 \times 1\ 569) \times 60 = 5\ 792.286(元) \approx 5\ 792.30\ 元$$
$$游车运费 = (10.4 + 0.054\ 9 \times 1\ 569) \times 60 = 5\ 792.286(元) \approx 5\ 792.30\ 元$$

【案例 7-8】 2009 年 5 月 1 日,攀枝花站发往桂林北钢管一批重 51 t,使用一辆 60 t 平车一端突出装运,另使用一辆 60 t 平车做游车,托运人利用游车装载一箱医用仪器,试计算其运费。

【解】 攀枝花至桂林北最短径路运价里程为 1 767 km。

主车按计费重量为 60 t,钢管的 5 号运价率计算运费;游车按计费重量为 60 t,医用仪器的 6 号运价率运价号为 6 号,因而游车运价号为 6 号。

$$主车运费=(10.4+0.054\ 9\times1\ 767)\times60=6\ 444.498(元)\approx6\ 444.50\ 元$$
$$游车运费=(14.8+0.076\ 5\times1\ 767)\times60=8\ 998.53(元)\approx8\ 998.50\ 元$$

【案例 7-9】 2009 年 5 月 1 日,株洲北站发武昌站一批水泥电杆(超长货物)重 42 t,以一辆 60 t 平车装载,与另一批货物共同使用一辆 60 t 平车作游车,试计算其运费。

【解】 株洲北至武昌最短径路运价里程为 414 km。

主车按计费重量 60 t,水泥电杆的 5 号运价率计算运费;游车按计费重量 30 t,水泥电杆的 5 号运价率计算运费。

$$主车运费=(10.4+0.054\ 9\times414)\times60=1\ 887.716(元)\approx1\ 887.70\ 元$$
$$游车运费=(10.4+0.054\ 9\times414)\times30=993.858(元)\approx993.90\ 元$$

(六)危险货物运费

由于危险货物具有爆炸、易燃、毒害、腐蚀、放射性等特性,在运输过程中需进行特殊防护,因而车站在办理危险货物运输时,按下述规定进行运费核算:

1. 一级毒性物质(剧毒品)按运价率加 100%。

2. 爆炸品、易燃气体、非易燃无毒气体、毒性气体,一级易燃液体(代码表 02 石油类除外)、一级易燃固体、一级自燃物品、一级遇水易燃物品、一级氧化性物质、有机过氧化物、二级毒性物质(有毒品)、感染性物品、放射性物品按运价率加 50%。

(七)自备、租用车的运费

1. 托运人自备货车或租用铁路货车(不论空重)用自备机车或租用铁路机车牵引时,按照全部列车(包括机车、守车)的轴数与整车 7 号运价率计费。

2. 托运人自备货车或租用铁路货车装运货物用铁路机车牵引,或铁路货车装运货物用该托运人机车牵引运输时,按所装货物运价率减 20%计费。

3. 托运人的自备货车或租用的铁路货车空车挂运时,按 7 号运价率计费。

4. 自备或租用铁路的客车、餐车、行李车、邮政车、专用工作车挂运于货物列车时,空车按 7 号运价率加 100%,装运货物时按其适用的运价率加 100%和标重计费。但换长 1.5 以下的专用工作车不装货物时不加成。

5. 随车人员按押运人乘车费收费。

【案例 7-10】 2009 年 5 月 1 日,中华门站承运一批石灰石到古雄站,重 1 200 t,以自备机车一台(6 轴),自备货车 20 辆(均为 4 轴的 60 t 敞车)装载,组成整列自备列车,计算运费。

【解】 中华门至古雄站的运价里程为 16 km

因该批货物用自备货车装运、自备机车牵引,所以按轴计费,即运价号按 7 号,总轴数为 86。

$$运费=运行运费=0.244\ 5\times16\times86=336.432\approx336.40(元)$$

【案例 7-11】 吉林北站发哈尔滨一批化工原料,属二级氧化性物质,重 50 t,以一辆 60 t 企业自备棚车装运,计算运费。

【解】 吉林北至哈尔滨最短径路运价里程为 263 km。

该批货物使用自备货车装运用、铁路机车牵引,所以运价率为该批货物适用的 5 号运价率减成 20%。

$$运费=(10.4+0.054\ 9\times263)\times(1-20\%)\times60=1\ 192.26(元)\approx1\ 192.30\ 元$$

注:由于是二级氧化性物质,不考虑危险货物运价率加成。

【案例 7-12】 沈阳站卸后回送辽阳站石油化学纤维厂自备空罐车 3 辆(均为 4 轴),计算其运费。

【解】 沈阳至辽阳的运价里程为 72 km。

因是自备货车空车挂运，所以应按 7 号运价率计费。

$$运费＝运行运费＝0.244\ 5×3×4×72＝211.248(元)≈211.20\ 元$$

(八)自备货车装备物品及集装用具的回送费

1. 托运人自备的货车装备物品(禽畜架、篷布支架、饲养用具、防寒棉被、粮谷挡板)、支柱等加固材料和运输长大货物用的货物转向架、活动式滑枕或滑台、货物支架、座架及车钩缓冲停止器，凭收货人提出的特价运输证明书回送时，不核收运费。

2. 托运人自备的可折叠(拆解)的专用集装箱、集装笼、托盘、网络、货车篷布，装运卷钢、带钢、钢丝绳的座架、玻璃集装架和爆炸品保险箱及货车围挡用具，凭收货人提出的特价运输证明书回送时，整车按 2 号运价率计费。

(九)站界内搬运、途中装卸、整车分卸货物的运费

1. 站界内搬运的货物，按实际运输里程(不足 1 km 的尾数进整为 1 km)和该批货物适用的运价率计算运费，不另收取送车费。

2. 途中装卸货物，不论托运人、收货人要求在途中装卸地点的前方或后方货运站办理托运或领取手续，途中装车按后方货运站计算运价里程；途中卸车按前方货运站计算运价里程，不另收取送车费。

3. 整车分卸的货物，按照发站至最终到站的运价里程计算全车运费和押运人乘车费；途中每分卸一次，另行核收分卸作业费 80 元(不包括卸车费)。

任务 4 零担货物运费的核收

[学习目标] 掌握零担货物运费核收方法。

[学习要求] 会熟练计算各种零担货物运费。

[工作任务] 确定零担货物运价率；计算零担货物运费。

[需要工具和设备] 《价规》、《货规》、《货物运价里程表》、计算器、全路货运营业站示意图、货运制票软件。

[教学环境] 理实一体化教室。

一、技术模块

(一)零担货物计费重量的规定

零担货物的计费重量以 10 kg 为单位，不足 10 kg 进为 10 kg。

1. 有规定计费重量的货物，按规定计费重量计费，见表 7-4。

2. 按货物重量计费。《分类表》列"童车"、"室内健身车"、"209 其他鲜活货物"、"9914 搬家货物、行李"、"9960 特定集袋化运输用具"等裸装运输时按货物重量计费。

3. 按货物重量或货物体积折合重量择大计费。除上述两种特殊情况外，零担货物的计费重量均为按货物重量或货物体积折合重量择大计费，即每立方米重量不足 500 kg 的轻浮货物，按 1 m³ 体积折合重量 500 kg 计算。其目的是为保持零担货物运价与整车货物运价之间合理的比价关系，避免货物运输中发生运费倒挂、化整为零的现象，折合重量根据托运人在货

表 7-4　零担货物规定计费重量表

顺号	货 物 名 称	计 费 单 位	规定计费重量(kg)
1	组成的摩托车： 　双轮 　三轮(包括正、侧带斗的,不包括三轮汽车)	 辆 辆	 750 1 500
2	组成的机动车辆、拖斗车(单轴的拖斗车除外)： 　车身长度不满 3 m； 　车身长度 3 m 以上,不满 5 m； 　车身长度 5 m 以上,不满 7 m； 　车身长度 7 m 以上	 辆 辆 辆 辆	 4 500 15 000 20 000 25 000
3	组成的自行车	辆	100
4	轮椅,折叠式疗养车	件(辆)	60
5	牛、马、骡、驴、骆驼	头	500
6	未装容器的猪、羊、狗	头	100
7	灵柩、尸体	具(个)	1 000

物运单"托运人记载事项"栏内填记的货物长×宽×高的尺寸按下式计算：

$$折合重量(kg)=500(kg/m^3)×体积(m^3)$$

托运人托运零担货物时,除在货物运单上正确填记货物重量外,并应在货物运单"托运人记载事项"栏内填记货物的长×宽×高的体积,托运人托运一批同一规格的货物时,应记明单件货物的规格与体积。

外形不规则的货物的体积,应按紧密堆码状态的外廓尺寸组成的立方体确定。

货物长、宽、高的计算单位为 m,保留两位小数,第三位小数四舍五入。体积的计算单位为 m^3,保留两位小数,第三位小数四舍五入。

按体积折合重量计费的零担货物,应在计费重量数前记明"尺"及折合重量。

(二)零担货物运费核收方法

1. 运价率不同的零担货物在一个包装内或按总重量托运时,按该批或该项货物中运价率高的计费。

2. 在货物运单内分项填记重量的零担货物,应分项计费,但运价率相同时,重量应合并计算。

3. 托运人自备的可折叠(拆解)的专用集装箱、集装笼、托盘、网络、货车篷布,装运卷钢、带钢、钢丝绳的座架、玻璃集装架和爆炸品保险箱及货车围挡用具,凭收货人提出的特价运输证明书回送时,零担按 21 号运价率计费。

4. 零担货物起码运费为每批 2.00 元。

二、案例模块

【案例 7-13】　2009 年 5 月 1 日,西安西站承运一批零担货物,重 225 kg,托运人在记事栏填写货物的尺寸为 1.01 m×0.92 m×0.87 m,确定该批货物计费重量。

【解】　(1)实际重量 225 kg。

(2)货物体积　　1.01 m×0.92 m×0.87 m≈0.808 m^3≈0.81 m^3

体积折合重量　　　　0.81 m^3×500 kg/m^3=405 kg

(3)体积折合重量＞实际重量,因此计费重量应为折合重量 405 kg 进整为 10 kg 的整倍数,410 kg,记为"尺 410 kg"。

【案例 7-14】　2009 年 5 月 1 日,西安西站承运至锦州站零担货物一批,其中课本 4 件,挂图 2 件,总重 358 kg、总体积计算结果为 0.94 m³,按总重量托运,计算运费。

【解】　西安西至锦州最短径路运价里程为 1 698 km。

因该批货物按总重量托运,选择课本和挂图中运价率较高者。课本运价号为 21 号,挂图运价号为 22 号,所以该批货物运价率应选 22 号运价率。

体积折合重量为 500 kg/m³×0.94 m³＝470 kg,大于实际重量 358 kg,计费重量为 470 kg。

$$运费＝(0.167＋0.000\ 75×1\ 698)×470/10＝67.703\ 5(元)≈67.70\ 元$$

【案例 7-15】　包头站承运至石家庄南站毛线 100 kg,体积 1 m³;运动鞋 700 kg,体积 1.2 m³;运动帽 191 kg,体积 1.35 m³;在货物运单中分栏填记,计算运费。

【解】　包头至石家庄最短径路运价里程为 1 067 km。

毛线的运价号为 21 号,而鞋、帽运价号均为 22 号,所以毛线单独确定计费重量,而鞋帽重量合并为计费重量。

毛线 100 kg,体积 1 m³,折合重量＝1 m³×500 kg/m³＝500 kg;实际重量 100 kg,计费重量为 500 kg。

运动鞋 700 kg,体积 1.2 m³;运动帽 191 kg,体积 1.35 m³,体积折合重量 2.55 m³×500 kg/m³＝1 275 kg,实际重量为 700＋191＝891 kg,计费重量为 1 280 kg。

$$毛线运费＝(0.117＋0.000\ 55×1\ 067)×500/10＝35.192\ 5(元)≈35.20\ 元$$
$$鞋帽运费＝(0.167＋0.000\ 75×1\ 067)×1\ 280/10＝123.808(元)≈123.80\ 元$$
$$运费合计＝35.20＋123.80＝159.00(元)$$

任务 5　集装箱货物运费的核收

[学习目标]　掌握集装箱运输的核收规定。

[学习要求]　会熟练计算铁路集装箱、自备集装箱以及自备箱的回空运费。

[工作任务]　确定集装箱运价率;计算集装箱运费。

[需要工具和设备]　《价规》《货规》《货物运价里程表》、计算器、全路货运营业站示意图、货运制票软件。

[教学环境]　理实一体化教室。

案例模块

集装箱货物的运费按照使用的箱数和"铁路货物运价率表"中规定的不同箱型的运价率计费。在核收运价时应注意:

1. 罐式集装箱按"铁路货物运价率表"中规定的运价率加 30% 计算。

2. 其他铁路专用集装箱按"铁路货物运价率表"中规定的运价率加 20% 计算。

3. 标记总重量为 30.480 t 的通用 20 ft 集装箱按"铁路货物运价率表"中规定的运价率加 20% 计算,按规定对集装箱总重限制在 24 t 以下的除外。

4. 装运一级毒性物质(剧毒品)的集装箱按"铁路货物运价率表"中规定的运价率加 100% 计算;装运爆炸品、易燃气体、非易燃无毒气体、毒性气体、一级易燃液体(代码表 02 石油类除外)、一级易燃固体、一级自燃物品、一级遇水易燃物品、一级氧化性物质、有机过氧化物、二级毒性物质(有毒品)、感染性物品、放射性物品的集装箱按"铁路货物运价率表"中规定的运价率加50%计算。

5. 装运危险货物的集装箱按上述规定适用两种加成率时,只适用其中较大的一种加成率。

6. 自备集装箱空箱运价率按其适用重箱运价率的40%计算。

7. 承运人利用自备集装箱回空捎运货物,在货物运单承运人记载事项栏内注明,免收自备集装箱箱主的回空运费。

【案例7-16】 2009年5月1日,长沙北站承运到大同站一批教学仪器,使用2个20 ft集装箱装运,计算运费。

【解】 长沙北至大同最短径路运价里程为1 925 km。

运费=(219.00+1.037 4×1 925)×2=4 431.99(元)≈4 432.00 元

【案例7-17】 2009年5月1日,保定站到达2个自备20 ft集装箱,掏箱后空箱回送南京西,计算自备箱回空运费。

【解】 保定至南京西最短径路运价里程为981 km。

运费=(219.00+1.037 4×981)×40%×2≈989.35(元)≈989.40 元

任务6 货物运输变更及运输阻碍运费的清算

[学习目标] 掌握运输变更运费的清算方法,以及线路中断运输阻碍运费的清算。

[学习要求] 理会运输变更与运输阻碍运费清算的不同之处。

[工作任务] 取消托运运费清算;变更到站运费清算;变更收货人运费清算;运输阻碍运费清算。

[需要工具和设备] 《价规》、《货规》、《货物运价里程表》、全路货运营业站示意图、计算器、货运制票软件。

[教学环境] 理实一体化教室。

案例模块

(一)货物运输变更运费清算

1. 货物发送前取消托运时,由发站处理,运输合同即终止,相应运单、货票作废。

费用清算:由发站退还全部运费和按里程计算的杂费,核收变更手续费。取消托运的变更手续费整车及20 ft、40 ft集装箱每批100元,零担及1 t集装箱每批10元。如货物运费低于变更手续费时,免收变更手续费,但不退还运费。

2. 货物发送后,托运人或收货人要求变更到站(包括同时变更收货人)时,变更处理站在承运人记载事项栏内记载有关变更事宜,并将变更事项记入货票背面。

费用清算:运费及按里程计算的杂费应按发站至处理站,处理站至新到站分别计算,由到站向收货人清算,运输费用多退少补。核收变更手续费。发送后的变更手续费整车及20 ft、40 ft集装箱每批300元,零担及1 t集装箱每批20元。

3. 货物发送后,托运人或收货人要求变更收货人,变更处理站在承运人记载事项栏记载有关变更事宜,并记入货票内。

费用清算:由到站核收变更手续费,整车及 20 ft、40 ft 集装箱每批 100 元,零担及 1 t 集装箱每批 10 元。

【案例 7-18】 2009 年 5 月 1 日,石家庄承运至长沙东雪梨 1 500 件,重 32 t,用一辆 B_{22} 型冷藏车运送,发送前托运人取消托运,计算原收运费及取消托运运费清算。

【解】 石家庄至长沙里程为 1 312 km,计费重量为规定计费重量 48 t。

原收运费=(11.50+0.079 0×1 312)×48=5 527.104(元)≈5 527.10 元

应收变更手续费 100.00 元。

发站应退还发货人费用为:5 527.10−100.00=5 427.10(元)

【案例 7-19】 2009 年 5 月 1 日,石家庄承运至汉口站毛巾一批,用 60 t 棚车装运,货车运行至孟庙站,托运人向孟庙站要求变更到徐州北站。计算石家庄站原收运费,以及新到站徐州北站清算的运费。

【解】 (1)石家庄站原收运费

石家庄至汉口运价里程 929 km,毛巾运价号为 5 号,计费重量为 60 t。

原收运费=(10.40+0.054 9×929)×60=3 684.126(元)≈3 684.10 元

(2)徐州北站清算运费

发站至处理站里程为 406+139=545 (km),处理站至新到站里程为 139+375=514 (km),如图 7-7 所示。运价号为 5 号。计费重量为 60 t。

石家庄至孟庙站运费=(10.40+0.054 9×545)×60
　　　　　　　　=2 419.23(元)≈2 419.20 元

孟庙至徐州北站运费=(10.40+0.054 9×514)×60
　　　　　　　　=2 317.116(元)≈2 317.10 元

　　应补运费=变更后运费−原运费
　　　　　　=2 419.20+2 317.10−3 684.10
　　　　　　=1 052.20(元)

核收变更手续费 300.00 元。

　　清算费用=应补运费+变更手续费
　　　　　　=1 052.20+300.00=1 352.20(元)

(二)运输阻碍运费清算

对已承运的货物,因自然灾害发生运输阻碍变更到站时,处理站应在货物运单和货票上记明有关变更事项。新到站清算运费如下:

图 7-7 运输变更与运输阻碍的清算

1. 运费按发站至处理站、处理站至新到站的里程合并计算。若处理站至新到站经由发站至处理站的原经路时,计算时应扣除原经路的回程里程,杂费按实际发生核收。

2. 运输阻碍免收变更手续费。

【案例 7-20】 2009 年 5 月 1 日,石家庄承运至汉口站服装一批,用 60 t 棚车装运,货车运行至孟庙站,前方线路水害中断,联系托运人,要求变更到徐州北站,计算新到站徐州北站清算的费用。

【解】 (1)原收运费

石家庄至汉口运价里程 929 km,运价号为 5 号,计费重量为 60 t。

原收运费=(10.40+0.054 9×929)×60≈3 684.10(元)

（2）变更后运费

发站至处理站里程为 406＋139＝545（km），处理站至新到站里程为 139＋375＝514（km），扣除 139 km，变更新到站计算运费里程应为 545＋514－139＝920（km），如图 7-7 所示。运价号为 5 号。计费重量为 60 t。

$$变更后运费＝（10.40＋0.054\,9×920）×60＝3\,654.50（元）$$

（3）新到站徐州北清算

$$应退运费＝原运费－变更后运费＝3\,684.10－3\,654.50＝29.60（元）$$

免收变更手续费。

任务 7　杂费、电气化附加费、铁路建设基金、印花税的核收

[学习目标]　掌握运费外的其他货运费用的核收方法。

[学习要求]　理会货运杂费、电气化铁路附加费、铁路建设基金及印花税的核收规定。

[工作任务]　货运杂费的核收；电气化附加费的计算；建设基金的计算；印花税的核收。

[需要工具和设备]　《价规》、《货规》、《货物运价里程表》、全路货运营业站示意图、计算器、货运制票软件。

[教学环境]　理实一体化教室。

案例模块

（一）杂　　费

1. 核收依据

（1）铁路货物运输营运中的杂费按实际发生的项目和《价规》中"铁路货运营业杂费费率表"的规定核收。其中包括：表格材料费、冷却费、D 型长大货物车使用费、D 型长大货物车空车回送费、取送车费、机车作业费、押运人乘车费、货车篷布使用费、集装箱使用费、货物装卸作业费、货物保价费等 11 项杂费。

（2）延期使用运输设备、违约及委托服务费用，按实际发生的项目和"延期使用运输设备、违约及委托服务杂费费率表"的规定核收。其中包括：过秤费、货物暂存费、专用线、专用铁路货车使用费、D 型长大货物车延期使用费、货车篷布延期使用费、集装箱延期使用费、冷藏车（取消托运时）空车回送费、机械冷藏车制冷费、货物运输变更手续费、清扫除污费等 10 项杂费。

（3）租用或占用铁路运输设备的，按实际发生的项目和"租、占用运输设备杂费费率表"的规定核收。其中包括：合资、地方铁路及在线货车占用费；合资、地方铁路货车篷布和集装箱占用费；自备车或租用铁路货车停放费；车辆租用费；铁路码头使用费；路产专用线租用费等 6 项杂费。

2. 杂费计算及尾数的处理

杂费的核收按照《铁路运杂费核收管理办法》规定进行核收计算公式为：

$$杂费＝杂费费率×杂费计费单位$$

货运杂费按实际发生核收，各项杂费不满一个计算单位的，均按一个计算单位计算（另定者除外）。

杂费的尾数不足 1 角时按四舍五入处理。

【案例 7-21】　2009 年 5 月 1 日，某站调车机车在专用线取送敞车一辆，专用线里程 8.4 km，计算取送车费。

【解】 计算取送车费的里程,应自车站中心线起算,到交接地点或专用线最长线路终端止,里程往返合计(不足 1 km 的尾数进整为 1 km),取车不另收费。

查《铁路货运营运杂费费率表》(表3),取送车费率 9.00 元/(车·km);专用线往返里程为 $8.4 \times 2 = 16.8$(km)≈ 17 km。

$$取送车费 = 9.00 \times 1 \times 17 = 153.00(元)$$

(二)电气化附加费、铁路建设基金

1. 电气化附加费

该批货物经由国家铁路正式营业线和实行统一运价的运营临管线电气化区段时应核收铁路电气化附加费。计算公式:

$$电气化附加费 = 电气化附加费费率 \times 计费重量(箱数或轴数) \times 电气化里程$$

式中的电气化附加费费率见《价规》附录一中附表 1;计费重量的规定同运价计算;电气化里程按该批货物经由国铁正式营业线和实行统一运价的运营临管线电气化区段(《价规》附录一中附表 2)的运价里程合并计算。

2. 铁路建设基金

该批货物经由国家铁路正式营业线和实行统一运价的运营临管线时应核收铁路建设基金,计算公式:

$$铁路建设基金 = 铁路建设基金费率 \times 计费重量(箱数或轴数) \times 运价里程$$

式中铁路建设基金费率见《价规》附录三中附表 3;计费重量的规定同运价计算;运价里程按国铁正式营业线和实行统一运价运营临管线的运价里程计算。

3. 电气化附加费、建设基金核收规定

(1)费用由发站一次核收,尾数不足 1 角按四舍五入处理。

(2)水陆联运、国际联运、军事运输均需核收。

(3)免收运费的货物、站界内搬运的货物免收。

(4)承运后发生运输变更时,按《价规》处理运费方法处理。

(5)承运后发现托运人匿报、错报货物品名或货物重量不符,致使费用少收时,到站应按正当费用补收。

(6)集装箱货物超过集装箱标记总重量,对其超过部分:1 t 箱每 10 kg,10 t 箱、20 ft 箱、40 ft 箱每 100 kg 均按该箱型运价率的 5% 核收违约金。

(三)印 花 税

印花税属铁路代收费用,印花税按运费及电气化费的万分之五核收。印花税以元为单位,精确至角,角以下四舍五入。印花税起码价为 1 角。运费不足 200 元的货物,免收印花税。

【案例 7-22】 2009 年 5 月 1 日,包头东承运至广安门铝锭一车,货物重量 60 t,用 60 t C_{62} 车装运,试计算运费、电气化附加费、铁路建设基金和印花税。

【解】 包头东至广安门最短径路运价里程为 798 km;包头东至广安门经过的电气化区段为京包线大同至沙城 252 km,丰沙县沙城至丰台 104 km,总电气化里程为 356 km。

铝锭为 5 号运价,运价率 10.20 元/t、0.049 1 元/(t·km),计费重量 60 t;

电气化附加费费率为 0.012 元/(t·km);铁路建设基金费率为 0.033 元/(t·km)。

(1)运费 = $(10.40 + 0.054\ 9 \times 798) \times 60 = 3\ 252.60$(元)

(2)电气化附加费 = $0.012 \times 60 \times 356 = 256.32$(元)$\approx 256.30$ 元

(3)铁路建设基金 = $0.033 \times 60 \times 798 = 1\ 580.04$(元)$\approx 1\ 580.00$ 元

（4）印花税＝（3 252.60＋256.30）×5/10 000＝1.75（元）≈1.80 元

任务8　制　　票

[学习目标]　进一步巩固运输费用的计算及核收，掌握手工填制货票的方法，掌握计算机制票的操作。

[学习要求]　学会填制货票。

[工作任务]　手工制票、承运；计算机制票、承运。

[需要工具和设备]　《价规》、《货规》、《货物运价里程表》、全路货运营业站示意图、计算器、计算机、打印机、货运制票软件、"货物运单"、"货票"、承运日期戳。

[教学环境]　理实一体化教室，现场教学。

实习训练模块

（一）手工制票

完成下列各批货物货物运单的填写，查找运价里程，计算运费及产生的货运其他费用运杂费计算并手工填制货票，办理货物承运。承运日期为 2009 年 5 月 1 日，其他未给条件自设。

1. 攀枝花站发重庆南站钢轨一车，使用 N_{16} 型车装运，因该货物超长，使用 60 t 平车一辆作游车，游车上没装货物。

提示：攀枝花站至重庆南站的运价里程 1 243 km，电气化里程 1 243 km。

2. 峨眉站发格尔木站饮料一车，货重 60 t，使用 P_{62} 型车一辆装运，货车标记载重 60 t。

提示：峨眉站至格尔木站运价里程 2 375 km，电气化里程 1 370 km。

3. 西安西站发郑州东站一批零担货物，品名为木棉枕芯，共 9 件，经承运人确定全批货物重量为 279 kg，体积为 1.44 m^3。

提示：西安西站至郑州东站运价里程 522 km，电气化里程 522 km。

4. 德阳发临汾北机床设备一车，货重 30 t，使用 N_{16} 型车装运，货车标重 60 t，该货物一级超限，并派押运人 2 名。

提示：德阳至临汾北站运价里程 1 165 km，电气化里程 905 km。

5. 成都东站发上海西站冻鸭一批 160 t，使用 B_{22} 机械冷藏车（4 车一组，标重 48 t）装运。

提示：成都东至上海西运价里程 2 377 km，电气化里程 1 361 km。

6. 成都东站发弄弄坪站企业自备车一辆，C_{60} 型，4 轴。

提示：成都东站至弄弄坪站运价里程 758 km，电气化里程 749 km。

7. 成都东站发徐州北站一批零担货物，品名布，15 吉安，托运人确定重量 1 500 kg，承运人检斤货重 1 500 kg，体积 7.5 m^3。

提示：成都东站至徐州北站运价里程 1 730 km，电气化里程/730 km。

8. 成都东站发兰州北站 20 ft 集装箱意见，托运人委托铁路施封 2 枚，并由铁路装车。

提示：成都东至兰州北运价里程 1 188 km，电气化里程 1 188 km。

（二）计算机制票

对上述 8 个实训题，使用铁路货运制票系统（2.0 版），完成计算机制票。

项目 8 货运安全及检查

保证铁路所运货物的安全,是铁路的一项重要责任。为了保证货物运输的安全,杜绝货运事故的发生,在日常的货运组织工作中,必须加强货运检查工作。货运检查工作的主要内容包括装载加固的检查、篷布、施封的检查、货物的换装和货车的整理、货物运单及货票的传递与交接等。货运安全工作的主要内容包括编制货运记录、事故的调查和事故的赔偿。

任务 1 货运安全

[学习目标] 掌握货运安全员基本技能。

[学习要求] 知道货运事故的分类及等级;理会《铁路货运事故处理规则》(简称《事规》)关于事故处理的相关规定,并能运用规章解决实际问题。

[工作任务] 处理车站货运事故;编制货运记录、普通记录;拍发"货运事故速报";进行事故调查,货运事故的赔偿处理。

[工具和设备] 《中华人民共和国铁路法》(简称《铁路法》)、《货规》、《事规》、普通记录、货运记记录样张、铁路传真电报。

[教学环境] 理实一体化教室。

一、理论模块

(一)货运事故的定义

货物在铁路运输过程中(含交付完毕后点回保管),发生灭失、短少、变质、污染、损坏以及严重的办理差错,在铁路内部均属于货运事故。

(二)"货运记录"和"普通记录"

1. 记录的种类

为正确及时处理事故,判明事故真相,分析原因,划清责任,必须根据不同情况,分别编制必要的记录。记录分为货运记录和普通记录两种。

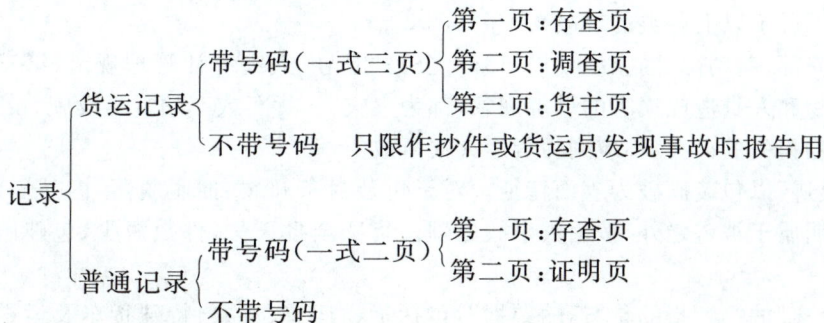

```
                                    ┌ 第一页:存查页
                  ┌ 带号码(一式三页) ┤ 第二页:调查页
        ┌ 货运记录 ┤                  └ 第三页:货主页
        │         └ 不带号码  只限作抄件或货运员发现事故时报告用
   记录 ┤
        │                           ┌ 第一页:存查页
        └ 普通记录 ┬ 带号码(一式二页) ┤ 第二页:证明页
                  │                  └
                  └ 不带号码
```

2. 货运记录

货运记录是货物在运输过程中,发现货损、货差、有货无票、有票无货或其他情况,需要证明承运人同托运人或收货人之间责任和铁路内部之间责任时,发现站当日按批(车)所编制的记录。

"一般情况"栏,应根据运单及票据封套记载及到达车次、实际作业时间逐项填记。

"票据原记载"栏,应按事故货物运单记载事项详细填写,如有货无票可填记"无票"字样。

"按照实际"栏,应按货物实际情况填写,凡经检斤的货物应在"重量"栏内加以注明。如有票无货,可填写"无货"字样。

"事故详细情况"栏,应记明以下内容:

(1)车辆来源及货运检查情况(货车车体、门窗、施封、篷布苫盖等情况)。

(2)事故货件的实际状态和损失程度。

(3)货物包装、装载状态、装载位置和周围的情况。

(4)对事故货件的处理情况。

3. 普通记录

普通记录是货物在运输过程中,发生换装、整理或在交接中需要划分责任以及依照其他规定需要编制时,当日按批(车)所编制的一种凭证。它是一般证明文件,不能作为要求赔偿的依据。

编制普通记录要严肃认真,如实记载有关情况;无运转车长值乘的列车,接方进行货运检查发现问题后,按规定拍发的电报应作为有车长值乘时交方出具的普通记录。

二、技术模块

(一)货运事故的种类和等级判定

1. 货运事故的种类

货运事故分为七类:

(1)火灾。

(2)被盗(有被盗痕迹)。

(3)丢失(全批未到或部分短少,没有被盗痕迹的)。

(4)损坏(破裂、变形、磨伤、摔损、部件破损、湿损、漏失)。

(5)变质(腐烂、植物枯死、活动物非中毒死亡)。

(6)污染(污损、染毒、活动物中毒死亡)。

(7)其他(整车、整零车、集装箱车的票货分离和误运送、误交付、误编、伪编记录以及其他造成影响而不属于以上各类的事故)。

按照公安部、劳动部、国家统计局[1989]公民 26 号《火灾统计管理规定》第三条:"凡失去控制并对财物和人身造成损害的燃烧现象,都为火灾"。货车或车站货运设施、设备发生燃烧,但未造成货物损失的火灾,不应列为货运火灾事故。

"被盗痕迹"以包装撕破为表面特征。对于包装封条开裂、捆匝脱落,内品短少或被调换,除有证据证明属于被盗之外,按丢失事故处理。货物全批灭失,件数短少,包破内少均按丢失事故处理。

"票货分离"的"票"指的是"运输票据",包括货物运单、货票、特殊货车及运送用具回送清单以及回送事故货物的货运记录。

2. 货运事故的等级

上述第一至第六类事故属于货损货差事故。货损是指货物状态或质量发生变化,丧失或部分丧失货物原有的使用价值。货差是指货物数量发生变化。第七类事故属于严重的办理差错和其他事故。此类事故虽然可能造成经济损失,但不一定造成货物本身的直接损失。

货运事故按其性质和损失程度分为三个等级。

(1)重大事故(构成下列情况之一,以下同)

①由于货物染毒或危险货物发生事故,造成人员死亡 3 人或死亡重伤合计 5 人以上的。

②货物损失及其他直接损失(以下同)款额在 30 万元以上的。

(2)大事故

①由于货物染毒或危险货物发生事故,造成人员死亡不足 3 人或重伤 2 人以上的。

②损失款额在 10 万元以上未满 30 万元的。

(3)一般事故

①未构成重大、大事故的人员重伤事故。

②损失款额在 2000 元以上未满 10 万元的。

上述的人员死亡或重伤是指货物染毒或危险货物发生事故造成的后果。因其他原因所造成的人员死亡或重伤,则不列为货运重大、大事故。

重伤 5 人以上也属于货运重大事故。重伤的标准按照劳动部"关于重伤事故范围的意见"执行。

"货物损失款额"既包括货运事故造成的货物损失,也包括其他直接经济损失,应以此来确定事故等级。铁路赔偿款额只表示在该起货运事故中铁路所承担的经济责任,不能作为确定事故等级的依据。

(二)记录的编制及编制后的处理与送查

1. 货运记录

《中华人民共和国合同法》(简称《合同法》)和《铁路法》规定,货物在运输过程中发生灭失、短少、变质、污染或者损坏时,责任一方要承担赔偿责任。因此,当铁路作为承运的一方,托运人、收货人作为托运的一方,一旦发生经济纠纷,记录就是起法律效用的证明文件。

货运记录是既是承运人内部各单位间,也是承运人与托运人、收货人间划分责任的依据,同时也是承运人与托运人、收货人间相互提出赔偿的依据。

(1)货运记录的适用范围

遇有下列情况之一,须在发现当日按批(车)编制货运记录(表 8-1):

①发生《事规》第五条和《货管规》、《货规》及其引申规则办法中所规定需要编制的情况时。

②集装箱封印失效、丢失或封印站名、号码与票据记载不一致或未按规定使用施封锁,集装箱箱体损坏发生货物损失时。

③货车装载清单上有记载或记载被划掉未加盖带有单位名称的人名章,而实际无票据无货物时。

表 8-1 货运记录

_____铁路局

货 运 记 录 **No.**

（ 页）

一、一般情况：

补充编制记录时记入　　补充　　　局　　　站　　年　　月　　日
所编第　　　号　　　记录

办理种别 零担 货票号码 019873 运输号码　于 2008 年 10 月 25 日承运
发 站 S 发局 ×× 托运人 胜利机械厂 装车单位 Z
到 站 A 到局 ×× 收货人 前进机床厂 卸车单位 X
车种
车型 P₆₂ 车号 3218534 标重 60 吨 2008 年 10 月 28 日第 ×××× 次列车到达 2008 年 10 月 28 日 14
时 10 分开始卸车 10 月 28 日 16 时 20 分卸完封印：施封单位 F 施封号码 F102354、102355

二、事故情况：

项 目	货件名称	件数	包装	重量（kg）托运人	承运人	托运人记载事项
票据原记载	机床轴	12	木箱	1 500		
按照实际	机床轴	12	木箱	未检斤		

事故详细情况：

1. F 站发 A 站整零，卸前检查商检状态及施封良好。

2. 卸见上货 11 件箱外有铁腰二道，破件一箱只有一端有铁腰，包装木箱拔钉松散，内机床轴散落箱外 6 个，会同安全员开检，内装机床轴较箱外标记机在 25 件短少 2 件。

3. 上货装于车门中部下层，自码 4 个高，上压到我站机械配件 2 件，破件装于下层。

三、参加人签章：

车站负责人　姓名　　　编制人　姓名
公安人员　　　　收货人　　　其他人员

四、附件：1. 普通记录　　页　2. 封印　2　个　3. 其他
五、交付货物时收货人意见：

2008 年 10 月 28 日编制　××铁路局×车站（公章）

注：1. 收货人（或托运人）应在车站交给本记录的次日起 180 d 内提出赔偿要求。
　　2. 如须同时送一个以上单位调查时，可作成不带号码的抄件。

④货物运单、货票上记载的内容发生涂改，未按规定加盖戳记时。
⑤集装货件外部状态损坏，货件散落时。
⑥托运人组织装车、承运人组织卸车或换装，发生货物损失时。
⑦托运人自备篷布发生丢失时。
⑧一批货物中的部分货件补送或事故货物回送时。
⑨发生无票据、无标记事故货物和公安机关查获铁路运输中被盗、被诈骗的货物以及公安机关缴回的赃款移交车站时，沿途拾得的铁路运输货物交给车站处理时。

（2）编制货运记录的重点要求

①火灾

货车种类、编挂位置、起火部位和被烧货物装载位置，车辆防火板及技术状态，可能造成起火的各种迹象。

货物在货场内存放时发生火灾，应记明周围情况，货位原来堆放何种货物和火源等。

以上均要记明火灾发生和扑灭的时间。

②被盗丢失

被盗货件装载位置，包装损坏状态，短少货物具体品名、数量（无法判明短少数量时，应记明现有数量或现状），涉及重量时应检斤，应记明现有重量。

棚车装载的是否装满，开启车门能否明显发现。车窗处被盗丢失，应记明货件装于车窗位置（亦可画图表示）以及该车窗锁闭状态。货车两侧或一侧上部施封时，应记明下部门扣是否损坏、封印的站名和号码。

敞车装载的，要记明表层货物现状和篷布覆盖状态。篷布有破口时，应记明破口位置、长度和破口处货物的现状。

集装箱装载的是否已装满，有无空隙（及其尺寸），现有数量或短少数量，箱号、箱体和箱门状态。

③损坏

破损货件的损坏程度，包装状态，衬垫情况，破口大小，新痕旧痕，破损部位，堆码方式，破口处接触何物。

机械设备包装破损，底托带、支架立柱、横梁等有折断或变形，以及围衬材料破损、脱落、丢失，须对该处货物裸露部位表面进行检查，记明现状，不得笼统记载"因技术限制内品是否损坏不详"。

湿损货物在货车或集装箱内的装载位置，湿损数量及程度。

棚车、集装箱装运的，应记明车体或箱体不良部位和尺寸，是否透光，定检修单位和时间。

敞车装运苫盖篷布的，须记明篷布质量和苫盖情况，是否企业自备篷布，货物装载状况。

④变质

运单上货物的容许运输期限，货物包装堆码方式。变质货物位置及损失数量和程度。加冰冷藏车车型、车号，车内外温度，中途站加冰盐情况，冰箱内残存冰量，以及冰箱、排水管等设备的技术状态。机械冷藏车乘务员出具的普通记录证明和车站提交的冷藏车作业单记录。

⑤污染

车内污染物（源）名称、位置、面积、包装情况，污染物（源）与被污染货件距离，被污染货件的数量和程度。

污染源和被污染货件须分别编制货运记录。

⑥票货分离

票据来源、票据记载内容或货物（车）来源，以及标志内容。对无标志的，应记明包装特征或具体货物品名、件数和重量。

⑦集装货件

外部状态发生被盗、丢失、损坏可比照(2)、(3)项内容填记,还应记明集装用具状态,堆码方式。货件散落时,应检查清点并记明现有数量,若无法清点数量的可检斤,并记明全批复查重量。到站无叉车作业时,对集装盘货物可拆盘卸车,但要对每盘件数清点,若交付时发生短少,将货运记录交给收货人,调查页寄出。散盘的集装货件交付正常,记录不交收货人,也不调查。

2. 普通记录

(1)普通记录的适用范围

遇有下列情况之一,须在当日按批(车)编制普通记录(表 8-2):

表 8-2　普通记录

_____铁路局

普 通 记 录

第 _____ 次列车在 _____ 站与 _____ 站间※
发站 _____ 发局 _____ 托运人 _____
到站 _____ 到局 _____ 收货人 _____
货票号码 _____ 车种车型 _____ 车号 _____
货物名称 _____
于 ___ 年 ___ 月 ___ 日 ___ 时 ___ 分第 _____ 次列车到达

发生的事实情况或车辆技术状态:

厂 修	
段 修	
辅 修	轴 检

参加人员:姓名

车　　站

列 车 段　　　　　　　　　　　　　　　　　　　　单位戳记

车 辆 段

其　　他　　　　　　　　　　　　　　　　年　　月　　日

注:1. 本记录一式二份,一份存查。

　　2. 编号由填发单位自行编排掌握、一份交有关单位。

　　3. 如换装整理或其他需要调查时,应作抄件送查责任单位。

　　4. ※表示车长在列车内编制时填写。

①发生《货管规》规定需要编制的情况时。

②事故涉及车辆技术状态时。

③货车发生换装整理时。

④托运人组织装车,收货人组织卸车,货车施封良好,篷布苫盖和敞车、平车、砂石车货物装载外观无异状,收货人提出货物有损失,要求车站证明交接现状时。

⑤装箱运输的货物,箱体完整、施封良好,货物发生损坏时(到站认为承运人有责任的,应编制货运记录)。

⑥依据其他有关规定,需要证明时。

（2）编制普通记录的重点要求

①货车封印失效、丢失、封印站名或号码无法辨认时，应记明失效、丢失、和无法辨认的具体情况。

②封印的站名或号码与票据、封套或补封记录记载不符时，应记明封印实际的站名或号码。

③货物运单与货票记载不符，而货物运单记载情况与货物相符时，应记明货物与货物运单记载相符但货票××内容与货物运单记载不符。

④施封的货车未在票据或封套上记明施封号码时，应记明"现车施封，运输票据（或封套）上未记明施封号码"字样。

⑤车辆技术状态不良时，应记明车种、车型、车号和车辆不良的具体情况，段、厂修单位名称及年月。

⑥发现货车两侧或一侧上部施封时，应记明下部门扣是否损坏。

⑦无运转车长值乘的列车，站车交接中发现的问题按规定拍发电报。其内容除包括普通记录反映的情况外，还应说明：

a. 列车的车次及到达时间，货车的车种、车号，发现问题的简要处理情况。

b. 棚车车体及集装箱专用车、平车装运的集装箱箱体发生损坏时，应记明损坏位置和箱号。

编制货运记录和普通记录须加盖单位公章或货运事故处理专用章，编制人员还须加盖带有所属单位名称的人名章，其他参加检查货物（车）的有关人员也应签字或盖章，同时注明其所属单位名称，记录有涂改时，在涂改处须加盖编制人员的名章。

3. 货运记录编制后的处理

车站必须按统一顺号连续使用货运记录用纸，并按编制日期和号码顺序登入"货运事故（记录、调查、赔偿）登记簿"内，以便立案、调查和保管。货运记录编制后，记录各页按用途逐页处理，其处理方法可按编制记录的发站、中途站、到站三种情况处理。

（1）发站编制的记录

①发站处理

第一页存查；第二页留站存查；第三页交托运人。

②到站处理

第一页存查；第二页留站存查；第三页随同运输票据送到站处理。

（2）中途站编制的记录

①自站责任

第一页存查；第二页留站存查；第三页随同运输票据或货物送到站处理。

②他站责任

第一页存查；第二页自编制记录之日起 3 d 内连同有关材料送责任站调查；第三页随同运输票据或货物送到站处理。

一批货物中部分货件发生事故时，须拴挂"事故货物标签"继运到站。损坏的货件继运到站前应整修包装。

发生火灾、整车货物变质、活动物死亡、罐车装运的货物漏失，调查页分别按上述自站责任、他站责任的规定处理。事故能在发现站（铁路局）处理的，必须在发现站（铁路局）处理；事故不能在发现站（铁路局）处理的，货主页随同运输票据送到站处理，但发现站（铁路局）负责明确原因和损失程度。

（3）到站编制的记录

①自站责任

第一页存查；第二页留站存查；第三页交收货人。

②他站责任

第一页存查；第二页送责任站调查；第三页交收货人。

附有发站或中途站编制的记录，卸车时应按照记录记载的情况，认真核对现货：

a. 情况相符时，不再编制记录。第三页交收货人，另作抄件留存。

b. 情况不符时，重新编制记录。第一页存查；第二页送责任站调查；第三页交收货人。原记录货主页留存。

到站确认货物损失不足 500 元时，调查页暂不送查，待赔偿后连同"货运事故赔款通知书"一并送查责任站。

货物发生损坏或部分灭失需要鉴定时，按《货规》规定办理。鉴定后，将鉴定材料补送责任站。鉴定期限从编制记录之日起，不应超过 30 d，特殊情况除外。

货运记录送查后，收货人领取货物时表示无意见，应及时通知有关站结案。

货运记录送查后，件数不足的货物补送齐全，在向收货人补交时收回记录货主页，并及时通知有关站结案。

4. 货运记录的送查

送查的货运记录，以"货运事故查复书"在编制记录之日起 3 d 内送责任站调查。

货运记录送查时，按下列规定附送有关资料和实物：

（1）使用施封环施封的货车、集装箱发生货物被盗丢失，须附封印。

（2）重新编制的记录，须附他站原记录抄件。

（3）有站车交接记录的，须附站车交接记录抄件。

（4）个人物品发生被盗、丢失事故，货票未附物品清单时，须附经过车站检查的现有货件数量和包装特征的清单。

（5）整零车装载的货物发生事故，需要以运输票据封套、装载清单分析责任时，须附抄件或原件。

（6）其他有关资料（可按规定后附），如车辆技术状态检查记录、机车火星网检查证明、"事故货物鉴定书"以及事故货件的现场照片等。

一辆货车内多批货物发生事故时，上述资料可附于其中损失最严重的货运记录内，其余记录应在附件栏内注明"封印及其附件已附于第××号货运记录内送查××站"。

（三）货运事故处理

货运事故处理作业包括事故发现和现场处理、事故调查与定责、事故赔偿与诉讼、事故分析与统计及无法交付货物和无标记事故货物（简称两无）处理。

1. 车站发现事故的处理

事故发现和现场处理程序包括：抢救处理→事故报告→事故勘察→货物清理→收集资料→编制不带号码货运记录。

（1）编制货运记录

①检查事故现场，找出原因，避免扩大损失。

②发现火灾、被盗必须保护好现场，及时报案并会同公安处理。

③涉及车辆技术状态的事故,应会同车辆部门检查并作检查记录。

(2)拍发货运事故速报

①除铁路危险化学品运输外的货物

适用范围:发现重大事故、大事故、火灾事故,应在 24 h 内向有关站、铁路局、车务段拍发"货运事故速报",并抄报铁道部、主管铁路局、车务段。

内容:

a. 事故等级、种类。

b. 发现事故的时间、地点。

c. 货物发站、到站、品名、承运日期。

d. 车种、车型、车号、货票号码、办理种别、保价或保险金额(金额前注明"保价"或"保险"字样)。

e. 事故概要。

f. 对有关单位的要求。

拍发事故速报时,在电文首部冠以"货运事故速报"字样,以上 a 至 f 项加括弧作为各项内容的代号。

发现以上事故后,在拍发货运事故速报前应立即用电话逐级报告,情节和后果严重的,铁路局应及时向铁道部报告。

②铁路危险化学品运输

适用范围:发现危险化学品运输事故以及液化气体泄漏,剧毒品、爆炸品、放射性物品被盗丢失时,及时逐级向运输调度和货运、公安管理部门报告,并在 1 h 内向有关站、铁路局派发"货运事故速报"电报,同时抄报铁道部、主管铁路局。依法应当报告有关部门的,同时报告有关部门。

内容:

a. 事故类型,包括火灾,爆炸,中毒,腐蚀,辐射,爆炸品、剧毒品丢失,液化气体泄漏等。

b. 事故发生时间。

c. 事故发生地点,包括线别、站名(货场、专用线、专用铁路)、区间(桥梁、隧道)。

d. 发生事故货物品名、编号、车种、车号、列车车次、机后位置、有无押运人、运输方式(整车、零担、集装箱)。

e. 事故概况及初步分析,包括人员伤亡、货物毁损程度、爆炸品或剧毒品丢失数量、液化气体泄漏部位、环境污染情况及对周边环境的威胁。

f. 事故地点的周边环境,包括桥隧、水源、地形、道路、厂矿、居民、天气、风向等。

2. 货运事故的调查

货运事故调查与定责程序包括:现场核实→编制货运记录→确定事故等级→拍发事故速报→查询→答复→原因和损失鉴定→事故分析→划分责任承运人与托运人和收货人间责任→划分承运人内部责任。

(1)车站接到调查记录的处理

一般事故由到站负责处理。

车站接到调查记录(包括自站编制的记录)、货运事故速报和查询文电后,核对送查记录及附件是否正确、齐全,加盖收文戳记,编号登记于"货运事故(记录、调查、赔偿)登记簿"内,并按以下规定办理:

①初次接到调查记录,如果核对所附材料不符合要求而影响事故调查时,应一次提出,自接到记录之日起 3 d 内将原卷寄回送查站处理。

②调查记录如果有误到情况,自接到之日起 3 d 内将原卷转寄应寄送的车站,并抄送误寄站。

③属于自站责任的,一般事故自接到记录之日起(自站发生的自发生之日起,以下同)由车站在 10 d 内以"货运事故报告表"报主管铁路局;重大、大事故自接到记录之日起由车站在 15 d 内以正式文件连同全部调查材料报主管铁路局。以上事故同时以"货运事故查复书"答复送查站,通知到站和到达铁路局。

④对已明确为自站责任,但还需要向有关单位索取补充材料,了解货物损失、下落或到达交付情况时,以"货运事故查复书"或拍发电报查询,不得将记录寄出。

⑤属于他站责任的,以"货运事故查复书"说明理由和根据,自收到货运记录之日起 7 d 内将全部调查材料送责任站,并抄知到站和有关单位。重大、大事故要抄报主管铁路局。

⑥对逾期未到货物的查询,应自接到查询的次日起 2 d 内将查询结果电告到站,并向下一作业站(编组、区段或保留站)继续查询。

⑦因情况复杂,责任站不能在规定期限内调查答复(包括要求暂缓赔偿的),需要延期时,应提前提出理由,通知到站(铁路局)。但此项延期自收到记录之日起,最多不得超过 30 d。

(2)铁路局接到事故调查报告的处理

重大事故、大事故由铁路局负责处理。

事故发生铁路局对货运重大、大事故应立即深入现场组织处理。当事故涉及他铁路局责任时,应在拍发事故速报之日起,15 d 内邀请有关局参加处理,召开分析会,作出会议纪要。

有关铁路局接到重大、大事故速报后,应组织调查,并按发现铁路局通知的开会日期参加事故分析会,并签署会议纪要。

铁路局间对事故责任划分意见一致时,由发现铁路局将会议纪要连同有关材料送到达局。铁路局间对事故责任划分意见分歧时,应在会议纪要内阐明各自意见,由发现铁路局将会议纪要连同现场调查材料等以局文上报铁道部裁定,并抄送有关铁路局。

货运事故处理工作应自事故发现之日起 60 d 内处理完毕。

3. 货运事故责任划分

划分事故责任应以事实为根据,规章为准绳。事故原因清楚,判定责任应以事实为主。

在查明事故情况和原因的基础上,依据《合同法》、《铁路法》和《货规》及其引申规则、办法的有关规定,划分承运人与托运人、收货人之间的责任。

属于铁路内部各单位间需要划分责任时,根据不同情况,参照有关规章妥善处理,并按照下列各项规定划分铁路内部责任。

(1)火灾

①因未按规定安装防火板或安装不符合规定,闸瓦火花烧坏车底板而造成的,由最近定检施修该车的车辆段(厂)负责。

列车未按规定隔离造成的,由列车编组站负责;但途中摘挂后隔离不符造成的,由途中摘挂站或值乘车长所属段负责。

②必须使用棚车而以敞车装运,由发站负责(防火板原因造成火灾的除外);应使用棚车而以敞车装运,查不清起火原因时,由发站和发生站共同负责,事故列发生站(区间发生的列发生局)。

非易燃货物以易燃材料包装、衬垫,敞车装运未苫盖篷布,或以其他物品苫盖造成的,除另有规定外,由装车站负责。

③棚车车体完整、门窗关闭、施封良好,查不清原因时,由前一装卸站负责;货车发生补封查不清原因时,由补封单位负责,如属委托补封的或上一检查站责任补封的,由委托单位或上一检查站负责;装车站未施封,查不清原因时,由装车站和发生站(区间发生的为发生局)共同负责,事故列发生站(局)。

④有公安机关证明系扒乘人员引起的火灾,由该扒乘人员最初扒乘该次列车的扒乘站(局)负责。既有扒乘原因又有使用车辆不当情况时,扒乘站负主要责任,使用车辆不当负次要责任。

⑤遇局间分界站接入列车时发现火灾,在进站 30 min 之内用调度电话通知交出局调度所,并取得到达车长或该列车乘务组证明,由接入局负责调查处理,但查不清原因的,由交出局负责。

⑥铁路局间公安部门对起火原因意见不一致时,货物损失未满 10 万元事故,由处理局定责;货物损失在 10 万元以上的事故,由发生局报部裁定。

⑦除上述各款外,如属铁路责任,但又查不明铁路内各部门间原因时,由发生局负责。

(2)被盗丢失事故

①棚车、冷藏车装运的货物

a. 门窗关闭施封良好,原装货物由原装车站负责。

b. 封印失效、丢失、断开,不破坏封印即能开启车门,下部门扣完整未按规定在车门下部门扣处施封,使用两个以上施封锁串联施封以及车窗开启或车体损坏,均按站车交接规定划责。

c. 货车发生补封,由补封单位负责;连续补封,共同负责;如属委托补封的或以上一检查站责任补封的由委托单位或上一检查站负责。

d. 货车下部施封,封印的站名或号码与运输票据或封套记载不一致时,有运转车长值乘的列车,按站车交接规定划责;无运转车长值乘的列车,封印的站名与运输票据或封套记载不一致时,有改编作业的,按站车交接规定划责;无改编作业的,到站按规定拍发电报的由上一检查站负责,未拍发电报的由到站负责;无运转车长值乘的列车,封印站名与运输票据或封套记载相符,而号码不一致时,不论列车有无改编作业,到站按规定拍发电报的,由装车站负责;未拍发电报的由到站负责。

e. 由于使用不完整的车辆(包括有公安机关证明因车窗、烟囱口不完整造成的)以及不施封,如属铁路责任,由装车站负责。

f. 普通记录填写内容不具体,与现车实际情况不符,接收后由接方负责。

g. 因门扣损坏,货车一侧上部施封,另一侧下部施封时,下部封印无异状,按上部施封的规定划责;下部封印有异状,由责任单位与上部施封的责任单位各承担 50%。

h. 因下部门扣损坏无法按规定施封而在车门上部门扣处施封:

封印丢失、断开,不破坏封印即能开启车门,在同一车门上使用两个以上施封锁串联施封,或车体损坏,以及车窗开启时,均按站车交接规定划责。

整车、一站整零车,有装车站记录证明(上部施封,下同)的,由装车站负责;没有装车站记录证明但有中途交接记录证明的,按站车交接规定划责,但卸车站检查上部封印为装车站的,由装车站负责;没有记录证明的,由卸车站负责。

i. 未使用方型直杆锁施封:

整车、一站整零车,有记录证明的,由装车站负责;没有记录证明的,由卸车站负责。

未使用方型直杆锁施封或施封在货车上部时,按本条之 h 项的规定划责。

在运输途中发现无封或施封无效又无法使用直杆型施封锁补封的货车,而使用环型施封锁补封时,按站车交接规定划责。

j. 使用不破坏封印即能取下(亦即能开启车门)的方形直杆锁施封,按站车交接规定划责。但是,发现方对该直杆施封锁自发现之日起应保留 180 d。

k. 出口朝鲜运输的货物发生事故,比照使用直杆锁施封货车的有关规定划责。

以上 a 至 d 项及 g 至 j 项记录编制站拆下的封印,在规定保管期限内,责任站调查发现该封印丢失或与记录不符,事故改由记录编制站负责。

未编制记录的施封锁,在规定保管的期限内,因施封锁被再次利用而造成事故,由该卸车站负责,超过保管期限的,施封锁被再次利用而造成事故,由保管站负责。但是,卸车站有站车交接证明的除外。

②敞车装运的货物

a. 车体完整、装载状态或篷布苫盖良好,如属铁路责任,由装车站负责。

对按捆承运的钢材、有色金属,卸车时发现捆绑松散,而未对事故货件清点(或未检斤)编记录注明的,由卸车站负责。

装在大包装箱内的工具箱、附件或备件箱被盗、丢失,除原包装进口货物外,如属铁路责任,由发站负责。

b. 重量、体积、长度分别不足 1 t、2 m³、5 m 的零担货物,发站使用敞车装运,由发站负责。

c. 篷布顶部被割或破口发生被盗、丢失,破案前由发、到站共同负责,但因铁路货车篷布丢失造成货物损失,按站车交接规定划责。

使用篷布以外的苫盖物苫盖货车,由发站负责。

d. 托运人自备篷布途中丢失,由发站、到站共同负责,货物损失由发站负责。

e. 中途站换装时发现篷布顶部被割或破口,货物发生被盗、丢失,由发站负责;换装后篷布顶部被割或破口,货物发生被盗、丢失,由换装站与到站共同负责(货物发生被盗、丢失,如果公安机关破案,则按破案结论定责)。

③集装箱装运的货物和集装货件

a. 卸车发现集装箱封印失效、丢失,站名无法辨认以及封印站名、号码不符或箱体破损,由装车站负责。施封有效、站名相符、号码不符,无论中转站是否编有记录,均由发站负责。

b. 使用平车和集装箱专用平车装运的集装箱发现箱体损坏,编制普通记录证明现状继运。货物发生被盗丢失,有交方普通记录证明的,由交方负责;没有交方普通记录证明的,由接方负责;连续证明的,共同负责。

c. 集装箱顶部被破坏,货物发生被盗、丢失事故(棚车装运的 1 t 箱除外),由发送、到达和沿途各局均摊赔款,事故列发站。

d. 集装货件卸车发现整体灭失以及散落其中小件丢失,由装车站负责;但因包装和捆绑不良造成的,由发站和装车站共同负责,事故列装车站;违反集装化办理条件和限制的,由发站负责。

④到站发现罐车破封,货物发生被盗、丢失事故,查不明原因的,由发送、到达和沿途各局均摊赔款,事故列发站。

⑤包装破散发生内品丢失,由装车站负责;包装不良时,由发站和装车站共同负责,事故列装车站。

⑥有公安机关证明,系扒乘人员造成货物被盗丢失,由该扒乘人员最初扒乘该次列车的扒乘站(局)负责。

(3)损坏事故

①因货物无包装或包装有缺陷发生损坏,如属铁路责任的,由发站负责。

货物发生损坏,经到站鉴定不属于包装质量和货物性质原因时,由装车站负责。

②整车易碎货物(包装以缸、坛、陶瓷、玻璃为容器的货物)发生损坏,除能查明责任者外,由发站负责;有明显冲撞痕迹,查不清责任者时,货物损失由沿途各局共同负责,事故列到达局。

集装箱装运的易碎货物,如属铁路责任发生损坏,但是,又查不明铁路内各单位间原因时,由发站、中转站、到站共同负责,事故列到站。

③因棚车漏雨造成货物湿损,如属铁路责任,货运检查能够发现的,由装车站负责;不能发现的由该车最近定检施修厂、段负责;厂、段修过期的,由装车站负责。

敞车货物湿损由装车站负责。但因铁路货车篷布丢失造成货物湿损,按站车交接划责。

篷布顶部被割破口货物发生湿损,由发、到站共同负责。

④集装箱技术状态不良,外观检查不易发现(不包括透光检查)货物发生湿损,如属于铁路责任时,在定检包修期内由定检施修单位负责;超过包修期的由发站负责。因集装箱破损造成货物损坏的,由装车站负责。但是,因集装箱顶部被破坏造成的(棚车装运的 1 t 箱除外),由发送、到达和沿途各局均摊赔款,事故列发站。

⑤货物装载加固违反规定,或使用不符合要求的捆绑加固材料和装置,造成货物损坏,如属于铁路责任的,由装车站负责。

分卸的整车货物倒塌造成货物损坏,由装车站和前一卸车站共同负责,事故列前一卸车站。但是,前一卸车站不是 1 t 集装箱办理站的,1 t 集装箱倒塌造成货物损坏,由装车站负责。

⑥罐车货物漏失,确因定检质量不良阀类漏泄时,由定检施修段(厂)负责;因罐体焊缝不良(含加温套)漏失时,由施修工厂负责。

因调车冲撞造成罐车货物漏失时,由调车作业站负责;查不清调车冲撞站的,由事故发生站(局)负责。

(4)污染事故

①使用清扫不干净的货车造成货物污染时,如属铁路责任的,由装车站负责。

②应洗刷除污的车辆卸后未回送刷除污时,由卸车站负责;回送洗刷除污的车辆被排走而漏洗刷除污时,由误排站负责;洗刷除污不彻底,由洗刷除污站负责。

③装过危险货物的沿零车、整零车和分卸整车,前方站卸后需要该车终到站回送洗刷除污的,而前方卸车站或列车货运员未在货车装载清单上记明原装危险货物名称,造成漏洗刷除污

时,由前方卸车站或列车货运员所属段负责。

④未倒净的空容器内品洒漏,造成他批货物污染或其他事故,如属铁路责任的,由发站负责。

⑤普零货物被同车他批货物污染,如属铁路责任的,由装车站负责。

⑥对污染源和被污染货件处理不当,造成扩大损失时,由处理站负扩大损失责任。

⑦货物染毒涉及车辆原装货物时,而未保留原车和货物,经鉴定能查明原因的,由责任站负责;查不清原因的,由未保留站负责。

⑧违反配装限制,违反列车编组隔离限制以及违反使用车规定造成的,由违反站负责。

（5）变质事故

①货物质量、包装、装载方法不符合要求时,如属铁路责任由发站负责。

②货物运到逾期,由积压站（局）负责;连续积压,共同负责,按积压天数比例分摊损失。

同时存在上述多种原因,除分别承担经济损失外,事故列主要责任站。

③机械冷藏车违反易腐货物控温规定,造成货物变质,由该机械冷藏车所属段负责。

（6）其他

①伪编、误编、迟编、漏编以及迟送查货运记录,由编制站负责。卸车站卸同一整零车,编制两份以上货差记录,经查明其中一批属于误编或伪编,则其余各批货差记录均由编制站负责。

收到调查记录（包括查询文电）超过规定答复期限 30 d 未答复的,由迟延答复站负责。

送查的被盗事故货运记录内漏填公安人员姓名,以后又纠正的,由漏填站与责任站共同负责,事故列责任站。

②有下列情况之一的普通记录为伪编:

a. 第二页与第一页的内容不符。

b. 加盖的单位公章是假的或已作废的。

伪编的普通记录为无效记录。发现单位可拒绝接收并将其退回。该普通记录证明的货物（车）发生事故时,无论什么原因所造成,均由记录所属单位负责。

普通记录涂改,涂改处加盖的人名章无法辨认,应在站车交接当时提出,由交方编制普通记录后接收。否则,由接收方负责。

③因涂改运输票据造成的事故,由涂改站负责;无法辨认涂改站时,由接方负责。因票据封套上封印号码填记简化,影响事故分析时,由简化填记的车站与责任站共同负责,事故列责任站。

途中票据丢失后发生的事故,除查明原因外,事故列丢票站（段）。

卸车发现运单、货票上记载的件数、重量、货物价格发生涂改,未按规定加盖戳记,实卸货物与涂改后的记载相符,而与领货凭证不符时,除查明原因外,如属铁路责任由发站负责,但到站卸车未按章编制记录时,由到站负责。

④发站对普通零担货物或个人搬家货物、行李,由于发站未检斤或检斤不准确（按规定可由托运人确定重量的除外）,发生被盗丢失后重量相符或反而多出时,由发站和责任单位共同负责,事故列责任单位。

个人搬家货物和行李发生被盗丢失后,由于没有物品清单或物品清单填写简单笼统,造成到站难以确定损失时,发站和责任单位共同负责,事故列责任单位。

⑤对误到的货物未按规定编制记录和处理,发生损失由卸车站负责。

⑥铁路内部交接不认真,接收后发现的事故,除能查明责任者外,由接方负责。

⑦因事故处理不认真,未采取积极措施,换装、整理不当,以致货物扩大损失时,扩大损失部分由处理不当或换装、整理不当的车站负责。

⑧到站对运到逾期货物不按章编制记录(或拍发电报)查询,货物发生损失,到站与责任站(或货物积压站)共同负责,事故列责任站。

发站或中途站对运到逾期货物接到查询记录、电报,未在规定期限内(自收到记录、电报之日起 7 d 内,下同)答复,货物发生损失,由延迟答复站与责任单位(或货物积压站)共同负责,事故列责任单位(或货物积压站)。如发站和中途站均未在规定期限内答复,货物发生损失,由发站、中途站和责任单位(或货物积压站)共同负责,事故列责任单位(或货物积压站)。

⑨发现重大、大事故后,处理局未能在规定期限内处理完毕,或未按本规则规定向铁道部提出仲裁报告,处理局应承担相应的事故责任。发生一般事故后,到站(局)未在规定期限内办理赔偿,事故由到站(局)负责,但中途站负责处理和赔偿的除外。

⑩因行车事故造成的货运事故,由行车安全监察部门确定的责任单位负责。

⑪投保运输险的货物发生事故,因代办保险的车站未在运单、货单记事栏内加盖"已投保运输险"戳记,而超过保险索赔期限的,由责任单位和代办保险的车站共同负责,事故列责任单位。

⑫不足额保价的货物发生损失时,依照规定赔偿。如法院判决按照实际损失赔偿时,其差额部分由发站和责任单位共同负责,事故列责任单位。

⑬违反规定将施封锁附随货运记录送查,而发生封印丢失、失效争议的被盗丢失事故,由记录编制站负责。

⑭铁路局调查卸车站后,卸车发现的事故,如属铁路责任,由调整的铁路局负责。违反规定办理货物(车)变更,货物发生事故,由变更受理站负责。

⑮误运到站,回送过程中发生货损货差,属于回送站责任时,由误运站和回送站共同负责,事故列回送站。

⑯领货凭证上未记明本批货物的货票号码,或未在货物运单和领货凭证连接处加盖骑缝戳记,货物发生冒领或误交时,由发站和到站共同负责,事故列到站。

⑰无运转车长值乘的列车,列车编组顺序表上对施封的货车未记明"F"字样,货车一侧无封,发生被盗丢失事故后,由责任单位与该列车的编组站共同负责,事故列责任单位;货车两侧无封,由该列车的编组站承担全部责任。

⑱托运人按一批托运的货物品名过多,或同一包装内有两种以上的货物,发生被盗丢失后,如果因为没有物品清单而难以确定货物损失时,由发站(无论发站是否为责任单位)和责任单位共同负责,事故列责任单位。

⑲货车已施封,但未在运输票据或封套上注明"施封"字样及施封号码,货物发生被盗、丢失时,查明原因的,由装车站和责任单位共同负责;查不明原因的,由装车站负责。

⑳货车滞留,滞留站未按规定拍发电报,货物发生变质或损失,由滞留站和责任单位共同负责,事故列责任单位。

棚车顶部被破坏,货物发生被盗、丢失、湿损事故,破案前由发送、到达和沿途各局均摊赔款。

4. 货运事故赔偿

(1)赔偿责任的划分

依据《铁路法》、《货规》和《铁路货物运输合同实施细则》的规定,承运人从承运货物时起至货物交付收货人或依照有关规定处理完毕时止,对货物发生灭失、损坏负赔偿责任。但由于下列原因之一所造成的货物灭失、损坏,承运人不承担赔偿责任:

①不可抗力。

②货物本身性质引起的碎裂、生锈、减量、变质或自燃等。

③货物的合理损耗。

④货物包装的缺陷,承运时无法从外部发现或未按国家规定在货物上标明包装储运图示标志。

⑤托运人自装的货物,加固材料不符合承运人规定条件或违反装载规定,交接时无法发现的。

⑥押运人未采取保证货物安全的措施。

⑦托运人或收货人的其他责任。

由于托运人、收货人的责任或押运人的过错使铁路运输工具、设备或第三者的货物造成损失时,托运人或收货人应负赔偿责任。

(2)赔偿要求的受理

①托运人或收货人向承运人要求赔偿货物损失时,应按批向到站(货物发送前发生的事故向发站)提出"赔偿要求书"并附下列证明文件:

a. 货物运单(货物全部灭失时,为领货凭证)。

b. 货运记录的货主页或经赔偿受理站确认的抄件。

c. 按保价运输的个人物品,应同时提出盖有发站日期戳的物品清单。

d. 有关证明文件。

②承运人向托运人或收货人提出赔偿要求时,应提出货运记录、损失清单和必要的证明文件。

③对承运人责任明确的保价运输货物发生事故,发站可以受理办赔。

④受理赔偿时,车站须审核赔偿要求人的权利、有效期限、"赔偿要求书"的内容,以及规定的证明文件是否正确、有效和完整。

⑤审核无误后,在"赔偿要求书"收据上加盖车站公章或货运事故处理专用章,交给赔偿要求人。

⑥车站受理的以及铁路局接到的赔偿案件,应按顺序登入"货运事故(记录、调查、赔偿)登记簿"内。

⑦车站上报铁路局的赔偿案件,经审核确定不属于铁路责任时,铁路局应说明理由与根据,将调查页及赔偿材料退给处理站,一律由处理站以正式文件答复赔偿要求人,同时将全部赔偿材料(赔偿要求书除外)退给该要求人,并抄知有关单位。

(3)赔偿的权限

①赔款额5 000元以下的,由车站(非决算单位的车站由车务段)审核赔偿。

②赔款额超过5 000元的,由铁路局审核赔偿。

三、案例模块

1. 火灾

【案例 8-1】　某年 9 月 7 日 18:50，南京东站到达场 10002 次货物列车机后第三位 P3137866 号棚车发生火灾爆炸。经查，在爆炸棚车内装有 135 件货物，均采用 200 kg 铁桶包装，其中有 125 桶不饱和聚酯树脂（二级易燃液体）、3 桶过氧化甲乙酮（有机过氧化物）和不明性质的 7 桶促进剂。该批货物 9 月 3 日在常州东站由托运人自装，9 月 4 日 5:20 到达南京东站，商检发现 P3137866 号棚车有液体完全泄漏，并伴有异味后，将该车扣下送入倒装线倒装。倒装时发现有大量液体泄漏，其中一铁桶底脱离，桶内液体全部漏光。9 月 6 日倒装完毕，9 月 7 日 17:20 从倒装线取车，18:40 送至到达场，18:50 发生爆炸。

事故原因分析：该起事故的主要原因是托运人在运单中填写的品名为不饱和聚酯树脂（135 桶），实际隐藏夹带了 3 桶过氧化甲乙酮和 7 桶促进剂。其中过氧化甲乙酮属强氧化剂，化学性质极为活泼，在 130 ℃时发生分解，遇高温、撞击后引起燃烧爆炸。《危规》规定，严禁以一批办理不同品名类项的危险货物，在包装上要求过氧化甲乙酮应采用马口铁听包装，再装入坚固的木箱内，每箱净重不超过 20 kg，严禁与不饱和聚酯树脂等易燃液体混装，在运输组织过程中，严禁溜放。

在勘察剩余货物的爆炸铁桶时，发现采用的包装箱体破旧，锈蚀严重，桶盖不严，渗露严重，不符合《危规》的规定要求，在对底盖脱落铁桶的认证中，已确认该桶内装的是过氧化甲乙酮。经过对运输有关环节的调查、分析和研究，确定这起事故是由于过氧化甲乙酮包装不良，运输过程中大量泄漏，遇调车作业车辆冲撞，金属桶互相碰撞摩擦产生火花引起爆炸燃烧。

问题分析：事故的发生暴露出铁路运输管理方面存在严重的问题。一是发站在托运人违章使用不良包装，也未标明危险货物标志，且在可以检查发现的情况下，未按规章要求严格把关拒绝受理，而是不负责任地办理承运手续。二是中铁外服公司违章运输，因为此次危险货物的运输手续是中铁外服代办的，由于中铁外服缺乏危险货物运输规定基本常识，不仅托运人告知一批货物中有不同品名时，未拒绝代办，而且在发站办理运输手续时，也未向车站说明这一重要情况，使事故隐患进一步潜伏下来。三是途中站发现问题不当。当 P3137866 棚车 9 月 4 日到达南京东站时，南京东站商检已发现有液体泄漏，甚至有一桶全部漏光的情况下，既未对货主询问货物性质和泄漏原因，也没有及时向上级领导汇报，未果断地采取就地处理措施，而且在泄漏问题未查明和解决前继续换装，从而导致事故的发生。

事故分析：

(1)装车站应加大包装检查力度，对承运的包装要进行不定期的检测和抽查，不得重复使用旧包装和再生材料包装。凡包装材质和包装方法、工艺达不到要求的坚决不予承运。要加强危险货物的包装管理，采取有效的包装注册和检验措施，逐步实行包装检验合格承运制度，用技术手段和定量检测方法，有效遏止托运人降低包装要求。

(2)在装运和存放危险货物时，要严格执行危险货物运输配装隔离的规定，严禁将性质和消防方法相抵触以及配装号或类项不同的危险货物按一批托运。装运液体危险货物的金属桶、金属罐、塑料桶等容器，每次使用前必须作气密试验。凡性质不稳定或由于聚合、分解在运输中容易发生危险的物品，要求托运人按国家产品标准加稳定剂或抑制剂，确保运输过程中的安全。对危险性大，如易于发生爆炸性分解或需要控制温度的危险货物，须报铁道部批准。

（3）要大力宣传运输危险货物的安全常识，在危险货物承运窗口，以固定格式揭挂有关危险货物运输的规章和要求，特别是加强对托运人法制观念的教育，使托运人清醒认识到匿报品名、逃避危险货物的管理不仅是违章也是违法的严重性。要进一步研究和采取防止匿报品名运输危险货物的对策，从管理措施和检测手段上加强规范措施。同时，要积极配合公安部门，严厉打击匿报品名的违法行为。

（4）要尽快建立健全危险货物运输代理的资质审查制度，进一步规范危险货物运输代理，确定托运人、代理人和承运人的责任关系和法律界限。对暂无技术能力、无管理标准、无资质审查批准的危险货物运输代理企业一律不准其受理代理业务，杜绝事故的发生。

2. 损坏事故

【案例 8-2】 某年 5 月 19 日 20:12,2116 次列车运行至浙赣线 K668 线路所——樟树站间赣江大桥（9×59.99 m 穿式桁梁桥）时，因机后第 16 位装载的 1 台 WY—100 型履带式挖掘机上部可转动部分侵入限界，撞坏大桥第 9 孔桥梁（中心位置 K666+521）株洲方向右侧端斜杆、左侧竖杆、斜杆等，致使该孔桥梁失稳，丧失承载能力而弯曲下塌，4 台挖掘机和机后 18～22 位车辆及装载的集装箱等货物坠落江中，或斜挂在弯曲下塌的桥梁部件上，第 17 位后台车及 23 位前台车脱轨。

事故造成货车报废 5 辆、中破 2 辆、小破 1 辆，大桥 1 孔 60 m 桁梁折断报废，线路损坏175 m，通信电缆和明线折断；货物损失据货票记载的保价、保险金额 93 万元；扒乘列车外流人员 2 名死亡；直接经济损失达 1 500 余万元，间接经济损失更为巨大；中断浙赣线行车171 h46 min。构成列车脱轨重大事故。

该事故是由于广州西站发运的挖掘机装载加固不良，办理了押运手续并收取了货主押运费却未按规定派押运人员，致使装载在机后第 16 位车辆前进方向前端的 1 号挖掘机回转平台加固铁线与横梁加强板边缘棱角在运输过程中渐渐磨损，最终断开，回转平台衡失重向右侵入限界，撞击桥梁所造成。事故责任列羊城总公司广州西站。

四、实习训练模块

1. 编制货运记录

北京铁路局丰台车站发西安铁路局西安西站一整零车，车号 P3335776,2008 年 3 月 6 日承运,2008 年 3 月 10 日挂 45001 次列车到达西安西站，货检良好。卸前检查货运状态良好，施封有效，封号 F03455,03456。10 日 22:40 开始卸车，次日 0:20 卸车完毕。卸车时发现车门口上部有 2 件货物包装破损，破口大小均约为 260 mm×190 mm,内装运动服外露，开箱检查,1 箱内装 15 件,1 箱内装 22 件。包装纸箱表面标记件数为 25 件。票据记载内容如下：

发站：丰台；到站：西安西；托运人：北京西单商场；收货人：西安市宏宇服装公司

运输号码：259；品名：运动服；货物件数：30 件；重量：500 kg；包装：纸箱

货票号码：27657；保价金额：6 万元

根据上述提供资料编制一份包装破损、货物短少记录。

技术要求：

(1)掌握货物破损记录的编制要求。

(2)记录"详细情况"栏，简明扼要，用词准确，真实反映事故现状。

货运记录如表 8-3 所示。

表 8-3　货运记录

西安　铁路局

货 运 记 录

补充编制记录时记入　补充　　　局　　　站　　　年　　　月　　　日

所编第　　　　　号　　　　　记录

一、一般情况：

办理种别　零担　货票号码　27657　运输号码　259　于　2008　年　3　月　6　日承运

发站　丰台　发局　北京　托运人　北京西单商场　装车单位　广安门车站

到站　西安西　到局　西安　收货人　西安市宏宇服装公司　卸车单位　西安西站

车种

车型　P　车号　3335776　标重　60　吨　2008　年　3　月　10　日第　45001　次列车到达

　2008　年　3　月　10　日　22　时　40　分开始卸车　2008　年　3　月　11　日　0　时　20　分卸完

封印：施封单位　丰台车站　施封号码　F03455/03456

二、事故情况：

项目	货件名称	件数	包装	重量		托运人记载事项
				托运人	承运人	
票据原记载	运动服	30	纸箱		500 kg	保价6万元
按照实际	运动服	30	纸箱		不详	
事故详细情况	上货丰台站发西安西站整零车中装运动服，挂 45001 次列车到达，货检良好，送到卸车地点，经卸车货运员检查，车体完好，施封有效。卸车时发现车门口上部 2 件货物包装破损（破口均为 260 mm×190 mm 左右），为新痕，内装运动服外露。会同公安开箱检查，内货实装件数，1 箱 15 件，1 箱 22 件，分别较纸箱表面标记件数不足 10 件、3 件。					

三、参加人签章：

车站负责人　（×××）　编制人　（×××）

公安人员　（×××）　收货人　　　　　　其他人员　（×××）

四、附件：1. 普通记录　　　　　页　2. 封印　2　个　3. 其他

五、交付货物时收货人意见：

2008　年　3　月　11　日编制　　　　　　　　　　　　　　　铁路局　　　车站（公章）

注：1. 收货人（或托运人）应在车站交给本记录的次日起 180 d 内提出赔偿要求。

　　2. 必须同时送一个以上单位调查时，可做成不带号码的抄件。

2. 编制普通记录(如表 8-4 所示)

表 8-4　普通记录

×× 铁路局

普 通 记 录　　　　No. 067

第　　　　次列车在　　　　站与　　　　站间※				

发站	K	发局	××	托运人	大同矿务局
到站	B	到局	××	收货人	丰宏贸易公司

货票号码　　00235　　车种车型　C_{62}　车号　4128645

货物名称　　　粉煤

于　2008　年　6　月　15　日　15　时　30　分第　××××　次列车到达

发生的事实情况或车辆技术状态:

　　该车挂于××××次列车机车后第 3 位,到站后列检检查,前进方向第 2 位轴右侧发热扣修,经我站组织换装于 C_{62B} 4638765 车内,换装前煤表层灰浆标记完好,原容积(12.5 m×2.8 m×1.85 m)为 64.75 m^3,换装后容积(12.5 m×2.9 m ×1.8 m)为 65.25 m^3。原车体良好,车轴润滑不良。

厂修	2008-12	
	2003-12	
段修	2008-12	
	2007-12	
辅修		轴检

参加人员:姓名　××

　　车　站

　　列车段　　　　　　　　　　　　　　　　　　　　单位戳记

　　车辆段

　　其　他　　　　　　　　　　　　　　　　　　　　2008 年 6 月 15 日

注:1. 本记录一式二份,一份存查。

　　2. 编号由填发单位自行编排掌握、一份交有关单位。

　　3. 如换装整理或其他需要调查时,应作抄件送查责任单位。

　　4. ※表示车长在列车内编制时填写。

3. 拍发货运事故速报(如表 8-5 所示)

4. 货运事故分析

事故一:

(1)事故概况:某年 1 月 14 日娄底市日杂公司在西安西站按零担托运的麻袋包装的干辣椒 6 批共 1 700 件,装车号 P3310776,未施封。保险 1 万元。该车挂于 4133 次机后第 18 位,1 月 18 日田心站待避客车时,货检值班员发现该车车窗冒烟,立即汇报调度室、报警并组织施救。因田心站地处电气化区段,不便施救,利用 4133 次本务机将事故车挂株洲北站施救。施救完毕清点完好件 814 件,湿损 473 件,另 413 件烧散。经鉴定货物损失 98 878.8 元。

表 8-5　铁路传真电报

铁 路 传 真 电 报

签发：　　　　　　　　核稿：　　　　拟稿人：　　　　　　　　电话：

发报所名	电报号码	等 级	受理日	时　分	收到日	时　分	值机员

主送：A 站、××车务段、××铁路局

抄送：铁道部运输局、××铁路局、××站

货运事故速报

(1)大事故、丢失；

(2)2008 年 9 月 24 日，D 站；

(3)A 站，D 站，卷烟，2008 年 9 月 21 日；

(4)P_{62}3102401，78335，零担，保价 25 万元；

(5)卸车发现有票无货，清单有记载，详见 D 站 72541 号货运记录；

(6)望 A 站提出处理意见，复有关。

D 站第 0022 号电
××年 ××月××日

(2)事故原因及定责：货物包装麻袋片温度过高，处于密不透风环境，使之温度升高且聚热不散，致使麻片自燃并引燃干辣椒造成火灾。该火灾事故是由于货物包装自燃引起，据《铁路法》第十八条及《货规》第 59 条规定，承运人为除外责任。

(3)处理结果：该货物为保险运输货物，收货人应向保险公司索赔。且该货物保险额严重不足，只按保额赔偿，铁路不承担赔偿责任。

事故二：

(1)事故概况：某年 1 月 31 日长沙北站承运长沙县烟草公司香烟一批，到站为海拉尔，收货人为内蒙古烟草公司海拉尔市公司，保险 630 000 元，并办理了 20 000 元保价运输。该批货物装于两个 10 t 集装箱内，箱号分别为 1654589、1086278，票号 9716，施封号为 167265、167296，车号 4410638。该车运行至博克图站时，箱号为 1654589 的集装箱运行方向后端箱门开约 30 cm，该站发现后未按章采取措施，原车继续中转。2 月 13 日到达海拉尔站，卸见1654589 号集装箱后端箱门距车端板 35 cm，无封，无加固铁线，箱门可自由开启，会同公安清点完好长沙烟 17 件、白沙烟 9 件，零 89 条，空纸箱多件，破烂，无法清点，集装箱内容积有三分之二未满。经鉴定货物损失 341 710.33 元。

(2)事故原因及定责：承运人在货物运输过程中没有认真履行职责，是造成事故的主要原因，对货物损失负有重大责任。长沙北站在装载时未按章将箱门朝向相邻集装箱，而是将箱门朝向端板；博克图站站勤人员已发现该集装箱箱门打开，未按章检查，清点货物，编制记录，补封加固防止损失扩大，是明显的不作为行为，是造成事故的直接原因。因此承运人的行为构成重大过失，应赔偿收货人货物实际损失。

(3)处理结果：保险公司按保险条例向收货人赔付，并收到收货人权益转让书，继而向海拉尔站追偿。承运人内部由长沙北站和博克图站各承担实际损失的一半。

事故三：

(1)事故概况：某年 7 月 11 日昆明东站承运昆明市凉亭贸易货栈党参一批至广州南站，使

用铁路集装箱运输。托运人同时投保 2 万元。承运后,因湘黔线镇远至大石板间隧道运输线路中断,致使该批货物 8 月 5 日才到达广州南站,逾期 11 d。交付时施封良好,箱体两侧壁板上脚部与底架有旧补焊痕 3 处,焊接处有蛆虫爬出。会同收货人开箱,见箱底有水流出,箱内及货物表面有蛆虫,货物已不同程度发热、发霉、长毛。经清点内装党参 100 件,经药品检验所鉴定,该批党参全部全部霉变,不符合药用规定。货物损失 112 942.25 元。

(2)事故原因及定责:由于承运人提供的集装箱箱体不良渗水,导致该批货物受损,应承担赔偿责任。但承运人在提供集装箱时已按章对箱体进行检查,亦未违反集装箱修理及使用的有关规定,不存在对承运的货物明知可能造成损失而轻率的作为或不作为,未构成故意或重大过失行为,因此适用限额赔偿。

(3)处理结果:保险公司按保险条例向收货人赔付。承运人按限额赔偿规定赔偿货物损失及其他应退运杂费合计 10 443.25 元。

事故四:

(1)事故概况:某年 8 月 20 日,棠溪站以 C_{60} 装新都站价值 128 万元的整车铝片一车,苫盖篷布,收货人为四川省炬光印刷器材有限公司,车号 4464240。该货物为圆柱形,底衬木托盘,上加木顶盖,四周内包装为塑复纸包裹,外层为纸板包装,采用立装,货件重约 3.5 t,共计 15件,总重 55 t。因货物外形所限,货物码放不够紧密,货件间有间隙,装车时未采取加固措施。货物在车辆运行途中发生窜动、塌陷,货件间及火箭与挡板间发生严重碰撞摩擦。新都站卸车时发现车内 10 件货物断裂损坏,经鉴定货物损失 137 101.14 元。

(2)事故原因及定责:承运人在该货物在未制定装载加固方案的前提下进行装车,且未采取任何加固措施,未采用任何防滑及加固材料,严重违反了《加规》的相关规定。

(3)处理结果:棠溪站按货物实际损失进行赔偿。

5. 实训题

编制货运记录或货运事故速报(未列条件自定)

(1)合肥发新民整车大米一车,车号 C624107315,货重 60 000 kg,保价 60 000 元,苫盖铁路篷布两块。新民站卸见车后方篷布顶被割一 4 000 mm 的长破口,相对处内货下凹1 500 mm×3 500 mm×800 mm 的深坑,货物被盗,会同公安卸车,卸后清点较票记 600 件不足 30 件。

提示:货运记录各栏按票面记载内容和规定逐项填记,记录事故详细情况,编制时重点写明以下内容:①事故货件装载位置;②车内实装件数及短少货物具体品名、数量或现有重量;③事故货件外包装破损情况及破口尺寸。

(2)成都东发锦州整车蜜橘,车号 $B_6$7001208,全车 1 600 件,保价 80 000 元,木笼箱包装,该车在成都东站承运后积压 4 d,运行至石家庄站又积压 6 d,到达锦州站卸车发现 700 件腐烂不能食用,价值 45 000 元。

提示:货运记录各栏按票面记载内容和规定逐项填记,记录事故详细情况,编制时重点写明以下内容:①运单上货物的容许运到期限;②货物包装堆码方式;③变质货物位置及损失数量和程度;④机械冷藏车车型、车号,车内外温度。

(3)广州南装沈阳整零车 P623102315,到达沈阳站时检查两侧施封有效,但其中一侧为上封,附有石家庄站向忻州站拍发的记载上封的电报和普通记录。卸车发现下部封印为广州南0125 号,上部封印为深圳北 2034 号,与票据记载 0126、0127 号不符。卸时发现原 100 件电视机少 3 件,价值 41 200 元。

提示:货运记录各栏按票面记载内容和规定逐项填记,记录事故详细情况,编制时重点写明以下内容:①短少货物具体品名、数量;②棚车是否装满;③下部门扣是否损坏以及实际封印的站名和号码。

(4)武昌南站发桂林南丁基胶一批,36 件(共 1 080 块),45 t,车号 C1752135。该车到达株洲北站解编时冒烟起火,经施救清点,烧毁报废 810 块,价值 42 万元。

提示一:货运记录各栏按票面记载内容和规定逐项填记,记录事故详细情况,编制时重点写明以下内容:①货车种类、编挂位置、起火部位;②被烧货物装载位置;③车辆防火板及技术状态;④火灾发生和扑灭的时间;⑤事故货件烧毁和残余数量,以及毁损程度。

提示二:货运事故速报。

编制普通记录(未列条件自定)

(1)9 月 15 日,郑州东发绥化冶金机械一件,使用一辆 60 t 平车装运。车号 $N_{17}503456$,途经山海关站检查时发现,货物纵横方向均有移动,依章拍发电报。由山海关站进行整理。

(2)5 月 8 日,昆明东站发延吉卷烟一车,375 件,车号 P623211089,发站由托运人组织装车,到站货检良好,由收货人组织卸车,卸车完毕后,收货人提出货物短少 50 件,要求车站证明交接现状。

提示:普通记录各栏按票面记载内容和规定逐项填记,记录事实情况或技术状态,重点写明以下内容:①车辆来源;②到站货检时货车车体、门窗、施封等情况;③票记内容。

任务 2 货运检查

[学习目标] 掌握货运检查员基本技能。

[学习要求] 理会《货规》、《货管规》关于货运检查的相关规定,以及货车货物检查、交接的内容、发现问题的处理方法,并能运用规章解决实际问题。

[工作任务] 进行各种货车的交接检查,处理交接检查出现的问题;检查货物装载加固、篷布苫盖,检查货车门、窗、盖、阀和集装箱的施封;办理途中换装整理的有关事项;编制《货运记录》、《普通记录》,拍发《货运事故速报》。

[工具和设备] 《货规》、《货管规》、货运记录样张、普通记录、铁路传真电报。

[教学环境] 理实一体化教室。

一、理论模块

(一)货运检查站的定义及分类

1. 货运检查站的定义

货运检查站是列车运行途经有技术作业或无技术作业但停车时间在 35 min 以上的技术作业站。

2. 货运检查站的分类

货运检查站分路网性和区域性货运检查站。路网性货运检查站指铁道部公布的编组站。区域行货运检查站指除路网性货运检查站外,铁路局管内有货运检查作业的技术作业站。

区域性货运检查站由铁路局自定,报铁道部备案、公布。铁路局间交接货运检查站的撤销应报铁道部批准、公布。

（二）货运检查制度

铁路货运检查实行区段负责制,即指在对货物列车的交接检查中,按列车运行区段划分货运检查站责任的制度。

中间站停车及甩挂作业货物列车,由车站负责看护,保证货物安全,发生问题要及时处理。中间站应保证货物列车安全继运到下一货运检查站。

（三）货运检查内容

1. 装载加固

（1）货物是否倾斜、移位、窜动、坠落、倒塌和撒漏。

（2）设有超偏载仪的车站应检查货车是否超、偏载。

（3）加固材料、装置是否完好无损。

（4）货物超限装载和特定区段装载限制是否符合有关规定。

（5）加固绳索、铁线捆绑拴结是否符合规定。

2. 篷布及篷布绳网捆绑、苫盖是否符合规定

3. 货车门、窗、盖、阀和集装箱

（1）货车门、窗、盖、阀是否关闭良好。

（2）使用平车（含专用平车）装集装箱时,箱门是否关闭良好。

（3）专用平车装载集装箱是否落槽,普通平车装载集装箱是否按加固方案进行加固。

4. 施封及其他

（1）施封货车按《货管规》和有关规定进行检查。

（2）危险货物押运人押运情况。

（3）无列检作业的车站,还应检查自动制动机的空重位置,不符合要求时应进行调整。

5. 铁道部规定的其他事项

二、技术模块

（一）货物交接检查

为保证行车安全和货物安全,划清运输责任,对运输中的货物（车）和运输票据,应进行交接检查。货物检查、交接内容包括运输票据或封套、施封的货车、装有货物的货车、货车使用和通行限制四方面。

1. 交接检查方法

交接检查时,施封的货车凭封印交接检查。但罐车的上部和下部封印和集装箱的封印、苫盖货物的篷布顶部、集装箱顶部、煤车标记和平整状态,在途中不交接检查,如接方发现有异状、由交方编制记录后接收。发现重罐车车上盖开启,车站负责关好,交方编制普遍记录证明。在发站和途中站发现空罐车上盖张开,由车站负责及时关闭。

整车货物变更到站时,处理站应对该车的装载情况进行检查,对施封货车检查封印是否完好,站名、号码是否正确。

货物运单、封套上的到站、车号、封印号码各栏,不得涂改。在装车站（含分卸站）、换装站、变更处理站运输票据丢失时,应于当日上报主管铁路局。被查询站接电后,均应于 48 h 内电复或继续查询。发站接到查询电报后,48 h 内应按货票内容拍发电报并将货票抄件寄送到站

处理。

货物在运输途中,由于货物本身、车辆技术状态或自然灾害等原因,发生货车滞留,在站滞留时间达到48 h,应拍发电报,通知发到站;必要时抄送有关铁路局。

装车站按施封办理的货车,途中不得改按不施封办理。

货物列车无改编作业时,货检站对货车的施封状态,仅凭列车编组顺序表的有关记载检查施封是否有效,不核对站名、号码;货物列车有改编作业时,货检站对货车的施封状态,交接时只核对站名,不核对号码。

检查发现问题包括:

(1)运输票据或封套:票货分离、记载与实际不符、不符合要求。

(2)施封的货车:施封、封印不符合要求,记载与实际不符。

(3)装有货物的货车:施封车的门窗关闭不严,货物损坏、被盗,篷布苫盖不符合规定,货物装载有异状或超限,超限货物无调度命令等。

(4)货车使用和通行限制:违反有关规定。

2. 无运转车长值乘列车的交接

无运转车长值乘的列车实行站与站间交接检查的区段负责制,车站负责交接检查工作。无运转车长值乘的列车交接、检查及处理方法,按《货管规》第四十六条规定办理,如表8-6所示。

表8-6　无运转车长值乘的列车货物检查、交接的内容,以及发现问题的处理方法

顺号	检查内容	发现的问题	处理方法
1	运输票据或封套	(1)有票无货(车)或有货(车)无票	编制记录并拍发电报
		(2)货物运单或封套上记载的车号、到站与编组顺序表不符	
		(3)货物运单或封套上记载的车号、到站有涂改,未加盖带有所属单位的经办人名章时	
		(4)货物运单或封套上记载的车号与现车不符	编制记录并拍发电报,查明情况后继运
		(5)货物运单或封套上封印号码被划掉、涂改未按规定盖章	编制记录并拍发电报证明现状继运,货车上无封印时,由发站确定是否补封
		(6)货物运单或封套以及编组顺序表记有铁路篷布,现车未盖有铁路篷布;现车盖有铁路篷布,货物运单或票据封套以及编组顺序表未记载或记载张数不符	编制记录并拍发电报
2	货车的施封	(1)封印失效、丢失、断开或不破坏封印即能开启车门	拍发电报并补封,是否清点货物由发现站确定
		(2)运输票据或封套上记载的封印站名或号码与现封不一致或发生涂改	核对站名,拍发电报。到站检查封印站名、号码
		(3)货车已施封,但未在运输票据或封套上记明封印号码。编组顺序表无"F"字样	编制记录证明现状继运
		(4)未使用施封锁施封(罐车和朝鲜进口货车除外)	拍发电报并补施封锁
		(5)在同一车门上使用两个以上封串联施封	拍发电报并补封,如因车门技术状态无法补封时,车站以交方责任继运
		(6)货车两侧或一侧在车门上部门扣处施封	按现状拍发电报
		(7)施封货车的上部门扣未以铁线拧固(车门构造只有一个门扣或上部门扣损坏的除外)	由发现站拧固

顺号	检查内容	发现的问题	处理方法
3	装有货物的货车	(1)车门窗未按规定关闭(损坏的车窗已用木板、铁箱、木箱封固的除外)	由发现站关闭并拍发电报
		(2)货物损坏、被盗	拍发电报、编制记录进行处理
		(3)棚车车体、平车或集装箱专用平车装运的集装箱箱体的可见部位损坏或集装箱箱门开启	拍发电报并由车站处理
		(4)易燃货物未按规定苫盖篷布或未采取规定的防护措施	拍发电报,编制记录补苫篷布并采取防护措施
		(5)篷布(包括自备篷布)苫盖捆绑不牢、被刮掉或被割危及运输安全	及时进行整理。丢失或补苫篷布时由发现站拍发电报并编制记录
		(6)货物装载有异状或超过货车装载限界;支柱、铁线、绳索有折断或松动,货物有坠落的可能;车门插销不严,危及运输安全;底开门车用一个扣铁关闭底开门(如所装货物能搭在车地板横梁上,且另一个搭扣用铁线捆牢者除外)	由发现站按规定换装或整理并拍发电报
		(7)超限货物无调度命令	取得调度命令后继运
4	货车使用和通行限制	(1)货车违反运行区段的通行限制	拍发电报,并由车站换装适当货车
		(2)装载金属块,长度不足2.5 m的短木材或空铁桶使用的车种违反《加规》货车使用限制表的规定	

(二)货运检查发现问题的处理

为了确保行车安全和货物完整,重车经过一段运行时间后,应进行检查。技术检查是指检查货车的技术状态,由车辆段列检所负责;货物检查即检查货物装载状态,由货运检查员和车长负责。发现异状时,应及时处理。问题的处理方法根据在装车站或在其他站而异,包括不接收,由交方编制记录、补封、处理后继运,车站换装或整理、苫盖篷布,拍发电报等。

1. 整理及换装处理

(1)货车整理

对危及行车和货物安全需甩车整理的货车,货运检查人员应通知车站值班员甩车处理。可不甩车整理的,应在列整理。货车整理包括在列整理和摘车整理。

①在列整理。发生装载加固、篷布苫盖、门窗盖阀等问题,不需摘车处理时,应在设置好防护后由货运检查员和整理工共同对车列内需整理货车进行整理。

②摘车整理。危及行车安全又不能在列整理的车辆,货运检查员应报告车站值班员摘车整理。摘车整理时应作好防护工作。不允许在挂有接触网的线路(设有隔离开关的线路除外)整理车辆。

摘车整理范围如下:

a. 篷布苫盖不整或缺少腰绳。

b. 货物发生严重倾斜、偏载、移位、窜动、坠落、倒塌和撒漏。

c. 超限货物按普通货物办理。

d. 加固支柱折断。

e. 棚车车门脱槽,油罐车上盖张开。

f. 液化气体泄漏,三酸罐车溢出。

g. 火灾。

h. 货物明显被盗丢失。

i. 发生其他危及行车安全情况不能在列整理时。

(2)货物换装

在运输中发生甩车处理的货车,不能原列安全继运的,以及因车辆技术状态不良,经车辆部门扣留需要换车时,应进行换装。车辆技术状态不良;需要补封的货车因车门技术构造无法补封时;施封的棚车、冷藏车因车辆技术构造无法关严的,在局间交接时;违反货车使用和通行限制等,应进行换装。

货物重量超过使用的货车容许载重量时,应进行换装或将超载部分卸下。对卸下的货物,处理站应编制货运记录,凭记录将货物补送到站;到站应按规定核收运输费用和违约金。

进行换装时,应选用与原车类型和标记载重相同的货车,并按照货票检查货物现状,如数量不符或状态有异,应编制货运记录。对因换装整理卸下的部分货物,应予以及时补送。

(3)整理与换装的处理

托运人自装货车,发站接收时发现货物装载、加固危及运输安全时,应由托运人进行整理或换装。

换装整理的时间一般不应超过 2 d,如 2 d 内未能换装整理完毕时,应由换装站以电报通知到站,以便收货人查询。

经过整理或换装的货车,不论摘车与否,均应编制普通记录,证明换装整理情况和责任单位,并在货票丁联背面记载有关事项。

货物换装后,应将货物运单、货票、票据套封上的车种、车号等有关各栏予以更正。

换装整理的费用,属于铁路责任时,由铁路内部清算;属于托运人责任的,应由到站向收货人核收。

2. 发现并处理危险、鲜活、超限、超长、集重等货物在运输过程中发生的问题

(1)危险货物

危险货物散落时,应按照《危规》的规定进行处理。危险货物包装破损时,应在车站指定的安全地点采取防护措施施予以整修。如确有困难,应及时联系托运人、收货人或有关部门及时处理。

(2)鲜活货物

易腐货物运输途中发生问题的车辆技术状态不良发生滞留不能继运时,发现站应及时向主管铁路局报告,尽量组织按原条件倒装。由于气温、技术条件等不能倒装又不宜在当地处理的货物,发现站应及时联系托运人、收货人提出处理意见。

机械冷藏组中的部分车辆发生故障不能继运时,乘务组应立即电告发生铁路局并抄报铁道部。

(3)货物装载加固

对于超限货物车辆违反运输条件、货物位移、装载加固发生异状,超长、集重货物位移、加固松动、折断、倒塌等问题的车辆,应根据《加规》及附件一"铁路货物装载加固定型方案"等有关规定进行整理或换装。

货物装载超重、偏载、偏重的车辆,根据规章要求确定卸下的超重货物的回送、保管以及车辆处理等相关事宜。

(4)其他

正确处理途中货物车辆发现的火情,组织扑灭工作、采取安全防护措施及正确处理事故车辆和事故货物。正确处理其他因车辆使用、装载加固违反规定而危及行车安全和货物安全的车辆。

（三）货车施封及篷布苫盖

1. 施封

使用棚车、冷藏车、罐车、集装箱运输的货物，由组织装车或装箱单位负责在货车或集装箱上施封。

施封采用施封锁和施封环，上面均印有封印号码、站名、局名（托运人自备的用托运人编号或专用线编号代替），制造厂标记。

（1）施封锁

①适用范围：应施封运送的货车、集装箱，均需采用施封锁施封（1 t 集装箱也可以使用施封环），罐车和国际联运过轨货车另有规定者除外。施封锁分直形和环形两种。直形施封锁用于各型集装箱的施封，环形施封锁用于棚车、冷藏车的施封。

②施封方法。施封的货车，应用粗铁线将两侧车门上部门扣和门鼻拧固并剪断燕尾，在每一车门下部门扣各施施封锁一枚。施封后须对施封锁的锁闭状态进行检查，确认落锁有效，车门不能拉开。在货物运单或货车装载清单和货运票据封套上记明 F 及施封号码，如 F123456、1234567。途中站补封时在所编记录上记明。

③施封锁失效的情况。钢丝绳的任何一端可以自由拔出，锁心可以从锁套种自由拔出；钢丝绳断开后再接，重新使用；锁套上无站名、号码或站名、号码丢失、被破坏。

④拆封。卸车单位在拆封前，应根据货物运单、货物装载清单或货运票据封套上记载的施封号码与施封锁号码核对，并检查施封是否有效。拆封时，从钢丝绳处剪断，不得损坏站名、号码。

（2）施封环

①适用范围。按规定可以使用施封环施封的货车应采用施封环施封，1 t 集装箱也可以使用施封环施封。

②施封方法。施封的货车，应用粗铁线将两侧车门上部门扣和门鼻拧固并剪断燕尾，在每一车门下部门扣处施施封环一枚。罐车应在灌油口和排油口施封，并用铁线拧紧。施封后须对施封环的锁闭状态进行检查，确认环带落锁，并在货物运单或货车装载清单和货运票据封套上记明㊋及施封号码，如㊋21456、21457。中途站补封时在所编记录上记明。

③施封环失效的情况。环带的任何一端可以从环盒中自由拔出；环带折断；环带与环盒两者站名、施封号码不一致；环带或环盒上无站名、施封号码；环盒被撬变形。

④拆封。卸车单位在拆封前，应根据货物运单、货物装载清单或货运票据封套上记载的施封号码与施封环号码核对，并检查施封是否有效。拆封时，从环带空白处剪断，不得损坏环带和环盒上印文，并保持原来长度（使用施封环剪断钳剪断的环带长度两截相加，可较原来短少 1 mm）。每一货车上拆下的施封环应拴在一起，妥为保管，建立登记查备和销毁制度，保管期需满一年。

2. 篷布苫盖

货车篷布用于苫盖敞、平车装运怕湿货物或易燃货物以及其他需要苫盖篷布运输的货物，严禁他用。对苫盖易于损坏篷布的货物，装车单位必须采取保护措施，整车货物的防护材料由托运人负责准备。毒害品、腐蚀性物品及污染性物品不准苫盖铁路货车篷布。

到达专用线或专用铁道的铁路货运篷布，收货人应于货车送到卸车地点或交接地点的次日起，2 d 内送回车站。超过规定期间，对其超过期间，核收篷布延期使用费。

三、案例模块

【案例8-5】 货物装载检查及处理

C_{60} 车装运锰矿($1.8\ t/m^3$)测量装载高度 1 m,车辆内部长 13 m,宽 2.8 m,禁增,货票记载 60 t。试计算是否超重。应如何处理?

【解】　(1)货物重量$=1.8×13×2.8×1=65.52(t)$

货票记载 60 t,超载 5.5 t。

(2)电报通知发到站,并抄报主管部门。

(3)卸下超载的 5.5 t 货物,并请列检检查车辆状况。车辆检查完好时,原车继续运送到站;车辆不能运行时,需扣车换装。

【案例 8-6】　均重货物一件,重 40 t,长 12.8 m,宽 3.7 m,用 N_{12} 型平车均衡装载。途中检查站发现货物纵向移动,货物一端超过车端 170 mm(车底板长 12.5 m,宽 3.07 m,销距 9.35 m)。计算装载是否符合规定。应如何处理?

【解】　(1)货物均衡装载时车辆每端突出长度$\dfrac{12\ 800-12\ 500}{2}=150(mm)$

货物纵向移动后,货物重心偏移 $a=170-150=20(mm)$

当 $P_标-Q=(60-10)>10\ t$ 时,$a_容=\dfrac{5l}{Q}=\dfrac{5×9\ 350}{40}=1\ 168(mm)$

因为 $a<a_容$,且货物宽度大于车宽时,突出端梁长度小于 200 mm,所以装载无问题。

(2)处理方法:发电报通知发站;重新加固后放行。

四、实习训练模块

(一)货运检查员实训任务

根据实训指导,完成下列实训题

1. 均重货物一件,重 42 t,长 12.5 m,宽 2.5 m,用 N_{16} 型 60 t 平车均衡装载。途中检查站发现货物纵向移动,货物一端超过车端 150 mm(车底板长 13 000 mm,宽 300 mm,销距 9 300 mm)。计算装载是否符合规定。应如何处理?

2. C_{61} 车装载运煤($1.186\ t/m^3$),测量装载高度 1.5 m(车辆内部长 11 012 mm,宽 2 890 mm),货票记载 62 t。试计算是否超重。发站、中途站、到站各应如何处理?

3. 均重货物一件,长 15.5 m,宽 3.16 m,使用 N_{17} 型平车装载,一车负重突出端梁 2.5 m,使用一辆游车,在检查站检查发现,运行方向右侧货物整体横向移动 15 mm,加固完好,检查旁承游间符合要求。试问是否有问题?应如何处理?(已知:N_{17} 型车地板长 13 m,销距 9 m。)

4. 均重货物一件,长 15.5 m,宽 3.16 m,重 38 t,使用 N_{17} 型 60 t 平车一车负重装载,使用一辆游车,在检查站检查发现加固铁线松动,一端突出端梁 2.5 m。试问是否有问题?应如何处理?已知 N_{17} 型车地板长 1 300 mm,宽 2 980 mm,销距 9 000 m。

5. 使用 N_{12} 跨装运送 32.6 m 预应力梁,中间加挂游车,运行途中在检查站发现,预应力梁纵向攒动 150 mm,斜支撑未产生纵向倾斜。应如何处理?

6. 某车在中途站检查时发现,在货物运单、货车装载清单和货运票据封套上记明施封号码为 F121855、121856,而实际封印,一侧为 121855,另一侧无封。应如何处理?

7. 均重货物一件,重 38 t,长 13.2 m,宽 2.8 m,用 N_{17} 型 60 t 平车均衡装载。途中检查站发现货物纵向移动,货物一端超过车端 160 mm(车地板长 13 000 mm,宽 29 890 mm,销距 9 000 mm)。计算装载是否符合规定?应如何处理。

8. C_{64} 车装载运铁矿粉($2.7\ t/m^3$),测量装载高度 0.7 m(车辆内部长 12 490 mm,宽

2 890 mm),货票记载 60 t。试计算是否超重？应如何处理？

（二）货运检查员实训指导

铁路货运检查工作是保证行车安全和货物安全的一项技术性较强的工作，是铁路运输安全生产的重要组成部分。铁路货运检查员主要承担铁路运输过程中的货物（车）交接检查工作，是铁路行车的主要工种。

货运检查站应设置货运检查值班员岗位，负责货运检查的现场组织工作，并按照每列车双人双面检查作业的要求配齐货运检查员。

货运检查基本程序为计划安排和准备、到达列车预检、检查、整理。

1. 准备。车站调度员（值班员）及时将班计划、阶段计划、变更计划、列车编组顺序表下达给货运检查人员。货运检查员接到作业任务后，应掌握到达（出发）列车车次、股道、时刻、编组内容及施封、重点车情况。作业时，应携带作业工具和作业手册。

2. 预检。在列车到达前 5 min，货运检查员应出场立岗，在列车到达、通过时，对列车进行目测预检。

3. 检查。在规定的技术作业时间内完成车列检查、整理，完成后及时报告或处理发现问题。

4. 整理。货车整理分为摘车整理和在列整理。

货运检查作业应在规定的技术作业时间内完成，检查作业和在列整理完毕后及时向车站调度员（值班员）报告，未接到货运检查作业完毕的报告，不准动车。

货检作业的具体内容和技术要求如表 8-7 所示。

表 8-7　货检基本技术作业的内容及技术要求

项目	内　　容	技 术 要 求
1. 准备	（1）根据车站提供的阶段计划及列车确报，及时了解列车到、发的情况，重点要求记录在册； （2）准备好工具，检查无线对讲设备； （3）佩戴标志，检查着装	（1）清楚接车车次，股道，同时掌握编组内容，重点车情况；手册填记规范统一； （2）备品齐全，设备完好，通信正常； （3）标志明显，着装整齐
2. 预检	提前出场立岗接车，实行双人双面预检制度	（1）列车到达前 5 min 出场立岗，逐车过目； （2）掌握重点： ①货车车门、平车端、侧板关闭状态； ②超出货车端、侧板高度的和装载状态； ③篷布苫盖、捆绑情况； ④罐车阀、盖，冷藏车冰箱盖关闭情况
3. 检查	（1）逐车双人双面同步检查，记录重点车； （2）车列首尾车辆涂打检查标记； （3）在规定的技术作业时间内检查、整理完毕后及时报告； （4）实行区段负责制的区段（有运转车长值乘的列车除外）发现问题，及时妥善处理	（1）持列车编组顺序表认真检查； （2）标记规范、涂打清晰； （3）详细检查，准确判断，及时处理； （4）需拍发电报时，于列车到达后 120 min 内电报通知上一货运检查站；需编制记录的按规定编制
4. 整理	（1）发生装载加固、篷布苫盖、门窗盖阀等问题，不需摘车处理的，在列整理； （2）危及行车安全又不能在列整理的车辆，报告车站（场）值班员甩车整理； （3）报告值班员检查情况，通知作业完毕； （4）填写有关报表、记录； （5）整理工具备品； （6）整理、归档有关资料	（1）设立防护、及时处理、确保安全，预计整理时间超过技术作业时间时，向车站值班员报告； （2）设立防护，不允许在挂有接触网且未设隔离开关的线路整理车辆； （3）报告及时，内容准确； （4）报表、手册填记整齐、清晰； （5）设置管理，维护良好； （6）资料管理档案化、清楚、准确

（三）货检作业基本质量要求

货检作业对施封货车、货车门窗阀盖、货物装载加固及篷布苫盖分别有相应的技术要求，对发现问题应及时处理。

货检作业技术要求、问题及问题的处理如表 8-8 所示的货检作业基本质量要求。

表 8-8　货检作业基本质量要求

项目	技术要求	问　题	处　理	
			有守区段	无守区段
1. 施封货车	施封位置正确有效	施封锁失效、丢失、断开或不破坏封印即能开启车门	交方编制记录，按《货管规》规定处理	发现问题按规定及时处理；并于列车到达后 120 min 内电报通知上一检查站，并抄知发、到站
2. 货车门窗阀盖	(1)货车车门、窗关闭； (2)货车阀、盖、冷藏车冰箱盖无掀起	(1)施封棚车、冷藏车门窗关闭不严（货物性质需要通风，损坏的车窗用木箱挡住的除外）； (2)罐车阀、盖翘起，冷藏车冰箱盖未关闭		
3. 货物装载加固及篷布苫盖	(1)货物装载状态良好，无倾斜、无渗漏、无窜动、无坠落； (2)超限、超长、笨重货物转载，检查线标划明显，货物无位移； (3)货物加固线无松动、折断现象，三角木、挡木支架齐全牢固，支柱标准无折断； (4)篷布苫盖严密，捆绑牢固，腰边绳齐全，绳头余尾不超过 300 mm； (5)绳网规格符合要求，捆绑牢固； (6)电气化区段货物装载不超高，封顶线无突起	(1)摘车处理 ①装载原木货车支柱折断； ②货物偏载、倾斜、超限； ③长大、笨重、超限货物位移或加固不良； ④超出货车端侧板的货物有坠落危险； ⑤货物明显被盗丢失； ⑥货车篷布损坏严重或脱落； ⑦易燃货物未按规定苫盖篷布或未采取防护措施； ⑧使用平板车或专用集装箱车的集装箱体两侧有破坏； ⑨其他危及行车安全无法在列整理的货物 (2)不摘车整理 因装载加固棚车、篷布苫盖捆绑问题及空车车门关闭状况可在列整理的货物		(1)摘车处理；并于列车到达后 120 min 内拍发电报通知装车站、上一检查站，抄知有关铁路局 (2)不摘车整理应在列及时处理

参考文献

[1] 彭进. 铁路客运组织. 北京:中国铁道出版社,2008.

[2] 中华人民共和国铁道部. 铁路旅客运输规程. 北京:中国铁道出版社,1997.

[3] 中华人民共和国铁道部. 铁路客运运价规则. 北京:中国铁道出版社,1997.

[4] 中华人民共和国铁道部. 铁路旅客运输办理细则. 北京:中国铁道出版社,1997,

[5] 中华人民共和国铁道部. 铁路旅客运输管理规则. 北京:中国铁道出版社,1994.

[6] 中华人民共和国铁道部. 铁路旅客运输组织工作办法. 北京:中国铁道出版社,1994.

[7] 谢立宏,王建军. 铁路客运组织. 成都:西南交通大学出版社,2008.

[8] 中华人民共和国铁道部. 铁路旅客计划运输组织工作办法. 北京:中国铁道出版社,1994.

[9] 中华人民共和国铁道部. 铁路客运调度工作规则. 北京:中国铁道出版社,1994.

[10] 戴实. 铁路货运组织. 北京:中国铁道出版社,2008.

[11] 中华人民共和国铁道部. 铁路货物运输规程. 北京:中国铁道出版社,2004.

[12] 中华人民共和国铁道部. 铁路货物运输管理规则. 北京:中国铁道出版社,2000.

[13] 中华人民共和国铁道部. 铁路货运事故处理规则. 北京:中国铁道出版社,1999.

[14] 中华人民共和国铁道部. 铁路集装箱运输规则. 北京:中国铁道出版社,2007.

[15] 安路生. 中国铁路运输新实践. 北京:中国铁道出版社,2009.

[16] 中华人民共和国铁道部. 铁路危险货物运输管理规则. 北京:中国铁道出版社,2006.

[17] 中华人民共和国铁道部. 铁路货物装载加固规则. 北京:中国铁道出版社,2006.

[18] 中华人民共和国铁道部. 铁路鲜活货物运输规则. 北京:中国铁道出版社,2009.

[19] 中华人民共和国铁道部. 铁路超限货物运输规则. 北京:中国铁道出版社,2005.

[20] 中华人民共和国铁道部. 铁路货物运价规则. 北京:中国铁道出版社,2006.

[21] 中华人民共和国铁道部. 铁路货运检查管理规则. 北京:中国铁道出版社,2006.